불면의 감촉

불면의 감촉

한국소설 읽기
2016~2017

한순미 지음

문학들

책머리에

없음의 있음

[1]

이 책은 2016~2017년 사이, 문예지에 수록한 한국소설 비평을 엮은 것이다. 2014년 봄에 쓴 글을 마지막 장으로 덧붙였다. 한 권의 책에 실린 글의 운명과 순서를 결정하는 것은 무엇일까에 대해 질문했다. 시간은 과거에서 현재로 흘러 내려오는 것이 아니라는 생각에 머물렀다.

광주5·18과 세월호의 기억이 곳곳 스며들어 있다. 글을 쓰던 당시에는 전혀 의도하지 않았고 알아채지 못했다. 뜻하지 않게, 〈재난인 문학〉 아젠다의 설계도가 이 책에 실린 소설들에서 영감을 얻어 작성되었다.

평론을 쓰던 당시의 한계를 그대로 살리고 싶어서, 오탈자와 문장을 간략하게 수정하고 내용은 손대지 않았다. 당시의 생각과 느낌을 되살리면서 글의 앞과 뒤에 붙여놓은 짧은 단상과 인용문을 서문에 옮겨 놓았다.

“지난 겨울”, “지난 계절”, “다섯 권의 책”과 같은 표현들은 언제 어느 곳을 가리키는지 모호하게 보일 수밖에 없다. 그러나, 그때는 정확한 시간과 사물을 가리키는 표지였다. 수정하지 않았다. 무엇보다 이 책에서 가끔 발견되는 “나”라는 주어가 가장 어색하지만 글 속에서 그대로 살아가도록 방치해 두었다. 어제로 돌아가고 싶지 않기 때문이다.

[2]

무엇인가? 저기 서성거리는 무엇. 문장과 문장 사이를 스친다. 문장들 사이를 지나가고 있는 그것이 낯설지는 않다. 이제 유령은 보이지 않는 비실체적인 것이 아니라 문장을 짓고 그 사이를 연결하는 자리에도 엄연히 존재하는 실체인 것이다. 무엇이 말한다. 이 무량한 세계를 한없는 문장들로 점묘(點描)하라, 모든 것들이 중첩되면서 모든 것들이 나타나고 사라지도록. 그리고 여백이 말할 것이다.

지난 겨울을 통과하면서 읽은 몇 편의 소설들에서 나는 문장들 사이를 서성거리는 무엇을 보았다. 그리고 거기에서 이 쓸쓸하고 건조한 시대를 건널 수 있는 방법들을 감지했다. 점묘와 인유는 그 가운데에 자리해 있다. 저 먼 곳을 여기로 불러와 여기를 지우면서 어

딘가로 갈 수 있으리라는, 어떤 가능성이 희미하게 스친다.

보이지 않는다고 해서 아예 없다고 말할 수 있는 것은 아니다. 어떤 것은 없음 그 자체로 있으며 어떤 것은 있는 그 자체로 없다. 사라진 줄 알았던 것들이 불현듯 되돌아오고 바로 곁에 있다고 믿었던 것들이 흔적 없이 자취를 감추곤 한다. 본 것은 보이는 그대로가 아니었을지도 모른다. 들은 것은 들린 그대로가 아니었을지도 모른다.

어둠 속에서 오직 손끝의 감촉만이 살아 있음을 증거한다. 손끝으로도 닿을 수 없는 X에게 어떤 말들을 건넬 수 있을까. 이 막막한 마음을 어떤 문자로 그려볼 수 있을까. 감각하는 손에는 결정적 순간만 남는다. 떨리는 손들이 기록한 문장들에 완벽하게 갇힌다. 갇혀 있는 자만이 그곳에서 벗어나기 위한 행동을 개시할 수 있다. 쓸모없는 말들이 적힌 이 편지가 X에게 전달될 수 있다면.

당신을 앓던 수많은 밤들은 소설 바깥에서 애타게 타오르고 있는 삶들에게 바친 시간이다. 이 글 속의 당신은 매일 밤 앓던 모든 것들을 가리키는 다른 이름이다.

롤랑 바르트는 한 청년의 마지막 모습이 담긴 사진에서 아름다움과 두려움이 접힌 시간을 포착한다. 이 한 장의 사진 속에서 아름다움은 다가올 죽음과 함께 있다. 롤랑 바르트는 지나간 것과 다가올 것을 동시에 본다. 그의 시선은 역사를 기억하면서 미래를 예감하는 가운데 현재를 기록하고 있는 필사자(scripteur)의 손길과 만난다. 지난 계절을 통과하면서 읽은 몇 편의 소설들에 찍힌 어둠을

그 시선과 손길에 의지해 밝혀 보는 것이 이 글의 소박한 목표이다.

산다는 것이 가짜처럼 느껴질 때, 내가 내 삶의 주인공이 아니라는 생각이 들 때, 남의 삶을 내 것인 양 살아가고 있다는 느낌이 밀려올 때, 우리는 이런 질문들에 사로잡힌다. 잃어버린 진짜를 다시 찾아야 할까, 아니 그것을 찾을 수 있을까? 그것은 대체 어디로 사라졌을까? 이 모든 일은 필연인가 우연인가?

시선이 한결 날카로워졌다. 이 끔찍한 세계와 마주한 시선은 먹잇감에 집중한 동물의 눈빛을 닮았다. 몸짓은 느리게 혹은 거칠게. 짐승'처럼'이라는 비유적 표현은 더 이상 쓸모가 없다. 인간과 동물은 서로의 차이를 견줄 수 없을 정도로 가까워졌다. 인간과 동물 사이의 '비식별역'에 거주한 '벌거벗은 생명'(조르조 아감벤)들은 도처에서 발견된다. 최근 소설들에서 포착할 수 있는 이와 같은 장면들은 우리 시대에 대한 단순한 은유가 아니라 짐승들이 문학의 공간을 점유했다는 것을 보여주는 구체적인 표지다. 글쓰기는 이제 꿈틀거리고 어슬렁거리는 짐승들의 몸짓에서 시작된다.

여행하는 사람에겐 발길이 닿는 곳이 머물 곳이며 머무는 그곳이 지친 몸을 기댈 수 있는 유일한 곳이다. 여행이란, 발길이 닿는 곳에서 잠시 살다가 떠난 곳으로 돌아오는 것이다. 그것이 짧은 시간이라 해도 여행 이후의 삶은 이전과 같을 수 없다. 어딘가로 떠난 사람에게 이전의 모든 것들은 다르게 보인다. 그러나 여전히 삶은 변함없이 흘러간다.

이 글을 닫으면서 나는 갑자기 글자의 뜻을 읽을 줄 몰랐으면 했다. 믿기 어려운 일이 다반사로 일어나는 이 비참한 현실을 섬세하게 그려 보이고 있는 소설책들에서 잠시 눈을 떼어 다른 생각을 하고 싶었던 것이다. 그러나 그 경지에 이르는 것이 얼마나 어려운 일인지를 잘 알고 있다. 가상과 실상을 분별하기 위해서는 더 깊은 곳에서 사물들, 장소들, 소리들, 풍경들을 지극 정성으로 옮겨 적고 생각해야 할 것이다. 여전히 문학이 감당해야 할 역할 중의 하나는 삶을 왜곡하지 않고 곡진하게 그려내는 일이라는 것임에는 의심이 깃들 여지가 없다.

고백하자면 나는 이 글에서 인용한 다섯 권의 책을 제대로 읽었다고 할 수 없다. 책 속에서 감지한 '혀와 말'의 시련을 온전하게 옮겨 적었다고 말할 수도 없다. 책을 읽는 동안 미처 생각하지 못한 것들이 솟아날 때도 있었고 글을 쓰는 동안 예상했던 것과 다른 생각들이 새롭게 번져나가기도 했다. 정처 없는 말들을 붙잡으려 하면 할수록 나는 내가 쓰려고 했던 생각과 문장들에서 자꾸 멀어져 갔다. 그러므로 이 글에서 오염과 오독의 흔적을 발견하는 것은 자연스러운 일이다. 그것은 우리 시대의 '언어사회학'이 감당할 하나의 과제이기도 할 것이다.

'아닌 것처럼'은 평범한 표현이 아니다. '아닌 것처럼'이 말하는 방식이 될 때는 기대 이상의 효과를 일으킨다. 무엇이 아닌 것처럼 '말하는 것'은 무엇과 무엇이 아닌 것을 동시에 말할 수 있게 한다. 과장해서 말하면, 아닌 것처럼 말하는 것은 세계와 세계가 아닌 모

든 것을 드러내는 화법이 될 수 있는 것이다.

이런 말하기의 방식이 왜 지금 문제적일 수 있는가. 아픔이 아닌 것처럼, 아픔을 말한다는 것은 대체 어떤 통증을 더 생각하게 하는가. 아닌 것처럼은 먼저 말하는 사람과 듣는 사람 사이에 자리한 어긋남과 불일치함에서 유래한 비틀기의 어법으로 생각될 수 있다. 거기에는 아픔을 말한다 해도, 아무도 아픔을 그 자체로 들어주지 않는다는 항변이 들어 있는 것이다.

나아가, 아닌 것처럼은 지금까지 잘 드러나지 않았던 것들을 마치 아닌 것처럼 드러내주는 장치가 된다. A가 아닌 것처럼 말하는 것은 A와 A가 아닌 모든 것을 말하게 하는 틈을 개시하고, '마치 ~인 것처럼' 말하는 것에 대한 전면적인 회의와 부정을 준비한다. 그리하여 A가 아닌 것처럼 말하는 것은 진실과 거짓, 삶과 죽음, 현실과 환상 등 이분법적 경계를 넘어선 장소를 개시하고, 아직 보이지 않았던 것들을 증언하는 형식이 된다.

미리 덧붙이자면, 지금 이 글에서 쓰고 있는 '아닌 것처럼'은 조르조 아감벤의 『남겨진 시간』(2008)에 나오는 '마치 ~인 것처럼'[as if]에서 착안을 얻어 쓰게 된 것이다. 그러나 메시아의 도래를 '아닌 것처럼'을 통해 이야기하고 있는 아감벤의 맥락을 여기에 그대로 옮겨 온 것은 아니다. 만약 이 글의 어딘가에서 '아닌 것처럼'이 마치 아감벤의 그것처럼 어떤 연관성을 보인다면 그것은 우연한 인용에 의해 발생한 일시적인 효과일 것이다.

2023년 9월

한순미

차례

당신을 앓던 밤들

단지 조금, 밝은 방

도처에 짐승

없음의 있음

더 깊은 곳에서 치곡(致曲)

불면의 감촉

혀와 말

A가 아닌 것처럼

저기 서성거리는 무엇:
점묘와 인유

불
면
의
감
촉

1. "왜 여기로 왔는지"

무엇인가? 저기 서성거리는 무엇. 문장과 문장 사이를 스친다. 문장들 사이를 지나가고 있는 그것이 낯설지는 않다. 이제 유령은 보이지 않는 비실체적인 것이 아니라 문장을 짓고 그 사이를 연결하는 자리에도 엄연히 존재하는 실체인 것이다. 무엇이 말한다. 이 무량한 세계를 한없는 문장들로 점묘(點描)하라, 모든 것들이 중첩되면서 모든 것들이 나타나고 사라지도록. 그리고 여백이 말할 것이다.

> 점묘화의 아이러니는 화면 전체를 빈틈없이 점으로 채우는 순간 새로운 여백이 탄생한다는 데 있다. 점과 점이 겹쳐지는 지점에 원근이 생겨나는 동시에 원래 평면이었던 화면에 입체감이 부여된다. 무수히 많은 점으로 화면을 뒤덮으려 애쓸수록 무수히 많은 여백이 태어난다. 이 여백은 시선으로 포착할 수 없는 곳에 존재하기에 존재의 궁극적인 정체성이라 부를 수 있다. (…) 인간이 흔해진 시대에 인간을 조롱하지 않으면서 삶의 의미를 구현할 수 있는 단 하나의 방법은 저 눈송이들이 빈틈없이 허공을 채우는 순간 세계가 무한히 확장되듯이 인간이 지구 위에서 한없이 증식할수록 인간과 인간 사이의 거리는 추상적 공간이 무한히 확장되어 인간 세계가 무량해진다는 사실을 인정하는 것이다. 인간의 의미는 인간에게 있지 않고 인간과 인간 사이 그 공간, 여백이

라 불러도 좋고 무어라 불러도 좋은, 그러나 단 하나 분명한 점은 결코 인간에게 속하지 않는 그 공간에 있다.[1]

여기서 여백은 그저 빈 곳이 아니다. 점과 점이 겹치는 지점에서 무수히 탄생하는 여백은 무한히 확장된 인간 세계이다. 눈송이들이 쌓여 폭설이 되듯이 사람들이 증식할수록 인간 사이의 거리는 무한한 공간이 된다. 인간의 의미는 인간과 인간 사이의 빈곳에서 찾을 수 있다. 점묘가 낳은 여백에서 인간의 의미를 포착할 수 있는 것이다.

그러나 위의 문장들은 인간의 의미 따위를 찾는 방법을 알려주기 위해 쓰이지는 않았으리라. 인간의 궁극적 의미가 존재하는 그 여백의 공간은 이렇게 강조해 읽어야 한다. 인간의 의미는 인간에게 있지 않고 인간과 인간 사이의 공간, 달리 말해 '인간이 아닌 것'에서 찾아질 수 있는 것이라고. 과장해서 말하면 점묘화의 아이러니는 점과 점이 교차하면서 이 세계를 무한한 여백으로 만들어내는 것에 있으니, 인간의 의미는 인간이 아닌 그 빈곳에서 발견할 수 있는 것이다.

무엇이 울고 있다. 손홍규의 「정읍에서 울다」에서 파킨슨병을 앓고 있는 아내는 '정읍댁'만을 찾는다. 그는 아내가 그토록 애타게 부르는 정읍댁이 누구인지를 알지 못한다. 그는 아내가 자기 자신의 이름을 부르는 것이라고 생각하기도 하고, "어느 한때에 기억이 고정된 것"이거나 "바로 그 시절만이 기억에서 삭제된 것일 수도 있"다

1 손홍규, 「배회」, 소설집 『그 남자의 가출』, 창비, 2015, 104~105쪽.

고 추측하기도 한다. 어쩌면 아내에게 속삭였던 “다정한 어느 이웃”이 아내를 부르던 목소리일 수도 있다는 의심에 찬 확신에까지 이른다. 이렇게 말이다. “정읍댁, 산다는 건 다 그런 거라네.”

그는 알지 못했다. 아내가 부르는 그 정읍댁이 오래전 폐렴으로 잃은 큰딸의 다른 이름이라는 것을, 아내의 가슴 속에 묻혀 있던 슬픔이 바로 정읍댁이라는 것을. 정읍댁이 되지 못한 무엇 하나가 지금 정읍에서 울고 있는 것이다.

> 근데 왜 우리 딸이 정읍댁인가.
>
> 다 키워서 서울로 시집보낼 거였은게.
>
> 자네 혼자 큰딸을 키우고 있었네그려.
>
> 데려다주시오.
>
> 그래, 가세.
>
> … 잊었던 일들, 잊었다고 믿었던 일들, 잊을 수 없는 일들이 한꺼번에 그에게 들이닥쳤다. 산 자식보다 죽은 자식이 그리워지는 날이 올 줄은 알았다.[2]

이 세상을 일찍 떠나버린 큰딸이 마땅히 살아야 했던 시간들. 그 시간들을 온전히 살았더라면 지금쯤 서울로 시집을 가서 누군가에게 정읍댁이라고 불렸을 큰딸을 향한 아내의 간절한 소망을 그는 미처 듣지 못했던 것이다. 아내의 가슴에 쌓인 깊은 슬픔을 확인하게 되었을 때 그에겐 “잊었던 일들, 잊었다고 믿었던 일들, 잊을 수 없

---

2 손홍규, 「정읍에서 울다」, 소설집 『그 남자의 가출』, 30~31쪽.

는 일들이 한꺼번에" 밀려왔다.

망각되고 사라진 것은 아무 것도 없다. 정읍에서 듣는 이 울음은 마땅히, 온전히 누려야 했던 시간들을 다 살지 못한 숱한 영혼들에게 바치는 통곡이다.

손홍규의 소설에 자리한 이 "유서 깊은 슬픔"은 결코 짧지 않은 내력을 지녔다. 그 남자의 가출은 "어느날 자신을 불렀던 당신들의 목소리 가운데 하나가 홀로 외로이 허공을 떠돌다 오늘에서야 그에게 당도한 듯했"[3]던 즈음에 시작되었다. "까맣게 잊었다고 여겼던 사람들" "쓸모없는 삶을 살다"[4] 간 사람들의 목소리가 그 남자를 부른 것이다. 그 남자의 가출은 "등에 업은 어머니", "죄", "기원", "증오"라 불러도 좋고 "무어라 불러도 좋을 인간의 질문 하나와 더불어"[5] 그렇게 시작되었고 아직 끝나지 않았다.

슬픔과 울음은 그것에 달라붙은 기억과 그 기억을 증명해줄 수 있는 또 다른 누군가가 있었을 때 비로소 완성된다. 진정 슬프게 하는 것은 기억을 보증해 줄 수 있는 누군가가 우리 곁에 없다는 사실이다.

> 아니, 많은 걸 기억했으나 그가 기억해낸 것들 가운데 그가 누구인지를 말해주는 건 없었다.[6]

---

3 손홍규, 「그 남자의 가출기」, 소설집 『그 남자의 가출』, 36쪽.

4 손홍규, 「그 남자의 가출기」, 소설집 『그 남자의 가출』, 40쪽.

5 손홍규, 「발라드의 기원」, 소설집 『그 남자의 가출』, 208쪽.

6 손홍규, 「기억을 잃은 자들의 도시」, 소설집 『그 남자의 가출』, 211쪽.

그를 비롯해 어느 한순간 모든 사람이 기억을 잃었다. 그는 알지 못했다. 그가 결코 납득할 수 없는 이 사건이 얼마나 중요하고 의미있는지를 말해 줄 이전의 그가 없었으므로.[7]

기억한다는 것은 무엇을 잊지 않겠다는 의지의 문제가 아니다. 기억할 수 있는지 없는지를 분별하는 것도 그다지 중요하지 않다. 대체 무엇을 잃어버렸는지를 도무지 알 길이 없다. 무엇을 기억해낸다고 해도, 자신이 기억하고 있는 그것이 얼마나 중요한 것인지를 말해 줄 수 있는 사람이 아무도 없다는 사실이 더 두려운 것이다. '이전의 그'가 없다는 것 혹은 기억하는 자기 자신이 누구인지를 '말해줄 수 있는 사람'이 아무도 없다는 완전한 외로움.

손홍규의 소설에서 듣는 울음은 일반적인 의미로 슬픔의 표출이라고 간단하게 표현할 수 없다. 그것은 외로움의 궁극에서 비롯된다. 절대 고독이 그 남자가 슬픈 발라드를 부르고 끝없는 배회와 가출을 지속하는 힘이다. 그가 끝끝내 품고 있었을 질문 하나는 알 수 없는 슬픔이라 불러도 좋을 그 무엇이 어디에서 오는 것인지, 기억을 증언해줄 수 있는 사람은 대체 누구인가라는 물음이다. 그 울음은 그토록 찾아 헤매고 있는 그 누구인가가 우리 곁에 없다는 사실을 확인하는 곳에서 터져 나온다. 살아 있는 자들의 기억을 증언할 수 있는 유일한 무엇은 이미 죽은 자들, 우리 곁에서 사라진 자들이기 때문이다.

7 손홍규, 「타오르는 도서관」, 소설집 『그 남자의 가출』, 255쪽.

무엇이 여기로 왔다. 죽은 지 삼년 만에 찾아온 그가 말한다. "왜 여기로 왔는지는 나도 몰라요. … 꼭 가고 싶은 곳에 가게 되지도 않고, 꼭 보고 싶은 사람을 보게 되지도 않아."[8] 왜 여기로 왔는지, 그도 '나'도 알지 못한다. 그는 왜 여기로 온 것일까.

지금 여기 마흔여섯의 나이에 멈춰버린 '그'와, 그후로 삼 년 동안 나이를 먹어 이제 그와 다섯 살밖에 차이 나지 않는 '나'가 마주해 있다. '나'는 그와 경주 언니를 따라 감포 바다에 갔던 날을 떠올린다. '나'는 그날 그들이 보낸 눈빛을 잊지 못한다. "제발 이곳에 둘만 남겨놓지는 말아달라고, 이 시간 자신들이 겪고 있는 곤란과 괴로움의 증인이 되어달라고 청하는 것 같은 이상하게 간절한 시선"[9]을 기억한다. 그가 여기로 온 것은 바로 그 간절한 시선을 기억하고 있는 '나'를 아직 잊지 않고 있기 때문이다. 기억을 기억하고 있는 증인을 찾아서 그들은 지금 여기로 오고 있는 것이다.

그러면 '나'는 그들의 기억을 어떻게 증언하고 이야기할 수 있을까. '나'는 삼국유사에 나오는 노힐부득과 달달박박 신화를 모티프로 한 연극 대본을 준비하고 있지만 저 먼 구원의 신화가 지금 여기에서 그대로 연출할 수 없다는 사실에 고통을 느낀다. "쓰면 쓸수록 제 마음이 그 결말과 멀어졌어요. 그 승려들이 황금 부처가 될 것 같지 않고, 길 잃은 여자가 관음보살일 것 같지 않았어요."[10] 아무리 기억하

8 한강, 「눈 한송이가 녹는 동안」, 소설집 『눈 한송이가 녹는 동안』, 문예중앙, 2015, 13쪽.

9 한강, 「눈 한송이가 녹는 동안」, 소설집 『눈 한송이가 녹는 동안』, 18쪽.

10 한강, 「눈 한송이가 녹는 동안」, 소설집 『눈 한송이가 녹는 동안』, 21쪽.

고 말하려 해도 그 누구도 다가설 수 없는 그들만의 삶이, "자신으로선 다른 방법을 생각해낼 수 없었던 유일한 선택들로 이루어진"[11] 그들만의 삶이 가로놓여 있기 때문이다. '나'는 그들만의 삶을 그대로 옮길 수 있는 어떤 말도 방법도 알지 못한다. 단호하게 말할 수 있다.

> 그녀의 말처럼 우릴 내려다보는 존재 같은 건 없다고. 우리를 혐오하거나 연민하거나 무관심한 존재 같은 것은, 처음부터 없었고 앞으로도 없다고. 밤의 고속도로 같은 어둠 속에서 우리는 서로 찌르고 찔리며 꿈틀거린다고. 그러다 죽으면 사라진다고. 그 모든 번민, 선의와 후회가 남김없이 무로 돌아간다고.[12]

아무 것도 그들과 우리를 지켜줄 수 없다. 그들과 우리를 구원할 수 있는 존재는 어디에도 없다. 누구나 꿈틀거리며 살다가 죽으면 사라진다. 이 명백한 진실을 확인하는 한, 연극 무대 위에 그들의 기억을 연출한다는 것은 불가능한 일이다. 어떤 무엇으로도 그들만의 삶을 이야기할 수 없다. 무대 위에서 "함께 있어주세요", "제발. 눈 한 송이가 녹는 동안만"이라고 간절하게 호소하는 소녀의 말은 그 누구와도 나눌 수 없는 아픔이다.

'나'는 더 이상 쓸 수 없다. 그것은 "고통 때문이 아니었다. 내가 그 고통의 바깥에 있다는 사실이 무섭도록 생생했기 때문이다."[13] 누군

---

11 한강, 「눈 한송이가 녹는 동안」, 소설집 『눈 한송이가 녹는 동안』, 41쪽.

12 한강, 「눈 한송이가 녹는 동안」, 소설집 『눈 한송이가 녹는 동안』, 41쪽.

13 한강, 「눈 한송이가 녹는 동안」, 소설집 『눈 한송이가 녹는 동안』, 45쪽.

가의 아픔을 기억하고 이야기하면 할수록 '나'는 그 사람의 고통에서 멀어져 고통의 바깥에 세워진다. 한 사람이 겪은 고통을 똑같이 공감할 수 있는 것도 아니다. 오로지 "친구가 무대에 올릴 그것과 같을 수 없을, 내 상상 속 그녀의 고통만이"[14] 분명하다.

한강의 소설이 끊임없이 묻고 있는 것은 고통의 바깥에서 함께 이야기 나눌 수 있는 한 자락의 가능성이다. "눈 한 송이가 녹지 않는 동안, 우리가 얼마나 더 이야기할 수 있을까." "눈 한송이가 녹지 않은 동안" 나눌 수 있는 이야기 또한 고통의 시간 바깥에서 이야기하는 것일 뿐. 구원의 신화를 더 이상 기대할 수 없다 해도 우리에게는 그 기다림의 시간만이 유일하게 남겨져 있다. 짧은 마주침의 순간만이, 그와 아무런 기약 없이 작별하던 그때처럼. "말없이 우리의 눈과 눈이 만났다. 평화를."

금방 녹아버리는 눈 한송이에 실린 '평화'라는 한 마디의 말은 찰나에 건넬 수 있는 한 조각의 마음이다. 그 말은 다시 만날 수 있으리라는 기대도 주지 않고 떠나버린 사람들, 그리고 그들을 하염없이 기다리는 일밖에 할 수 없는 사람들이 나눌 수 있는 숨결이다. 가다듬고 말하건대, 인간의 존엄을 상실케 한 '세월'이 지나간 후 평화로운 일상의 시간은 완전히 멈춰버렸다. 강제로 삶을 그쳐야 했던 사람들, 이야기를 나눌 시간과 장소를 잃어버린 사람들, 그러나, 그들의 기억을 간직하고 있는 눈 한송이는 영영 녹지 않을 것이다. 슬픔도 울음도 발라드도 영원히 가라앉지 않을 것이다.

---

14 한강, 「눈 한송이가 녹는 동안」, 소설집 『눈 한송이가 녹는 동안』, 45쪽.

2. "너무 믿지는 마"

무엇과 함께 산다. 이유의 장편『소각의 여왕』(2015)은 고물상을 운영하는 지창씨와 유품정리사인 딸 해미에 관한 이야기다. 그들은 쓸모없이 버려진 것들로 생계를 꾸려나간다. 고물상에 버려진 것들 중에는 한때 우리의 일부였던 것들도 있고 한 번도 우리의 것이 되지 않은 것들도 있다. 해미는 고물상에 들어온 폐지들에서 구겨진 일상을 읽고 아직 가보지 않은 세계를 미리 가본다.

해미가 쓰레기더미에서 발굴한 문장 중에는 "여행가가 쓴 도시 얘기"도 있다. 책에 적힌 여행가의 삶은 아버지 지창씨의 것과 똑같은 대목도 있고 아주 다른 것도 있다. 무엇이 같고 무엇이 다를까. 해미가 읽고 지창씨가 대답한다.

> "오십 평생 한 번도 서울을 떠나본 적이 없는 남자가 있었어."
> "허, 나네."
> "남자는 죽어라 일만 했어."
> "그것도 나네."
> "남자는 살던 집을 팔아 일 년간 지구 곳곳을 여행했거든."
> "그건 내가 아니구나."[15]

해미가 읽어준 여행가 이야기를 듣고 난 후, 지창씨는 힘주어 말한다.

---

15 이유, 장편『소각의 여왕』, 문학동네, 2015, 53쪽.

"너무 믿지는 마."

"뭘?"

"거기 적힌 것들 말이야."[16]

태어난 곳에서 한 번도 떠나본 적이 없는 아버지는 말한다. 책을 읽더라도, 거기에 적힌 것들을 너무 믿지는 말아야 한다. 믿지 말아야 할 것이 어디 책 속의 문장뿐이랴. 살던 집을 팔아 지구 곳곳을 여행한 적이 없는 아버지는 말하고 싶다. 그러니까 살아가되, 삶을 너무 믿지는 않아야 한다. 구멍이 송송 뚫린 문장들은 비참한 일상을 경쾌한 리듬으로 실어 나른다. 삶은 죽음 쪽으로 점점 근접해 간다.

이유의 이 소설이 보여주고 있는 것은 비루한 일상이 끝난 후 언젠가 마주치게 될 죽음의 세계가 아니다. 죽음은 미래에 닥쳐올 어떤 두려움의 시간이 아니다. 다가오는 미래의 시간에 죽음이 있는 것이 아니라, 죽음이란 여러 사람들의 마음과 마음이 겹쳐 언제든지 만들어질 수 있는 무엇이다. 해미는 손가락으로 가리키면서 책 속에 적힌 문장들을 또박또박 읽는다.

죽음은 당연하게 주어지는 선물이 아니다. 스스로의 의지만으로 안 된다. 여러 명의 의지가 하나의 죽음을 이끌어낸다. 누군가의 의지와 누군가의 동의와 누군가의 묵인.[17]

---

16 이유, 장편『소각의 여왕』, 58쪽.

17 이유, 장편『소각의 여왕』, 64쪽.

죽음에 관한 이 완벽한 정의를 그대로 따른다면 우리에게 절실하게 필요한 것은 믿을 수 없고 믿어서는 안 되는 현실의 삶을 죽음을 향해 밀어낼 수 있는 간결한 동의와 묵인이다. 해미는 다시 확인하고 묻는다. "여기가 지옥이라고. 그러니까 마땅히 이 지옥에서 하루 빨리 구해주는 게 가장 인간적인 선택이 되는 거잖아, 안 그래?" "죽음에 의미가 없는데 사는 데 무슨 이유가 있을까." 이 지옥 같은 현실에서 누군가를 구원할 수 있는 방법은 이것밖에 없다. 죽음에 대한 스스로의 의지에다 우리의 동의와 묵인을 보태 힘을 실어주는 것. 해미는 결심한다. "이 지옥에서 탈출할 수만 있다면 해미 역시 지창씨의 죽음에 동의할 것이다. 그럴 자신이 있었다. 백번 묻는다고 해도 대답은 같았다."[18] 아버지 지창씨를 지옥에서 벗어나게 할 수만 있다면 해미는 주저하지 않고 그렇게 할 것이다.

해미는 죽은 자들의 유품을 정리하는 사업을 새롭게 시작한다. 이제 막 이 지옥에서 벗어난 사람들, "죽음이 아니면 달리 편안해지는 방법을 알지 못하는 사람들"이 남겨놓은 물건들을 정리하고 공간을 깨끗하게 표백하는 것이 그녀의 역할이다. 누군가의 죽음이 남겨놓은 빈 공간에서 그 누군가의 죽음에 동의하고 묵인했던 사람들의 이야기가 드러난다. 죽음 뒤에 비로소 완성되는 삶의 이야기들이 펼쳐진다. 죽은 자들의 유품을 정리하는 해미의 손길은 언젠가 이 세상마저 깨끗하게 '소각'시킬 수 있을 것처럼 건조하고 차분하다.

종이 위에 한 점, 한 점 무엇이 찍힌다. 김엄지의 장편 『주말, 출

---

18 이유, 장편 『소각의 여왕』, 66쪽.

근, 산책: 어두움과 비』(2015)는 짧은 단어와 문장으로 일상을 낯설게 편집한다. 마치 서로 다른 시공간에 놓인 것들이 한 자리에 모인 한 편의 점묘화를 보는 듯하다. 그것은 어떤 미래의 형상이 그려지고 있는 과정을 담아낸다. 가령, 이런 식이다. "E는 4번 치아와 12번 치아의 상관관계에 대해서, 금이 간 앞니의 미래에 대해서 생각했다. 미래라니. 매복해 있는 사랑니의 음모."[19] 요약하면 미래는 관계 속에서 상상될 수 있는 무엇이다. 미래는 어떤 두려움이 잠복해 있다가 불쑥 솟아날지도 모르는 하나의 음모와 같은 것이다. 김엄지의 소설에서 줄곧 만날 수 있는 질문은 '미래'에 관한 것이지만 그 질문을 다루는 방식은 평범하지 않다.

> 큰 눈이 오는 미래.
>
> E는 미래에 대해서 생각했다.
>
> 미래라니.
>
> 크리스마스가 되겠지. 머지않은 E의 미래에 크리스마스가 있었다. E는 크리스마에 여자를 만날 것이었다. 그에게는 일주일에 두 번 혹은 세 번, 만나는 여자가 있었다.[20]

> 느시인가. R은 창밖을 보며 중얼거렸다.
>
> 느시라니. a가 말했다.
>
> 아마 회색의 털에. R은 느시에 대해 상상했다.

---

19 김엄지, 장편 『주말, 출근, 산책: 어두움과 비』, 민음사, 2015, 8~9쪽.

20 김엄지, 장편 『주말, 출근, 산책: 어두움과 비』, 11쪽.

아마 회색의 털, R은 거기까지밖에 상상이 되질 않았다. 그는 느시를 상상하기 위해 카디건에 달린 단추를 만지작거렸다.

그 국, 그 밥, 그 오이, 그 두부, 그 배추. a가 식판을 내려다보며 말했다.[21]

미래는 현재의 시간에서 과거형의 문장으로 사유할 수 있는 무엇이다. 미래는 이미 완성된 과거였다. 그러므로 새로운 미래는 결코 오지 않을 것이고 어쩌면 이미 지나갔을 수도 있었다. 미래는 쉽게 상상될 수 있는 것이 아니다. 상상할 수 없다면 미래는 없는 것이나 마찬가지다. 미래를 과거형의 문장으로 사유하는 자들에게 미래는 지나간 헛것에 불과하다. 그런데도 미래를 도모할 수 있다면 그것은 미래를 생각하는 방식을 다시 생각하는 방식을 통해서만이 가능하다. 그래서 그들은 항상 말하고, 생각한다. '출근'하는 길에, E와 그의 동료들인 a, b, c, d의 대화가 그렇듯이.

지하철에서 미친 사람을 봤어. E가 동료들에게 말했다.

미친 사람들이 점점 많아지고 있어. b가 말했다.

미친것들. c가 중얼거렸다.

미친 사람은 어디에든 있습니다. 하하. d가 말했다.

미친 사람은 어디에나 있던가. E가 생각해 보았고, 맞는 말인 것 같았다.

---

21 김엄지, 「느시」, 소설집 『미래를 도모하는 방식 가운데』, 문학과지성사, 2015, 235쪽.

어디에선가, a는 미친 사람이 되어 있을 수도 있었다.[22]

그들의 대화를 다시 요약해 보자. 미친 사람을 봤다. E가 본 것을 말한다. 미친 사람들이 점점 많아지고 있다. b가 현재의 상황에 대해 진단한다. 미친것들, 이라고 c가 단언한다. d는 미친 사람은 어디에든 있다고 말하면서 b의 진단을 뒷받침하고 그럴듯한 사실로 만든다. 미친 사람은 어디에나 있던가, 하고 E는 다시 생각한다. 그리고 다시 생각해 보니 맞는 말인 것 같다고 확신한다. 어디에선가 누군가가 미친 사람이 되어 있을 수도 있었는데, 그 중 하나가 a이다. 진단과 추정은 기정사실이 된다. 따라서 맨 처음에 E가, 미친 사람을 봤다, 라고 한 말은 맞다.

김엄지의 문장은 현재를 진단하면서 상상된 미래를 통해서 과거를 확신하는 순서로 전개된다. 전도된 시간의 흐름에서 읽을 수 있는 것은 세계에 대한 환멸이 아니라 오히려 각자의 방식대로 말하고, 상상하고, 생각하는 사람들 사이를 잇는 결속력이다. E, a, b, c, d는 따로 분리된 듯해 보이지만 긴밀한 연관관계 속에 배치된 점들과 같다. 각자의 미래를 열심히 도모하고 있는 그들 각각이 따로 함께 모여 있는 것이다.

각자의 말과 상상, 생각들이 우연히 한 자리에 모여 미래의 형상을 점묘해나간다. 이미 지나간 것들, 지금 눈앞에 놓인 것들, 앞으로 스쳐갈 것들을 한 점 한 점 찍듯이 정확하게 말하는 방식은 이 막힌 현실을 벗어날 수 있는 대안이 된다. 모든 것들을 또박또박 불러

22 김엄지, 장편『주말, 출근, 산책: 어두움과 비』, 73쪽.

세운다. "그 국, 그 밥, 그 오이, 그 두부, 그 배추." 그 현실, 그 상상, 그 과거, 그 미래, 그 무엇.

3. "가끔 누군가 지나간 것 같다"

무엇이 쓴다, 무엇을. 헛것과 대결하기 위해 헛것을 글로 쓰는 이들이 있다. 오한기에게 소설 쓰기라는 행위는 그와 흡사하다. 소설집 『의인법』(2015)에 실린 작품들에서 사례들을 발견할 수 있다. 그가 그런 소설 작법을 익혔으리라 짐작되는 한 권의 책에 관한 독서일기를 인용해 본다.

> 내가 『매시노프』에서 배운 거라곤 이렇게 서로 다른 두 사실을 접목시키거나 허구를 만들어내 현실 속에 배치하면 효과가 그만이라는 게 전부다. 쓸데없는 것을 강조하면 더 그럴듯하게 보인다는 것도 체득했다. 상징과 알레고리에 대한 신뢰를 점차 잃어갔지만 말이다.[23]

오한기가 터득한 소설 쓰기의 방법이란 이렇다. 서로 다른 두 가지 사실을 접목시키거나 허구를 만들어내서 현실에 배치하는 것, 또 쓸데없는 것을 강조해 더 그럴듯하게 보이게 만드는 방식이다. 이런 방법을 신뢰하게 되면 사실과 허구의 간극, 현실과 비현실의 차이가

---

23 오한기, 「유리」, 소설집 『의인법』, 현대문학, 2015, 116쪽.

없어진다. 무엇이든 마음대로 끌어다가 아무데나 갖다 붙일 수 있는 방법이 생겨난다. 더 이상 상징과 알레고리와 같은 기존의 수사법에 매달릴 이유도 없다.

오한기의 소설에서는 이 인유(引喩)의 수사법을 통해 기이한 세계가 구축된다. 따라서 "허구와 현실이 또는 허구와 허구가 뒤섞인 채 덕지덕지 기워져 있는"[24] 것에서 메타소설의 양식을 실험하고 있다고 말하거나 기존의 텍스트를 방대하게 인용함으로써 다양한 기법들을 실험하고 있다고 해석하는 것은 부차적인 일이다. 오한기의 소설에서 주목해야 할 것은 그런 배치와 강조의 작법이 야기하는 문장들의 교란이며 다른 것들을 여기로 가져와서 여기를 전혀 다른 곳으로 만들어내는 방식이다.

표제작의 제목인 '의인법'도 그와 같은 논리로 이해된다. 소설 쓰기란 그러니까 쓸모없는 인간, 인간이 아닌 것이 인간이 되려고 지속하는 쓸모없는 행위다. 인간의 쓸모없음을 강조하면 할수록 인간의 쓸모가 더 그럴듯하게 보인다. 소설 쓰기란 인간 이하의 존재들이 인간이 되기 위한 필사적인 몸부림이다. 그러나 그는 알고 있다. "소설 쓰기를 그만두지 않는 이상 사람이 될 순 없"[25]다는 것을. 소설 쓰기를 그만두어야 사람이 될 수 있는데, 그는 지금 소설을 쓰고 있는 중이다. 쓰지 않음으로써만 사람이 될 수 있다면 소설을 쓰고 있는 한, 그가 사람이 될 가능성은 거의 없다. 소설을 쓰지 않는 것은 인간이 되는 것을 아예 포기하는 것이므로 계속 쓸 수밖에 없다.

---

24 오한기, 「유리」, 소설집 『의인법』, 119쪽.

25 오한기, 「새해」, 소설집 『의인법』, 281쪽.

오한기 소설에서 '의인법'은 특수한 부정을 내포하고 있다. 인간이라는 사실을 증명하기 위해서는 먼저 인간이라는 사실을 부정해야 한다. 그런 다음, 인간이 아닌 것이 인간을 말할 수 있게 된다. 이 논리적인 방법은 외계인을 증명하는 데에서도 적절하게 활용된다.

> 외계인의 존재 여부를 판단하는 방법은 딱 하나나. 인류를 멸망시켜보는 것이다. 인류가 사라진 뒤에도 누군가 존재한다면 그건 외계인이다. 그러나 우리는 지구에서 사라지므로 그 사실을 영원히 알 수 없다.[26]

소설의 화자는 외계인의 존재 여부를 파악하기 위해서 먼저 인류를 멸망시켜보는 방식을 제안한다. 인류가 사라진 뒤에 남는 것이 외계인이다. 그러나 인류가 사라진 뒤에 외계인이 존재한다 하더라도 그 사실을 증명할 수 있는 인간이 없을 때 그것이 진짜 외계인인지를 확인할 길은 없다.

이것은 결코 비관적인 태도가 아니다. 인간과 이 세계를 확인하기 위해서는 인간과 이 세계를 먼저 사라지게 하는 방법밖엔 없다. 오한기에게 소설 쓰기란 행위는 오직 '부정의 부정'을 통해서 어떤 세계에 도달하기 위해 인간과 세계를 대상으로 하는 생체실험에 다름 아닌 것이다.

무엇을 본다. 무엇인가 지나가는 것 같다. 이상우의 소설집 『프리즘』(2015)에 실린 소설들은 지나가고 있는 것들을 비좁은 문장에 담

---

26 오한기, 「의인법」, 소설집 『의인법』, 59쪽.

아내려는 시도로 읽힌다. 이상우의 소설에서 현실과 환영이 어긋나듯 접속한 곳은 몇 겹으로 접힌 시공간이다. 몇 문장들 속에 압축될 수 없는 세계의 부피가 느껴진다. 그의 소설들에는 지나가고 있는 무엇들을 감각하는 리듬으로 출렁인다.

> 아내가 없는데, 아내를 잃고, 딸이 없는데, 딸의 결혼식에 초대받지 못한 내가 나를 지나간다. 시간은 자아의 환영이고, 나는 날갯짓한다. 영원보다 새로울 평행을 시늉하며.[27]

> 가끔 누군가 지나간 것 같다. 손전등이 밝힐 수 있는 영역에 아무도 보이지 않았으나, 나는, 그러니까 가끔 누군가가 나를 지나가고 있다는 생각을 멈출 수 없다.[28]

지나가는 것은 현실에 있을 수도 있고 없을 수도 있는 시간의 환영이다. 현실의 '나'는 또 다른 우주에서 살아가고 있는 '나'와 평행을 이룬다. 아무 것도 없는데 모든 것이 있다. 재현되지 못할 것은 아무것도 없다. 우리의 몸은 열려 있다. "무엇인가를 보지 않으면서 보고, 보면서 보지 않은 것들이 우리에게서 재현되도록."[29] 보지 않은 것과 보는 것이 동시에 우리에게 재현된다. 그것은 보이는 것과 보이지 않는 것을 누가 어떻게 재현할 수 있을 것인지를 고민하던 기

---

27 이상우, 「나방, 평행」, 소설집『프리즘』, 문학동네, 2015, 210쪽.

28 이상우, 「888」, 소설집『프리즘』, 123쪽.

29 이상우, 「나방, 평행」, 소설집『프리즘』, 209쪽.

존의 물음과 분명 다른 차원에 있는 문제다.

사물과 인간의 위치 또한 뒤바뀐다. "여전한 어둠 속에서 사물들은 각성해 있고 희망은 너무 두렵다."[30] 사물이 각성된 세계에서 재현의 주체는 인간이 아닌 무엇이다. 여기서 인간이 아닌 것이 보는 것이거나 보지 않은 것이 문제가 된다. 어떤 이들은 이 두려운 세계를 안정시키기 위해서 먼 길을 떠나기도 한다. 이모의 시신을 수습하기 위해 브라질로 떠난 한 영화배우 이야기 「비치」에 등장하는 '그 애'가 그 중의 하나다. '그 애'는 조지 클루니를 미워해서 조지 클루니를 욕하는 것이 아니다. 그랬다. "그 애는 그냥 여러 가지로 불행했어. 그래서 조지 클루니를 욕했던 거야. 그래야만 세상의 균형이 맞아진다고 생각했던 거지."[31] 여기의 불행을 없애기 위해 저기에 있는 불행하지 않음을 차츰 소멸시키는 방식으로, 여기와 저기 사이의 불균형을 없앨 수 있는 방법을 선택한 것이다.

이 같은 방법은 지옥 같은 현실에서 벗어나길 꿈꾸는 사람들에게 말할 나위 없이 유용하다. 결코 두렵지 않다. 아직 오지 않은 미래가 두렵다면, 그것을 앞당겨 삭제하면 되는 것이다. 희망은 지우면 되니까, 미래는 전혀 두렵지 않다. 현실과 미래, 이곳과 저곳 사이의 균형 속에서 우리가 확실하게 감각할 수 있는 것은 오직 지나가는 것들이 반복되고 있다는 사실이다. 그러므로 우리에겐 아무 일도 일어나지 않을 것이다.

---

30 이상우, 「프리즘」, 소설집 『프리즘』, 255쪽.

31 이상우, 「비치」, 소설집 『프리즘』, 48쪽.

4. “고요한 슬픔에는 소리가 흘러나오지 않았다”

서철원의 장편『왕의 초상』(2015)과 김숨의 장편『바느질 하는 여자』는 역사와 전통에서 가져온 소재들을 다루는 솜씨가 돋보이는 작품들이다. 두 장편에서는 삶과 죽음에 대한 깊은 사유, 호흡을 멎게 하는 담담한 문체가 특히 인상적이다.

서철원의 장편『왕의 초상』은 조선 초기 태종이 집권하던 시기를 배경으로 하여 태종어진이 부재한 실상에 대한 추리적 상상에서 시작해 당대의 인물과 시대적 분위기를 섬세한 필치로 그려낸다. 저 먼 시간 속으로 거슬러 올라간 작가의 붓길은 우리 시대의 역사소설이 나아가야 할 아득한 길을 고요하게 밝힌다. 도화서 화원 명현서(明賢嶼)와 그의 딸 명무(明楙)에 관한 이야기를 전개하면서 지금 우리 시대의 현실에 대한 비판적 시선을 놓지 않는다.

방원은 고려 유민들의 신음 소리를 들으면서 생각한다. “명백히 백성의 눈으로 역사를 바라볼 수는 없을 것이라고, 모두가 원하는 역사는 세상 어디에도 없는 것이라고”[32] 이런 방원의 태도에서 지배 권력의 역사 인식의 한계와 민중의 아픔에 귀를 막고 있는 권력자의 모습을 상기하는 것은 어렵지 않다. 명현서는 방원에게 고려유민들이 부르는「가시리」는 “살아 돌아갈 수도, 죽어 떠돌 수도 없는 넋두리”라고, “무고한 백성들이 전쟁터에서 죽어가고”[33] 있는 현실을 직시할 것을 요청한다. 불온과 불충의 말로 “생명의 고결함”을 말했던

32 서철원, 장편『왕의 초상』, 다산책방, 2015, 10쪽.

33 서철원, 장편『왕의 초상』, 13쪽.

명현서는 방원에 의해 제거되고 만다.

명현서는 이런 사람이었다. "색(色)과 색 사이에서 민첩했고, 채(彩)와 채 사이에서 갈등하지 않았다. … 명현서는 높고 정확했다."[34] 높고 정확했던 명현서의 죽음은 색채에 분명했던 그의 필법에서 충분히 예감할 수 있는 것이었다. 방원의 살기어린 눈빛 앞에서 명현서는 죽음 앞에서 죽음이 과연 무엇인지를 생생하게 본다. "이것이 죽음이 가져다주는 문외함이며 버거움인 것. 삶을 벗어던지는 죽음이 가뜬하지 않은 것"[35]임을.

소설의 본격적인 전개는 명현서의 딸 명무가 열두 살이 될 무렵 아버지의 죽음에 대해 의문을 품으면서 시작된다. 아버지의 억울한 사연을 듣게 된 명무는 아버지의 죽음에 복수하기 위해 군왕의 전신을 기록한 왕의 초상, 즉 어진(御眞)을 그리는 화가의 길로 접어든다. 그때 명무가 가슴에 지녔던 말들은 다음과 같은 것이었으리라.

> "상실이 클 것이다. 그러나 들어라. 듣고 기억하거라."
>
> "네 가슴에 피울 꽃이 있다면 그림을 그리거라."
>
> 회화는 머릿속에 생성되는 것이 아니라, 오감을 통해 몸에 사무치도록 하는 것.[36]

명무가 그려야 할 왕의 초상은 그렇듯 자신의 몸이 듣고 기억한

34 서철원, 장편『왕의 초상』, 14쪽.

35 서철원, 장편『왕의 초상』, 19~20쪽.

36 서철원, 장편『왕의 초상』, 25~33쪽.

것들로 꽃 피워야 할 무엇이었다. 그것은 단지 왕의 초상을 그릴 수 있는 방법이나 기술을 익혀서 될 수 있는 것이 아니었다. 그림은 자신의 몸에 새긴 기억이 사무쳐 나오는 것. 그 길은 무엇을 버려야 하고 무엇을 취해야 할 것인지를 끝없이 물어야 하는 시련이었다. 명무는 붓과 화선지, 붓과 색, 붓과 자신이 하나가 되길 소망했다. "붓을 취하고 자신을 버림으로써 붓과 하나가 되어가기를 소망했으나, 소망은 소망일 뿐이었다."[37] 언제부턴가 명무는 붓보다 칼을 쥐고 싶어 했으나 "붓과 칼은 하나가 될 수 없"다는 것을 잘 알고 있었다.

> 붓과 칼은 두 가지 신명이 합쳐져 하나로 되는 것이 아니라, 제각기 세상 밖으로 사라지게 하는 것. 붓과 칼은 제가끔의 소요를 한곳에 모아 세상 속에 흩어지게 하는 것. 마침내는 세상 번잡과 소음 안에서 붓은 칼을 지향하되 칼은 붓을 따라가야 했다. 하나를 버리되 몸 안에 버리고, 하나를 가지되 몸 밖에 가져가야 했다.[38]

애초에 하나로 합치될 수 없는 붓과 칼, 그리고 몸. 몸은 붓과 칼을 번잡과 소요로 가득 찬 세상을 밖으로 사라지게 할 수 있는 힘이 되도록 할 수 있어야 했다. 칼과 붓은 몸 안과 밖에 각각 하나씩 가져야 하는 것이다. 붓과 칼을 한 몸에 지니고 누빌 수 없다는 "우울한 깨달음". 열여덟 살의 명무가 왕궁을 향해 떠난 것은 다만 살의와 복수를 완수하기 위해서가 아니라 있으면서도 없는 그런 그윽한 세계

---

37 서철원, 장편 『왕의 초상』, 34~35쪽.

38 서철원, 장편 『왕의 초상』, 60~61쪽.

를 실현하기 위해서였다.

"칼은 몸 안에 삭이는 것. 붓은 몸 밖에 두어야 하는 것."[39] 칼과 붓끝에 인유된 세상은 높고 쓸쓸하다. 명두의 깊은 고뇌는 붓과 칼의 쓸모를 다시 생각하게 한다. "칼과 붓은 휘두를 때가 가장 아름다운 것. 붓은 지나갈 때와 돌아올 때 저 지나간 자리까지 아름다운 흔적을 남겨서 아름다웠다. 칼은 지나갈 때와 돌아올 때 고요해서 아름다웠다."[40] 보이지 않는 칼을 몸 안에 지닌 채 이 세상을 사라지게 할 수 있는 붓길이 복수의 서사를 압도한다. 이 점에서 『왕의 초상』은 역사소설이 갇힐 수 있는 한계를 딛고서 정치권력에 대항하는 예술가의 정신을 천착한 작품으로서 의미가 있다. '왕의 초상'에 관한 이야기보다 권력과 대결하는 예술가들의 삶을 담은 지고한 '예술가의 초상'으로 읽고 싶은 것이다.

그와 같은 초상을 김숨의 장편 『바느질 하는 여자』(2015)에서는 바느질 하는 여자들의 손끝을 통해 보여준다. 바느질 하는 여자들의 평범한 일상 속에서 삶과 죽음의 세계를 누비는 진지함이 묻어난다. 죽은 이의 옷을 짓는 부령할매와 누비 바느질을 하는 금택의 어머니에게서 한 땀 한 땀으로 인생을 짜고 짓는 바느질로 한 편의 예술작품을 만들어내는 장인의 몸짓이 느껴진다.

부령할매는 심지어 바느질을 하는 날도, 낮과 밤을 가려서 했다. 부령할매는 바느질하던 것을 금택의 손에 닿지 않도록 높은 곳에 올려두곤 했는데 그처럼 그녀에게 수의를 짓는 일은 죽은 자들을 위한

39 서철원, 장편 『왕의 초상』, 320쪽.

40 서철원, 장편 『왕의 초상』, 322쪽.

경건한 의식과 같은 것이다. 그녀의 바느질은 저 너머의 세계로 떠나는 이들을 위한 마지막 길닦음과 한가지다. 살아 있는 사람들의 옷을 짓는 금택의 어머니에게도 바느질은 평범한 소일거리가 아니다. 여자들은 금택의 어머니에게 귀기가 서려 있다고 수군거리곤 했다. 금택의 어머니가 바느질을 하는 때에는 "무덤가에 떠도는 기운이, 뒷산 저수지 물빛에 감도는 기운이, 죽은 나무에 서린 기운이"[41] 함께 있다는 것이다. 귀기가 서린 어머니와 수의를 짓는 부령할매는 저 세상과 이미 접촉한 사람들이다.

부령할매와 어머니의 바느질은 마치 "죽은 사람의 옷을 짓는 소리와 산 사람의 옷을 짓는 소리가 어우러져 만드는, 생과 사의 이중창"[42]처럼 들린다. 그 소리는 어린 금택의 삶을 잔잔하게 누빈다. 금택에게 그 소리는 "죽은 사람의 옷을 짓는 소리가 산 사람의 옷을 짓는 소리를 불러온 것 같아서. 죽음이 목숨을 불러온 것 같아서."[43] 이상하게 들렸다.

바느질 하는 사람마다 제 각기 다른 바늘땀 뜨는 소리가 생겨나고 삶의 무늬가 다르게 짜인다. 바느질 하는 여자들의 한 깊은 사연과 옷을 지으러 한복 거리를 찾은 여자들의 삶이 그런 것처럼. 대구에서 방직 공장을 하는 옥(玉) 사모님은 전쟁과 산업화를 거치는 동안에 겪은 고단한 삶을 이렇게 증언한다.

41 김숨, 장편『바느질 하는 여자』, 문학과지성사, 2015, 40쪽.

42 김숨, 장편『바느질 하는 여자』, 29쪽.

43 김숨, 장편『바느질 하는 여자』, 204쪽.

"모든 것이 귀했는데 딱 하나 귀하지 않은 게 있었어."

"……"

"인간만 귀하지 않았지. 인간이 먹고, 마시고, 입을 것들은 귀했는데 정작 인간만은 귀하지 않았단다. 그러니 전쟁이 나고 난리 통에 그렇게나 죽이고 죽었지……"[44]

"한 명주여도 풀을 얼마나 먹이고, 다듬이질을 얼마나 하느냐에 따라 윤기와 질감과 짜임의 촘촘한 정도가 달라지듯. … 미역이 난 곳이 진도냐, 기장이냐, 완도냐, 영덕이냐에 따라 다른 것처럼."[45]

전쟁에서 산업화로 이어지는 동안 우리가 분명하게 확인할 수 있었던 것은 인간이 하나도 귀한 존재가 아니었다는 사실이다. 역사의 진짜 얼굴은 인간을 인간이 아닌 것으로 만들어버린 죽음의 시간 속에 있다. 아픈 세월을 바느질로 견디어온 여자들은 옷감용 천들을 고르고 풀을 먹이고 다듬이질을 하는 것에도 세심한 마음을 기울인다. 바느질 하는 여자들의 손길은 저마다의 시간 속에 자리한 깊고 슬픈 상처의 흔적을 꿰맨다. 아무리 해도 바늘땀과 바늘땀 사이에 누적된 상처의 깊이를 메울 수 없다. 오직 성실하게 한 땀 한 땀을 뜨는 것으로 다른 세상이 새롭게 짜일 수 있길 기원해온 것이다.

---

44 김숨, 장편『바느질 하는 여자』, 100쪽.

45 김숨, 장편『바느질 하는 여자』, 111쪽.

"천 땀을 떠야 하는 거면 꼬박 천 땀을 떠야지. 처음 바늘을 잡은 사람이나 수십 년 바늘을 잡은 사람이나 꼬박 천 땀을 떠 넣어야 하지. 더도 말고, 덜도 말고, 천 땀을 떠 넣어야 하지. 수십 년 바늘을 잡은 사람이 아무래도 더 정교하고 능숙하게 바늘땀을 뜨겠지만, 어쨌든 꼬박 천 땀을 떠야 하거든. 천 땀 중 숨거나 묻히는 땀이 있어서도 안 되고, 튀는 땀이 있어서도 안 되고, 엇나가는 땀이 있어서도 안 되지. 어떻게 보면 가장 공평한 바느질이 누비 바느질이지."[46]

그러므로, 바느질은 계속되어야 한다. 어머니의 누비 바느질은 한 땀 한 땀이 고르게 펼쳐진 공평한 세상이 올 때까지 지속해야 하는 것이다. 그것만이 이 비정한 세월을 견디고 버텨낼 수 있는 힘이다. 한편 김숨의 이 소설에서 보여주는 바느질은 다른 시공간에 놓여 있는 사물, 사람, 이야기를 다르게 직조하는 방법으로도 읽힌다. 소설 쓰기가 곧 세계를 다른 무늬로 누비면서 그에 맞서는 방식이 될 수 있다는 것을 이 소설은 다시 한 번 확인시켜 준다.

지난 겨울을 통과하면서 읽은 몇 편의 소설들에서 나는 문장들 사이를 서성거리는 무엇을 보았다. 그리고 거기에서 이 쓸쓸하고 건조한 시대를 건널 수 있는 방법들을 감지했다. 점묘와 인유는 그 가운데에 자리해 있다. 저 먼 곳을 여기로 불러와 여기를 지우면서 어딘가로 갈 수 있으리라는, 어떤 가능성이 희미하게 스친다.

---

46 김숨, 장편 『바느질 하는 여자』, 606쪽.

당신을 앓던 밤들

불면의 감촉

1. 빨갱이 설화

설화는 재앙에서 피어나 재앙을 견디는 힘이 된다. 떠도는 설화에서 슬픔과 웃음이 동시에 번져 나오는 것도 바로 그 때문이다. 세상이 바뀌고 또 바뀌어도, 어떤 설화 속의 주인공들은 더욱 위력을 발휘한다. 그 힘은 시공간의 격차를 넘어서 사람들의 무/의식을 점령한다. "빨갱이"에 관한 설화만큼 놀라운 전염력과 지속성을 지닌 설화도 드물 것이다.

이인휘의 소설집 『폐허를 보다』(2016)에서 우리가 다시 읽게 된 것은 폐허 같은 삶의 중심에 자리한 빨갱이들의 이야기이다. 비극의 시대를 관통해온 시인 강이산의 삶과 죽음을 회고하고 있는 「시인, 강이산」에서 그 한 자락을 만날 수 있다. '나'는 강이산이 죽기 전까지 살았던 가리봉 오거리 벌통집으로 찾아간다. 벌통집 벽 위에 강이산이 적어놓은 문장에 오랫동안 시선이 머문다.

> 자본과 권력을 그렇게 증오했으면서도 한 줄의 시도 던지지 못했다.
> 내 영혼은 길 위에서 길을 잃어버렸다.[47]

47 이인휘, 「시인, 강이산」, 소설집 『폐허를 보다』, 실천문학, 2016, 201쪽.

이 치열한 자책과 부끄러움은 강이산이 살아온 시대를 돌이켜보지 않고선 온전하게 이해할 수 없다. 그는 광주항쟁 이후 학교를 포기하고 공장으로 들어간 후 군사 쿠데타, 계엄령 선포로 이어지는 격동기에 공단의 노동활동가로 지냈다. 강이산과 함께한 노동자 박영진이 분신자살을 하면서 이 땅의 노동자들에게 마지막으로 남긴 말은 "끝까지 투쟁하라!"였다. 그러나 국가는 그들을 국가 전복의 위험을 내포한 자들로 규정했다. 이에 맞서 강이산은 박영진의 죽음을 낳은 국가권력에 대항해 "민중의 권력을 찾을 수만 있다면 박영진처럼 죽음도 불사할 거라고" 선언했다.

뜨겁고 아름다웠던 강이산의 삶에 대해선 긴 이야기를 덧붙이지 않아도 충분히 짐작할 수 있다. 그런데 지금 '나'를 괴롭히는 것은 강이산이 이 세상을 떠났다는 슬픔만이 아니다. 거대한 역사의 소용돌이에서 개개인이 앓는 아픔을 질문하는 것 자체가 금기였다고 해도, 그의 마음속에 자리한 고통에 대해 한 번도 묻지 않았다는 자책감 때문이다.

'나'는 강이산의 장례식에 간 후에야 그가 견디어 왔던 고통스러운 기억을 듣게 된다. 강이산은 왜 광주항쟁 당시 도청에 있었고 그후 그는 어떤 길을 걸어 왔을까?

> 80년 광주항쟁이 일어났을 때 강이산은 전남대 기숙사에서 생활하던 형의 소식을 찾아 거리로 나왔다가 사흘 후 도청 앞에 늘어놓은 시신 속에서 총알이 복부를 관통한 형의 죽음을 보았다고 합니다. 그 순간 그는 험난한 역사의 소용돌이 속으로 빠져들고 말았습니다. 견딜 수 없는 슬픔과 분노로 총을 쏘는 법도 배웠

> 습니다. 5월 27일 탱크를 앞세운 계엄군이 금남로를 포위할 때도 도청에 남아 총을 들었습니다. 새벽 네 시, 군인들이 소나기처럼 총탄을 퍼붓자 도청은 순식간에 피바다가 됐습니다. 강이산은 모래주머니로 겹겹이 쌓아놓은 엄호 안에서 단 한 발의 총을 쏘고 웅크리고 있다가 체포됐습니다.
>
> 상무대로 끌려가서 짐승처럼 학대받다가 고등학생이라는 이유로 석 달 후 풀려났습니다. 강이산이 집으로 돌아왔을 때 어머니는 아무런 말도 없이 아들을 껴안고 먼 산을 쳐다만 봤습니다. 그는 며칠 동안 집 안에 박혀 있다가 광주로 나섰습니다. 시위 현장에서 접한 '들불야학' 사람들의 말과 그들의 소식지를 본 기억 때문입니다. 그는 꿈처럼 펼쳐진 잔혹한 현실의 내막을 알고 싶어 그들을 찾아 나섰습니다. 그들로부터 노동운동이라는 낯선 말을 접하면서 일 년 후 인천 주안공단으로 들어섰습니다.[48]

전북 부안에서 태어난 강이산은 광주에서 학교를 다니던 형이 총에 맞아 죽은 것을 본 후 광주항쟁의 마지막 격전지였던 전남도청에 남아 총을 들었다. 잔혹한 현실을 알고 싶어서 들불야학을 찾았고 노동 현장으로 들어서게 되었다. '나'는 오랜 시간 동안 그를 만나 왔는데도 그가 직면했던 아픔과 힘겨운 선택들에 관해서 아무것도 묻지 않았다. 광주의 상처에서 벗어나지 못한 강이산이 무등산 자락에서, 채석강에서 자신을 불러내서 망월동과 어머니의 이야기를 시원하게 털어놓지 않았던 순간에도 그 이유를 묻지 못했다.

---

48 이인휘, 「시인, 강이산」, 소설집 『폐허를 보다』, 197~198쪽.

누구도 한 사람이 지닌 아픔의 깊이에 다가설 수 없다. 이것만은 분명하게 말할 수 있다. 강이산이 "술로 도피했다고 해도, 시대정신을 외치던 그가 개인의 상처를 역사적 상처로 받아들이지 못했다고 해도" 그는 "시인이었다"는 사실을. 그가 진정 시인이라고 말할 수 있는 것은 채석강 바다와 고향집 마당에 뿌려진 강이산의 유해가 세상의 이치를 환하게 밝히는 "몸속의 지도"를 남겼기 때문이다. 강이산이 먼저 살다간 그 길은 살아남은 자들에게 "마치 돈오돈수의 한 순간처럼 깨달음이 닫혀 있던 마음의 문을" 열 수 있는 영혼의 시가 되었다.

작가 이인휘는 이 소설을 박영근의 시집 『저 꽃이 불편하다』를 읽으면서 그의 시 속에서 "박영근 시인이 겪어온 80년대와 90년대의 시대적 상처를 보았기 때문"에 썼다고 했다. 또 그렇게 태어난 강이산은 "격동의 시대를 치열하게 살고자 했던 사람들의 삶을 모아 창조해낸 인물"이라고 덧붙인다. 이제 어디에서 불꽃처럼 살다간 강이산'들'을 다시 만날 수 있을까? 자본과 권력이 잠식한 이 어두운 시대에 강이산'들'이 떠난 자리는 더욱 쓸쓸하고 적막하기만 하다.

이인휘의 따뜻한 시선은 「그 여자의 세상」에서 '점박이 여자'의 고단한 생애를 기록한다. 주인공 여홍녀는 얼굴에 붉은 반점이 있어서 외모에도 자신감이 없고 배운 것도 가진 것도 없는 평범한 여자다. 그녀의 삶은 봉제 공장 시다에서 시작해 전자 공장 노동자, 버스안내양, 술집 창녀를 전전하다가 결국 돈의 노예로 전락하고 만다. 홍녀는 남편을 만나 충청도 작은 마을에서 새로운 삶을 꿈꾼다. 그들은 술집과 공장을 돌아다니면서 생계를 이어간다. 홍녀는 아이에게 술집 여자로 기억되고 싶지 않아서 마흔다섯 살의 나이에 용접 기술

자격증에 도전하기도 한다.

홍녀의 몸에는 상처 입은 세월이 병으로 자라나고 있었다. 그녀의 남편은 우울증과 불면증으로 시달리는 아내의 극단적인 행동을 막기 위해 양손을 묶어 자신의 손목에 걸어 놓고서야 잠을 잘 수 있었다. 홍녀가 죽고 난 후 마을에는 그녀의 죽음에 관한 숱한 소문들이 떠돌기 시작한다. 마을 사람들은 남편이 보험금을 타기 위해서 그녀를 죽인 것은 아닐까라는 근거 없는 추측을 내놓는 것에서부터 그녀의 죽음에 관한 이유를 이리저리 꿰맞추다가 결국 "지독한 년"이라는 말로 귀결했다. 진실은 죽음 근처에 이르러서야 드러나는 것일까?

> "나 죽으면 우릴 딸 어떡해요? 무서울 때마다 하나씩 들어놓은 거예요. 돈 없어서 우리 딸 고생시키면 안 되잖아요."[49]

마을 사람들이 의심했던 보험료는 사실 홍녀가 자신이 죽고 난 후 남겨진 아이를 걱정해서 마련해둔 것이라는 사실이 밝혀진다. 홍녀는 아이에게 가난을 대물림해주고 싶지 않아서 자신의 죽음을 예감할 때마다 보험을 들어놓은 것이다. 그녀가 살다가 떠난 이 폐허와 같은 도시에서 "공장의 불빛이 싫어 하늘을 올려다" 본다. "별들이 총탄처럼 쏟아져 내리고"[50] 있는 밤은 여전히 지속되고 있다.

공장의 불빛을 떠나 농촌 마을로 가면 아름다운 별들의 무리를

---

49 이인휘, 「그 여자의 세상」, 소설집 『폐허를 보다』, 263쪽.

50 이인휘, 「공장의 불빛」, 소설집 『폐허를 보다』, 119쪽.

볼 수 있을까? 이시백의 소설집 『응달 너구리』(2016)는 단호하게 그럴 리 없다고 대답한다. 이 소설집에 실린 작품들은 모두 농촌 마을을 배경으로 하고 있으나 그곳은 아름다운 풍경이 펼쳐진 전원도 아니고 마음 속의 고향과도 거리가 멀다. 농촌 사람들은 순박한 인심을 지닌 것도 아니고 아무것도 모르는 무지렁이들도 아니다. 그들은 나름대로의 시각으로 이 혼란스러운 세계를 분석한다. 가령, 북한이 연평도에 대포를 쏘아댄 사건은 격렬한 논쟁을 불러일으킨다.

> "아, 시상에 배고픈 것덜 이길 장사 있어? 어채피 굶어 죽을 판에 이판사판으루 한판 해보자는 데야……."
>
> "까짓것들이 한판 헐 심이나 있것어? 땅크건 뭐건 지름이 읎어 죄 세워놨다는디."
>
> "땅크보담 더 무선 것이 그지여. 멫천만이 깡통 뚜딜기구 내려와봐. 여나 그나 단체 할인으루 싸그리 거덜나구 말지."
>
> "내려오긴 워딜 내려와. 여두 길바닥에 신문지 깔구 자빠진 것들이 수두룩헌디."[51]

이들이 보기에 연평도 포격은 '가난이냐, 전쟁이냐'라는 물음을 함축한 사건이다. 한쪽에선 가난한 북한이 설마 전쟁이나 할 수 있겠느냐는 의혹을 제기하는가 하면 다른 한쪽에서는 북한이 남한을 공격해 내려온다고 해도 거지가 수두룩한 남한에서 그들이 살아갈 수 있는 길은 막막할 것이라고 예견한다. 이들의 대화에서 주목할 것은

---

51 이시백, 「잔설(殘雪)」, 소설집 『응달 너구리』, 한겨레출판, 2016, 13쪽.

북한의 공격에 대해 날선 비판이 아니라 앞서 이 남한 사회가 과연 살 만한 곳인지를 에둘러 살피고 있는 점이다.

뒤틀리고 모자란 듯해 보이는 생각에도 한 조각의 진실은 묻혀 있기 마련이다. 마을 사람들이 옥신각신하는 말들에는 결코 간단하지 않은 역사적 사실이 스며 있다. 세월은 속절없이 흘러 왔지만 사람들은 "빨갱이를 문둥이보다 더 흉하게 여기던 세상에서"[52] 일어난 학살의 장면과 "군사혁명이 난 뒤에 깡통을 들고 돌아다니던 나환자들을 트럭에 몰아 싣고 월곡리 골짜기에다 쏟아놓은 일을"[53] 아직껏 생생하게 기억하고 있다.

마을 사람들 사이의 갈등과 대립은 단순한 감정싸움 정도로 넘길 수 있는 문제가 아니다. 춘식은 개장수 규만이 "말끝마다 선진조국이니 애국애족을 주워 삼키며 저 혼자 애국자 노릇을" 하면서 지방선거에 나온다는 말을 듣고서 견딜 수가 없다. 춘식이 보기에 규만은 제 맘에 들지 않거나 제 편이 아니다 싶으면 모두 빨갱이 짓으로 단정하는 사람이다. 심지어 수박을 쪼개는 순간에도 빨갱이의 기억을 환기시킨다.

> "겉은 퍼런데 안은 시뻘건 게 뭔 줄 아냐믄서, 그게 바루 바닥빨갱이라는 겨. 육이오 때 인민군보덤 더 무선 것이 바닥빨갱이였다며 씨월거리는 겨."[54]

---

52 이시백, 「저승밥」, 소설집 『응달 너구리』, 270쪽.

53 이시백, 「열사식당(烈士食堂)」, 소설집 『응달 너구리』, 296쪽.

54 이시백, 「개 도둑」, 소설집 『응달 너구리』, 143쪽.

한편 「개 도둑」에서 마을 이장 선거에 나온 옥근은 "나라가 안정되랴믄 바닥 빨갱이부텀 말깜히 쓸어베려야 한 대니께."라고 외친다. 옥근은 수상한 시국에 마을의 공공 안녕을 위해서 "사상적으루다가 거시기 한 것들을 싸그리 뿌리째 뽑아내" "안보적으루나 경제적으루나 면내 젤가는 마을루 맨들겠시유."[55]라고 다짐한다. 그런 옥근을 보면서 진철은 "빨갱이보다 더한 사기꾼"이라고 을러댄다.

옥근과 진철 사이의 보이지 않는 다툼은 오랜 역사를 거느리고 있다. 진철의 아버지 김 영감이 왜 지리산으로 꽃구경을 가지 못하는지를 아는 사람은 아무도 없다. 김 영감은 옥근의 아버지 최 영감과 함께 토벌대로 들어가 "평소 손에 먹물깨나 묻혔다고 얼굴 희고 입바른 소리만 골라 하던 것들을 잡아다 빨치산 끄나풀로 몰아 한 축을 족히 요절낸 일들은 누구에게도 말하지 못했다."[56] "그 징그러운 이야기들"은 시간이 흘러도 망각되지 않은 채 잔설로 쌓여 있다.

흔히들 생각하듯이 시골 마을은 평화롭고 무구한 고향과 같은 곳이 아니다. 이시백의 「응달 너구리」는 시골 사람들의 입담을 살려서 우리의 무/의식 속에 자리한 도시와 농촌의 이분법적 구도에 균열을 낸다. 동남아와 아프리카 등지에서 제3세계 외교 공무원으로 지냈던 황정식은 용두리 마을로 들어와 늘 꿈꾸던 시골살이를 시작한다. 그곳은 한 마디로 이런 캄캄한 곳이다.

---

55 이시백, 「개 도둑」, 소설집 『응달 너구리』, 23~24쪽.

56 이시백, 「개 도둑」, 소설집 『응달 너구리』, 33쪽.

"사변 때두 여그는 난리 난 중두 몰랐던 디유."[57]

황정식은 이 마을의 명당자리에 있는 밭을 소개받아 한옥을 짓는다. 그러던 어느 날, 집에 오르내리는 길을 트랙터로 끊어낸 사건이 일어난다. 동네 최 씨의 말에 따르면 그것은 '응달 너구리 삼뷩'의 짓이라고 했다. 드디어 황정식은 삼봉과 대면한다. 황정식이 말도 없이 길을 끊어버리는 법이 어디 있냐고 을러대자 삼봉의 대답은 이렇다.

"즤가 벱이구 뭐이구 알어야쥬. 그저 즤 땅에다 한 뼘이래두 뇡사럴 지어 먹것다는 거쥬, 뭐."[58]

황정식은 삼봉에게 머리를 조아리게 된 자신의 꼴이 부끄러워 견딜 수가 없다. 외교관 생활을 삼십 년 동안 지낸 황정식이 삼봉에게 보기 좋게 당한 것이다. 황정식이 삼봉을 진짜 두려워하게 된 것은 노인과 삼봉이 나누는 대화를 듣고 난 후부터다.

"길개루 복숭아 낭구 하나가 있는디, 대처 것덜이 지나갈 적마다 장 따 먹구, 밤이구 낮이구 남의 집 담장 너머루 넘실거리니, 워디 사람이 살 재간이 있어야지."

"그려서 제초제럴 발라놓으려구유?"

57 이시백, 「응달 너구리」, 소설집 『응달 너구리』, 99쪽.

58 이시백, 「응달 너구리」, 소설집 『응달 너구리』, 108쪽.

"당최 견딜 수가 있어?"

창구 직원이 혀를 차며 내어놓은 제초제를 되가져 가는데, 곁에 섰던 삼봉이 느근거리는 웃음을 흘리며 한마디 말참견을 했다.

"뇡약을 써야쥬. 제초제럴 썼다간 단박에 결딴나니께 거시기허구유. 뇡약이야 당장 표가 안 나구 시름시름 앓아눕게 허니께 맞춤이쥬, 뭐."[59]

남의 담장 너머로 과일을 따먹는 것을 견딜 수 없다는 노인의 말에 삼봉은 "단박에 결딴나니께" 제초제를 쓰지 말고 "시름시름 앓아눕게" 농약을 발라놓으라고 조언한다. 이 섬뜩한 삼봉의 말에 황정식은 삼봉의 별호에 대해 묻지 않을 수 없었다. 삼봉이 하는 말,

"보기엔 영 춥구 딱혀두 그 나름으루 의뭉스럽게 살아가는 인생을 응달 너구리라 헌다는디, 내야 뭐 의뭉스러운 꾀래두 낼 재주나 있나유?"[60]

삼봉이 어두운 응달 그늘에서 죽지 않고 버티고 있는 이유를 알 법하다. 양지바른 도시의 사람들을 바라보면서 살아가는 응달 너구리들은 폐허의 불빛과 맞설 수 있는 기특한 묘법을 터득한 이들이다. 공장의 불빛이 더 환해질수록 응달 너구리들은 진화를 거듭해

59 이시백, 「응달 너구리」, 소설집 『응달 너구리』, 119~120쪽.
60 이시백, 「응달 너구리」, 소설집 『응달 너구리』, 121쪽.

다시 태어날 것이다.

2. 상처를 사는 사람들

윤대녕의 장편 『피에로들의 집』(2016)에서는 다른 아픔을 지닌 사람들이 함께 모여 살아가고 있는 특별한 공간으로 안내한다. '나'는 에드워드 호퍼의 그림을 선물한 그녀와 헤어진 후 무력한 나날들을 보내던 중에 우연한 계기로 '아몬드나무 하우스'로 들어오게 된다. 여기의 사람들은 "모두가 실은 난민이나 고아 같은 존재들"이다. 상처를 주었든지 받았든지 간에 상처를 껴안고 있는 사람들은 상처를 통해 관계를 맺는다.

'나'는 꿈속에서 여자가 몸부림치는 소리를 듣는다. 그 소리는 어디에서 온 것일까? 이후에 한 여자가 그 집에서 자살을 했다는 이야기를 접한다. 그 소리는 어둠 속에서 공사장으로 끌려들어가 손이 묶인 채 윤간을 당한 여자의 아픔과 관련된 것임을 알게 된다. '나'는 묻는다. 한 번도 마주친 적이 없는 타인들, 익명의 존재들이 겪은 고통이 진정 '나'의 것이 될 수 있을까?

> "그런데, 그게 저로서는 왠지 신비하게 느껴집니다. 생살이 돋는 것처럼 이따금씩 벅찬 느낌도 들고요. 그전에는 타인 때문에 순수하게 아파본 경험이 없는 것 같거든요."
>
> "왜, 어떤 여자 때문에 몸부림치다가 지금 이 지경이 된 게 아니던가?"

"그 여자는 타인이 아니라고 믿었거든요."

"그야 자네 생각이 그렇다는 거겠지. 절대적인 타인이 존재하지 않듯이, 절대적인 자아라는 것도 존재하지 않아. 다만 관계라는 게 존재할 뿐이지."[61]

마마는 '절대적인 자아'라는 것이 없듯이 '절대적인 타인'이라는 것도 없다고 설명한다. 즉 자아와 타인은 다만 '관계'를 통해서만 존재한다는 것이다. 그렇듯 개인은 수많은 타인과의 의존적 관계를 이루고 있다. 따라서 죽은 한 여자와 살아 있는 '나'는 아무런 관계가 없는 절대적인 타인이 아니다. '나'는 다시 생각한다, "과연 그러한 것인가." 우리 모두는 타인과 관계 안에서 살아갈 수밖에 없는데도 왜 타인의 불행에 대해 무감각한 것일까? '나'는 그런 무감각증이 오랜 기간에 걸쳐 형성된 결과물이라고 진단한다.

"가령 임진왜란이나 병자호란을 생각해봐. 그 당시에 백성들이 어떤 일을 겪어야만 했는지. 또 임금이란 사람이 백성을 버려두고 어디로 갔는지. 너무 먼 옛날이야기인가? 그럼 일제강점기와 한국전쟁을 떠올리면 되겠지. 부서진 철교에 매달려 서로 살겠다고 필사적으로 상대를 팔꿈치로 밀어내며 살아온 참혹한 세월 말이야. 해방이 되고 분단이 되는 과정에서도 이념 대립으로 헤아릴 수 없이 많은 사람들이 죽었고 전쟁이 끝난 뒤에도 사정은 마찬가지였어. 알다시피 오늘날까지 이념 논쟁은 되풀이되고

---

61 윤대녕, 장편『피에로들의 집』, 문학동네, 2016, 107~108쪽.

있고. 게다가 권력을 쥔 자들이 생존권을 담보로 늘 이를 악용하고 있지. 대립과 분열을 조장하면서까지 말이야. 그러니 삶의 다른 가치들은 돌아볼 겨를 없이 여전히 생존만이 목표일 수밖에 없는 거지. 때문에 타인에 대해 본능적으로 적대적이고 관용이라든가 선의는 개입할 여지가 없는 거야. 살아가기 위해서는 언제나 타인의 존재가 필요한데도 말이야."[62]

요컨대 타인을 향한 우리의 무감각함은 조선후기 양란에서부터 일제강점기, 분단과 전쟁을 거치면서 쉽게 변하지 않은 집단무의식으로 견고해졌다고 설명한다. 무감각증은 지배권력에 의해 버림받은 민중들이 식민지배와 학살, 전쟁을 내리 겪으면서 오직 자신만의 생존을 위해서 다른 사람들을 밀어내야 했던 이기심이 집약된 결과라는 것이다. 그동안 다른 사람들의 아픔을 돌볼 겨를이 없었던 사람들은 타인에게 관용과 선의를 베푸는 데에도 인색할 수밖에 없다. 이런 분석은 타인의 고통에 무관심한 우리의 태도를 다시 돌이켜 보게 한다.

작가 윤대녕은 이 소설에서 "가족 공동체의 해체를 비롯해 삶의 기반을 상실한 채 실제적 난민으로 살아가는 사람들"을 통해 "새로운 유사 가족의 형태와 그 연대의 가능성을 모색"했다고 한다. 그러나 "소설의 상상력으로는 미처 감당하기 힘든 사회적 재난들을 지켜보면서 그때마다 무력한 화자(話者)로 전락한 느낌이 들어 매번 진저리를 쳤다."[63]고 고백한다. 비참한 재난 앞에서 무력해진 상상력

---

62 윤대녕, 장편『피에로들의 집』, 148~149쪽.

을 딛고 탄생한 이 작품은 오히려 상처와 함께 사는 것이 살아가는 힘이 될 수 있다는 것을 보여준다. 그것은 아마도 난민의 고통이 그의 글 속에 그대로 관통했기 때문일 것이다.

고통을 느낄 때마다 처음 세상에 태어나던 날을 되감아 보게 된다. 조성기의 소설집『우리는 아슬아슬하게 살아간다』(2016)는 지금 우리의 고통이 어디에서 유래했으며 그것을 어떻게 이겨낼 수 있을 것인지를 질문한다. 죽음과 같은 삶이 기원한 지점을 묻는 가운데 산다는 것은 무엇이며 우리의 삶은 어디로 향해 가고 있는가라는 물음을 제출한다.

내가 '태어나던 날'은 수많은 사람들이 죽고 갖가지 사건들이 일어나던 순간과 더불어 기억된다. 그러니까 내가 태어나던 날은 이렇게 요약할 수 있다. "내가 태어나던 날, 국군은 다음과 같은 전과를 발표하였다. 사살 38명, 포로 5명, MI 6정, 99식 소총 9정, 38식 소총 7정, 카빈 2정, 자동식 소총 1정, 권총 1정, 다발총 1정, 기관단총 1정, 실탄 630. 그리고 김달삼도 사살된 것으로 추정된다고 하였다."[64] 한국전쟁이 일어나기 두 달 전에 태어난 '나'는 어떤 운명을 살기로 예정된 존재인가?

> 내가 태어나던 날, 나는 이미 전향을 강요당하는 미전향 장기수가 되었다. 아니, 전향한 것도 아니고 미전향한 것도 아닌 정순

---

63 윤대녕,「작가의 말」, 장편『피에로들의 집』, 247~248쪽.

64 조성기,「내가 태어나던 날」, 소설집『우리는 아슬아슬하게 살아간다』, 민음사, 2016, 113~114쪽.

덕 같은 존재가 되었다. 김달삼 부대가 섬멸된 반론산(半論山) 근방에서 반론(半論)만 펼칠 수밖에 없는 반쪽짜리 인생이 되었다.

나를 태어나게 한 아버지도 북한에 마음을 두고 남한에 살았다. 고정간첩이 잡혔다는 기사가 인물 사진들과 함께 큼지막하게 실린 조간신문을 아버지가 펼칠 때마다 신문을 잡은 아버지 두 손이 바르르 떨리는 것을 나는 늘 놓지지 않았다.

(…) 내가 태어나던 날, 나는 미전향 장기수들을 만나 그들과 함께 먹고 마시기로 작정되어 있었다.[65]

태어나던 날에, '나'는 전쟁이 일어날 것을 예측하지 못했고 어떤 운명을 살게 될 지도 가늠할 수 없었다. 그런 '나'는 태어날 때부터 "전설적인 여자 빨치산"으로 활약한 정순덕의 운명과 무관하지 않는 삶을 살기로 미리 결정되어 있었다.

육이오 때부터 13년간 최후의 빨치산으로 남아 있다가 잡힌 정순덕은 22년 감옥살이를 나와 중풍으로 쓰러져 지금은 병원에서 지내고 있다. 그렇게 "전향한 것도 아니고 미전향한 것도 아닌" 정순덕과 북한에 마음을 둔 아버지 사이에, 현재의 '나'는 존재하고 있는 것이다. '나'는 그렇게 전쟁의 상흔을 지니고 있는 사람들, 고통의 역사를 온몸으로 겪은 "그들과 함께" 살아가야 하는 운명을 부여받았다.

산다는 것은 이전 세대가 겪은 세월에서 벗어나지 못하는 것임을 예감하고 있다. 아무런 희망도 기대도 없이 살아가야 한다는 것을

---

65 조성기, 「내가 태어나던 날」, 소설집 『우리는 아슬아슬하게 살아간다』, 128~129쪽.

우리는 '세월호'에서 다시 한 번 뚜렷하게 확인하였기 때문이다. "세월호는, 아무리 세월이 흘러도 도착하지 않는다."는 문장으로 시작된 「우리는 아슬아슬하게 살아간다」의 서두에서부터 말문이 닫힌다. 진혁은 부여에 있는 명상센터를 찾아가는 길에 세월호 침몰 소식을 듣는다. 이 말도 안 되는 사건으로 어린 영혼들을 잃어버린 우리들은 이렇게 스스로 위로의 말을 전한다.

> "산 자들이 죽은 자를 안쓰럽게 여기고 그리워한다고 하지만 죽은 자들이 산 자들을 더욱 안쓰러워하고 그리워하는지도 몰라."[66]

여기에는 위로받아야 할 사람들은 오히려 죽은 자들이 아니라 산 자들이라는 역설이 담겨 있다. 즉 산 자들과 죽은 자들 중에서 더 고통스럽게 살고 있는 자들은 오직 생존하기 위해서 분투하고 있는 산 자들이다.

명상센터를 찾은 진혁은 "자신의 고통보다 더 큰 고통들을 목도해야 하는 수련을 받아 온 셈이"라고 생각한다. 그것은 "타인의 큰 고통으로 자신의 고통을 이겨야 하는 수련"이다. 진혁은 타인의 고통을 감당할 수 없지만 타인의 더 큰 고통에 참여하는 방편으로 유체이탈을 시도한다. 그의 몸은 바닷속 세월호로 다가간다.

---

66 조성기, 「우리는 아슬아슬하게 살아간다」, 소설집 『우리는 아슬아슬하게 살아간다』, 221쪽.

> 둥둥 떠다니는 시신들이 선실 안에 떼를 이루고 있을 줄 알았는데, 선실 가득 물봉선과 벌노랑이, 광대나물, 우단동자, 제비꽃, 목련, 송엽국, 칼퀴나물, 금계국, 개망초 꽃잎들이 만화경 풍경인 양 질서 정연하게 대칭을 이루며 떠다니고 있었다. 꽃 향기가 풍기는 것 같기도 했다. 물속에서 죽어 가면서 산 자들을 향해 보낸 그들의 염체는 '사랑'이었다.[67]

시신들이 떠다니고 있을 것이라고 생각했던 깊은 바다 속에는 죽은 영혼들이 "꽃 향기"로 흐르는 만화경이 펼쳐져 있다. 죽어가는 자들은 산 자들에게 "사랑"의 마음을 보낸다. 이 꿈속에서 만난 환상적인 장면은 아무것도 할 수 없는 채로 어린 영혼들을 떠나보내야 했던 산 자들이 스스로에게 건넬 수 있는 위안에 불과해 보일 수 있다.

다르게 생각해 보면 유체 이탈은 사라진 영혼들과 만나고 그들을 대신해 재난의 책임을 묻기 위해서 산 자들이 계속 시도해야 할 명상법인지도 모른다. 유체 이탈의 방법으로도 도무지 가볼 수 없는 곳이 있다. "바닷속보다 더 깊고 어두운" "청와대야말로" 아무도 들어가지 못하는 견고한 성채일 것이다.

무슨 일이 일어날 것만 같은 긴장과 불안이 연속되는 삶에서 모든 생각과 행동은 개시되기도 전에 의문에 부쳐진다. 윤효의 소설집 『그의 세컨드라이프』(2016)에 등장하는 인물들은 한결같이 정착할 곳을 찾지 못한 방랑자들의 몸짓을 보여준다. 부유하는 시선으로 일

---

67 조성기, 「우리는 아슬아슬하게 살아간다」, 소설집 『우리는 아슬아슬하게 살아간다』, 237~238쪽.

상에 잠재된 불안을 감지한다.

이국적인 희귀식물 틸린드시아의 눈을 통해서 일상을 그린 「숨을 멈춰봐」라는 단편은 이채롭다. 틸린드시아는 어느 날 "아직 충분히 아름다운데 절망하고 있는 젊은 여자"의 눈에 들어 그녀의 집으로 와 살게 된다. 틸린드시아는 여자가 자신을 사던 순간을 "하나의 나약함이 또 하나의 나약함을, 하나의 괴로움이 또 하나의 괴로움을, 하나의 불안이 또 하나의 불안을 알아본 순간"[68]으로 기억한다. 그렇게 나약하고 괴롭고 불안한 여자는 틸린드시아의 '엄마'가 된다. 틸린드시아의 눈에 비친 여자의 고독은 다음과 같은 질문 속에서 드러난다.

> 저 까만 수반 속의 둘만 남은 금붕어들 중 한 마리가 앓게 되면 어떤 일이 일어날까? 건강한 금붕어는 아픈 금붕어를 물어뜯을까? 상대가 죽고 나면 영원히 혼자 살아야 하는데도? 아니면 고독이 두려워서라도 규칙을 바꿔볼까? 오직 자신을 위해서 말이야. 나는, 몹시 궁금해.[69]

> 칼을 들어 하나의 묵은 삶을, 관성을, 감정들을 내리쳐 끊어내는 데는 얼마나 많은 에너지가 드는 것일까. 만약 그들이 헤어지지 못하고 산다면 그건 단지 칼자루를 들 힘이 없어서가 아닐까.[70]

---

68 윤효, 「숨을 멈춰봐」, 소설집 『그의 세컨드라이프』, 자음과모음, 2016, 168쪽.
69 윤효, 「숨을 멈춰봐」, 소설집 『그의 세컨드라이프』, 193쪽.

고독은 피할 수 없는 삶의 조건이다. 그런 줄 알면서도 여자는 불편한 관계들을 끊지 못한다. 다른 사람을 만나는 일이 고통스럽지만 혼자 살아가는 길을 선택할 수도 없다. 여자에겐 자신이 살아온 삶의 "규칙"을 바꾸든지 "묵은 삶"을 끊어낼 수 있는 "칼"이 필요하다. 만약 단호하게 결단을 내릴 수 없다면 이제 남은 것은 단 한 가지 방법뿐이다. 누군가와 어긋나듯 살아가면서 타인을 향한 욕망을 서서히 소멸시키는 방법이 그것이다.

막연하게 불행이 다가오고 있음을 예감하면서도 누군가가 자신의 불행에 대해 이야기할 때엔 애써 외면하고 싶다. "발설되는 순간 그것이 한 사람의 운명의 운행을 결정하는 법칙이 돼버릴 것 같기 때문이다."[71] 수연은 어두웠던 지난날을 돌아본다. 그리고 위태로운 이곳에서 다시 묻는다.

> 유년의 한 지점으로 잠깐 돌아가보는 것도 이토록 힘겨운데,
> 강 건너편인 이곳의 생은 진정 우리의 것이기나 한 것일까.[72]

불행은 언제나 그것을 감당할 만한 사람들에게로 찾아오는 것은 아닐까? 저 편을 건너서 도달한 여기는 정말 불행이 끝난 곳일까? 삶이란 다가오는 시간과 마주하면서 이전과 다른 공간으로 이동하

---

70 윤효, 「눈이 어둠에 익을 때」, 소설집 『그의 세컨드라이프』, 127쪽.

71 윤효, 「우리가 강을 건넜을까」, 소설집 『그의 세컨드라이프』, 220쪽.

72 윤효, 「우리가 강을 건넜을까」, 소설집 『그의 세컨드라이프』, 238쪽.

는 것일 뿐이라면 과거의 불행은 언제나 지속되고 있는 현실이 아닐까? 이 모든 물음은 이곳의 생을 겨우 버티고 있는 "우리의 것"이라는 것은 분명한 사실이다. 상처는 주는 것도 아니며 받는 것도 아니다. 우리의 삶이란 상처를 사는 것이다. 산다는 것은 상처와 함께, 그 상처로 인해 더 큰 힘을 지니게 되는 것이다.

3. 모욕적인 순간에도

심지어 당신에게서 모욕을 당하는 순간에도, 이 세상으로부터 버림받았다고 느낀 순간마저도, 때로는 살아가는 힘이 된다. 이것은 그저 그렇게 살자는 포기의 선언이거나 아무런 일도 할 수 없다는 무력감의 표현이 아니다. 그것은 모욕당하고 버림받은 그 순간을 잊지 않기 위해서 살아갈 것이라는 의지가 담긴 말이다. 과장해서 말하면 모욕과 무시의 경험에서 삶을 시작하는 힘을 얻을 수 있다.

김경욱의 「천국의 문」(『천국의 문 외』, 2016)은 요양병원에 있는 치매 걸린 아버지와 딸 사이에 자리한 어두운 내면을 그리고 있다. 그런데 이 소설의 초점은 죽음을 앞에 둔 아버지에 대한 딸의 애틋한 감정을 보여주는 데에 있지 않다. 여자에게 아버지는 어떤 존재였는가가 더 중요한 문제다. "그러니까 아버지만 없다면"이라고 생각해온 여자에게 아버지라는 존재는 "아버지의 끼니, 아버지의 불면, 아버지의 발작. 말하자면 아버지라는 어둠"[73] 같은 것이었다. 여

73 김경욱, 「천국의 문」, 『천국의 문 외』, 문학사상, 2016, 25쪽.

자에게 아버지는 죄의식의 기원이라고 말할 수 있다.

그런 여자가 아버지의 죽음을 직면했을 때 어떤 마음이었을까? 여자는 어떤 사내의 말처럼 아버지의 죽음을 그저 "죽음이란 빛의 일부가 되는 것이라고" 여길 수 있을까? "고통과 억울함과 죄의식 속에서 아버지의 마지막을 남몰래 상상하던 순간 접혔던 자리까지도" 말끔하게 지울 수 있었을까? 여자는 죽음과 사투하던 아버지의 얼굴에서 '천국의 문'을 열어젖힌 사람 같은 행복한 미소를 발견한다. 그 순간에 사내가 들려준 말을 떠올린다.

> "인간에게는 그 영혼을 육신의 감옥에서 해방시키는 혈이 있어요. 천국의 문이라 불리는 혈 깊숙이 침을 찔러 넣으면 단잠에 빠져 미소를 지으며 저세상으로 가죠."[74]

아버지의 죽음이라는 구체적인 사건 앞에서는 어떤 말들도 소용이 없다. 여자를 위로해주었던 사내의 말들은 아버지의 죽음이라는 사실 앞에서 차라리 모욕감을 줄 뿐이다. 돌이켜보면 이 모욕감은 어느 날 갑자기 찾아온 것이 아니다. 여자는 대학 시절 교양수업 시간에 가스오븐에 머리를 들이밀어 자살했다는 시인의 작품을 낭송했던 경험을 떠올린다. 여자가 읽어야 할 부분은 마지막 연이었다. 문제는 마지막 연의 마지막 행을 읽어야 할 때였다.

> 여자는 그세야 알 것 같았다. 난생처음 느꼈던 그 끔찍한 감정

74 김경욱, 「천국의 문」, 『천국의 문 외』, 32쪽.

은 모욕감이었다. 그리고 문제의 시는 그게 전부가 아니었다. 진짜 마지막 행은 이랬다.

"아빠, 아빠, 이 개자식, 나는 다 끝났어."

여자는 자신의 인생이 끝장나버린 기분이었다. 아버지가 마지막 숨을 거두면서 여자의 남은 생을 걷어가버리기라도 한 것처럼.

여자가 다시 전화를 건 곳은 경찰서였다.[75]

여자는 오래 전에 경험한 모욕적인 순간을 떠올리면서 아버지에 대한 죄의식에서 벗어난다. 그때 여자는 자신의 운명이 누군가의 계략에 의해 움직이고 있는지도 모른다고 생각했을는지도 모른다. 이제 여자는 알 수 없는 죄의식에서 벗어나 세상과 정면으로 대결하는 순간으로 비약한다. 여자가 경찰서로 전화를 걸어서 무슨 말을 했는지 확인할 길은 없지만 아마도 여자의 마음속엔 볼모로 잡혀 있던 자신의 생을 되찾으려는 의지와 함께 세상에 대한 진정한 복수심이 돋아 나오고 있었으리라고 짐작된다.

모욕적인 순간은 삶의 새로운 방향을 결정한다. 윤성희의 단편 「베개를 베다」(『베개를 베다』, 2016)에서 엑스트라로서의 인생을 살고 있는 한 남자를 하나의 사례로 들 수 있다. 남자는 화려한 주인공이 아니라는 이유로 연민을 일으키지 않는다. 오히려 남자는 결코 삶의 주인이 될 수 없는 이 세계를 향해 삶이란 바로 하찮은 엑스트라와 같은 것이라는 비수 닮은 웃음을 던진다.

---

75 김경욱, 「천국의 문」, 『천국의 문 외』, 37쪽.

남자의 친구들은 고등학교 때 그가 담임선생님의 목소리를 잘 흉내냈고 교과서를 읽을 때에도 성우처럼 읽었다고 기억했다. 시체 연기가 대부분인 엑스트라에겐 대사가 없다. 남자에게 맡겨진 역할은 주로 시체처럼 누워 있거나 시체가 되어가는 것뿐이다.

> 백 부작 대하 사극을 찍는 동안 나는 수십 번 죽었다. 그게 마음에 들었다. 내가 태어나기 이전의 시대로 되돌아가서 죽는 것. (…) 아무 생각도 하지 않았다. 그 순간만큼은 내가 아니라 시체니까. 가끔 쓰러진 자리에 돌멩이라도 있으면 나는 이렇게 생각했다. 시체라도 등이 아픈 건 아픈 거구나. 그럴 때면 웃음이 날 것 같았다. 하지만 시체니까 진짜로 웃지는 않았다.[76]

사극을 찍는 동안 수십 번도 넘게 시체가 되어야 했던 남자는 시체처럼 죽은 듯이 누워 있는 순간에도 아프다는 것을 느낄 수 있었다. 웃음이 나와도 시체니까 웃을 수 없었다. 살아 있으나 죽은 듯이 있어야 하는 연기는 실제로 일상을 살아가는 남자의 모습과 큰 차이가 없다. 촬영용 옷을 입고 담벼락에 기대서 해바라기를 하는 것을 즐겨하는 이 남자는 만약 자신이 주인공으로 등장하는 드라마를 찍게 된다면 마지막 장면이 꼭 그랬으면 좋겠다고 생각한다. 물론 아내는 "말도 안 되는 얘기는 이제 그만해"라고 말할 것이지만.

산 것도 아닌 죽은 것도 아닌 것처럼 살아가고 있는 사람들에겐 시체 연기는 다만 드라마나 영화 속의 일이 아니다. 삶이란 언젠가

---

76 윤성희, 「베개를 베다」, 소설집 『베개를 베다』, 문학동네, 2016, 111~112쪽.

닥쳐올지 모를 죽음의 순간을 매일 연습하는 엑스트라의 연기와 같은 셈이니까.

감독이 큰일이 난 표정을 지어달라고 주문하면서 살면서 겪었던 가장 큰 일을 생각해보라고 했지만 "나는 생각하지 않았다." 그리고 남자가 생각하기에 "겪은 일을 생각하는 게 아니라 겪지 않은 일을 상상하는 게 진짜였다."[77] 그건 이미 겪은 일이 중요하지 않기 때문이 아니다. 지금까지 겪어온 일을 생각하는 것도 앞으로 겪게 될 일을 상상하는 것도 남자에겐 즐겁지 않는 일이다. 시체가 되는 장면을 연기할 때마다 남자는 차가운 땅바닥에 누워서 초등학교 시절에 경험한 모욕적인 순간을 생각하고 또 생각했다.

> 너 저게 뭔지 알아? 아이는 눈에 보이는 것마다 손가락으로 가리키며 질문을 했다. 코스모스. 저게 뭔지 알아? 굴뚝. 저건 알아? 홈통. 교문 앞에 도착할 때까지 그렇게 초등학교에 입학하지 않은 내 동생도 알 만한 것들을 물어봤다. 학교에 도착해서는 칫, 너도 다 아는구나! 하고는 뒤도 돌아보지 않고 교실로 뛰어갔다. 나중에 모욕이라는 단어를 알게 된 뒤 나는 녀석에게 이렇게 말했다. 넌 나에게 모욕을 주었어. 나중에 꼭 갚아줄 거야. 시체가 되어 눈 위에 쓰러져 있는 연기를 할 때마다 녀석을 찾아가 더한 모욕을 주고 싶다는 생각이 들었다. 죽기 전에 꼭 갚을 거야. 아내는 윤리 선생님처럼 나를 달랬다. 얘야. 그런다고 분노가 가라앉는 건 아니란다.[78]

---

77 윤성희, 「베개를 베다」, 소설집 『베개를 베다』, 125쪽.

누구나 다 알 법한 질문에 대답해야 하는 순간은 어떤 기분이 들까? 누구나 답할 수 있는 쉬운 문제를 풀 수 있다는 것은 결코 대단하지 않다. 세상을 사는 것이 그리 간단한 일이 아닌데 쉬운 문제를 받고 해결해야 한다면 그것은 더 모욕적인 일이다. 거기에는 세상 사람들이 다 아는 것을 '너도 아는구나'라는 무시와 경멸이 들어있기 때문이다.

시체 연기를 할 때마다 남자는 그 모욕적인 순간을 되갚으리라고 다짐한다. 그것이 그가 살아가는 이유이다. 엑스트라 남자는 세상의 가장자리에서, 오직 살기 위해서 안간힘을 쓰는 사람들에게 인생이 결코 쉬운 일이 아니라는 듯, 말 없는 비웃음을 선물한다.

다른 사람에겐 하찮게 보인다 해도 내겐 한없이 소중한 것들이 있다. 그 무엇과도 바꿀 수 없는 자신만의 것. 최정화의 소설집 『지극히 내성적인』(2016)에 실린 「구두」에서 '구두'가 그 중의 하나다.

가사 도우미를 하러온 여자가 한 가족의 공간으로 진입한다. 여자는 사고로 남편을 잃고 혼자서 생계를 꾸려야 하는 처지이다. 그런데 '나'는 자신의 가족들과 잘 어울리는 여자를 보면서 소외감을 느낀다. 남편의 출근을 배웅한 후 여자의 구두를 발견한 '나'는 여자가 자신의 구두를 바꿔 신고 간 것을 확인한다.

여자가 신고 간 그 구두는 그냥 신발이 아니라 '나'의 삶이 담긴 것이다. 그러므로 '나'에게 중요한 문제는 그 여자가 단지 '나'의 구두가 탐나서 신고 간 것이 아닐 수 있다는 점에서 발생한다. '나'는 그

---

78 윤성희, 「베개를 베다」, 소설집 『베개를 베다』, 127쪽.

여자를 견딜 수가 없다. "그 여자가, 자기가 나인 줄로 착각하고 내 구두를 신고 갔다고 말이에요."[79] 견딜 수 없게 하는 것은 그 여자가 '나'의 삶을 통째로 가로챈 것 같은 불안감이며 내 삶의 소중한 것을 빼앗겼을지도 모른다는 모욕감이다. 마치 사랑을 나누었던 당신이 '나'를 기억하지 못할 때처럼.

> 뭘까요? 대체 왜 그렇게 말했을까요? 그 책은 나를 위한 책이고 선생님도 내내 나를 잊지 못했다는 걸 알고 있는데 어쩌자고 다른 친구를 불러내어 나의 존재를 감추려고 하는 걸까요? 내 실수에 대한 복수인 걸까요? 나를 영영 용서하지 않겠다는 걸까요? 동생이 선생님과 나 사이를 오해라도 했던 걸까요? 그것도 아니면, 나를 완전히 잊어버린 걸까요? 설마 기억에도 없는 걸까요? 아니면 애초부터, 함께 지내던 시절에도 나 따위는 안중에 없었던 건가요? 난 그저 집주인일 뿐이고 선생님은 손님이었을 뿐인가요?[80]

지금 이 여자는 핸드백에서 종이칼을 꺼내 오른쪽 주머니에 넣고 왼손에는 책을 들고서 당신을 바라보고 있다. 이 여자가 원하는 것은 당신과 나눈 아름다운 시간을 기억하고 말을 걸어올 당신의 다정한 표정이다. 그러나 만약 "나를 보고 당황하거나 혹은 내 얼굴을 기억하지조차 못한다면, 왜 여기에 왔느냐고 의아한 표정을 짓는다

79 최정화, 「구두」, 소설집 『지극히 내성적인』, 창비, 2016, 26쪽.

80 최정화, 「지극히 내성적인 살인의 경우」, 소설집 『지극히 내성적인』, 158쪽.

면"[81] 여자는 주머니 속의 종이칼을 쥐게 될 것이다.

당신이 '나'의 소중한 감정을 삼켜버린다면, 만약 그렇게 '나'의 사랑을 모욕한다면, '나'는 당신을 결코 용서하지 않을 것이다. 책을 내밀게 될지 종이칼을 내밀게 될지를 결정할 수 있는 사람은, 오직 당신뿐이다. 여자에게 중요한 것은 당신과 함께한 아름다운 지난날을 당신이 기억하는 것이다. 당신에게 기억되고 싶다, 오직 그것뿐이나. 아니, 당신 곁에서 온전히 떠날 수 있기 위해서 당신은 우리가 함께 나눈 이야기를 결코 잊지 않아야 한다. 모욕적인 순간에 마음 속의 다짐은 더욱 견결해진다.

4. 아무렇지 않아서

삶이란 구멍 하나를 메우기도 전에 또 다른 구멍으로 들어가는 과정이 아닐까? 편혜영의 장편 『홀(The Hole)』(2016)의 주인공 오기와 아내, 그리고 아내의 가족들은 가슴 속에 구멍 하나씩을 간직한 사람들이다. 그들은 누구나 죽음과 마주치기 전까지 빈 구멍을 하나씩 껴안고 살아가야 하는 존재라는 것을 보여준다. 오기는 여행 중에 사고로 아내를 잃은 후 신체적 불구로 인해 특별해진 자신의 모습을 견딜 수가 없다. 삶은 예측할 수 없는 것일까? "어떻게 삶은 한 순간에 뒤바뀔까. 완전히 무너지고 사라져서 아무것도 아닌 게 되어

81 최정화, 「지극히 내성적인 살인의 경우」, 소설집 『지극히 내성적인』, 159~160쪽.

버릴까."[82]

오기는 아내와의 어긋난 시간들을 되돌아본다. 아내는 아무것도 사과하지 않았고 자신도 아내를 위로하지 못했다. 그는 아내와 오기 사이에 자리한 커다란 구멍을 아내의 가족들에게서도 느낀다. 식구들이 남 같은 기분이 들 때면 '외국인'을 상대하고 있다고 생각하곤 했다. 사십대에 접어든 오기는 "영영 속물로 살지, 잉여로 남을지"를 고민했고 오기가 생각하기에 성공해서 이름을 날리고 싶어 했던 아내는 대학시절 오리아나 팔라치 사진을 지갑에 넣고 다니면서 "늘 누군가처럼 되고 싶어 한다는 것" 때문에 불행했다.

지리학을 전공한 오기는 인류 최고(最古)의 지도인 바빌로니아 세계지도의 중심에 뚫려 있는 원, 그 구멍에 매혹된 적이 있었다. 그는 "지도 없이는 세계를 이해할 수 없지만, 지도만으로 세계를 표현할 수 없다는 것에 회의가 들었다." 삶은 지도와 어떤 점이 다른가?

> 그래도 지도는 실패를 통해 나아졌다. 그 점에서는 삶보다 훨씬 나았다. 삶은 실패가 쌓일 뿐, 실패를 통해 나아지지는 않으니까.[83]

오기에게 삶이란 "실패"의 연속인 것처럼 다가왔다. 그가 보기에 지도와 인간의 삶이 지닌 중요한 차이는, 인간의 삶은 실패를 통해 진보하지 않는다는 것이었다. 그것이 삶과 지도 사이의 다른 점이었

---

82 편혜영, 장편『홀(The Hole)』, 문학과지성사, 2016, 28쪽.

83 편혜영, 장편『홀(The Hole)』, 75쪽.

다.

오기는 아내에게 어떤 모습으로 그려져 있었을까? 강박적으로 기록하는 습관이 있었던 아내에게 오기는 어떻게 오해된 모습으로 적혀 있었을까? 오기는 아마도 장모가 아내가 남긴 기록들을 읽고서 아내가 그랬듯이 자신에 대한 오해와 미움을 품고 있을지도 모른다고 생각한다. 그 모든 것들이 오기를 두렵게 했다. 오기에게 장모와 에스가 나누는 대화에서 '구멍'은 어떤 모습으로 그려졌을지 짐작된다.

"큰 나무를 심으시려나 봐요. 구멍이 엄청 크더라고요."

"아직 멀었어요. 더 파야 해요."

"되게 큰 나문가 봐요."

"나무가 아니에요. 연못이죠."

"연못이요? 정원에요?"

"산 걸 풀어놔야죠. 살아서 꼬리도 치고 숨도 쉬고 헤엄도 치고 그러는 걸 둬야지요."

"잉어 같은 거요? 근사하겠네요."

"산 게 근사합니까? 추접하죠. 악착같이 그 좁은 구멍에서 살려고 해댈 텐데……"[84]

오기는 자신이 바로 연못 속의 좁은 구멍에서 살려고 발버둥치는 한 마리의 물고기와 다름없는 존재라고 생각했을 것이다. 산다는 것

---

84 편혜영, 장편『홀(The Hole)』, 149쪽.

은 좁은 구멍에서 살려고 애쓰는 것과 같은 일이라는 것을. 암흑 같은 세상에서 살아간다는 것은 결국 텅 빈 구멍을 발견하고서 그 구멍을 메우기 위해 필사적인 노력을 하는 과정이 아닐까? 아내가 글을 쓰려고 했던 것도 자신의 "커다란 공동"을 발견한 후 그것을 메우기 위한 노력이 아니었을까?

하지만 오기는 아내의 삶에 자리한 빈 곳을 위로해주지 못했다. "오기는 비로소 울었다. 아내의 슬픔 때문이 아니었다. 그저 그럴 때가 되어서였다."[85] 이 울음은 홀로 남아 감당해야 하는 아픔이 너무 크다는 사실을 확인하는 순간에 번져 나온 것이 아니다. "그저 그럴 때"는 도저히 이겨낼 수 없는 상처가 아무렇지 않게 다가오는 것을 감지했을 때이다. "그저 그럴 때"를 정말 아무렇지 않게 맞이할 수 있을까?

김이설의 소설집 『오늘처럼 고요히』(문학동네, 2016)는 일상을 점거한 폭력을 고요한 문체로 드러낸다. 폭력의 중심에는 아버지들이 있다. 「미끼」에서 낚시꾼인 아버지는 외래종 블루길을 주로 잡아서 큰 것들만 먹고 나머지는 버렸다. 또 아버지는 종종 여자를 잡아와 창고에 가뒀다. 여자들은 대부분 창고에 갇혀 있다가 언제나 감쪽같이 사라졌다. 아버지는 늘 강조했다. "버텨 살아남은 놈이 주인이 되는 거야. 알겠어?" 아들은 그런 아버지에게서 세상을 살아가는 법을 배웠다. 아버지의 폭력으로 인해 다리를 잃은 아들은 이제 아버지에게서 배운 것을 그대로 아버지에게 되돌려 준다.

85 편혜영, 장편 『홀(The Hole)』, 209쪽.

"약해빠져서 이 세상 어떻게 살래. 약한 건 쓸모없다. 쓸모없는 건 죽어야지. 죽지 않고 버틴 놈만 사는 거야."[86]

아버지가 몇 번 더 덤볐지만, 결국 지쳐 쓰러진 건 아버지였다. 약해빠진 것은 쓸모없었다.[87]

아들은 아버지가 가르쳐 준 것을 동일하게 모방한다. 지쳐 쓰러진 아버지는 당신의 말대로 "쓸모없었다." 아버지를 지치도록 짓이기고 나서야, "나는 절룩이며 강으로 내려갔다. 낚싯대를 던졌다. 붕어가 살이 오를 계절이었다. 자꾸 웃음이 비어져나왔다."[88] 이 섬뜩한 웃음은 아버지라는 폭력의 실체를 폭로한다. 그와 동시에 폭력은 결코 사그라지지 않고 계속 이어질 것이라는 암시를 던져준다.

「한파 특보」에서 아버지는 "타인을 무시하는 것으로 자기의 권위를 세우고, 목소리를 키우는 것으로 자신의 건재를 과시했다."[89] 그런 아버지에게 여자의 남자 친구였던 규원이가 하는 일은 "빨갱이 짓이지!"라는 말로 압축된다. 아버지는 외친다. "어디서 그딴 빨갱이 새끼나 만나서 말야! 통일을 뭐하러 해!"[90] 최근 소비자운동 시민연대 간사를 맡고 있는 규원은 "우리도 같이 살자"라는 문구가 적힌 피켓을 들고 시위를 하고 있었다. 그런데 "규원은 아직도 같이 살아야

---

86 김이설, 「미끼」, 소설집 『오늘처럼 고요히』, 문학동네, 2016, 14쪽.

87 김이설, 「미끼」, 소설집 『오늘처럼 고요히』, 42쪽.

88 김이설, 「미끼」, 소설집 『오늘처럼 고요히』, 45쪽.

89 김이설, 「한파 특보」, 소설집 『오늘처럼 고요히』, 143쪽.

90 김이설, 「한파 특보」, 소설집 『오늘처럼 고요히』, 155쪽.

나아진다고 믿는 건가. 나는 진심으로 묻고 싶었다."[91] 정말, 우리가 다 함께 잘 살 수 있는 세상이 올 수 있을까?

> 규원은 힘주어 말했다.
> "걱정 마, 넌 안 굶겨."
> "굶기면 내가 벌면 돼."
> 내가 벌어도 안 되는 것이 현실이었다.[92]

> "내가 그들과 달라서가 아니라, 내일을 기다릴 수 없는 사람이기 때문이었다. 당장 다음달 생활비가 없고 아이의 학비가 없었다. 나는 더 나은 미래보다, 당장의 오늘이 더 절실했다."[93]

오늘의 현실이 더 절실한 사람들에게 내일의 미래는 상상할 수 없는 일이다. 당장 오늘을 살아가는 것이 긴급한 사람들에게 미래라는 시간은 구호 속의 문구에 불과했다. 트럭을 몰던 남편이 죽은 후, 트럭 운전을 시작한 여자는 도시와 지방을 오가며 옮겨야 될 것들을 뭐든지 실어 날랐지만 형편은 점점 더 나빠졌다. 반복적으로 파업이 일어나고 자살을 하는 사람들도 많았으나 물류 이동은 전면 중지될 수 없었다.

파업의 무리에 끼지 않은 자신과 같은 기사들 때문이었다. 여자

---

91 김이설, 「한파 특보」, 소설집 『오늘처럼 고요히』, 160쪽.
92 김이설, 「한파 특보」, 소설집 『오늘처럼 고요히』, 160쪽.
93 김이설, 「폭염」, 소설집 『오늘처럼 고요히』, 86~87쪽.

는 "내가 죽게 되면, 혼자 남겨질 아이 때문"[94]에 종신보험을 들기로 마음먹었다. 그러나 아이가 먼저 손목을 긋고 자살을 시도했다. 여자는 "사는 것이 사는 것의 전부가 되는 게 옳은 것인지"[95]에 대해서 확신할 수 없다. 사는 것이 전부는 아니라는 사실, 바꿔 말해 산다는 것이 다만 죽지 않고 사는 것일 뿐이라면 산다는 것은 어떤 의미를 지닐 수 있는 것일까?

이기호의 소설집 『웬만해선 아무렇지 않다』(2016)는 제목에서 기대되는 것처럼 '웬만해선 아무렇지 않'는 그저 그런 이야기가 아니다. 삶이 괴로운 것은 눈물과 웃음이 너무 가까운 곳에 함께 있기 때문이다. 처음부터 고통 속에서 태어난 우리에겐 비명을 지르지 않고 살아갈 수 있는 순간을 기대할 수 없다. 이것이 고통인지 위로인지는 알 수 없다. "우리는 너나없이 고통 속에서 태어난 존재들이란다. (…) 고통 다음에야 비로소 가족의 이름을 부여받는 거야. 아아아아. 그래서 가족이란 단어는 들으면 눈물부터 나오는 거란다."[96]

고통 속에서 태어난 우리에게 "타인은 그저 믿을 수 없는 바이러스일 뿐이다"[97] 자신을 지키기 위해서는 타인과의 관계마저 끊어야 하는 데도 누군가가 그립고 만나고 싶다. 잘못 걸려온 전화에 그는 "그럼, 만나서 얘기하시죠, 뭐"라고 대답하고 나서 "어쩐지 조금 눈물이 날 것 같기도 했다."[98]

---

94 김이설, 「폭염」, 소설집 『오늘처럼 고요히』, 107쪽.
95 김이설, 「아름다운 것들」, 소설집 『오늘처럼 고요히』, 294쪽.
96 이기호, 「아아아아」, 소설집 『웬만해선 아무렇지 않다』, 마음산책, 2016, 171쪽.
97 이기호, 「타인 바이러스」, 소설집 『웬만해선 아무렇지 않다』, 39쪽.
98 이기호, 「그녀와 마주한 어느 오후」, 소설집 『웬만해선 아무렇지 않다』, 53쪽.

타인을 만나고 사랑한다는 것은 무엇일까? 서른 살이 될 때까지 한 번도 여자 친구를 사귀어보지 못한 남자는 기적적으로 여덟 살 연하의 주경 씨를 만나 연애를 시작한다. 그들은 강원도 외곽에 위치한 부도 직전의 동물원으로 산책을 간다. 한적한 동물원의 토끼와 닭들은 지나치게 먹성이 좋았다. 반달가슴곰들이 우리 밖으로 손을 내밀며 울부짖자 남자는 도시락 김밥을 반달가슴곰들에게 던져 주면서 "동물원이 한적해지면 제일 먼저 위험해지는 것은 바로 동물들이라는 것을"[99] 깨닫는다. 하루하루 살아가는 것이 힘겨운 사람들이 더 많아졌을 때 동물원에 갇혀 있는 동물들은 위기에 처한다. 동물의 운명은 곧 인간의 운명이다.

한 남자는 아버지가 남겨준 담배를 피우면서 살아간다. 사연은 지금으로부터 이십 년 전, 2014년으로 거슬러 올라간다. 아버지가 돌아가신 후 집을 담보로 융자를 받은 '채무 승계' 서류가 도착하는데 알고 보니 아버지는 담뱃값이 오른다니까 융자를 받아 담배를 사재기해 놓은 것이다. '최후의 흡연자'가 된 이 남자에게 담배는 그냥 담배가 아니다.

> 하루에 적어도 스무 번은 아버지 생각을 했지요. 그러면서 또 이런 생각도 하게 되었습니다. 이제 아무도 담배를 피우지 않으면, 또 아무도 누군가를 그리워하지 않겠구나. 모두 건강만을 생각하면서 살아가겠구나 하는 생각 말입니다.
>
> 저는 그냥 이렇게 계속 담배를 피우면서 하루 스무 번씩 누군

99 이기호, 「동물원의 연인」, 소설집 『웬만해선 아무렇지 않다』, 36쪽.

가를 헛되게 그리워하면서 살아갈 작정입니다. 그게 아마 인류 최후의 흡연자가 해야 할 몫이겠지요.[100]

남자는 빨리 팔아서 은행 융자를 해결하고 대학원 등록금도 내야 하는데 마음대로 되지 않는다. 담배를 팔아서 아들 대학원 등록금을 마련할 수 있겠다는 생각으로 무려 천 보루를 쌓아누었지만 담배 밑면에 제조 연월일이 적혀 있어서 사람들은 오랜 기간 저장해둔 담배를 사질 않았다. 그때부터 한 번도 입에 물어보지 않았던 남자는 담배를 피우기 시작했고 이십 년이 지났지만 이천 갑도 넘는 담배가 남아 있다.

단지 슬퍼할 일은 아니다. 남자가 담배 연기를 머금는 동안은 아버지를 그리워하며 살아가는 시간이다. 어떤 사랑은 자신을 서서히 소멸시키는 가운데 완성된다.

어느 날 폭행 및 폭언, 협박 혐의로 고소당한 오십대 남자가 경찰서로 연행된다. 검도 사범인 남자의 진술에 따르면 중학교 남학생이 '소녀시대 태연' 양을 비방하는 글을 인터넷 게시판 등에 게시하는 것을 참을 수 없어서 그만 중학생의 멱살을 쥐었다고 한다. 경찰관은 쌍방 간의 화해를 유도한다. 그런데,

"저도 화해하거나 사과할 생각이 없습니다. 후회도 없고요. 그냥 법대로 해주십시오."

"아니, 선생님. 이게 그렇게까지 갈 사안도 아니고…… 서로

100 이기호, 「최후의 흡연자」, 소설집 『웬만해선 아무렇지 않다』, 234~235쪽.

좋게 좋게…….”

“아니죠. 그러면 누굴 사랑하는 게 아니죠. 사랑이 어디 합의할 수 있는 거던가요?”[101]

한 사람의 마음속에 자리한 사랑을 ‘법’대로 처리할 수 있는 것인가? 누군가의 가슴에서 간절하게 움트고 자라난 사랑을 감히 ‘합의’해서 끝낼 수 있는 일인가? 다른 사람이 보기에는 하찮게 보이는 사랑이라 하더라도 그것은 누군가의 가슴에 자리한 사랑은 한 사람을 살게 하는 힘이 될 수 있는 것이다. 그런 사랑을 법의 이름으로 간단하게 합의해서 처리한다는 것은 있을 수 없다.

사랑은 법의 테두리를 넘어선 절대의 영역에 거주하고 있는 것이니까. 그리고 “진짜 사랑은 그 사람이 없는 곳에서 이루어지는 법이니까.”

법 바깥에서 지금 막 피어오르고 있는 사랑이 하나 더 있다. 겨우 출판사를 찾아 책 한 권을 낸 남자는 자신의 책을 읽는 첫 번째 독자를 만나 인사를 나누고 싶어서 대형 서점을 기웃거린다. 그의 책을 고른 첫 번째 독자는 편의점에서 아르바이트를 하고 있는 여자다. 용돈을 버느라고 책 한 권을 제대로 사지 못했던 그녀는 책을 사지 않고 훔쳐서 가방 속에 넣었다. 이 장면을 숨어서 지켜보고 있던 남자는 마치 자신이 책을 훔치다 들킨 사람처럼 가슴을 졸인다.

그는, 서점 직원보다 더 빨리, 이 사람 저 사람과 어깨를 부딪

101 이기호, 「벚꽃 흩날리는 이유」, 소설집 『웬만해선 아무렇지 않다』, 24쪽.

쳐가며, 그녀를 향해 뛰어갔다네. 머릿속은 계속 아득해져 갔지만, 그는 발걸음을 멈추지 않았다네. 그리고 다짜고짜 그녀의 손을 덥석 잡고, 출입문을 밀치고 뛰어나갔다네. 어쩐지 자신이 원고지가 아닌 삶 속에서 소설을 쓰고 있는 기분이었다네.

그가 낸 첫 책의 제목은 '마주 잡은 두 손'이었다네.[102]

마주잡은 두 손은 법의 그물망을 빠져나간다. 그들의 사랑은 원고지 바깥으로 뛰쳐나간다. 사랑은 결코 법의 문자로 종이 위에서 쓸 수 있는 것이 아니다. 두 사람의 사랑은 지금 소설 밖의 삶 속에서 무르익고 있을 것이다. 그래서인지 이기호의 이번 소설집을 읽는 동안 왠지 소설을 읽고 있는 것이 아니라 누군가의 아픔에 전염될 것 같은 느낌이 든다. 아무렇지 않은 일은 분명히 아닌데도 아무렇지 않아서 울컥해진다.

당신을 앓던 수많은 밤들은 소설 바깥에서 애타게 타오르고 있는 삶들에게 바친 시간이다. 이 글 속의 당신은 매일 밤 앓던 모든 것들을 가리키는 다른 이름이다.

102 이기호, 「마주 잡은 두 손」, 소설집 『웬만해선 아무렇지 않다』, 211쪽.

단지 조금, 밝은 방

불편의 감촉

> 그는 자신의 교수형을 기다리고 있다. 사진은 아름답고, 청년도 역시 아름답다. 이것은 스투디움이다. 그러나 푼크툼은 그가 곧 죽는다는 것이다. 내가 동시에 읽는 내용은 그 사실은 존재할 것이고 그것은 존재했다는 것이다.[103]

1. 어디로 사라졌을까?

롤랑 바르트는 한 청년의 마지막 모습이 담긴 사진에서 아름다움과 두려움이 접힌 시간을 포착한다. 이 한 장의 사진 속에서 아름다움은 다가올 죽음과 함께 있다. 롤랑 바르트는 지나간 것과 다가올 것을 동시에 본다. 그의 시선은 역사를 기억하면서 미래를 예감하는 가운데 현재를 기록하고 있는 필사자(scripteur)의 손길과 만난다. 지난 계절을 통과하면서 읽은 몇 편의 소설들에 찍힌 어둠을 그 시선과 손길에 의지해 밝혀 보는 것이 이 글의 소박한 목표이다.

산다는 것이 가짜처럼 느껴질 때, 내가 내 삶의 주인공이 아니라는 생각이 들 때, 남의 삶을 내 것인 양 살아가고 있다는 느낌이 밀려올 때, 우리는 이런 질문들에 사로잡힌다. 잃어버린 진짜를 다시 찾아야 할까, 아니 그것을 찾을 수 있을까? 그것은 대체 어디로 사라졌

103 롤랑 바르트, 김웅권 옮김, 『밝은 방: 사진에 관한 노트』, 동문선, 2006, 119쪽.

을까? 이 모든 일은 필연인가 우연인가?

앞서 던진 물음들은 은희경의 소설집『중국식 룰렛』(2016)에 실린 소설들을 비춘다. 이 소설집의 주인공들은 신발, 가방, 사진, 수첩 등 다양한 사물들이다. 사물들은 어딘가에 묻혀 있었고 어디론가 흘러가버린 이야기들을 여기로 불러낸다.

단편「대용품」에서 두 소년과 한 소녀의 이야기를 이끌어가는 것은 '신발'이다. 신발은 사라지지 않은 기억과 관련된 물건이다. 그해 봄 열세살이었던 두 소년이 있었다. 시골 학교에서 아이큐 140이 넘는 아이는 두 소년뿐이었다. 그들은 국립 연구기관에 정밀 지능 검사를 받기 위해 서울로 가는 버스를 탔다. 큰 소년은 자신이 왜 작은 소년의 신발을 신고 있는지를 알지 못한다. 사고가 난 뒤 큰 소년이 맨발인 것을 보고 구조대원이 작은 소년의 신발을 신겨준 것이라는 걸 나중에야 기억해낸다. 이후 큰 소년의 아버지는 그 신발을 벗겨 버리고 똑같은 신발을 새로 사다주었다. 죽은 친구의 기억을 벗어나야 한다고 생각한 아버지는 서울로 이사를 가기로 결정했다.

사물에 얽힌 기억은 삶의 태도를 결정한다. 어른이 된 J는 "물건만은 자주 바꾸는 편이었다. 쉽게 버리고 금방 다른 걸 새로 샀다." J는 자꾸만 다른 신발을 사는 방법으로 그 신발에 대한 기억을 지우려 했다. J와 어릴 적 소녀는 십구년 만에 해후한다. 그런데 그녀는 오래 신은 신발을 버리지 못한다고 했다. 그 이유를 이렇게 설명한다. "나를 너무 잘 기억하고 있어서? 내 발 모양이 새겨져 있잖아." "충격 완충장치 같은 거지. 우린 안전하게 사는 법만 배웠잖아. 벗어나면 겁먹게 돼 있어. 넌 안 그래?"[104]

그녀에게 신발은 자신의 삶을 기억하고 있는 것이며 삶을 지켜주는 안전장치와 같은 물건이다. 신발을 자주 바꾸는 J도, 잘 바꾸어 신지 못하는 그녀도 결국 신발의 기억에 묶여 있다는 점에서는 다를 것이 없다. 그녀가 다시 묻는다.

> 그때는 모든 게 다 진짜였는데. 그건 다 어디로 갔을까.
>
> 너 그 시 알아? 명절 때 신으라고 아버지가 아이한테 신발을 사줬는데, 개울물에서 장난하고 놀다가 그만 떠내려 보낸 거야. 다시 신발을 사다 신겨줬지만 아이는 어디까지나 그건 대용품이라고 생각해. 진짜 아닌 대용품을 신고 명절을 맞이해야 했던 거지. 마지막은 이렇게 끝나. 그래, 내가 스스로 신발을 사 신게 된 뒤에도 예순이 다 된 지금까지도 나는 아직 대용품으로 신발을 사 신는 습관을 고치지 못한 그대로 있습니다.(서정주 「신발」) 그러게. 잃어버린 그 진짜 신발은 어디로 흘러갔을까. 지금은 어디에 있는 것일까.[105]

어린 시절, 새 신발을 실수로 개울물에 떠내려 보낸 후부터 그녀는 새로 산 모든 신발을 그 신발의 대용품이라고 생각해 왔다. 진짜 신발을 잃어버린 후 언제나 가짜 신발을 신고 있다는 느낌이 그녀를 지배해 온 것이다. 그녀는 여전히 대용품으로 신발을 사 신는 습관을 고치지 못했다. 진짜 신발을 되찾을 수 없다는 깊은 상실감은 처음부터 무엇인가가 '잘못'되었다는 생각에 잠기게 한다.

---

104 은희경, 「대용품」, 소설집 『중국식 룰렛』, 창비, 2016, 104쪽.

105 은희경, 「대용품」, 소설집 『중국식 룰렛』, 105쪽.

잃어버린 진짜 신발을 되찾는 순간은 결코 오지 않으리라는 것을 알고 있다. “어디로 흘러갔을까.” “어디에 있는 것일까.” J는 그녀에게 말해주고 싶었다. “잘못 어른이 돼버린 사람에게도 아주 가끔 어린 시절의 짧은 꿈과 해후하는 순간이 있을 것이라고.”[106] 그 짧은 순간이 우리를 위로해줄 축제가 될 수 있다고. “네 잘못이 아니야.” 라고 속삭이는 작은 소년의 목소리가 자책감으로 괴로워하는 자신을 더 살게 하는 힘이 될 수도 있다고.

사라진 것은 아무것도 없다. 어떤 사물들은 잃어버린 기억을 되돌리고, 타인과 타인의 삶을 연결한다. ‘나’는 어느 사진작가가 찍은 P시의 사진을 보게 된다. 보따리를 인 여인들의 모습을 담아낸 그 사진작가가 쓴 여행기의 제목은 ‘P시 여인의 가방: 전 생애의 한순간’이었다. 사진 속에서 본 여인의 가방은 P시가 고향인 할머니의 보자기를 연상케 한다.

> 사는 동안 수많은 거처를 옮겨다녀야 했던 할머니의 보자기에는 그때마다 가장 소중한 것들이 담겼다. 빛바랜 사진과 금가락지 같은, 정지된 과거로부터 남겨진 물건이 언제나 함께했다. 자신에게 죽음이 다가오는 걸 느꼈을 때에도 할머니는 마지막 기력을 모아 보자기에 저세상 짐을 꾸렸다.[107]

여자는 가방 안에서 발견한 P시의 사진을 보면서 할머니의 보자

---

106 은희경, 「대용품」, 소설집 『중국식 룰렛』, 106쪽.

107 은희경, 「불연속선」, 소설집 『중국식 룰렛』, 113쪽.

기를 생각한다. 할머니의 보자기에는 '가장 소중한 것들'과 '죽음이 다가오는 걸 느꼈을 때'에 삶의 목록들이 담겨 있었다. 여자가 오래전 기억 속으로 들어가게 된 것은 우연히 '나'와 '그'의 가방이 바뀌었기 때문이다. 어느 국제구호단체의 회보에 실린 그 사진을 찍은 '그'와 여자는 가방과 사진을 통해 서로의 삶 속으로 스며든다.

사물들은 이쪽의 삶과 저쪽의 삶을 연결한다. 다른 곳에 위치한 삶들은 어떤 사물을 매개로 불현듯 하나의 접속점을 이룬다. 사물들과 마주치면서 새로운 삶의 이야기들이 전개된다. 어떤 사물과 마주치게 될지 알 수 없는 것처럼 우리의 삶이 어떤 변화를 겪게 될지, 어디로 향하게 될지 예측할 수 없다.

> 어차피 생은 절취선처럼 불연속적으로 이어졌다가 약간 위태로운 절단면에 이르러 끊어져버리는 것이니까.[108]

중요한 것은 우리의 생은 마치 한 장의 사진처럼 "시간이 지나면서 조금씩 변한다는"[109] 사실이다. 이것은 허무주의가 아니라 '엄격주의'에 근거한다. 다시 말해 은희경 소설이 "삶에 엄격하다면 그것은 삶이란 변화할 수 없음을 입증하기 위해서가 아니라 언제나 이미 같은 것일 수 없음을 포착하기 위해서"[110]라고 할 수 있다.

---

108 은희경, 「불연속선」, 소설집 『중국식 룰렛』, 133쪽.

109 은희경, 「불연속선」, 소설집 『중국식 룰렛』, 136쪽.

110 황정아, 「소설의 스토아주의가 삶을 존중하는 방식」(해설), 은희경, 소설집 『중국식 룰렛』, 199쪽.

그 불연속선에서 다른 삶의 방향이 열린다. 사물을 통해 타인을 만나고 타인의 삶 속으로 들어간다. '나'는 여자 손님이 놓고 간 수첩을 우연히 읽게 된다. 여자의 수첩은 '나'의 삶을 해석하는 실마리가 된다. 그 수첩에서 '나'는 마치 "처음 수트를 입던 날"처럼 "뭔가를 드러내는 것처럼 보이지만 동시에 다른 걸 감춰준다는 느낌을 받았다." 여자의 수첩을 읽는 동안 '나'는 언제나 수트를 입는 당신을 기억한다. 그 수첩이 내 기억 속의 당신을 다시 만나게 한 것이다. '나'는 당신을 통해 '나'를 발견한다. 당신은 '나'의 삶 속으로 스며들어와 '나'는 당신이 된다.

어떤 삶이 행운인지 불행인지를 쉽게 판단할 수 없다. 「중국식 룰렛」에서는 불연속적인 삶의 흐름을 게임의 규칙으로 보여준다. K의 술집에서는 세 종류의 위스키만을 팔았다. 술의 정체를 알 수 없으므로 같은 돈을 내고 누군가는 싸게 누군가는 비싸게 마시게 된다.

K의 술집에서는 "매일밤 행운과 불행이 발생하는 셈이었"고 K는 때로 "행운과 불행의 격차를 크게 벌려놓기도 했다." K의 게임은 우연한 선택에 의해 무엇인가가 결정되는 것처럼 보인다. '나'는 생각한다. "때로 공교로운 운명은 악의를 감추기 위해 우연을 가장하고 모습을 드러내는 법이다."[111] 우리의 운명은 행운과 불행 중에서 어느 쪽에 더 가까운 것일까? K가 말한다.

> "천사들은 술을 가리지 않아요. 모든 술에서 공평하게 2퍼센트를 마시죠. 사람의 인생에서 자기도 모르는 사이에 증발되는

111 은희경, 「중국식 룰렛」, 소설집 『중국식 룰렛』, 42~43쪽.

게 있다면, 천사가 가져가는 2퍼센트 정도의 행운 아닐까요? 그 2퍼센트의 증발 때문에 스스로 불행하다고 생각하는 사람들이 의외로 많은 것 같군요."[112]

위스키에서 2퍼센트 정도의 천사의 몫이 증발된 것처럼 우리 인생도 단지 그 정도의 운에 따라 결정된다. 다만 그 정도만이 사라진 것인데 우리는 불행하다고 여길 때가 많다. '단지' 그런 것일 뿐이라는 확인은 체념이 아니다. 주어진 삶을 견디면서 살아갈 수 있는 것은 오히려 증발된 그 천사의 몫이 있다는 것을 미리 알고 있기 때문이다.

단지 조금 운이 없을 뿐이다. 불행하다고 생각하는 사람들이 단지 조금 불행한 것처럼, 그래서 단지 약간의 행운이 더 필요할 뿐인 것처럼.[113]

우리의 삶은 '조금' 불행해서 '단지' 약간의 행운을 더 필요로 할 뿐이다. 우리가 살고 있는 세계는 '조금' 혹은 '너무'라는 말로 해석할 수 있다. 김금희의 소설집 『너무 한낮의 연애』(2016)에서 읽게 되는 것은 '너무'의 세계이다. 너무의 세계는 '사라진 세계', '지나간 세계'를 가리키는 다른 말이다. 필용에겐 햄버거와 사랑이 그런 세계에 속한다.

---

112 은희경, 「중국식 룰렛」, 소설집 『중국식 룰렛』, 44쪽.

113 은희경, 「중국식 룰렛」, 소설집 『중국식 룰렛』, 53쪽.

다른 것으로 대체되지 않고 아예 사라져버린 그 메뉴란 것에 대해. 만약 피시버거가 사라지지 않고 뭔가 비슷한 것으로 바뀌었다면 불쾌했을 것 같았다. 그런데 아주 결연하게 사라졌단 말이지. 이제 맛볼 수조차 없게 아주 그냥 끝. 다신 맛 못 봐, 끝, 끝이야, 아주 없어, 이렇게. A가 유사한 A′ 나 B가 된 것이 아니라 A가 A인 채로 사라져버렸다는 건 햄버거 같은 정크푸드의 역사에서도 아주 비장한 신이었다. 그리고 그런 비장한 신은 이상한 카타르시스를 불러일으켰다.[114]

"사랑한다며?"
"네, 사랑하죠."
"그런데 내일은 어떨지 몰라?"
"네."
"사랑하는 건 맞잖아. 그렇잖아."
"네, 그래요."
"내일은?"
"모르겠어요."[115]

필용은 피시버거가 다른 햄버거로 대체된 것이 아니라 아주 사라져버렸다는 사실을 도무지 이해할 수 없다. 그것이 다른 것으로 대

---

114 김금희, 「너무 한낮의 연애」, 소설집 『너무 한낮의 연애』, 문학동네, 2016, 11쪽.
115 김금희, 「너무 한낮의 연애」, 소설집 『너무 한낮의 연애』, 22쪽.

체되었다면 더 불쾌했을 것이라고 생각한다. 양희는 필용에게 사랑한다고 했다. 그녀는 오늘의 사랑이 내일이 되면 어떻게 될지 알 수 없다고 했다.

사랑은 피시버거와 마찬가지로 다른 것으로 바뀌는 것이 아니라 아예 사라질 수도 있는 것이다. 필용은 비로소 어떤 것이 아주 완전히 사라져 없어질 수 있다는 것, "무엇으로 대체되지도 좀 다르게 변형되지도 않고 무언가가 아주 사라져버릴 수 있음을 완전히 이해했다." 그러므로 만약 "다른 선택을 했다면 뭔가가 바뀌었을까. 바뀌면 얼마나 바뀔 수 있었을까."[116]라는 질문은 감당하기엔 '너무' 어려운 질문이다.

사라지기 전의 세계로 돌아갈 수 있는 방법은 없다. 사라진 그것은 되찾을 수도 없는 것이고 되찾을 필요도 없는 것인지도 모른다. 단지 지나간 세계가 있을 뿐이다. 「조중균의 세계」에서 조중균씨는 그런 세계를 미리 알아버린 사람이다. 그는 매일 '지나간 세계'라는 제목의 시를 똑같이 쓴 다음 글쓴이의 이름만 고쳐 쓰기를 반복한다. 조중균씨는 그 시가 "자기가 쓴 시이면서 자기 시는 아니라"고 말한다. 자기가 한 일이긴 하지만 그 일이 자기와는 관계가 없다는 듯이.

조중균씨의 세계에는 그렇듯 자기 자신조차도 포함되어 있지 않다. 조중균씨는 어느 날 교정 기한을 한 달이나 넘겨서 회사에 해를 끼쳤다는 이유로 해고된다. 조중균이 사라지자 사람들은 모두 그에 대해 한 마디씩 이야기하기 시작했다. 아무도 그에게 관심이 없는

116 김금희, 「너무 한낮의 연애」, 소설집 『너무 한낮의 연애』, 23쪽.

것 같았는데 그가 사라지자 모두가 기억하는 조중균씨가 있었다. 사람들의 말과 기억 속에 자리한 조중균씨들은 실제 조중균씨와 어떤 상관이 있을까? 조중균씨가 '지나간 세계'는 그냥 없는 세계였다.

> 이름은 없는 세계, 내가 간신히 기억하는 한, 그것이 바로 조중균씨의 세계였다.[117]

없는 세계는, 있지 않음이 있음의 세계이며 없음이 있는 세계이다. 아예 없는 세계는 없다. 「고양이는 어떻게 단련되는가」에서 이 남자는 그런 없는 있음의 세계, 있는 없음의 세계에 거주한다. 그는 "그저 고양이 옆에 있는 '무언가'였고 그 삶에 만족했다." 그가 고양이의 곁에서 떠나지 못한 데에는 그럴 만한 사연이 있었다. 우울감과 알코올에 젖어 자살을 시도하곤 할 때마다 그는 우연찮은 일들로 죽지 못했다. 죽기로 결심한 날에 길고양이가 새끼를 낳았고 고양이들을 처리하는 일로 며칠을 죽지 않고 더 살아야 했다. 그를 정말 살아 있다고 할 수 있을까?

> 어떻게 보면 살아난 것은 아니었다. 죽을 수 있는 주체에서 간섭받는 객체로 물러선 것에 가까웠다. 하지만 고양이는 이 괴괴한 단독 주택에서 움직이고 먹고 눕고 싸고 울고 할퀴는 유일한 생명체였으므로 고양이에 집중하는 것은 삶에 집중하는 것이었다. 바로 그 사실이 그를 죽음에서 건져냈다.

---

117 김금희, 「조중균의 세계」, 소설집 『너무 한낮의 연애』, 71쪽.

그는 고양이들이 앉아 있는 소파를 물끄러미 올려다보다가 그 옆에 엉덩이를–거의 십 년 만에–스윽 들이밀었다. 아무 일도 일어나지는 않았다. 고양이들이 몸을 옮겨 그의 자리를 마련해준 것 이외에는.[118]

그런데도 그가 삶에 집중할 수 있었던 것은 고양이들이 있었기에 가능한 것이었다. 그것이 그를 죽음의 문턱으로 넘어갈 수 없게 만들었다. 이제 그가 할 수 있는 일은 고양이에게 자신의 자리를 내어주는 것이다. 그것은 자신 자신을 위하는 일이기도 하다. 누군가를 위해 자신의 자리를 내어주는 것, 이것이 바로 그가 이 세계에서 없는 있음으로 살아가는 방식이다. 이 '잉여적인 삶', '유령적 삶'은 그것 자체로 충분한 의미를 획득한다. "그것은 끝내 죽지 않고, 나타남과 사라짐의 영원한 반복 속에 존재한다. 그리고 그 반복 속에서 어떤 희미한 빛에 도달한다. 무리와 떨어져 있는 인물들은 고립되는 대신 홀로 버티며 그렇게 자신을 지켜낸다.[119]

조남주의 장편 『고마네치를 위하여』(2016)는 지나간 세계를 더듬는다. 소설의 서두에서 인용한 "이 또한 지나가리라"라는 말은 "기쁠 때는 기쁨을 자제하게 하고, 슬플 때는 슬픔에 잠식되지 않도록 하는 물건을 만들어 오라."는 왕의 요청에 신하들이 반지에 새겨 선물한 글귀로 잘 알려져 있다. 그런데 이 소설에서 그 글귀는 어떤 깨달

---

118 김금희, 「고양이는 어떻게 단련되는가」, 소설집 『너무 한낮의 연애』, 254쪽.

119 강지희, 「잔존의 파토스」(해설), 김금희, 소설집 『너무 한낮의 연애』, 274~275쪽.

음과 거리가 멀다. 이 또한, 지나가리라는 것을 알면서도 산다는 것은 무슨 의미가 있는 것일까?

달동네 생활이긴 해도 과일 가게를 운영하는 고마니의 아버지와 아파트 재개발 된다는 소식에 들뜬 엄마에게도 꿈이란 게 있다. 1988년 서울 올림픽 시절, 아홉 살 무렵에 고마니에게도 꿈이 있었다. 체조선수가 되고 싶었던 고마니는 동네에서 체조 모임이 없어진 후에도 체조를 멈추지 않고 배웠다. 그러던 어느 날, 리듬체조를 함께했던 친구들의 말은 고마니에게 상처를 주었다.

> "우리가 한 게 정말 리듬체조인 것 같아? 아니야! 우리는 흉내도 못 내."
>
> "너 다리 앞뒤로 쫙 벌릴 수 있어? 옆으로는? 허리 굽혀서 바닥에 손가락은 닿고? 그것도 못 하잖아."
>
> "네가 잘 못한다는 말이 아니야. 우리 모두, 모두 다 못해. 우리는 이미 글렀어."
>
> (…)
>
> "그럼, 흑, 그동안, 흐흑, 우리가 했던 건, 흑흑, 그건 다 뭐야? 으흐흐흐흑, 너희들은, 어떻게 그렇게 쉽게 꿈을 버릴 수 있어?"[120]

오랫동안 품어왔던 체조선수의 꿈을 아예 없애버리는 것이 가능할까? 고마니는 어느 날 갑자기 그 오랜 꿈을 버릴 수 없다고 항변한

---

120 조남주, 장편『고마네치를 위하여』, 은행나무, 2016, 33쪽.

다. 중요한 것은 만약 고마니가 현재 체조선수가 되었다고 해도 현실은 크게 달라지는 게 없을 것이라는 사실이다. 고마니가 체조 선수의 꿈을 실현해서 지금 체조 코치가 되었다 해도 내일 아침에는 일찍 일어나야 한다.

고마니에겐 그게 차라리 위안이 된다. 정작 문제는, 문제될 것이 없는 날들이 지속되고 있는 현실이다. 연탄공장에 다니셨던 아버지, 지금은 과일가게 사장님이 된 아버지는 말한다. "무섭게 변하는 세상에서도 변하지 않는 것. 바로 성실한 사람들은 어디서나 성실하고, 그럼에도 가난한 사람들은 언제나 가난하다는 사실이다."[121]

고마니의 마음속에도 변하지 않는 것이 있다. 한 번 마음속에 지녔던 체조선수의 꿈은 사라지지 않았다. 어린 시절 체조학원 원장은 고마니라는 이름을 들었을 때 전설적인 체조 요정 '나디아 코마네치'를 떠올렸다고 했다. 그 말은 고마니의 운명론에 커다란 변화를 일으켰다. 10점 만점을 받아서 1976년 몬트리올 올림픽의 영웅이 됐던 열네 살의 코마네치는 어린 고마니의 우상으로 자리했다.

십여 년이 지난 후 고마니는 인터넷 검색을 하다가 자신의 이름이 다른 뜻을 지니고 있다는 것을 알게 된다. 충남 공주에 있는 '고마니 고개'는 나당연합군과 백제 사이에 일어난 전쟁 때에 생긴 지명이다. 공주 나성 마을에 살던 다섯 명의 외아들이 고개를 넘어 전쟁터로 나간 후 돌아오지 않자 마을 사람들은 그 고개를 '넘어가면 고만이다'라는 뜻으로 고마니 고개라고 불렀다고 한다. 그후부터 고마니는 "밤이면 고개를 끝도 없이 넘는 꿈을 꾸었다."

---

121 조남주, 장편『고마네치를 위하여』, 57쪽.

고마니는 코마네치의 삶에 대한 기록을 다시 찾아 읽는다. 그러다가 코마네치의 사진 한 장을 발견한다. 비루한 삶을 살고 있는 그녀의 모습은 고마니의 마음을 아프게 한다. 그 사진은 고마니에게 또 하나의 질문을 남겼다. 코마네치를 "내가 닿을 수 없는, 환상이라고 생각"하며 살아왔던 고마니의 인생은 진짜인가 가짜인가? 그 질문에 답하는 것은 중요하지 않다. 어쨌든 코마네치는 고마니의 삶에 지울 수 없는 흔적을 남겼으니까.

> 한때 나의 영웅이었던 나디아 코마네치. 시간이 흘러 그녀의 나라와 그 나라의 신념과 그녀의 삶도 몰락했고, 그녀는 그저 그런 옛날이야기처럼 별 감동도, 교훈도 없이 사람들에게 잊혀졌다. 하지만 내 인생에는 이런 식으로 한 번씩 코마네치가 끼어들어 왔다. 그녀의 뜻은 아니겠지만, 아닌 정도가 아니라 코마네치로서는 금시초문이겠지만, 나에게 코마네치는 어떤 의미가 되었다. 자극이랄까, 주의 환기랄까, 뭐 그런 것. 졸고 있는 뇌를 깨우는 것.[122]

비록 비루한 모습으로 전락한 지난 날의 우상에 지나지 않는다 해도 코마네치는 고마니의 삶 속에 끼어들어 어떤 의미가 되었다. 좌절된 꿈은 오히려 실패 이후의 삶을 자극한다. "그 사소한 태도들이 모여 삶을 만들고, 그 삶들이 모여 세상이 된다." 그러니까 삶은 "진지한 표정과 결연한 눈빛들"이 성실하게 모여서 만들어지는 무엇이

---

122 조남주, 장편『고마네치를 위하여』, 160~161쪽.

다. 사라진 것은 아무것도 없다. 실패한 꿈도, 몰락한 영웅도, 고마니의 삶의 일부가 되었을 뿐.

2. 저마다의 역사

한 사내가 중얼거린다. “지금은 개와 늑대의 시간, 저기 세상의 모든 어둠을 거느린 채 다가오는 것이 개이지 늑대인지 분간할 수 없다면 총을 믿을밖에.” 김경욱의 장편『개와 늑대의 시간』(2016)의 프롤로그에 등장한 총잡이 사내의 말이다. 12장으로 구성된 이 소설은 1982년, 경상남도 의령군 궁지면에서 일어난 총살 살해 사건의 현장이 그 중심 배경이다. 오직 총만을 믿었던 한 사내가 지나간 잔혹한 학살의 현장이 눈앞에 재현된다.

각 장에서는 사건 당시에 죽어버린 자들과 살아남은 자들의 이야기가 흑백사진의 명암처럼 현상된다. 총 앞에서 사라지는 것은 한순간이었지만 죽기 전까지 그들이 살아온 역사는 결코 평범하지 않았다. 작가는 저마다의 사연을 지닌 평범한 사람들의 마지막 순간을 평범하지 않게 드러낸다.

박만길(24·남)은 누군가 피해를 입거나 고통받는 것을 가장 두려워했던 사람이었다. “모든 고통이 박만길의 귀로 통해서 타인의 고통은 박만길의 것이 되었다.” 타인의 고통에 공감할 수 있는 능력을 지녔던 그는 그 “위대함 때문에 고독했고 위대함을 누구에게도 털어놓을 수 없어 더욱 고독했다.” 성당 고해성사실을 찾은 박만길은 신부에게 호소한다. “넘의 고통이 똑 내 꺼 같은 데 암것도 몬 하니까 답답해죽겠습다." 박만길은 그 위대한 능력으로 광주의 고통 속으로 들어갈 수 있었다.

> 광주의 고통을 알게 된 것도 성당에서였다. 신부가 '광주사태'의 진실이 담긴 사진과 영상을 보여주었다. 서독 기자가 찍은 것이라고 했다. 정부의 발표, 국내 언론의 보도와 사뭇 달랐다. 얼룩무늬 제복의 군인들이 학생을, 시민을, 남자를, 여자를 찍고 찌르고 쐈다. 진압이 아니라 학살이었다. 전시 적국의 민간인에게도 허용될 수 없는 야만이었다. 어린 양들은 흐느껴 울었다. 박만길도 울었다.[123]

야만적인 학살의 현장을 찍은 사진을 보면서 죄책감을 느낀 박만길은 광주의 진실을 세상에 알리는 일에 동참하기로 결정한다. 이 모임에는 "안녕하지 못한 세상 때문에 안녕하지 못한 사람들"이 모였다. 그들은 쿠데타를 묵인하고 광주에서의 학살을 방조한 미국에 항의하기 위해 미국문화원에 불을 지르기로 합의했다. 박만길은 유인물 살포조에 지원했다. 타인의 고통 앞에서 견딜 수 없어서 가만히 있지 못했던 박만길의 죽음은 아래와 같이 기록된다.

> 평범해지는 순간 위대함은 더욱 위대해진다. 흔적 없이 사라지는 것만큼 위대함을 위대하게 완성하는 길은 없다던 평소의 소신대로 박만길은 아무 말도 남기지 않았다. 그 누구한테도, 그 어

123 김경욱, 장편 『개와 늑대의 시간』, 문학과지성사, 2016, 45쪽.

떤 것에도 고통을 줄 수 없는 세상으로 건너갔다. 위대함을 파괴 한 총알이 아니라 위대함을 완성한 총알이었다.[124]

박만길의 죽음에서 1980년 오월 광주에서 죽어간 평범한 사람들을 겹쳐 떠올리는 것은 어렵지 않다. 그들의 죽음이 남긴 전언은, 당시 무시무시한 총이 지배하는 그 길 위에서 떠나지 못했던 사람들이 위대했다고 말할 수 있는 것은 타인의 고통에 연루된 지극히 평범한 사람들이었기 때문이다. 그것은 한 마디로 평범한 위대함이었다.

황 순경이 왔을 때 이명혜(37·여)는 아버지의 죽음을 떠올렸다. 6·25전쟁이 터진 해, 아버지를 데려간 사람도 순경이었다. 보도연맹원이었던 이명혜의 아버지는 양손에 실을 걸고 손가락을 움직여 실 모양을 바꾸는 마술사이기도 했다. 아버지는 손목을 꽁꽁 묶은 밧줄도 '수리수리 마수리.'라는 주문을 외면 순식간에 풀었다. 마산 앞바다에 손을 뒤로 묶인 채 시신들이 밀려왔을 때, 이명혜는 알았다. 아버지가 외우던 그 주문이 아버지의 몸에 감긴 밧줄을 풀지 못했다는 것을. 주문으로는 그 자신의 죽음을 막지 못했다는 사실을.

죽음의 순간에 이르렀을 때 사람들은 마음속 깊이 간직해온 것들을 떠올렸다. 궁지우체국 전화교환원 손영희(22·여)는 아이오와에 사는 수잔 여사와 고등학교 때부터 펜팔을 주고받았다. 손영희는 수잔 여자에게서 그녀의 아들 헨리가 한국전쟁에 참여했다가 돌아오지 못했다는 이야기를 전해 들었다. 수잔 여사가 보내준 책, 초신 호수에서 살아 돌아온 병사의 회고록을 읽은 손영희는 병사들이 겪었

124 김경욱, 장편『개와 늑대의 시간』, 58쪽.

던 추위와 두려움을 읽을 때마다 수잔 여자의 아들 헨리를 기억하겠다고 약속했다. 손영희는 죽는 순간에도 그 약속을 잊지 않고 지켰다. "손영희가 본 마지막 세상은 32년 전 개마고원의 한 호숫가에서 전사한 벽안의 병사였다."[125]

어느 누구도 죽음의 시간이 갑작스럽게 닥쳐오리라는 것을 예감하지 못했다. 손미자(24·여)에게 총을 든 황 순경은 세 번째 사랑이었다. '명랑'을 강조하던 나라가 '이루어질 수 없는 사랑'이라는 노래를 허무주의를 조장한다는 이유로 부르지 못하게 했을 때 손미자는 일기에 "'사랑은 이루어져야 한다.' '이루어질 수 없는 사랑 따윈 개나 간첩이나 줘버려."라고 적었다. 손미자는 황 순경과 이루어질 수 있는 사랑을 꿈꾸었다. 그러나 "전보처럼 찾아오는 것은 사랑만이 아니었다. 죽음 또한 그러했다."[126]

총이 무엇인지 모르고 죽음이 무엇인지 알지 못했던 어린 영혼은 그 순간에 그동안 보고 듣고 배운 것, 꿈꾸어 왔던 것을 실현하려 했다. 고동배(11·남)의 꿈은 롯데 자이언츠 어린이 회원이 되는 것과 마구를 던지는 것이었다. 황 순경이 공비가 나타났다고 했을 때 고동배의 머릿속에는 이승복과 똘이장군이 떠올랐다. 고동배는 무장공비에게 "공산당이 싫어요"라고 외친 어린이 영웅, '책 읽는 소녀'와 나란히 서 있던 그 반공 소년 이승복처럼 반공을 외치다 죽어서 동상으로 세워지는 모습을 상상했다. 고동배는 공비를 향해 황 순경의 수류탄을 빼서 던졌으나 문지방에 맞아 되돌아왔다. 고동배는 새 마

125 김경욱, 장편『개와 늑대의 시간』, 87쪽.

126 김경욱, 장편『개와 늑대의 시간』, 140쪽.

구를 완성하지 못했다. 11장의 주인공 고동배를 향한 작가의 애도문은 이렇다. "고동배는 2년 뒤 롯데 자이언츠가 불같은 강속구와 폭포수 같은 커브로 타자들을 압도한 에이스를 앞세워 우승하던 순간, 하늘나라에서 뛸 듯이 기뻐했다."[127] 그러나, 고동배의 동상이 초등학교 교정에 세워진 걸 보았다는 사람은 아직까지 만나지 못했다.

무차별적인 학살의 현장에서 간신히 살아남은 사람들도 있었다. 이들은 그들만의 방식으로 죽음의 공포를 견뎠다. 궁지면 발전위원회장인 손백기(59·남)는 뒷간에 숨어 문을 걸어 잠그고 반상회 때 돌린 유인물을 비벼 밑을 닦았다. 거기에는 정부가 대대적으로 추진 중인 의식 개혁 국민 운동을 위한 9대 실천 요강(정직·질서·창조·책임·본분·분수·주인의식·가정교육·국민화합)이 적혀 있었다. 의령군청 농촌지도과 영농지도계 서기 손반기(29·남)는 "황 순경이 나타나면 가만히 있으면 돼. 얼음처럼. 감히 있으면 술래도 어쩌지 못하는 법."을 미리 터득했다. 그는 "무궁화꽃이 피었습니다."를 읊조리면서 그저 가만히 있어서 살아남았다. 이 모든 삶과 죽음이 반복되었으나 아무도 황 순경의 정체를 알지 못했다.

> "황 순경이 인민군이나 무장공빈가?"
> 민방위과장이 물었다.
> "무장폭도를 깜박했슴다, 과장님."
> 강이 말했다.
> "황 순경이 무장폭도인가?"

---

127 김경욱, 장편『개와 늑대의 시간』, 332쪽.

"무장하긴 했습니다만……"

"폭도의 정확한 뜻이 뭔가?"

"폭도라카믄……"[128]

황 순경이 인민군인지, 무장공비인지, 무장폭도인지를 분간하지 못했다. 황 순경을 '폭도'라고 할 때 그 말이 무슨 뜻인지를 아는 사람도 없었다. 아무것도 모르는 사람들은 대다수 살아남았다. 평범한 사람들은 알 수 없는 한 사내의 총 앞에서 저마다의 사연을 지닌 채 쓰러졌다. 죽기 직전에 나누었던 농담들, 두렵고 슬플 때마다 믿고 의지했던 노래, 주문, 야구와 함께 그들은 사라졌다.

사라진 그들의 기억을 복원할 수 있을까? 그것이 "개인의 기록물"이면서 "역사적 가치"를 지닌 1987년 6월 항쟁 항쟁 당시 쓰러진 L의 운동화라면? 김숨의 장편 『L의 운동화』(2016)는 "민주화를 위한 시위 현장에서 전경이 쏜 최루탄을 머리에 맞고 사망한 L, 6월항쟁의 도화선이 된 L"[129]의 운동화를 복원하는 과정을 그리고 있다. 신발은 누구의 발을 감싸고 있느냐에 따라 고유한 의미를 지닌다. 신발에는 신발을 신은 사람의 "습관뿐 아니라 성격과 기질이" 기록된다. L의 기억이 담긴 그 훼손된 운동화를 과연 복원할 수 있을까?

1987년 6월 9일의 L의 운동화는 여전히 내가 모르는 운동화다. 나는 그때의 L의 운동화를 본 적이 없다.

---

128 김경욱, 장편 『개와 늑대의 시간』, 185쪽.

129 김숨, 장편 『L의 운동화』, 민음사, 2016, 84쪽.

정확히 말해, 내가 아는 L의 운동화는 2015년 1월 이후의 운동화다.[130]

L의 운동화는 그러나 L이 아니다. L의 운동화가 신화되어서는 안 된다. L이 그의 유품인 운동화에 집어삼켜져서는.[131]

L의 운동화는 싸우고 있었다. 살기 위해서.

살고 싶어 하는 '의지'가 L의 운동화에 발생한 것이다.[132]

1987년 6월 9일, L의 운동화는 이후 그것만의 시간을 살아 왔다. 어떤 방법으로도 '나'는 그 시간을 그대로 되돌릴 수 없다는 것을 알고 있다. 또 L과 L의 운동화는 다른 것이다. 그러므로 L의 운동화가 지닌 역사적 가치를 인정한다 해도 L을 역사적 인물로 신화화해서는 안 된다.

무엇보다 L의 운동화는 스스로 자신의 고유한 가치를 드러내려는 의지를 발산하고 있다. 그런 L의 운동화를 복원한다는 것은 어떤 의미를 지닐 수 있는 것일까? 그 운동화는 L 자신의 것인가? L이 살다 간 그 시대의 것인가?

복원가인 '나'는 훼손된 운동화를 한 조각도 맞추지 못하던 날, L과 같은 86학번이라는 익명의 사내가 보낸 메일을 받는다. 사내는

130 김숨, 장편 『L의 운동화』, 126쪽.

131 김숨, 장편 『L의 운동화』, 145쪽.

132 김숨, 장편 『L의 운동화』, 176쪽.

호소한다. "그러니까 L의 운동화는 저의 운동화이기도 하면서 M과 J와 L과 K의 운동화이기도 했던 것입니다. '우리 모두'의 운동화이기도 했던 것입니다."[133] 사내의 말에 따르면 L의 운동화는 사적인 기록물이면서 집단기억의 산물이기도 한 것이다. 편지를 보낸 남자는 10년 만에 다시 읽은 프리모 레비의 『이것이 인간인가』에서 '신발'에 대한 내용을 인용해 다음과 같이 바꿔 쓴다.

> '죽음은 신발에서 시작된다.'
> 그 문장을 바꾸어 보았습니다.
> '기억은 신발에서 시작된다.'[134]

살아남은 자들의 기억은 그 신발에서 시작된다. 복원해야 할 그 운동화는 L의 운동화이면서도 단지 L의 운동화인 것만은 아닌 무엇이어야 한다. 그것은 모든 사람들의 열망과 기다림 속에서 새롭게 태어나는 운동화여야 한다. 복원가를 여전히 괴롭히는 문제는 그 훼손된 운동화에 "마치 망각의 지점들처럼" 도저히 복원이 불가능한 '구멍'이 존재한다는 사실이다.

그 구멍에는 어떤 시선과 목소리가 떨어져나간 채 여전히 웅성거리고 있다. 아무런 말을 걸어오지 않는 L의 운동화를 지켜보는 것으로 이 소설은 끝이 난다. L의 운동화는 복원하는 과정에서 비롯된 모든 질문들을 그대로 남긴 채 우리 앞에 놓여 있다. L의 운동화는 우

---

133 김숨, 장편 『L의 운동화』, 216쪽.
134 김숨, 장편 『L의 운동화』, 222~223쪽.

리를 향해 묻는다. 당신은 지금 어느 곳에서 지나간 역사를 바라보고 있는가? 당신은 지금 어디에 있는가?

'기억의 저편에 매장해버린 것들'에서 시작된 박혜강의 장편 『제5의 숲』(2016)의 배경은 '무덤산'이다. 그 산 속 숲길을 거니는 한 사내가 있다. 그에게 유년기의 그 숲은 "'생명의 숲'보다 절실한 '목숨의 숲'이었다." 관념적인 생명의 숲이 아니라 구체적인 목숨의 숲. 사내는 "바람이 불 때마다 전율하는 꽃잎들이" "수천수만의 혼백들이라면, 꽃잎 바로 옆에서 귀를 쫑긋 내밀고 세상의 이야기를 듣고 있는 산벚나무 어린 이파리들은 찬란한 새 생명이"라고 생각한다.

사람들은 이 숲을 "희망의 숲이요 생사의 경계가 따로 없는 곳", '제5의 숲'이라고 불렀다. 돌팔이, 장돌뱅이 약장수, 울보, 복순네, 오 시인, 소년 영우와 요정, 다인 이모 등 평범한 사람들이 그 숲에서 살다 갔다. 사내는 숲을 떠나올 때 기억의 저편에 매장해버린 유년기의 이야기를 여기로 불러들인다. 그 중에서 '금낭화 전설'과 '더벅머리 사내의 총'에 관한 이야기는 이 숲에 매장된 삶과 죽음에 관한 기억을 돌이킨다. 그 이야기는 이 숲이 왜 '생명'과 '목숨'의 숲인지를 일깨워 준다.

> "영우야, 이 세상의 거의 모든 꽃들은 죽어서 새롭게 태어난 것인가 봐. 꽃 전설을 들어보면 하나같이 사람이 죽은 곳이나 무덤에서 새롭게 피어났다고 하거든. 그런데 난 죽으면 무슨 꽃으로 피어나게 될까?"[135]

---

135 박혜강, 장편 『제5의 숲』, 문학들, 2016, 220쪽.

"이 총은 절대로 안 돼요! 수많은 시민들이 총을 맞고 죽었어요. 이 총으로 시민들의 생명을 지켜야 해요."

더벅머리 사내가 자리에서 벌떡 일어났다. 돌팔이가 그를 진정시키려고 팔을 붙들었다. 그가 뿌리치며 오열했다.

"난 비겁자예요. 그들의 총이 무서워서 여기까지 도망쳐왔어요. 살고 싶었거든요. 그런데 여기 있을 순 없어요. 이 총으로 시민들을 살려야 해요. 그래서 우리가 총을 들었던 거예요. 돌아가야 해요."

소년은 더벅머리 사내가 횡설수설하는 것 같았다. 수많은 시민들이 총을 맞고 죽었다면, 그 총으로 시민들을 살려야 한다는 말이 이해되지 않았다.

(…) 물론 어른이 되고나서 확실히 깨달은 것이긴 하지만, 그런 총이 사람을 무조건 죽이기만 하는 게 아니라 살릴 수도 있었던 것이다.[136]

금낭화 전설은 착하고 순한 어떤 왕자가 한 소녀를 사랑한 이야기에서 유래한 것이다. 소녀가 왕자의 결혼 요청을 거절하자 왕자는 슬픔을 이기지 못하고, 자기 가슴을 창으로 찔러 죽고 말았다. 그 후, 왕자의 무덤에서 꽃이 피어났는데 그 꽃이 바로 금낭화였다. 아픈 사랑의 기억이 '생명'의 꽃 전설로 다시 태어난다.

총을 껴안고 있는 더벅머리 사내는 살고 싶어서 비겁하게 도망쳐

---

136 박혜강, 장편『제5의 숲』, 225쪽.

왔다고 했다. 더벅머리 사내는 군인이나 경찰들이 시민들을 향해 쏘았던 총과 달리, 총으로 사람들을 살려야 한다고 했다. 어른이 된 후에야 '나'는 대학생이었던 그 사내가 들고 있던 총이 사람들의 '목숨'을 살릴 수도 있다는 것을 알게 되었다.

사내는 이 모든 이야기를 간직하고 있는 이 제5의 숲이 "자궁이요, 생명이요, 목숨이"라는 것을 깨닫는다. 사내는 숲길을 따라 거닐며 "찬란한 생명의 숨결"과 호흡한다. 소리 없이 살다가 소리 없이 사라진 그 소중한 목숨들이 이 숲에선 지금 다른 존재들로 태어나고 있는 중이다. 저마다의 역사를 간직한 채.

3. "자연주의적" 독법

이 세계가 지옥 같다는 말은 더 이상 강조하지 않아도 다들 알고 있는 사실이다. 이제 이 지옥 같은 세계를 어떻게 읽을 것인가가 더 중요한 문제일 것 같다. 박이수의 소설집 『부표의 전설』(2016)의 해설에서 김형중은 "이 지독한 운명론을 어찌해야 할까?"라고 묻고 최근 몇몇 소설들을 읽는 하나의 방법론을 제시한다. "아도르노의 말마따나 문명화되었다는 근대는 그 끝에서 오히려 참혹한 야만을 만났다. 그럴 때 기필코 자연주의적 감수성은 되돌아온다."[137] 요컨대 이 야만적인 문명 세계에 '자연주의적 감수성'이 귀환하고 있다는 분

137 김형중, 「아이는 태어나지 않고」(해설), 박이수, 소설집 『부표의 전설』, 문학들, 2016, 231~236쪽.

석이다. 이러한 진단을 바탕으로 아래에서는 박이수, 윤순례, 오영이의 소설들을 읽어보려 한다.

소설집 『부표의 전설』에 실린 소설들은 갇힌 공간에서 어두운 삶이 계속 순환되리라는 불길한 예감을 준다. 표제작 「부표의 전설」에서 '섬'이 그런 대표적인 공간이다. 이 소설의 서두는 예사롭지 않는 분위기를 자아낸다. "노파는 죽을 것이다. 방 안을 촘촘히 떠도는 건 분명 죽음의 냄새였다. 곧 배가 들어올 시간이었다."는 문장들에는 노파가 죽을 것과 배가 들어올 것이라는 전혀 다른 두 사건이 동시에 일어나는 사건으로 배치되어 있다. 두 사건을 하나로 연결해 읽어 보면 섬으로 들어오는 시간은 곧 죽음의 공간으로 들어오는 경험이다.

'나'는 영우와 함께 섬에 들어온 후 기시감을 느낀다. "아까 그 할머니 어디선가 봤는데" "저 사람 어디선가 본 거 같애"와 같은 문장들은 어떤 유사한 사건들이 이곳에서 반복되고 있음을 암시한다. 앞서 읽은 저 문장들은 '나'의 어린 시절 '항아리'에 관한 기억과 함께 읽을 때 그 숨은 의미가 드러난다.

> 어릴 적 한때 항아리에 빠져 지낸 적이 있었다. 항아리가 숨을 쉰다는 할머니의 터무니없는 거짓말 때문이었다. 어떤 때는 나절을 꼬박 항아리 안에 앉아 있었지만, 항아리의 숨소리 같은 건 듣지 못했다. (…) 나는 수시로 어둑한 곳에 들어앉아 항아리의 숨소리를 기다렸다. 그러다가 잠이 들기 일쑤였는데, 잠에서 깨어나 보면 선명한 내 숨소리가 항아리 안을 가득 메우고 있었다. 그 소리는 확연히 나의 것이었다. 소량의 빛과 어둠이 오로지 나를

위해 존재했다. 그 한 움큼의 소유와 내 의지에서 비롯된 고립이 안기는 자유가 뿌듯했다.[138]

'나'는 "항아리 속처럼 까만 바다가 모습을 드러냈"을 때 "문득 항아리 안에 들어앉은 느낌이 들었다." 그 느낌은 어린 시절에 항아리의 숨소리를 듣기 위해 그 속에 앉아 있던 기억을 떠올려준다. 항아리 안에서 항아리의 숨소리 같은 것은 들리지 않았다. 거기에선 항아리의 숨소리가 아니라 선명한 내 숨소리가 들려 왔을 뿐이다. 오로지 나를 위해 존재했던 고립의 자유가 그 안에 있었던 것이다. 그 고립된 항아리가 바로 여기 까만 바다로 둘러싸인 섬이다. 이 섬에서 벗어날 수 있을까?

–민박집 할머니가 위독해요.
–아내가 애를 낳는 중이요.[139]

됐다. 영우는 내가 이곳에 있다는 사실을 늘 기억할 테니. 저만큼 바다 한편에 서 있는 물체는 바람이 불 때마다 아주 조금씩 움직이는 부표였다.[140]

민박집 할머니는 위독하고 어떤 아내는 애를 낳는 중이다. 섬은

138 박이수, 「부표의 전설」, 소설집 『부표의 전설』, 22쪽.
139 박이수, 「부표의 전설」, 소설집 『부표의 전설』, 28쪽.
140 박이수, 「부표의 전설」, 소설집 『부표의 전설』, 29쪽.

죽음과 태어남이 교차하고 있는 검은 자궁이다. 또 영우는 언젠가 섬에서 떠나지 못한 '나'를 기억하고 찾아올 것이다. 이 섬에서 할 수 있는 일은 바람이 불 때마다 바다 위에서 아주 조금씩 움직이는 부표를 바라보는 것뿐이다. 누군가의 죽음이 임박한 순간 태어나려고 하는 그 아기는 과연 태어날 수 있었을까? 가영 씨의 뱃속에 있는 아기가 대답한다. "나는 과연 세상을 만나게 될까요!"[141] 이것은 질문이 아니다. 세상을 만날 수 없다는 확신이다.

이 세계는 새로 태어남이 없이, 오직 죽음과 같은 삶이 반복되고 있는 곳이다. 이 지독한 운명론을 소설 「다시, 여름」에서 만날 수 있다. 오랜 세월, 투박한 칼로 닭을 잡아주는 일을 해온 여자에겐 "다음 생에는 나도 누군가가 잡아주는 닭을 먹는 사람으로 살 수 있을까?"라는 질문 따위는 부질없는 것이다.

여자에게 산다는 것은 이런 것이다. "날을 세우고 짐승의 뜨뜻한 살점과 뼈 위에서 춤을 춰야만 했던 게 내 생이었고, 다음 생을 준비할 여지가 없었으니까." 그러니 여자에겐 아무래도 괜찮았다. 남편은 여자에게 독하고 우악스럽게 닭 잡는 방법을 가르친 후 세상을 떠났고 여자는 서른세 살에 남편을 잃고 삼십여 년을 혼자 살아왔다. 여자는 자신의 아들에게만은 닭을 잡는 자신의 모습을 보여주고 싶지 않았다. 그런데, 어느 날.

> 아들이 초등학교에 입학하기 전 해였다. 살길이 그 길밖에 없었기 때문에 펄떡거리는 짐승의 정맥을 끊어 놓는 일도 괜찮고,

---

141 박이수, 「황색등이 켜질 때 길 건너는 법」, 소설집 『부표의 전설』, 220쪽.

> 뜨뜻한 간이 뿜어내는 냄새도 견딜 만했다. 단지 가장 두려웠던 건, 아들에게 산 짐승을 죽이는 나를 보이는 일이었다. 얘야, 절대로 밖으로 나와선 안 된다. (…) 문을 열고 서 있던 아들과 눈이 딱 마주쳤다. 나는 아들을 노려보았다. 그때 내 표정이 얼마나 독살스러웠을지 나는 안다. 아들은 얼른 문을 닫아버렸다.
>
> (…) 뭘 봤어? 나는 아들을 노려봤다. 퉁퉁 부어오른 아들의 눈을 보며 물었다. 죽이는 거. 칼로 찔러 죽이는 거. 아들은 제정신이 아니었다. 거짓말을 하지 않았다. 그때부터 아들은 스스로 가게를 겉돌았다.[142]

아들은 여자가 펄떡거리는 닭을 칼로 찔러 죽이는 것을 똑똑히 확인했다. 아들의 눈에 비친 자신의 모습이 얼마나 독살스러웠을지 여자는 알고 있다. 이제 여자에게 두려운 것은 없다. 여자는 아들과 아들의 식구들 앞에서 아들에게 닭을 잡는 방법을 가르친다. 남편을 잃고 난 후 여자가 그랬듯이 아들에겐 이것 말고는 할 수 있는 일이 없기 때문이다.

여자는 "공부만 하다가 겨우 군대에 다녀와 공부를 마친 후, 말끔한 양복을 차려입고 은행으로 출근하다가 어떻게 된 건지 직장을 그만두고 차린 봉구스버건지 뭔지 하는 체인점을 일 년도 안 돼 말아먹었을지도 모르는 아들의 허연 손에 거세게 반항하는 닭을 떡 안겼다."[143] 아들과 그 아이들이 겪게 될 운명을 정확하게 확인해 주려는

---

142 박이수, 「다시, 여름」, 소설집 『부표의 전설』, 63~64쪽.

143 박이수, 「다시, 여름」, 소설집 『부표의 전설』, 73쪽.

듯이, 여자의 목소리는 단호하다.

> ―어서 걸어 올려
>
> 아들은 이를 앙다물고 수탉의 목을 걸었다. 며늘애는 양손에 아이들을 하나씩 붙들고 아들을 지켜보고 서 있었다. 나는 그 애들을 못 본 척했다. 그 아이들도 이걸 꼭 봐야 했다.
>
> 닭이 끌려 나왔다. 나는 닭을 받아 안고 아들을 옆으로 불러세웠다.
>
> ―여길 꽉 틀어쥐어라. 세게.[144]

여자는 아들이 끔찍하게 닭을 잡는 모습을 아들의 아이들이 똑바로 볼 수 있게 한다. 더 이상 닭을 잡는 모습을 아이들에게 숨길 이유는 없다. 실업자인 아들에게 닭 잡는 일은 여자가 물려줄 수 있는 유일한 유산과 같은 것이기 때문이다. 여기서 이 소설은 이런 상황에 어떤 연민과 동정이 개입될 수 있는 여지를 거절한다. 오히려 가난이 대물림되고 있는 현실 그대로를 직시하라고 요구한다. 유전과 환경을 중시했던 자연주의는 이렇게 이 지옥 같은 현실에서 부활하고 있다.

국경의 경계가 사라진 다문화 사회로 접어들면서 지옥의 범위는 더 넓어졌다. 윤순례의 소설집 『공중 그늘 집』(2016)에 실린 작품들은 다채롭지만 그 가운데 「공중 그늘 집」과 「발로」는 특히 인상적인 작품이다. 두 편의 소설을 채우고 있는 아이의 목소리와 할머니 귀

---

144 박이수, 「다시, 여름」, 소설집 『부표의 전설』, 72~73쪽.

순씨의 목소리는 다문화 사회가 표방하는 공존, 포용, 배려와 같은 고귀한 덕목보다 더 절실한 삶의 현실을 가리킨다. 언제나 삶은 윤리에 앞선다.

한국 남자와 캄보디아 여자 사이에서 태어난 아이는 캄보디아 외할머니집에 맡겨져 언젠가 자신을 데리러 온다고 했던 아빠를 기다리며 지낸다. 아이의 기다림은 간절하다. "아빠, 엄마 아빠가 일하는 농장의 알로에도 지금 무럭무럭 몸을 불리고 있나요? 얼마나 더 알로에가 자라야 아빠가 우리를 데리러 올 수 있을까요?"[145] 그 아이의 목소리는 오직 자신을 향해 닿는다. 그러던 어느 날 아이는 앙코르와트를 찾아온 한국 관광객들이 나누는 이야기를 엿듣게 된다. 트럭기사가 보험금을 노리고 임신한 캄보디아 아내를 죽인 후 혼자 살아났다는 사건에 관한 이야기다. 아이는 그 트럭기사가 아빠가 아니기를 기도한다.

> 아빠, 없이 살아도 마음이라도 편하려고 무리해서 보험을 들었다는 트럭기사의 말이 사실이겠지요? 가진 게 트럭 한 대뿐이어서, 온갖 보험을 다 들어놨다는 말요. 캄보디아 아내의 사망보험은 순전히 아내가 원해서였다는 말도요.
>
> 트럭기사만이 알고 있을까요? 아니면 그도 알 수 없는 게 있었을까요? 외삼촌이 그러는데, 이 세상에는 신만이 알 수 있는 것들도 있다네요.[146]

---

145 윤순례, 「공중 그늘 집」, 소설집 『공중 그늘 집』, 은행나무, 2016, 69쪽.
146 윤순례, 「공중 그늘 집」, 소설집 『공중 그늘 집』, 72쪽.

아이의 혼잣말은 우리에게 그 남자가 아이의 아빠일지도 모른다는 추측을 준다. 그것은 아이가 믿고 있는 것처럼 확인할 수 없는 일이다. 아이는 믿고 싶다. 만약 아빠가 그런 끔찍한 일을 계획해서 저질렀다고 해도 아빠의 그 마음은 아무도 알 수 없는 일이라고, 그것은 오직 신만이 알 수 있는 일이라고. 이국에 있는 자신을 데리러 올 아빠를 기다리고 있는 그 아이는 다문화 사회가 남긴 또 하나의 아픔을 보여주고 있는 것은 분명하다.

있는 그대로의 실상을 전달하고 있는 그 목소리를 우리는 그저 듣고 있을 수밖에 없다. 이 관찰자의 위치는 섣부른 해석과 판단을 거절한다. 거기에 휘말려드는 것은 바깥에 위치한 우리 각자의 몫으로 남겨진다. 작가 윤순례의 시선은 냉정하면서도 따뜻하다. 소설 「발로」에서 국제결혼을 한 여성들의 삶을 그려내는 눈길도 그와 같다.

> 저 어린 것이 몸뚱이 하나 믿고 어린 지 동상들 입에서 거미줄 거둬낼 생각을 허는구나 싶은 게요. 대견헌 게 아니라 소름이 머리부텀 발끝꺼정 솟더랑게요. 볕 좋은 마당에서 며늘애 첨 보던 날요. 그 애가 내가 던진 저울에 우리 현태를 올려놓고 있더랑게요. 며느리에게 호락호락 당하지 않겄다구 결심혔지요. 첩년 생각이 나더랑게요.[147]

> "(…) 방송국에서 친정 오는 경비 대준다고 고마워허고, 카

147 윤순례, 「발로」, 소설집 『공중 그늘 집』, 195쪽.

메라에 대고 노상 웃음서 한국이 좋다고 말허는 우리 며늘애 봄서 내 가심이 미어집디다…… 저도 핏줄 떨구었응게…… 죽으나 사나 타국에 몸 붙이고 살어야 허는 그것 인생도…… 그 불쌍헌 것헌티…… 왜 진즉에 …… 친정 댕겨오라고 한번 못허고 살었는지…… 돈 모아 저승가는 꽃상여 때깔나게 맹글려고 그렸는지…… 그동안…… 나나 우리 며늘애…… 쓸개를 통째로 씹는 드끼 살어온 나날이 더 많었당게요……그란디 이 지경에도…… 당신네들 방송 땜시 내가 웃어야 쓰겄냐고?……"[148]

며느리를 바라보는 귀순씨의 마음은 혼란스럽기만 하다. 귀순씨는 방글라데시에서 온 여자가 자신의 부족한 아들 현태와 결혼하기로 결정한 순간을 생각할 때면 무섭고 '소름'이 돋는다. 그때 귀순씨는 죽은 남편의 "첩년"이 함께 떠올랐던 것이다. 그 며느리가 방송국에서 친정에 다녀오는 경비를 대준다고 텔레비전에 나와 웃음을 지을 때에는 왜 며느리의 마음을 미처 헤아리지 못했는지를 생각하면서 가슴이 아프다.

여기에서 며느리에 대한 동정이나 연민을 넘어서는 어떤 사랑이 움튼다. 귀순씨는 두 아들을 끼고 노란 카레국물이 묻은 밥을 집어먹고 있는 며느리를 향해 "발로, 발로"라고 외친다. 발로는 며느리가 가르쳐준 방글라데시 말로 '좋다, 사랑한다'라는 뜻을 가진 말이다. 며느리가 방송국 카메라를 향해 외쳤던 그 말을 귀순씨는 며느리에게 들려준다.

---

148 윤순례, 「발로」, 소설집 『공중 그늘 집』, 207~208쪽.

이 사랑이라는 말이 귀순씨 자신의 것이었는지는 알 수 없다. 그리고 그 말이 며느리의 마음속으로 제대로 전달되었는지를 확인할 길은 없다. 사랑이라는 말로 온전히 감쌀 수 없는 것이 바로 그들이 살아가고 있는 지금 여기의 현실이기 때문이다.

지독한 사랑을 앓고 있는 여자가 있다. 오영이의 소설집 『독일산 삼중바닥 프라이팬』(2016)에 실린 소설 중에서 「마왕」과 「핑크로드」에 나오는 여자들의 사랑은 특별하다. 여자가 옷을 사는 일에 열중하고 분홍색에 그토록 집착하는 이유는 무엇일까? 분홍색을 좋아하는 그녀를 사랑하지 않을 수 없게 된 한 남자는 말한다. "살다 보면 길인 줄 알고 가기 시작했는데 길이 아닌 경우도 있지만 처음부터 길이 아닌 줄 알면서도 들어서지 않을 수 없을 때가 있다. 내겐 그녀가 그랬다."[149]

그녀를 사랑하는 것이 길이 아닌 줄 알면서도 그 길을 비켜 갈 수도 없고 에둘러 가지도 못했을 길이다. 그들에게 사랑이란 대체 무엇일까?

> "내 사랑은 진심이야. 열여덟 이후 줄곧 누나를 잊은 적이 하루도 없어, 나는. 죽어 유황불에 떨어질 각오를 하면서도 너를 포기하지 못했어. 모든 걸 감수하고 여기까지 치달아 온 거라구! 그런데도 너는 내 사랑이 그렇게 우습니?"
>
> "한순간 사랑에 눈이 멀 수도 있지. 달콤하니까. 하지만 달콤

149 오영이, 「핑크로드」, 소설집 『독일산 삼중바닥 프라이팬』, 산지니, 2016, 126~127쪽.

함이 필요하면 보리차에다 설탕을 타서 마시면 돼. 뇌수가 눅진해지도록 듬뿍 말이야. 사랑이 달콤한 건 달콤함을 즐길 준비가 된 인간들에게나 그런 거야. 도대체 우리가 사랑한다 해서 달라지는 게 뭔데?"[150]

남자의 진심어린 사랑은 여자에겐 한순간의 달콤함에 불과한 것이다. 여자의 말대로 사랑을 한다고 해서 달라지는 것은 아무것도 없다. 남자도 알고 있다, "그녀 말이 맞다. 내가 지옥을 무릅쓰고 그녀를 사랑한다 해서 달라지는 건 없었다."[151] 만약 달콤한 사랑이 필요하다면 달콤한 설탕 하나를 녹여서 외로움을 달래볼 수 있다면 그뿐인 것을. 그런 여자에겐 잊지 못할 기억이 있다. "체념"이 무엇인지를 알게 된 그때 그날.

체념이 무엇인지를 나는 여섯 살에 알았다. 어디로 불고 있는 것인지 방향을 가늠할 수 없는 바람이 온 사방에서 불어 대던 날, 제멋대로 휘날리는 치맛자락을 모아쥐고 엄마를 기다렸다. (…)

살면서 뭔가를 체념하게 될 때마다 나는 치마를 샀다. (…) 새로 산 치마를 입고 거리로 나서는 순간만큼은, 반장도 양부모도 내 또래의 여자도 용서할 수 있었다. 그러는 동안 카드는 연체되고 대부업자들의 협박이 잇달았다. 카드 돌려막기를 할 때부터 짐작하지 못한 일은 아니었지만 그렇다고 쇼핑을 그만둘 수는 없

---

150 오영이, 「핑크로드」, 소설집 『독일산 삼중바닥 프라이팬』, 194쪽.
151 오영이, 「핑크로드」, 소설집 『독일산 삼중바닥 프라이팬』, 195쪽.

었다.[152]

어린 시절 여자는 백화점 앞에서 엄마를 하염없이 기다렸지만 오지 않았다. 이후 여자는 체념할 때마다 무엇인가를 샀다. 사고 또 샀다. 그럴 때마다 늘어나는 것은 빚밖에 없었다. 남자는 여자에게 묻는다. "너에겐 그 치마가 우리의 미래보다 소중한 거니?" 이 여자에겐 미래보다 지금 당장의 체념을 견딜 수 있게 해주는 치마를 사는 것이 더 절실하다.

여자는 자신에게 한쪽 신장을 떼어내어 준 남자가 쓰러져 위독한 상황에도 병원으로 가지 않고 백화점 쇼핑을 간다. 백화점으로 발길을 돌리는 여자는 안다. "적어도 이 순간 이 치마가 없다면 내 몸은 그대로 바람에 쓸려가 어디선가 싸늘하게 식어 버리고 말 것이"[153] 라는 사실을. 이 여자를 쉽게 비난할 수는 없다. 이 여자에게 치마를 사고 또 사는 일은 단순한 소비 행위가 아니다. 여자의 과소비는 자신을 향한 체념과 멸시의 기억을 넘어서 타인들을 '용서'하는 순간이기 때문이다.

이 여자의 몸짓에서 "거대한 사회심리학적 질병"을 읽고 그것을 "자본주의라는 괴물"과 연관해 분석해야 할 욕망의 체계라고 본 것은 정확한 분석이다.[154] 더불어 이 여자의 몸짓을 이해하기 위해서

---

152 오영이, 「마왕」, 소설집 『독일산 삼중바닥 프라이팬』, 100~102쪽.

153 오영이, 「마왕」, 소설집 『독일산 삼중바닥 프라이팬』, 118쪽.

154 정훈, 「비창(悲愴), 스러지는 사랑과 윤리의 사회학」(해설), 오영이, 소설집 『독일산 삼중바닥 프라이팬』, 204~215쪽.

는 여자의 마음속 깊은 곳에 여전히 살고 있는 그 두려운 '바람 소리'를 기억해야 한다. 괴테의 시를 가사로 만든 슈베르트의 「마왕」의 아버지는 끝내 아들의 간절함을 알지 못했다. 여자는 마왕의 바람 소리를 빌려 말한다. "아무도 내가 바람을 무서워한다는 걸 알지 못하는 것처럼. 그리고 바람 소리를 들으면 누군가를 몹시 원망하게 된다는 것도."[155]

4. 적막 속의 연대

타인의 고통은 보고 싶어서 볼 수 있는 것도 아니고 보지 않으려고 해서 안 보이는 것도 아니다. 고통의 크기와 깊이를 헤아리는 일은 어쩌면 원시와 근시의 차이로 설명할 수 있는 일인지도 모른다. 권여선의 소설집 『안녕 주정뱅이』(2016)에 실린 소설들 중에서 「카메라」, 「역광」, 「실내화 한 켤레」는 카메라, 시력, 환영 등 시선을 매우 상징적으로 장치하고 있어서 인상적이다.

「카메라」의 첫 부분은 관주의 죽음에 대한 원인을 추정하는 문장으로 시작된다. '그 일'이 일어난 전후의 상황은 소설이 끝나는 부분에서 밝혀진다. 문정은 관주가 죽은 이유가 2년 전 자신이 관주에게 사진을 배워서 찍고 싶다고 말했기 때문이라고 생각한다. 이렇듯 "삶에서 취소할 수 있는 건 단 한 가지도 없다. 지나가는 말이든 무심코 한 행동이든, 일단 튀어나온 이상 돌처럼 단단한 필연이 된

155 오영이, 「마왕」, 소설집 『독일산 삼중바닥 프라이팬』, 108~109쪽.

다.”[156]

문정은 관주의 누나 관희를 만난다. 관희는 관주가 첫 월급으로 카메라를 샀고, 불법체류자가 관주를 죽이고 그 카메라를 빼앗아간 이야기를 해준다. 돌길 골목 안으로 들어선 관주는 모자를 쓴 한 남자가 뭔가를 묶고 있는 것을 카메라 액정을 통해 들여다보다가 무심코 셔터를 눌렀다. 그 소리에 남자가 돌아보았고 남자는 어눌한 말투로 사진을 찍었느냐고 물었고 관주는 아니라고 했다. 남자는 지우라고 했고 찍지 않았다고 하자 가느다란 파이프로 관주의 등을 내리쳤다.

남자의 모습이 감시카메라에 소리 없이 찍혔다. 관주의 카메라에는 아무 것도 찍히지 않았다. 남자 또한 자기가 파이프로 내리친 사람이 죽었다는 걸 나중에 알았다.

관주의 죽음 이후 관희는 “불법체류자들 방에 몰래 들어가서 냉장고 문을 열고 음료수에 약을 타는 상상”한다고 했다. 관희는 관주가 자신에게 “꼭 착한 사람이어서가 아니라 악에 대해서 무능한 사람이”라고 말했던 것을 떠올린다. 관희는 동생 관주의 죽음 앞에서 아무 것도 할 수 없는 자신의 무능함 때문에 괴로워한다. 관희의 마음속에 자리한 그 슬픔과 분노가 문정에게 전달될 수 있을까?

> “옮을까요?”
> 문정이 속삭이듯 물었다.
> “옮지 않을 거예요.”

156 권여선, 「카메라」, 소설집 『안녕 주정뱅이』, 창비, 2016, 136쪽.

관희가 말했다.

"옮으면 좋겠어요."

"아니, 옮지 않아요."

그들은 오랫동안 그렇게 앉아 있었다. 세상의 모든 시간이 멈추고 그들 둘만 돛단배를 타고 캄캄한 강물에 실려 떠내려가는 것 같았다. 관희가 무릎 위에 얹힌 문정의 주먹 쥔 손을 살며시 펴주며 말했다.

"그렇게 꽉 쥐지 말아요, 문정씨. 놓아야 살 수 있어요."[157]

누구도 한 사람이 지닌 깊은 아픔에 다가설 수 없다. 또 한 사람의 아픔은 다른 사람에게 그대로 옮지 않는다. 누군가의 손에 의지하지 않고 오직 혼자서 자신의 아픔을 견뎌내야 한다. 고통은 자신의 몸 전체로 겪어내야 하는 일이다.

「역광」에서 그녀와 위현은 나름의 방식으로 고통을 견디고 있는 예술가들이다. 작년에 등단한 신인소설가인 그녀는 예술인 레지던스에 처음으로 입주하였다. 그녀는 예술가들의 이름을 보면서 그들의 실제 모습을 상상하기도 하는데, 상상과 현실이 일치하지 않는 경우도 많다. 그녀는 새로 도착한 예술인들의 "어법과 목소리, 걸음걸이, 인사를 하는 제스처와 식사를 하는 속도에 이르기까지 낱낱의 특징을 관찰하고 탐색"[158]하면서 이곳의 생활에 적응하려고 노력한다. 위현이라는 사람도 그 탐색 대상 중의 하나였다.

---

157 권여선, 「카메라」, 소설집 『안녕 주정뱅이』, 135쪽.

158 권여선, 「역광」, 소설집 『안녕 주정뱅이』, 147쪽.

달의 말에 따르면 위현은 조이스와 베케뜨 번역가였는데 3년 전부터 시작된 약시 증상 때문에 소설을 쓰게 되었다고 한다. 위현은 자신의 눈조차도 마주칠 수 없을 정도로 시력이 심각하게 나쁜 상태다. 그런 그에겐 아무 일도 일어나지 않는다고 말할 수 있을까?

> "나는 심지어 나하고도 눈을 마주칠 수 없습니다. 거울을 봐도 내 얼굴에서 분간할 수 있게 거의 없죠. 눈동자는커녕 표정, 눈매, 주름 그 어느 것도. 누군가와 눈을 마주칠 수 없는 세상에서는 아무 일도 일어나지 않습니다. 아무것도 발생하지 않아요. 아무도 오지 않습니다. 해가 지면 드리우는 땅거미처럼 자체의 엄격한 가속도로 내 눈에 그물을 찬찬히 드리우는, 도래할 어둠의 시간 외에는 그 어느 것도."[159]

위현은 자신이 점점 존재감이 없는 "비인칭"의 주체가 되어간다고 했다. 눈으로 보지 못한다고 해서 아무것도 볼 수 없는 것은 아니다. 눈에 아무것도 보이지 않을 때 오히려 무한한 상상과 촉각의 공간이 열린다. 위현은 '아무것도 발생하지 않'는 '어둠의 시간'에서 유사와 인접의 상상력으로 새로운 세계를 만들어낸다. 위현의 세계는 역광으로 피사체를 찍었을 때 그 피사체 자체는 분명하게 보이지 않지만 그 암흑의 가장자리에서 펼쳐지는 우주 공간과 흡사하다.

그러나 그녀는 사무실 직원으로부터 위현이라는 사람이 실제로 이 레지던스에 입주한 적이 없다는 사실을 듣게 된다. 그녀가 만난

---

159 권여선, 「역광」, 소설집 『안녕 주정뱅이』, 171쪽.

위현의 존재는 실제인지 환상인지 꿈인지 모호하게 그려져 있다. 그렇다면 이 환상은 무엇일까? 신형철의 해석이 흥미롭다. 그것은 "상처받는 한 예술가가 있고 그런 그의 이야기를 내가 들어주는, 내밀한 진실과 섬세한 배려가 오가는 그런 시공간으로서의 환상"[160]이라는 것. 그녀의 마음속에 떠오른 환상은 위현과 그녀 자신의 고통을 함께 위로하기 위해 마련한 자리가 아니었을까.

보는 것은 단지 눈이 하는 일이 아니다. 가까이 있어서도 보지 못한 경우도 있으며 멀리 있어도 잘 볼 수 있는 경우도 있다. 한 사람을 안다는 것은 각자의 시력과 상관된 것인지도 모른다. 만약 그렇다면 「실내화 한 켤레」에서 선미, 경안, 혜련, 이 세 친구 사이는 어쩌면 원시와 근시의 차이로 설명할 수 있다.

> 혜련은 원시가 심해 멀리 있는 것은 놀라울 정도로 잘 보는 반면에 가까운 것은 잘 보지 못했다. (…) 멀리 있는 게 손에 잡힐 듯 가깝게 보이면 아무래도 그 사이의 거리감이 지워지고 단번에라도 관통 가능하게 생각되니까, 시간에 대해서도 그런 것 아닐까.[161]

> 선미가 자기를 집으로 불러 하려던 얘기는 어쩌면 혜련의 얘기가 아니었을지도 모른다고, 그러나 자기는 끝내 그것이 무엇

160 신형철, 「'호모 파티엔스(homo patience)'에게 바치는 경의」(해설), 권여선, 소설집 『안녕 주정뱅이』, 창비, 2016, 255쪽.

161 권여선, 「실내화 한 켤레」, 소설집 『안녕 주정뱅이』, 185~186쪽.

인지 묻지 않았고 그녀가 뭔가를 얘기하려 했는데도 끝내 들으려 하지 않았다고.

이 모든 일은 오래전에 있었던 일이고 이제 귀고리도 어디론가 사라지고 없으며 지금까지 경안, 혜련, 선미, 이렇게 셋은 다시 만난 적이 없다.[162]

원시가 심한 혜련과 마찬가지로 경안은 선미의 아픔을 가까이 느끼지 못했다. 경안은 아파트 단지를 도망치듯 빠져나오면서 선미를 휘감고 있는 묘한 분위기가 "비밀스러운 안개라기보다 치명적인 가스에 가깝다"고 생각한다. 안개는 눈앞을 가린 채로 그 모습을 드러내지만 가스는 온몸을 감고 있어도 눈으로 볼 수 없는 것이다. 혜련과 경안은 오히려 너무 가까이 있어서 선미의 아픔을 볼 수 없었던 것이다. 선미가 뜬금없이 어렸을 때 오빠 둘이 한꺼번에 죽었다는 말을 하면서도 어떻게 죽었는지 말하지 않았고 경안도 그 이유에 대해 묻지 않았다.

따라서 세 사람은 친구였으나 서로를 잘 알지 못했으므로 만난 적이 없는 거나 마찬가지다. 그들은 서로에게 없는 이름이다. 권여선의 시선은 우리의 시력이 미처 닿지 못한 타인의 고통, 이 적막한 중심을 응시한다.

그럼에도 불구하고 누군가를 만나고 살아가야 한다면 우리에게 절실한 건 적막함 속에서도 서로를 잊지 않고 기억하는 것이다. 최은영의 소설집 『쇼코의 미소』(2016)는 "지적인 것이 아니라 정서적

162 권여선, 「실내화 한 켤레」, 소설집 『안녕 주정뱅이』, 209~210쪽.

인 것을 통한 공감력이 포스트 계몽 시대에 유효한 새로운 계몽의 양식일 수 있으리라는"[163] 것을 일깨워 준다. 다른 언어와 국적을 지닌 사람들이 어떻게 공감하고 소통하는지를 보여주고 있는 몇 편의 소설들이 특히 눈에 띈다.

폴란드 여자 율랴와 한국인 미진의 우정은 서로의 빈틈을 위로하면서 싹튼다. 율랴는 아버지에게서 "너는 아무것도 아니야"라는 말을 들을 때마다 사라지고 싶었다. 러시아 남자가 청혼했을 때 율랴는 "아무것도 아닌 나와 결혼까지 해준 사람이라고 생각"하고 수락했고 그래서 그를 떠나지 못했다. 그와 헤어진 후 율랴는 미진을 만난다. 율랴는 미진이 러시아 말로 설명하지 못한 부분을 대신 말해주면 고마워했던 순간을 기억하고 있다. 율랴는 미진이 러시아 말을 잘하게 될수록 자신의 도움을 필요로 하지 않았다고, 그런 미진의 모습은 마치 아버지가 그랬던 것처럼 '넌 아무것도 아니야'라고 말하는 것 같았다.

> "(…) 나중에 생각해보니 그때 나는 나보다 약한 누군가를 도와주는 내 모습을 좋아했던 것 같아요. 말로는 친구라고 하면서도 내가 미진보다 더 위에 있는 사람이라고 생각했어요. 너는 나 없이 아무것도 못해, 라고. 미진이 점점 더 러시아 말을 잘하게 될수록, 저의 도움이 필요 없어질수록, 매력적인 친구들과 어울릴수록 미진에게 화가 났습니다. 미진이 내게 이렇게 말하는 것

---

163 서영채, 「순하고 맑은 서사의 힘」(해설), 최은영, 소설집 『쇼코의 미소』, 문학동네, 2016, 290쪽.

같았어요. 넌 아무것도 아니야. 넌 아무것도 아니야. 그게 날 견딜 수 없게 하더군요. 이타심인 줄 알았던 마음이 결국은 이기심이었다는 걸 깨닫게 된 건 미진이 떠난 이후였습니다."[164]

서로의 마음을 진정으로 이해하고 공감할 수 있는 자리는 적막한 시간이 왔을 때 비로소 열린다. 미진이 죽고 난 후 율랴와 '나'는 미진을 추억한다. 미진이 율랴에게 얼마나 극진한 마음을 지니고 있었는지, 그리고 미진 선배가 '나'의 아픔을 함께 나누지 못해 미안해했다는 것을 알게 된다. 공감과 연대는 서로의 곁을 떠난 후 함께한 시간을 '잊어버리지 않는 것'에서 시작된다.

투이네 가족과 '나'의 가족은 베트남 전쟁에 대해 대화를 나눈 후 사이가 멀어진다. '나'와 '투이'가 듣고 배운 베트남 전쟁이 달랐고 '나'의 아빠와 투이의 엄마가 기억하고 있는 베트남 전쟁도 같지 않았다.

> 나는 마지막 용기를 쥐어짜서 독일어로 말했다. "한국에서 그렇게 배웠는데. 우린 아무에게도 잘못한 게 없다고. 우린 당하기만 했다고. 선생님이 그렇게 말했는데……"
>
> "한국 군인들이 죽였다고 했어." 투이가 말했다. 작은 목소리였지만 식탁의 분위기를 얼려버리기에는 충분했다. "그들이 엄마 가족 모두를 다 죽였다고 했어. 할머니도, 아기였던 이모까지도 그냥 다 죽였다고 했어. 엄마 고향에는 한국군 증오비가 있대."[165]

164 최은영, 「먼 곳에서 온 노래」, 소설집 『쇼코의 미소』, 193쪽.
165 최은영, 「씬짜오, 씬짜오」, 소설집 『쇼코의 미소』, 79쪽.

베트남 전쟁은 각자의 입장에서 다른 사건으로 기억된다. 베트남 전쟁에 대한 기억의 차이로 인해 두 가족의 사이는 점점 멀어진다. 이 소설에서 말하고자 하는 것은 그런 역사적 기억과 증언에 관한 문제가 아니다.

소중한 관계가 부서졌을 때 누가 떠나고 남겨진 것인지를 가리는 것은 어려운 일이지만 중요한 것은 다른 경험과 기억을 지닌 그들이 잠시나마 서로의 '곁'이 되어주었다는 사실이다. 투이의 엄마는 "엄마의 인간적인 약점을 모두 다 알아보고도 있는 그대로의 엄마에게 곁을 줬다." 누군가에게 자신의 '곁을 준다는 것'은 특별한 말을 건네지 않으면서도 서로를 위로할 수 있는 방법이다. 일본인 쇼코와 한국인 소유의 할아버지 사이를 잇는 보이지 않는 끈은 단지 곁이 되려했던 그 간결한 마음이었다.

"할아버지가 아팠던 걸 알았어?"

"응. 소유 너는 몰랐었지."

응. 몰랐었어. 나만 빼놓고 모두가 알고 있었구나. 쇼코 네가 뭐라고. 나는 목이 멨다.

"널 속인 건 미안해. 하지만 미스터 김과의 약속이 더 먼저였어."

내가 대답할 틈도 없이 쇼코는 말을 이었다. 지금이라도 한국에 가서 나와 할아버지를 보겠다고 했다. 나는 알겠다고, 하지만 지금 같은 기분으로는 쇼코를 볼 수 없다고 말했다. 내가 몰랐던 비밀을 할아버지와 공유했다는 질투, 내게 내내 연락하지 않았던 일에 대한 미운 마음, 일본에서 본 쇼코의 태도에 대한 거부감, 나의 불안정한 처지에 대한 방어심, 그 모든 감정들이 하나로 모여서 차가운 마음으로 굳어졌다.[166]

언제나 이해는 뒤늦게 찾아온다. 소유는 자기 대신 할아버지의 곁이 되어주었던 쇼코를 견딜 수 없었다. 소유는 쇼코가 자신의 할아버지와 공유했던 그 시간들에 대한 질투와 쇼코의 태도에 대한 거부감 때문에 쇼코의 마음을 온전히 읽지 못했던 것이다. 쇼코의 미소에 가려진 '쇼코의 그늘'을 보지 못했다는 이 무능함의 확인.

최은영의 소설은 이 무능함을 확인하는 곳에서 타인에 대한 공감이 얼마나 어려운 일인지를 말해준다. 이것이 최은영의 소설이 여느 소설들과 다른 방식으로 공감과 연대의 필요성을 요청하는 방식이다.

박솔뫼의 장편 『머리부터 천천히』(2016)에서 말은 생각을 담아내는 그릇이 아니다. 말과 생각은 사람과 사람의 관계를 맺는 방식이다. 통사적 연결 구조가 어긋나 있는 문장들은 타인을 생각하는 장소를 만든다. 타인을 향한 생각은 말을 듣고 말을 하면서 점점 자라난다. 어떤 생각을 말하다가 다시 처음으로 돌아가 천천히 생각을 시작한다. 한 사람을 이해하는 방식도 그렇게 이루어진다.

우경은 중환자실에 누워 있는 병준을 찾아간다. 중환자실 벽에 붙어 있는 지도는 혼수상태에 빠진 환자들이 어디를 헤매는지 알려준다. 병준의 이름은 오키나와 부산, 이 두 군데에 표시되어 있다. 언젠가 병준은 부산에서 배를 타고 오사카에 갔고 오키나와에 갔다 왔

166 최은영, 「쇼코의 미소」, 소설집 『쇼코의 미소』, 57~58쪽.

다고 했다. 우경은 병준이 다녀온 오키나와와 관련된 책이나 여행기를 찾아본다. 그렇지만 아무리 "부산을 헤매어도 헤매고 또 헤매도 병준이 헤매는 부산과는 다른 곳"이라는 것을 우경은 알고 있다.

우경은 병준이 다녔던 길과 병준의 머리 속을 스쳐 지나간 생각들을 뒤따라 걷는다. 우경은 병준이 지나간 거리를 떠올리면서 병준의 기억에 닿으려 한다. 병준이 걸었던 곳을 우경이 다시 걷는 것은 병준을 이해하는 방법인데 그것은 또한 우경 스스로를 이해하는 방법이기도 하다. "여기가 어디인지 모르는 것과 자기가 누구인지 모르는 것은 한배에 탄 질문들이어서" 여기가 어디인지 안다는 것은 자기가 누구인지 안다는 것이다. 오키나와가 어디인지 안다는 것은 내가 있는 오키나와를 증언하는 것이다. 그 증언은 가능할까?

> 누가 어떤 오키나와에 대해 증언을 해줄 수 있을까, 어떤 국제에 대해. 수많은 오키나와에 대해 그중의 하나인 내가 있는 오키나와에 대해 나는 증언을 할 수 있나.
>
> (…) 이곳은 오키나와입니다 아열대입니다라고 말하면 그 풍경은 곧 자신의 몸을 접어 다른 곳으로 향하며 그것이 아닌 그러나 그것이 아니라 말할 수 없는 공간을 보이며 이곳이 오키나와입니다 말할 것이다.[167]

그 골목을 아는 사람은 거기의 역사를 아는 사람이다. 그러나 오키나와를 말하면 그 말은 오키나와가 아닌 다른 곳을 가리킨다. 오

---

167 박솔뫼, 장편『머리부터 천천히』, 문학과지성사, 2016, 154~155쪽.

키나와에 대해 증언하는 순간 그 증언은 오키나와가 아닌 곳을 말하고 있다. 생각과 말은 멈추지 않고 계속 흘러간다. 말하는 순간에 이전의 생각들은 취소되고 새로운 생각들은 다른 공간들을 향해 이동한다. 말이 지나간 자리는 텅 비어 있다. 적막한 그곳에서 어떤 만남들은 시작된다.

우경은 도쿄 유학을 갔다 온 이덕자를 아는 사람을 만난다. 그 사람과 함께 우경은 이덕자와 또 다른 이덕자에 관해 이야기하고 "이덕자의 아들이 될 뻔했던 자의 친구가 될 뻔했던 자에 대해" 이야기한다. "이덕자의 아들이 될 뻔했던 자와 친구가 될 뻔했던 자"의 이야기는 광주에서 시작한다. 친구가 될 뻔했던 자의 이름은 남수이다. 남수는 광주에서 태어나 광주에서 대학을 졸업한 후 지역 신문사에 취직했다. 남수가 근무한 지 7년째 되던 해에, 광주에는 3개 여단의 3천여 명의 공수부대가 들어왔다. 공수부대원들은 남수를 감시하기 위해 그의 집에 찾아왔다. 또 다른 남수는 공수부대에 쫓겨 양림동 골목집에 숨었고 그 집의 아가씨와 결혼했다.

우경은 이들의 이야기를 이렇게 해석한다. "비슷한 나이의 동향 사람들이라면 이것이 남자와 여자가 만나는 이야기이지만은 않고 위급한 사람을 구해주고 거기에 주저함이 없었던 어떤 시기의 이야기라는 것을"[168] 알 수 있다고. 그 뜨거웠던 1980년 광주의 거리에서는 그와 같이 여러 번 친구 사이가 될 뻔한 사람들이 있었고 친구 사이가 된 사람들이 한둘이 아니었다. 병준, 남수, 또 다른 남수가 지나간 길은 하나로 연결된다.

---

168 박솔뫼, 장편『머리부터 천천히』, 188쪽.

연대의 가능성은 부산-오사카-오키나와-서울-광주로 이어지는 길 위에서 시작되었고 천천히 다시 생각하는 과정에서 찾아가야 할 문제인 것이다.

5. 흰, 책

한강의 소설『흰』(2016)은 완결된 책이 아니다.『흰』은 "아직 살아보지 않은 시간 속으로" 우리를 안내한다. 배내옷에서 수의까지, 태어남에서 죽음까지, 그 흰 것들을 따라 들어가는 길은 슬픔의 여백에 가까워지는 경험이다. 아직 살아보지 않은 생명이 부르는 곳으로, 겹겹으로 싸인 고요한 시간 속으로, 아무것도 쓰이지 않은 흰 책 속으로. 우리를 이끄는 것은 어떤 흰 목소리이다.

> 태어나 두 시간 동안 살아 있었다는 어머니의 첫 아기가 만일 나를 이따금 찾아와 함께 있었다면, 나로서는 그걸 알 길이 없었을 것이다. 그이에게는 언어를 배울 시간이 없었으니까.[169]

> 그러니 만일 당신이 아직 살아 있다면, 지금 나는 이 삶을 살고 있지 않아야 한다.
>
> 지금 내가 살아 있다면 당신이 존재하지 않아야 한다.
>
> 어둠과 빛 사이에서만, 그 파르스름한 틈에서만 우리는 가까

169 한강, 연작소설『흰』, 난다, 2016, 36쪽.

스로 얼굴을 마주본다.[170]

아직 살아보지 않은 생명, 그 아기는 말을 갖지 못했다. 다만 어머니의 간절한 목소리를 들을 수 있었다. 오직 몸짓으로만 이곳에 잠시 머물렀다 사라졌다. 당신은 '나'의 몸을 빌려 다시 태어났다. 말이 되지 못한 말은 고요와 닮았으나 더 이상 고요가 아니다. 말이 되지 못한 말은 수많은 사람들의 목소리로 다시 태어난다. 태어난 생명들은 그래서 고독하지 않다. 이미 지나간 시간과 함께 살아가고 있으므로.

폴란드의 바르샤바와 한국의 광주를 잇는 기억은 시간이 지날수록 더욱 선명해진다. "그녀는 자신이 두고 온 고국에서 일어났던 일들을 생각했고, 죽은 자들이 온전히 받지 못한 애도에 대해 생각했다."[171] 그녀가 해야 할 일 중의 하나는 "기억할 모든 죽음과 넋들에게-자신의 것을 포함해-초를 밝힐 것."이다. 아기가 들은 그 말을 당신의 입술이 대신 건넨다. "죽지 말아요. 살아가요."

이제 흰 것들이 살고 있는 '밝은 방'의 문을 닫을 시간이다. 『흰』으로 들어가는 문 위에 새겨진 문장을 천천히 읽어본다. 아낌없이 살다간 목소리가 여기에 적혀 있다. "난 아무것도 아끼지 않아. 내가 사는 곳, 매일 여닫는 문, 빌어먹을 내 삶을 아끼지 않아."[172]

---

170 한강, 연작소설『흰』, 117쪽.
171 한강, 연작소설『흰』, 109쪽.
172 한강, 연작소설『흰』, 128쪽.

도처에 짐승

불면의 감촉

내 글 속의 인용문들은 노상강도 같아서 무장한 채 불쑥 튀어 나와 여유롭게 걷고 있는 자에게서 확신을 빼앗아버린다.[173]

1. 꿈틀거리다

시선이 한결 날카로워졌다. 이 끔찍한 세계와 마주한 시선은 먹잇감에 집중한 동물의 눈빛을 닮았다. 몸짓은 느리게 혹은 거칠게. 짐승'처럼'이라는 비유적 표현은 더 이상 쓸모가 없다. 인간과 동물은 서로의 차이를 견줄 수 없을 정도로 가까워졌다. 인간과 동물 사이의 '비식별역'에 거주한 '벌거벗은 생명'(조르조 아감벤)들은 도처에서 발견된다. 최근 소설들에서 포착할 수 있는 이와 같은 장면들은 우리 시대에 대한 단순한 은유가 아니라 짐승들이 문학의 공간을 점유했다는 것을 보여주는 구체적인 표지다. 글쓰기는 이제 꿈틀거리고 어슬렁거리는 짐승들의 몸짓에서 시작된다.

서성란의 장편『쓰엉』(2016)은 외딴 시골 마을에 위치한 하얀집으로 우리의 발길을 이끈다. 이곳에는 소설가 이령과 평론가 장이 익명으로 지내고 있다. 장은 이령의 소설이 완성되어가는 과정을 지켜보는 한 개의 눈빛이다. 그의 눈빛은 이령의 "완성되지 않은 소설–

173 발터 벤야민, 조형준 옮김,『일방통행로』, 새물결, 2007.

이른 봄 나뭇가지에서 희거나 노랗거나 붉은 꽃이 피어나듯 첫 문장이 솟고 뒤이어 문장과 문장이 문단을 이루고 마침내 한 편의 소설이 되어 강물처럼 흘러가는 과정을"[174] 탐하는 초식동물의 그것이다.

이령은 여기로 옮겨온 후에도 아직 문장을 쓰지 못한 상태다. 장이 보기에, 이령은 인기와 성공을 위해 세상과 타협하는 작가가 아니다. 이령의 언어는 "장인적 성실함이 느껴지는 언어", "객관적이고 정확하고 엄밀하여 문체의 힘만으로 모든 대상을 아름답게 만들 수 있는 언어"[175]에 가까운 것이다. 이령이 추구하는 언어의 세계는 타락한 짐승의 세계와 정반대에 위치해 있다. 이령의 손끝에서 펼쳐질 아름다운 문장들은 알 수 없는 한 여자와의 만남에서 시작되었다. 이령의 문장들 사이에서 내내 살아온 그 '여자'는 무엇일까?

> 여자를 처음 만난 곳은 산골마을이 아니었다. 여자는 아주 오래전부터 이령 곁에 머물러 있었다. 이령이 기억하지 못해도 여자는 알고 있었다. 낯설면서 익숙한 여자를 이령은 내내 기다리며 살았다.[176]

> 이령은 오래전 한 여자의 아름다움에 매혹당했다. 인간의 몸은 세월을 따라 시나브로 쇠락해져서 종내 추하게 변한다는 사실

174 서성란, 장편『쓰엉』, 산지니, 2016, 10~11쪽.

175 서성란, 장편『쓰엉』, 25~26쪽.

176 서성란, 장편『쓰엉』, 116쪽.

> 을 알게 된 후로도 최초의 기억으로 각인된 아름다움은 변하거나 왜곡되지 않았다. 실체가 사라지고 이미지로 남은 아름다움을 담을 수 있는 그릇은 언어였다.[177]

이령이 기다리는 '여자'는 아름다운 언어의 다른 이름이다. 실체가 사라진 후에도 아름다움을 그대로 간직한 매혹적인 이미지로 각인되어 있는 무엇, 그러니까, 그 여자는 누구라고 이름 할 수 없는 익명의 존재이다. 그것은 이령의 글쓰기를 지배하고 있는 생명체다. 그렇다고 해서 이 소설을 한 소설가가 직면한 언어의 한계와 창작의 고통을 드러낸 작품이라고 요약할 순 없다. 알 수 없는 여자를 향한 이령의 기다림은 여자 쓰엉과 만나면서 소설 바깥의 현실로 걸어 나온다.

어느 날, 쓰엉은 하얀집의 도우미로 오게 된다. 베트남에서 한국으로 시집을 온 쓰엉은 결코 한국인이 될 수 없는 영원한 이방인이다. 힘겨운 날들을 보내고 있는 쓰엉을 응원하는 목소리가 소설의 곳곳에서 들린다. "그녀는 달아나지 않고 떠나야 했다. 남편을 향한 연민과 증오를 떨쳐버리고 노를 저어 세상으로 나가야 했다."[178] 쓰엉은 이곳을 떠나지 못했고 어디로도 나가지 못했다. 언어와 기억을 잃어버린 이령과 자신의 말을 갖지 못한 쓰엉은 침묵으로 된 말들을 주고받는다. 이령이 쓴 책을 몰래 훔친 후 쓰엉은 자신의 마음속에서 자라난 소리 없는 말들을 건넨다.

---

177 서성란, 장편 『쓰엉』, 102쪽.

178 서성란, 장편 『쓰엉』, 83쪽.

> 당신은 아름다운 강과 호수를 보았습니까? 강바닥의 조약돌이 보이는 투명한 강물에 배를 띄우고 노를 저어서 강을 건너보았습니까? 강 건너편 도시에 살았던 당신은 무엇 때문에 아무도 반겨주지 않은 산골마을로 들어와 살고 있습니까? 나는 당신이 쓴 책을 가지고 있습니다. 당신 몰래, 허락도 받지 않고 가져갔습니다. 제목조차 읽을 수 없는 당신의 책을 만져보고 거기에 쓰여 있을 이야기를 상상해봅니다.[179]

쓰엉은 그 이해할 수 없는 책 속의 이야기를 자신만의 언어로 묻고 상상한다. 쓰엉에겐 자신의 상황을 설명할 수 있는 수많은 말들이 필요했다. 쓰엉은 자신이 알지 못하는 말들을 간절하게 원했다. 쓰엉은 경찰서에서 조사를 받으면서 왜 그 책을 소유하게 되었는지를 설명할 수 있는 말을 갖지 못했다. 어떤 말도 쓰엉에겐 소용이 없었다. 하얀집의 방화범으로 몰린 후 쓰엉은 모든 말들을 잃고 말문을 닫는다.

아무것도 쓸 수 없었던 이령의 문장들이 서서히 꿈틀거린다. 이령이 기다려 왔던 그 여자는 "누구라도 볼 수 있지만 아무도 소유할 수 없는 생강나무였다."[180] 바라볼 수는 있어도 가질 수 없는 그것. 무한한 기다림의 언어. 이령은 아무 말도 갖지 못한 여자 쓰엉의 아픔을 읽고서 무엇인가를 쓰기 시작한다. 오랜 기다림 끝에 이령의 손

179 서성란, 장편『쓰엉』, 164쪽.
180 서성란, 장편『쓰엉』, 260쪽.

끝이 움직인다.

> 여자를 읽을 수 있는 사람은 이령뿐이었다. 그녀의 손길이 닿는 곳마다 여자의 몸은 단단한 문장으로 쓰일 것이다.
>
> 여자의 모험은 아직 끝나지 않았다.
>
> 여자의 이야기는 이제 막 시작되었을 뿐이었다.
>
> (…)
>
> 문장 하나가 이령의 머릿속에 떠올랐다.
>
> 이령은 손가락을 움직여서 쓰기 시작했다.
>
> 쓰엉.[181]

여자의 몸은 단단한 문장으로 쓰이기 시작한다. 문장과 문장 사이에서 생강나무를 닮은 여자, 알 수 없는 여자가 얼굴을 내민다. 마치 한 그루의 나무에서 뻗어 나온 무수한 가지들에서 꽃잎이 피어나듯이, 이령의 문장들이 지나가는 자리마다 여자 쓰엉의 이야기가 새롭게 태어난다. 소설의 첫 문장으로 돌아가 이령의 소설을 펼쳐볼 순간이 되었다. "문장과 문장 사이에 그 여자 쓰엉이 있다."[182] 다시 써본다. 문장과 문장 사이에 기다림이 있다. 어둠 속에서, 한 마리의 짐승이, 꿈틀거린다.

제6회 혼불문학상 수상작인 박주영의 장편 『고요한 밤의 눈』(2016)은 스파이라는 독특한 인물 설정과 치밀한 서사 전략이 돋보

---

181 서성란, 장편 『쓰엉』, 266쪽.

182 서성란, 장편 『쓰엉』, 8쪽.

이는 작품이다. 에필로그와 프롤로그에서 '나'는 이 세계의 끝과 동시에 다른 세계의 시작을 선언한다.

> 나는 스파이이고, 이 세계는 끝났다.[183]

> 나는 스파이이고, 이 세계를 위해 다시 태어났다.[184]

이 선언과 더불어 하나의 세계가 닫히고 또 하나의 세계가 열린다. 새로운 세계에는 서로 다른 기억과 경험을 지닌 존재들이 거대한 질서를 형성한다. 스파이라는 특수한 존재들로 촘촘하게 엮인 이 소설의 구조는 감시와 통제 장치로 이루어진 그물망의 세계를 재현한다. 요컨대 이 소설은 "스파이 소설이면서 스파이 소설이 아니며, 스파이들의 암약을 다루지만 정작 현대인들의 실존 형식과 그 실존 형식을 결정짓는 통치성을 암시하는 소설이 된다."[185]

스파이들의 세계에서는 사라짐과 나타남이 명멸한다. "기억과 양심, 진실 그리고 그것을 가진 사람"이 사라지고 그 사라짐을 쫓는 무수한 눈빛들이 다시 태어난다. 사라짐의 흔적을 추적하는 눈빛들이 있는 한, 사라진 것은 아무것도 없다. X-Y-Z-B-D, 이 개별적인 존재들은 사슬의 연결 고리를 형성하면서 별자리를 그린다.

---

183 박주영, 장편 『고요한 밤의 눈』, 다산책방, 2016, 11쪽.

184 박주영, 장편 『고요한 밤의 눈』, 316쪽.

185 류보선, 「'목적 없는 수단'의 삶과 '목적 없는 수단' 너머의 삶」(심사평), 박주영, 장편 『고요한 밤의 눈』, 320쪽.

일란성 쌍둥이로 태어난 D. 완전한 자유주의자, 부정부주의자이자 히피였던 D의 부모는 자신과 언니, 두 사람을 공식적인 기록에 등록하지 않았다. 정부에 등록된 사람은 단 한 사람이었다. 그래서 언니는 공식적인 삶을 살았고 '나'(D)는 비공식적인 삶을 살았다. "지금도 나는 이 세상에 기록되지 않은 채 존재한다. 이제 언니는 세상에 기록된 채 존재하지 않을 것이다."[186] 기록되지 않은 채 존재하는 D는 기록이 아닌 기억에 의해서만 존재한다. D는 묻는다. "기억이 없다면 오늘의 나와 어제의 나, 내일의 나와 오늘의 나는 같은 사람일까."[187] D는 X를 만난다.

기억을 잃어버린 남자 X. 십 개월 동안의 의식불명에서 깨어났을 때 십오년의 세월이 그의 머릿속에서 사라졌다. 그에게 시간을 분류하는 기준은 "기억하는 것과 기억하지 않는 것"이다. 과거의 '나'와 현재의 '나'는 같은 것일까? "거울 속의 내가 말한다. 내 인생은 가치 있으며, 너 없이 이 세계는 존재하지 않는다고. 기억 속의 나는 말한다. 내가 바꾸지 못하는 것이 나를 바꾸기도 한다고."[188]

X의 일상을 보호 감시하는 Y. Y는 다섯 개의 신분증으로 수시로 거짓말을 하고 가면을 쓰고 살아왔다. Y는 묻는다. "나는 누구인가." Y는 하나이면서 여럿이다. "나는 누구의 여자도 될 수 있다. 그리고 나는 누구의 여자도 아니다. 그게 나다. 그런데 언제까지고 그게 나일까? 그게 나여야 할까? 그게 나일 수 있을까?"[189] Y는 Z를 감시하

---

186 박주영, 장편『고요한 밤의 눈』, 21쪽.

187 박주영, 장편『고요한 밤의 눈』, 65쪽.

188 박주영, 장편『고요한 밤의 눈』, 125쪽.

는 임무를 맡고 있다.

스파이들의 배후엔 B가 있다. 한때 스파이로 살았고 더 나은 세계를 꿈꾸는 B가 말한다. "세상을 바꾸는 사람은 우리들이다."[190] B는 소설가의 컴퓨터를 실시간 감시하다가 "누군가는 희망을, 그보다 많은 사람들이 위험을 감지하는 단어. 혁명……."[191]이라는 글자를 발견한다.

소설가 Z. Z는 창작지원금을 받아 힘겹게 글을 쓰면서 살아가고 있다. 창작지원금 내역을 입력해야 한다는 사실에 감시당하고 있다는 느낌을 지울 수 없다. 소설가를 자본의 노예로 만드는 세상에서 그는 여전히 책과 혁명에 대해 생각한다.

> 혁명은 죽은 단어가 된 지 오래였다. 그 누구도 그것이 무엇인지 몰랐다. 몰랐으므로 생각하지 않았다. 생각하지 않았으므로 혁명의 과거는 판타지 역사 소설이 되었고 혁명의 미래는 허무맹랑한 미래 과학 소설이 되었다. 그리고 그것이 그 어떤 종류의 소설이든 간에 책을 읽을 여유가 없어진 지 오래였다. 책은 가만히 말라들어갔고 어느새 하나둘 먼지가 되어갔다. [Z][192]

> 혁명은 사람들의 기억과 핏속, 심장에 있다. 모든 사람의 피를

189 박주영, 장편『고요한 밤의 눈』, 117쪽.
190 박주영, 장편『고요한 밤의 눈』, 76쪽.
191 박주영, 장편『고요한 밤의 눈』, 146쪽.
192 박주영, 장편『고요한 밤의 눈』, 145쪽.

세탁할 수도 모든 사람의 기억을 지울 수도 모든 사람의 심장을 바꿀 수도 없다. 피는 흐르고 기억은 숨고 심장은 뛴다. 어디선가 여전히. [D][193]

세계를 바꿀 수 있다는 믿음과 기대가 점차 사라졌으나 Z는 혁명을 기억한다. 그리고 책으로 가능한 혁명을 꿈꾼다. Z가 '음모론자 문학소년'이라면 D는 '가짜를 쓰고 진짜를 읽는' 독자이다. 소설가와 스파이는 저마다의 방식으로 혁명의 순간을 기획한다. 그들은 이 어두운 세계의 이면을 추격하면서 새로운 세계를 만들어갈 수 있으리라는 희망을 공유하고 있는 짝패들이다. 이들에게 혁명은 승자들의 역사가 아닌 패자들의 이야기를 쓰는 것이다.

"(…) 야만적인 살인자들, 미친 왕들, 탐욕스러운 반역자들, 폭력적인 전쟁광들, 아마도 우리 역사의 대부분은 그 승자들이 조직하고 편집하고 날조한 이야기일 것입니다. 그렇다면 패자들은 무엇을 쓸까요? 패자들은 자신들의 이야기를 어떻게 남길까요? 승자들이 인멸한 증거를 상상력으로 극복하고, 이야기로 전달하고 유포시키겠죠. 최고의 이야기에는 진실이 담겨 있는 법입니다. 멈추지 마십시오."[194]

망각에 맞서기 위해 기억한다. 누군가는 쓰고 누군가는 읽는

---

193 박주영, 장편『고요한 밤의 눈』, 190쪽.

194 박주영, 장편『고요한 밤의 눈』, 284쪽.

다. 그리고 또 누군가는 다시 쓰고 또 누군가는 다시 읽는다. 계속해서, 계속해서, 계속되고 있다. [Z][195]

패자의 위치에서 쓰여질 그 책은 결코 완성될 수 없는 것이다. 승자들이 쓴 이야기가 아닌 "패자의 서는 앞으로 쓰여질 책, 우리 모두가 쓰게 될 책이다."[196] 패자의 서는 계속 쓰이고 읽히는 동안에만 존재한다. 소설가 Z는 분명한 어조로 쓴다. 그것은 이미 시작되었고 "계속해서, 계속해서, 계속되고 있다"라고. 소설가에게 남겨진 임무는 사라진 양심과 가치 있는 진실이 소멸되지 않도록 이야기 하는 것을 계속 멈추지 않는 것이다.

우리는 지금 어딘가에서 쓰이고 읽히기 시작한 패자의 책을 함께 완성하고 있다. 미완의 그 책에는 아마도 다른 세계를 열어갈 수 있는 혁명의 씨앗이 담겨 있을 것이다. 이 혁명의 기획에 참여한 '스파이'와 '소설가'는 세계의 바깥에서 위치한 존재들이다. 날카로운 눈빛으로 암흑의 세계를 쫓는 '스파이-소설가'는 세계의 질서에 균열을 내면서 새로운 세계를 구축하는 모종의 생명체에게 부여될 새로운 이름이다.

195 박주영, 장편 『고요한 밤의 눈』, 315쪽.

196 박주영, 장편 『고요한 밤의 눈』, 312쪽.

2. 박제

다음 세 편의 소설집, 한승원의 장편 『달개비꽃 엄마』(2016), 김숨의 장편 『한 명』(2016), 최수철의 연작소설집 『포로들의 춤』(2016)에서 돌이켜보는 역사 기억은 생생하게 살아 있는 현재형이다. 동학혁명, 일본군 위안부, 한국전쟁, 거제도 포로수용소에 관한 기억은 우리의 삶에 찍혀 있는 짐승의 시간을 증언한다.

한승원의 장편 『달개비꽃 엄마』(2016)는 마음속 깊은 곳에 자리한 아픈 기억을 불러온다. 그동안 한승원 소설에서 어머니에 관한 이야기는 흔하지 않게 등장해 왔는데 이번 소설집에서는 어머니가 살아온 고통의 세월이 훨씬 더 선명하게 드러난다. 작가는 이 소설이 "그 오동통한 달개비 풀꽃처럼 강인하게 세상을 산 한 여인, 나의 어머니를 위하여" 쓴 것이며 "나의 껍질이자 뿌리인 '어머니 깊이 읽기'"[197]라고 표현한다. "달개비 풀꽃" 어머니 이야기는 작가 자신의 뿌리 찾기인 동시에 역사와 현실에 대한 깊이 읽기에 해당한다.

어머니들은 꽃으로 태어나서 풀처럼 살다갔다. 풀이면서 꽃인 '달개비꽃'과 '엄마'는 강인한 생명력의 표상이다. 어머니들의 신산한 삶은 한국근현대사의 비극을 압축해 보여준다. 어머니 점옹과 점옹의 어머니는 그 수난의 역사를 이렇게 증언한다.

> "구름같이 허옇게 일어난 동학군들이 장흥 읍내 너른 석대 들판에, 여기저기 흩뜨려 늘어놓은 짚뭇들같이 많이 죽었다는 말이

---

197 한승원, 장편 『달개비꽃 엄마』, 문학동네, 2016, 12쪽.

돌아서, 외할머니를 따라 장흥 읍내까지 굽이굽이 강변 오십 리 길을 걸어서 갔더란다."[198]

"인민위원장, 세포위원장을 함서 나하고 느그 아부지를 죽일라고 한 순실이 오빠들 둘이는 경찰이 들어온 다음에 자수를 하고 대덕지서 유치장에 갇혔다. 그랬는디, 느그 아부지가 가서 말을 잘해주어서 살아나기는 했다마는 오래 못 살고 죽었다. 사람은 정직하고 착하게 살아야지 죄 없는 사람한테 해코지를 하려고 들면 자기가 죄를 받는 법이다. 큰동네 순이 서방 되셉이도 죽었다. 세포 노릇을 한 되셉이 그 사람, 큰동네 반동자 하나를 바닷가로 끌고 가서 패 죽였더란다. 되셉이가 경찰 들어오고 나서 총에 맞아 죽은께, 순이는 그 동네서 못 살고, 서울 어디로 나갔는디 진즉 죽었다고 하드라."[199]

어린 시절 점옹은 어머니 곁에 누워 동학란의 소용돌이 속에서 오빠를 잃게 된 사연을 들었다. 점옹의 어머니는 시체가 널려 있던 장흥 석대 들판을 멀리 돌아서 장흥 읍내까지 걸어갔던 일을 떠올린다. 그리고 해방, '여순반란사건' 이후에 어머니 점옹은 새터마을에서 끝없이 이어졌던 마을 사람들의 죽음을 전해준다. 증오와 복수가 원한의 사슬을 만들었던 그 뒤엉킨 혼란 속에서 아슬아슬하게 살아남았다 하더라도 오래 살지 못했다. 어머니 점옹은 그 죽음들을 '죄

198 한승원, 장편『달개비꽃 엄마』, 86쪽.
199 한승원, 장편『달개비꽃 엄마』, 197쪽.

없는 사람'에게 '해코지를 하려고' 했기 때문에 '죄를 받는 법'이라고 해석했다. 그렇게 생각하지 않고서는 그 죽음의 연쇄 고리를 도무지 이해할 수 없다.

어머니 점옹은 험난한 세상을 건너오는 동안에도 자신의 삶을 견딜 수 있는 힘을 잃지 않았다. 점옹은 자신의 몸에 난 몽고반점 같은 점을 '복스러운 점'이라고 여겼고 그 점이 험한 세상을 통과할 수 있게 해주는 신통한 힘을 지니고 있는 것이라고 믿었다. 비극적인 운명을 여린 몸으로 겪어야 했던 점옹에게 그 점은 "하나의 신앙"[200]이었다. 어머니의 몸, 달개비꽃과 같은 질긴 생명력은 지금의 '나'를 살게 하는 힘이다. 어머니는 이 세상을 떠난 뒤에도 무한한 시공간 속에서 살아 움직인다.

> 죽으면 혼령이 있을까. 극락이나 천국은 있는 것일까. 그것들은 모두 허상이고, 세상은 덧없기만 한 것일까. 한 개의 파도가 모래톱에서 재주를 넘으며 부서지면, 뒤따라 달려온 파도가 그 부서진 자리에서 다시 부서졌다. 늙을 줄도, 죽을 줄도 모르고 영원을 사는 신의 또다른 모습인 바다 앞에서 유한한 생명체인 나는 어머니의 시간을 생각했다. 진홍색의 해당화 앞에 코를 댔다. 향긋한 향기가 내 가슴속으로 스며들었다. 고개를 들고 하늘을 쳐다보니 인도의 흰 코끼리 같은 구름 한 장이 어디론가 떠가고 있었다.[201]

200 한승원, 장편 『달개비꽃 엄마』, 55쪽.

201 한승원, 장편 『달개비꽃 엄마』, 224쪽.

그침 없는 바다의 파도가 되어 영원한 시간을 살고 있을 어머니, 하늘의 구름이 되어 어딘가로 흘러 다니고 있을 어머니. 어머니의 몸은 우주의 뿌리이며 치유의 여신이다. 어머니의 몸, 그 그윽한 곡신(谷神)에서 우리는 태어났고 다시 한 세상을 살아갈 힘을 얻는다. 어머니는 흔들리는 우리의 몸을 떠받치고 있는 강인한 풀꽃이다. 동학, 일제강점기, 해방, 여순사건, 한국전쟁기를 뚫고 지나온 어머니들의 이야기를 읽고 난 후 동학이 표방한 '사람이 곧 하늘이다'는 인내천(人乃天) 사상의 요지를 '어머니는 곧 우주다'고 바꾸어 읽게 된다. 한승원 소설 속의 어머니 이야기는 단지 작가만의 어머니 이야기가 아니라 우리 모두의 가슴 속에 살고 있는 이야기-역사이다.

다만 말하지 않았거나 말하지 못했을 뿐, 망각된 것은 아무것도 없다. 1991년 김학순 할머니의 증언으로 알려진 일본군 위안부 문제를 다룬 김숨의 장편『한 명』(2016)은 숫자로 환원할 수 없는 고통의 크기를 보여준다. 이 소설은 그녀들의 목소리를 한 땀 한 땀 엮어 완성한 증언집이라고 할 수 있다.

소설의 현재 시점은 위안부 피해자 '한 명'만 남아 있는 미래의 시간이다. 일제강점기에 20만 명이 강제 동원되었고 이후 2만 명만이 살아 돌아와 지금은 단 '한 명'만 살아 있는 상황이다. 보도된 바에 따르면 "한 명밖에 남지 않았다고 했다." 그러나 "여기 한 명이 더 살아 있다……."[202] 강가에서 다슬기를 잡다가 만주로 끌려간 그녀는 일본군의 성 노예로 살다가 고향으로 돌아왔다. 이웃의 냉대와 멸시를 견디기 힘들었다. 그녀는 "창피스러워서, 너무 부끄러워서. 자신

---

202 김숨, 장편『한 명』, 현대문학, 2016, 9~10쪽.

의 잘못이 아닌데도."[203] 피해자로 공식적으로 등록할 수 없었다.

그녀의 눈앞에는 오래 전 온몸으로 겪은 짐승의 시간이 매일 아침 마당 위에서 재현된다.

> 야생성이 강한 짐승들 중에 자신이 먹기 위해서가 아니라 인간에게 선물하기 위해 사냥을 하는 짐승이 고양이 말고 또 있을까 싶다. 아무튼 나비는 쥐든, 새든, 자신이 사냥해 잡은 전리품들을 전시하듯 그녀의 신발 옆에 놓아두고는 한다.[204]

> 맨 처음에 인간은 땅도 그런 식으로 차지했을까? 밤나무나 감나무 같은 나무들도? 샘도? 개나 염소나 돼지 같은 가축도?
>
> 만주 위안소에서 소녀들은 닭이나 염소 같은 가축이나 마찬가지였다. 오토상은 소녀들이 말을 듣지 않거나 도망치다 잡히면 누런 가죽 끈으로 옭아매서 끌고 다녔다.[205]

고양이가 사냥한 전리품들 그녀 앞에 전시하듯이 놓을 때마다 그녀는 만주 위안소에서 일본군들이 소녀들을 짐승처럼 다루던 것을 떠올린다. 일본군들에겐 "소녀를 죽이는 게 개를 죽이는 것보다 아깝지 않았다."[206] 강제로 끌려간 그녀들의 이름은 하나가 아니었다.

---

203 김숨, 장편『한 명』, 31쪽.
204 김숨, 장편『한 명』, 11쪽.
205 김숨, 장편『한 명』, 78쪽.
206 김숨, 장편『한 명』, 20쪽.

다른 군인들은 그녀를 다른 이름으로 불렀다. "그녀의 몸에 다녀간 군인들은 마음대로 이름을 지어 부르곤 했다. 도미코, 요시코, 지에코, 후유코, 에미코, 야에코……."[207]

어느 날, 그녀는 텔레비전에서 '한 명' 남아 있다는 '그이'를 본다.

> "사람이 근거 없이 살면 안 돼. 하루를 살더라도 근거를 만들어놓고 살아야지. 저 꽃들도 다 근거야. 내가 물을 주니까 말라 죽지 않고 때가 되면 꽃을 피우는 거 아니겠어. 물을 주기 위해서라도 내가 기운을 내고 바지런해야지."
>
> (…)
>
> "밥공기를 엎어놓은 것 같은 선인장 한가운데 주황색 꽃이 한 송이 피어 있다. 흰 가시들이 꽃을 촘촘히 포위하고 있다.
>
> "기특하기도 하고, 안쓰럽기도 하고…… 이 꽃이 꼭 나 같아."[208]

그이는 근거 없이 삶을 살지 않으려고 노력해 왔다. 그이는 자신의 삶을 흰 가시들에 감싸인 선인장 꽃에 비유했다. 아픔 속에서도 살아갈 근거를 잊지 않으려 했던 그이에게 뾰족한 가시들과 한 몸을 이룬 선인장 꽃은 자신의 몸과 겹친다. 그녀는 지난 70년 동안 온전히 잠들었던 적이 없다. "나도 피해자요."라는 단 한 문장을 쓰기 위해 살아왔다. 그러나,

---

207 김숨, 장편『한 명』, 78쪽.

208 김숨, 장편『한 명』, 189쪽.

어떤 말로도 자신의 고통을 설명할 수 없다./죽을 수가 없어. 내가 죽으면 말할 사람이 없다는 생각을 하면…….[209]

'한 명'마저 사라진다면 그녀들의 역사는 영영 침묵 속에 갇힐 것이다. 그녀는 자신의 존재를 알리고 자신의 아픔을 증언하고 싶다. "한 명이 세상을 떠나기 전에, 여기 한 명이 더 있다는 걸 세상에 알려야 하는 게 아닌가 싶다./증언이라는 걸 하고 싶은 마음도 생긴다. 그러나 그녀는 그것을 어떻게 해야 하는지 모르겠다. 자신이 왜 이러나 싶기도 하다."[210] 그녀는 '한 명' 남아 있는 그이를 찾아가기로 결심한다. 그이를 만나 서로의 아픔을 위로하고 함께 나누고 싶은 것이다.

소설『한 명』에서 인용한 증언들은 소설 속의 문장들로 옮겨지는 순간 단순한 말들이 아니게 된다. 지금껏 누구에게도 말하지 못했던 '한 명' '한 명'의 증언은 증언 그 이상의 의미를 획득한다. 그 목소리들은 소설 바깥의 한 명, 한 명을 향해 호소한다. '한 명'은 생존하고 있는 일본군 위안부 피해자 중의 '한 명'이 아니라 그녀들의 역사를 증언해야 하는 '한 명' '한 명'의 우리들이다. 당신이 바로 그 중의 '한 명'이다.

최수철의 연작소설집『포로들의 춤』(2016)에 실린 세 편의 소설은 한국전쟁과 1951년 거제도 포로수용소를 1980년대, 그리고 2002

209 김숨, 장편『한 명』, 237쪽.

210 김숨, 장편『한 명』, 235~236쪽.

년 서울의 거리와 겹쳐 놓는다. 기억은 세월이 흐른 뒤에도 완전히 소멸되지 않았다. 기억의 일부는 고통의 극단에서 그대로 정지한 채 박제가 된다.

1980년대 후반의 어느 겨울날이 배경인 「거절당한 죽음」에서 '나'는 인민군이었던 한수영의 아버지에 대한 이야기를 듣게 된다. 수영의 아버지는 거제도 포로수용소에 이송, 2년 후 반공포로로 석방되었고 국군에 편입하는 것을 거절해 군형무소에 수감된 적이 있다. 이후 병으로 세상을 떠났다. '나'는 한수영과의 만남을 회상하면서 "서로 다른 시대를 사는 두 사람의 운명이 같은 패턴으로 전개될 수 있다"[211]는 '평행이론'을 생각한다. 그렇듯 기억의 파편들은 다른 모습으로 변형되어 다른 시공간을 살아가고 있을지도 모른다.

「줄무늬 옷을 입은 남자」에 등장하는 두 사람, '나' 최하람과 서강의 아버지 윤치형은 서로 다른 시대를 살아 왔으나 줄무늬와 관련해서는 유사한 기억을 공유하고 있다. 최하람의 이야기는 30여 년 전, 어머니에 대한 기억으로 거슬러 올라간다. 어머니는 어렵게 얻은 외아들을 사고로 잃지 않을까 노심초사하던 끝에 아이의 발바닥과 손바닥을 검게 칠했다. 그 이유는 갓난아기의 몸에서 악령이 가장 좋아하는 부분이 발바닥과 손바닥이라는 말을 들었기 때문이다. 검은 칠은 아이의 몸을 악령으로부터 보호하는 부적을 뜻했다. 또 어머니는 아이에게 항상 줄무늬 옷을 입혔다. 어머니는 왜 그토록 '줄무늬'에 집착했던 것일까?

---

211 최수철, 「거절당한 죽음」, 연작소설집 『포로들의 춤』, 문학과지성사, 2016, 78쪽.

> 어머니는 전쟁이 끝난 지금도 그때 겪은 일로 고통스러워했고, 그 기억은 당신의 머릿속에 완장, 계급장, 견장, 깃발, 상처, 핏줄기와 같은 다양한 줄무늬의 이미지로 남아 있었다. 게다가 그 줄무늬는 어머니의 가족 모두를, 그리고 마침내 남편까지 빼앗아버리지 않았는가. 그렇다면 어머니는 세상에서 그 무엇보다도 무서워하던 줄무늬를 가지고 나를 감싸서, 그 두려운 힘이 나를 보호해주기를 바랐던 것이다.[212]

어머니에게 줄무늬는 전쟁의 상처와 기억을 상기시키는 이미지였다. 어머니는 남편과 가족을 빼앗아가버린 그 공포스러운 줄무늬를 아이를 보호하기 위한 장치로 삼았다. 상처의 흔적은 오히려 아이를 보호하는 힘이 된 것이다. 이후 최하람의 인생은 언제나 줄무늬와 함께했다.

그는 "이 세상의 모든 줄무늬에 민감했다." 그것이 반드시 행복한 느낌만을 준 것은 아니다. 그는 비루한 느낌을 준 고양이의 줄무늬를 본 이후에 자신이 그 고양이와 다를 바 없는 처지라고 생각하기도 한다. 그렇지만 최하람은 "내가 아닌 나를 연출하기로 마음을 먹었"고 직장을 구할 때에도 그 줄무늬가 큰 힘을 발휘했다.

2001년 서울, 최하람은 포로수용소 역사의 산 증인인 윤치형을 만나게 된다. 서강의 아버지 윤치형은 황해도 해주가 고향인데 인민군에 징집되었다가 미군에 잡혀 거제도에서 포로생활을 했고 부산

---

212 최수철, 「줄무늬 옷을 입은 남자」, 연작소설집 『포로들의 춤』, 89~90쪽.

가야리 수용소에 수감되었다가 반공포로로 석방되었다고 한다. 윤치형은 포로수용소에서 보낸 날들을 아직까지 잊지 못한다.

윤치형의 눈에 비친 2001년 시청 앞에 펼쳐진 붉은 악마의 물결은 50년 전 철조망 안의 풍경을 되살아나게 한다. 수용소에서는 "수천 명의 포로가 붉은 옷을 모두 벗어 철조망에 걸어놓고 빨간 알몸으로 수십 명씩 스크럼을 짜서, 목이 터져라 노래를 부르고 구호를 외치고 으쌰으쌰 기합을 넣으며 광장을 돌고 있다. (…) 모두가 한목소리로 노래를 부르고 있다."[213] 윤치형은 서울 광장의 붉은 악마들을 바라보면서 1951년 거제도 수용소의 포로들이 입었던 붉은 옷을 떠올린다.

> 수용소 안에서 우익은 좌익을 빨갱이라고 불렀고, 좌익은 우익을 흰 개미라고 불렀다. 그런데 교인소대의 흰 개미들 중에는 이른바 얼룩이들이 적지 않았고, 나 자신도 그중의 하나였다. 빨갱이들과 흰 개미들 사이의 얼룩이들은 자기들의 동물적인 생존 감각을 믿고서 하루하루 끈질기게 연명해나가는 데 모든 것을 건 존재들이었다.[214]

당시 수용소에서는 폭동이나 집단 탈출에 대비하는 차원에서 포로들에게 붉은색 옷을 입혔다. 그러나 동일한 색깔의 옷을 입은 그들은 서로 생각이 달랐다. 윤치형은 자신이 좌익도 우익도 아닌 '얼

---

213 최수철, 「줄무늬 옷을 입은 남자」, 연작소설집 『포로들의 춤』, 84쪽.
214 최수철, 「줄무늬 옷을 입은 남자」, 연작소설집 『포로들의 춤』, 133쪽.

룩이'였다고 고백한다. 그렇지만 그 자신 역시 그것이 어떤 무늬와 색깔로 그려진 얼룩무늬인지 명확하게 설명하지 못한다. "내 몸에는 빨강 바탕에 흰 줄이 그어졌던 것일까 아니면 흰 바탕에 빨간 줄이 그어졌던 것일까. 얼룩말은 검은 줄을 가진 흰말일까 흰 줄을 가진 검은말일까."[215]

윤치형은 자신의 역사를 쓰고난 후 무엇을 해야 할 것인지를 생각한다. 그는 다짐한다. "속죄의 행위를 마무리해야지" 그리고 또 "그래, 줄무늬 옷을 멋지게 차려입고 너를 만나러 가야지."[216] 그는 기억 속의 얼룩말 줄무늬를 버려야 할 아픔의 잔재가 아니라 간직하고 보존해야 하는 고통의 유산으로 껴안는다.

「거제, 포로들의 춤」에서는 1952년, 베르너 비숍이 찍은 거제 포로수용소 사진이 이야기의 매개가 된다. 소설가인 '나'는 포로들이 춤추고 있는 장면을 찍은 그 사진을 프랑스 출판계에서 아시아 전문가로 알려진 크리스 베르티에라는 친구를 통해서 처음으로 접하게 된다. 베르티에가 보내준 비숍의 사진 '재교육 캠프에서의 스퀘어댄스, 거제도, 한국, 1952년'은 수용소 내의 "한 단면을 보여주는 일종의 극적인 풍경화였다." 사진 속의 포로들은 왜 가면을 쓰고 '스퀘어댄스'를 추고 있는 것인가? 이것은 많은 상상과 추론을 요구하는 질문이다. 이에 대한 정확한 대답을 찾는 것은 부차적인 문제다.

이제 나는 사진의 안팎을 넘나든다. 내가 포로가 되고, 또 비

215 최수철, 「줄무늬 옷을 입은 남자」, 연작소설집 『포로들의 춤』, 155쪽.

216 최수철, 「줄무늬 옷을 입은 남자」, 연작소설집 『포로들의 춤』, 163쪽.

> 숍이 된다. 그리하여 마침내 나는 아버지가 쓰고자 했던 소설, 한 수영이 시작했던 그 소설을 계속해서 써나가기 위해, 이 사진 한 장이 내게 허락한 짧고 치명적인 꿈속으로 깊이 빠져든다.[217]

소설가인 '나'에게 그 수용소 사진은 더 이상 박제된 풍경화가 아니다. 짐승의 시간을 포착한 그 사진은 지금 여기의 '나'의 삶을 다르게 변형한다. '나'는 그 사진 속의 포로가 되고 그 사진을 찍은 사진작가가 되는 혼돈의 순간을 경험한다. "지구상에 존재하는 모든 것이 이 춤의 시간 속으로 빨려 들어와 있었다."[218]

최수철의 소설에서 그린 포로수용소의 이야기는 고통스러운 기억이 우리의 삶을 다르게 배치하는 힘으로 탈바꿈하고 있는 순간을 보여준다. 그것은 "증언이라고도 부를 수 있고, 춤이라고도 부를 수 있는 어떤 언표임에 틀림없다." 그래서 "거기에는 인공 지옥에서의 삶과 죽음이 주는 냉혹함을 견딜 수 있는 온기가 미약하지만 담겨 있다."[219] 만약 인간이라는 동물에게 희망을 걸 수 있다면 그것은 짐승의 시간을 기억하고 변형하는 능력을 아직 잃지 않았다는 사실 때문일 것이다.

---

217 최수철, 「거제, 포로들의 춤」, 연작소설집 『포로들의 춤』, 226쪽.

218 최수철, 「거제, 포로들의 춤」, 연작소설집 『포로들의 춤』, 241쪽.

219 서희원, 「삶과 죽음의 냉혹함을 견뎌낼 온기는 어디에서 오는가」(해설), 최수철, 연작소설집 『포로들의 춤』, 276쪽.

3. 비식별역

뿌리뽑힌 자들에 대한 애정은 성석제의 이번 소설집에서도 여전히 빛난다. 성석제의 소설집 『미리도 괴리도 업시』(2016)에 실린 소설들은 소수자, 약자 등 평범한 사람들의 이야기들인 데도 결코 가볍지 않은 무게감을 지니며 다가온다. 성석제는 하나의 소재를 붙잡아 "모든 촉수를 동원해 짐승처럼 돌진"[220]하는 치밀한 수법으로 결코 평범하지 않은 이야기를 만들어내는 이야기꾼이다.

성석제 소설 속의 인물들은 눈물도 없이 웃음도 없이 절규한다. 그들은 언제나 비난의 대상이 될 수도 있고 연민의 대상이 될 수도 있는 사람들이다.

「매달리다」에서 남자가 그 대표적인 사례다. 그는 어릴 적부터 무엇에든 집중해서 매달리는 버릇이 있었다. 그가 "기억하는 한 가장 일찍 매달렸던 건 바다였다." 생존의 현장인 바다는 죽음의 바다이기도 했다. 초등학교를 졸업하던 해 소년은 배를 탔는데 소년의 배가 '간첩선'으로 압수된다. 선원들은 간첩 혐의를 받고 감옥에 갔다. 두 사람은 고문을 받아 폐인이 되었고 한 사람은 어딘가로 실종되었다. '반공법'을 적용할 수 없는 소년만은 별다른 일 없이 계속 배를 타면서 어부로 성장했다.

18년 동안의 철권 독재가 끝나갈 즈음 경찰들이 그의 집을 덮쳤다. "빨갱이놈의 새끼" "간첩 새끼들은 사람으로 치면 안 돼. 말을 하

---

220 노태훈, 「스토리텔링 애니멀」(해설), 성석제, 소설집 『미리도 괴리도 업시』, 문학동네, 2016, 270쪽.

는 버려지라고."[221] 간첩이라는 죄목으로 끌려가 고문을 당하고 심문을 받을 때마다 그가 외워야 했던 각본은 이런 내용이었다.

> "저는 간첩입니다. 죽을죄를 졌습니다. 아버지는 간첩이었습니다. 태생부터 빨갱이고 아는 사람 모두 빨간 물을 들였습니다. 제 아들도 간첩으로 키우려고 했습니다. 죽을죄를 졌습니다."[222]

시간이 흐른 뒤, 그는 자신을 가장 지독하게 고문했던 경찰관을 찾아갔다. 경찰관은 이렇게 대답했다.

> "나는 그때 나라에서 시키는 대로 했을 뿐이오. 나라를 지키고 발전시키기 위해 그렇게 해야 한다고 믿었기 때문에 그렇게 한 것이지 개인적으로는 댁한테 아무 감정도 없었소. 나는 지금 죽어가고 있소. 당신을 언제 체포했는지 수사를 했는지 기억할 수 없소."[223]

고문 경찰관은 자신은 그때 나라가 시키는 대로, 국가의 명령에 충실했던 것이며 남자에게 어떤 개인적인 감정도 없었다고 말한다. 경찰관은 상부의 지시 명령에 복종한 평범한 사람 중의 하나였던 셈이다. 경찰관의 악행은 아돌프 아이히만이 그랬던 것처럼 '악의 평

---

221 성석제, 「매달리다」, 소설집 『미리도 괴리도 업시』, 92쪽.
222 성석제, 「매달리다」, 소설집 『미리도 괴리도 업시』, 95쪽.
223 성석제, 「매달리다」, 소설집 『미리도 괴리도 업시』, 100쪽.

범성(Banality of evil)'(한나 아렌트)이라는 개념으로 해석할 수 있다. 평범한 사람들의 삶은 언제 들이닥칠지 모를 위기에 처해 있다. 이소동의 말대로 "생각하면 인생이라는 건 얼마나 모를 것인가요?"[224]

죽기 전의 자신의 모습을 보고 싶어서 블랙박스를 설치하려는 한 남자가 있다. 그는 블랙박스에 찍힌 자신의 모습을 보면 "내가 모르는 내 삶, 내가 모르는 의식의 변화를 지켜보는 게 가능해질 것 같았다."[225] 그는 마지막 순간에 자신의 표정이 어떻게 기록될 것인지, 죽음 직전의 자신의 표정을 살아남은 자들이 어떻게 해독할 것인지를 상상한다. 또 남자는 할 수만 있다면 갑자기 들이닥친 죽음이 아니라 자신의 운명을 스스로 선택할 수 있는 '결정적 순간'을 원했다.

> 아니, 아니야. 원래 나도 내가 아닌 다른 사람이 되고 싶었어. 나를 죽여서, 죽여서라도! 내가 할 수 있었다면, 있다면, 기름이 거의 떨어진 차를 끌고 나가서, 운명이 맞춰놓은 장소에 서 있다가, 갓길로 달려오는 트럭에 머리를 들이밀고 싶었지. 그랬어. 그랬어. 그랬다. 너희 아닌 내가!
>
> 어쩔 수 없었다. 너를, 너희를, 모두를 난, 난, 사랑했다. 너, 너, 너, 너희는, 문자라는 고대로부터의 집단 기억 속에, 영원히 남아, 남아 있을 거야. 내, 내, 내, 나의, 죽음의 도서관에, 또는 블랙, 오, 블랙, 오, 블랙박스에, 박, 박제가 되어.[226]

---

224 성석제, 「골짜기 백합」, 소설집 『미리도 괴리도 업시』, 136쪽.
225 성석제, 「블랙박스」, 소설집 『미리도 괴리도 업시』, 12쪽.

남자는 블랙박스에 찍힌 영상 혹은 누군가의 시선에 붙잡힌 모습이 아니라 자기 자신의 삶과 죽음을 결정할 수 있는 순간을 꿈꾸었다. 내가 '나' 자신의 운명을 결정할 수 있는 순간을 말이다. 그 순간에는 '너를, 너희를' 사랑했던 기억이 박제되어 있을 것이다. 남자의 저 절절한 말들에는 지금의 내가 아닌 다른 사람이 되고 싶은 욕망과 너 그리고 너희를 향한 뜨거운 사랑이 담겨 있다.

「몰두」에서 사랑은 한 권의 책을 찾는 과정에 바쳐진다. 열아홉번째 맞는 겨울의 어느 날, 외삼촌은 내게 이런 질문을 던진다. "세상을 단 한 권의 책으로 이해해야 한다면 너는 이 책 중에서 어떤 책을 읽겠느냐."[227] 한 권의 책은 '나'의 삶을 지배하는 화두가 된다. 내가 지금까지 만난 사람들은 한 가지 일에 미친 사람뿐이었다. 영원 형은 말했다. "인간은 누구나 한 가지에는 미치게 되어 있어. 사랑, 술, 커피, 산, 바다, 여행, 고독 어떤 것이든 간에."[228] 무언가에 몰두한 사람들은 명성과 대가를 바라지 않았다. '나'는 이제 왕휘지가 친구의 집 앞까지 갔다가 왜 그냥 돌아왔는지를 이해할 수 있을 것 같다.

> "왕휘지는 친구 대안도를 만나는 것보다 친구를 만나기 위해 호수를 건너간 자신의 마음이 훨씬 더 중요했던 거예요. 그 마음이 움직이는 대로 돌아간 거구요."

---

226 성석제, 「블랙박스」, 소설집 『미리도 괴리도 업시』, 41쪽.
227 성석제, 「몰두」, 소설집 『미리도 괴리도 업시』, 221쪽.
228 성석제, 「몰두」, 소설집 『미리도 괴리도 업시』, 231쪽.

> "그래, 알아냈구나. 결과보다는 과정이 중요하다는 걸. 결과는 과정에 숨어 있다는 것을."[229]

'나'는 "단 한 권의 책을 찾는 과정이 단 한 권의 책이"[230]라는 사실을 안다. 그러니까, 한 권의 책을 찾아 헤맸던 과정은 결국 자기 자신의 마음을 알아가는 과정이었다는 것을, 그리고 결과보다는 과정이 더 중요하다는 것을 깨달은 것이다. 오랜 시간을 몰두한 끝에 만난 그 한 권의 책은 내 마음속을 뒤덮은 삶의 무늬였던 것이다. 여기에서 '신비'한 사랑이 열린다.

> 탄생뿐 아니라 너의 첫 호흡, 너의 옹알이, 울음, 까르르하는 웃음, 뒤집기, 처음으로 '엄마 아빠'라고 부른 것, 네 손으로 물을 마신 것, 너의 그림·노래·글·춤·연기, 첫사랑, 열 번의 프러포즈, 아홉 번의 이별 그 모두가 신비 그 자체. 너의 시간, 너의 삶, 너의 일상은 오직 하나뿐이고 유한하고 부스러지기 쉽고 그래서 고귀하다. 너는 무엇과도 누구와도 바꿀 수 없는 존엄성 그 자체다.[231]

모든 것을 한 곳에 '몰두'한 사람들에게 주체와 대상의 경계는 '없다.' 사랑은 분별하는 능력을 잃었을 때 비로소 시작된다. '너'를 사

---

229 성석제, 「몰두」, 소설집 『미리도 괴리도 업시』, 243쪽.
230 성석제, 「몰두」, 소설집 『미리도 괴리도 업시』, 254쪽.
231 성석제, 「나는 너다」, 소설집 『미리도 괴리도 업시』, 263쪽.

랑하는 것은 '나'를 사랑하는 것이었고, '나'를 사랑하는 것은 '너'를 만나는 것이었다. 이 사랑으로 인해 내 안에는 수많은 타인들이 거주한다. '나'의 몸에는 수많은 '너'들이 살고 있는 것이다. "벌통 속에서 수없이 많은 벌이 윙윙대듯이. 사실은 혼자야. 저 혼자 여러 명의 목소리로 외치고 있는 거야."[232] 그러니까, '너는 나다.'

이것은 몰두한 자들이 이른 사랑에 관한 간결한 정의다. '청산별곡'의 한 구절에서 인용한 소설집의 제목 '미리도 괴리도 업시'('미워할 이도 사랑할 이도 없이')는 애증을 넘어선 신비한 사랑의 다른 표현이다. 사랑할 사람도 미워할 사람도 없는 가운데 평등한 마음이 깃든다. 짐승의 시간 속에 사랑의 감정이 요청되어야 한다면 아마도 이 분별없는 사랑일 것이다.

정이현의 소설집 『상냥한 폭력의 시대』(2016)에 등장하는 인물들은 어둠 속의 폭력을 감지하면서 어떤 태도를 취할지 주저하고 망설인다. 그런 몸짓은 우리 시대의 폭력에 대한 깊은 통찰을 거느린다. 요컨대 우리 시대는 "타인에게 아무 태도도 취하지 않음으로써 태도를 완성시키는 방법"[233]으로 타인에게 상냥하게 폭력을 행사한다.

폭력은 국경을 넘어서 도처에서 감지된다. 도쿄에서 어린 시절을 보낸 '나'는 "한국인도 일본인도 아닌, 말하자면 코즈모폴리턴 같은 것이 되기를 갈망했는지도 몰랐다." 거기에서 내가 가장 먼저 배운 말은 돼지야라는 뜻을 지닌 일본어 '부타메'였다. 일본인과 한국인

232 성석제, 「사냥꾼의 지도」, 소설집 『미리도 괴리도 업시』, 179쪽.

233 정이현, 「밤의 대관람차」, 소설집 『상냥한 폭력의 시대』, 문학과지성사, 2016, 136쪽.

부모 사이에서 태어난 나는 자신을 더 싫어할까 두려워 "절반은 한국 사람이라는 사실을 밝힌 적은 없었다."[234]

「미스조와 거북이와 나」에서 '나'는 살아 있는 고양이가 아니라 고양이 모양의 헝겊 인형 샤샤과 아버지의 옛 연인이었던 미스조가 맡긴 알다브라코끼리거북와 함께 살고 있다. '나'는 상상한다. 지구상에서 가장 오래 사는 동물인 코끼리거북이는 내가 죽은 후에도 살아남아 "나의 모든 것을 눈에 담고 기억할 것이다."[235]라고. '나'는 세계와 대체 어떤 관계가 있는 것일까, 있기는 한 것일까?

> 침대에 누워 한 손으로 샤샤의 목덜미를 천천히 쓰다듬을 때에 나는 세계와 이어져 있다고 느낀다. 희미하게나마, 끊어지지만 않으면 되는 것이 아닐까, 라고 생각한다.[236]

> 바위와 샤샤의 목덜미를 번갈아 쓰다듬고 있으면 반드시 세계와 내가 이어져 있어야 할 필요는 없다는 생각이 든다.
>
> 샤샤과 나 사이에, 바위와 나 사이에 연결되어 있는 줄은 처음부터 없었는지도 모른다. 그래도 우리는 살아갈 것이고 천천히 소멸해갈 것이다. 샤샤은 샤샤의 속도로, 나는 나의 속도로, 바위는 바위의 속도로.[237]

---

234 정이현, 「영영, 여름」, 소설집 『상냥한 폭력의 시대』, 120쪽.
235 정이현, 「미스조와 거북이와 나」, 소설집 『상냥한 폭력의 시대』, 28쪽.
236 정이현, 「미스조와 거북이와 나」, 소설집 『상냥한 폭력의 시대』, 9~10쪽.
237 정이현, 「미스조와 거북이와 나」, 소설집 『상냥한 폭력의 시대』, 33쪽.

'나'는 세계가 가까스로 이어져 있다고 생각하기도 하고 반드시 이어질 필요가 없다고 생각하기도 한다. '나'는 세계와 아무런 관계를 맺지 않고 그저 여기 있을 뿐이다. 그러니, 우리는 서로 각자의 속도로 살다가 서서히 소멸해갈 것이다. 세계와 단절하게 되었을 때에 찾아올 두려움과 공포, 외로움, 이 모든 상상은 "아직 일어나지 않은 일들, 영원히 일어나지 않을 일들"일 뿐이다. 재앙과 파국에 대한 불길한 조짐은 말로 표현할 때 더욱 커진다. 그러므로 '나'는 어떤 일도 말로 표현하지 않을 것이다. "아직 일어나지 않은 일은, 가장 깊은 안쪽에 가만히 모아두고 싶다. 그것이 영원히 일어나지 않을지라도."[238] 단 하나만이라도, "아무래도 변하지 않는 것, 사라지지 않는 것을"[239] 간직하고 싶다.

이 폭력의 예감 속에서 무엇을 생각하고 말할 수 있을까? 남우는 말한다. "왜 너는 항상 미리 걱정하지? 문제는 생기기 전에 걱정하는 게 아니라 생긴 후에 해결하는 거야." 하지만 만약 "나였다면 그렇게 하지 않았을 것이다. 아무에게도 말하지 않았을 것이다."[240] 세계는 '나'와 아무런 상관없이 전개된다는 사실을 알고 있기 때문이다.

내가 잠시 한눈을 팔아도 세상에는 아무 일도 일어나지 않는

238 정이현, 「미스조와 거북이와 나」, 소설집 『상냥한 폭력의 시대』, 9쪽.
239 정이현, 「영영, 여름」, 소설집 『상냥한 폭력의 시대』, 129쪽.
240 정이현, 「우리 안의 천사」, 소설집 『상냥한 폭력의 시대』, 85쪽.

다. 단죄가 또 유예되었다는 사실에 나는 안도하고 절망했다. 극적인 파국이 닥치면, 속죄와 구원도 머지않을 텐데.[241]

이것은 파국을 기다리는 말이라기보다는 이렇게 바꾸어 읽어야 한다. 아직 파국의 순간이 오지 않았으므로 속죄와 구원의 가능성은 보이지 않는다. 차라리 파국이 닥치면 이 모호한 죄책감에서 벗어날 수 있을지 모른다. 이런 태도는 지금 여기의 현실이 파국 이전과 이후를 포함한 삶이라는 인식에서 비롯된다. 다시 말해 이들의 생활은 "파국으로 이어질 삶이 아니라 파국을 이미 품은 생활이다."[242] 우리 시대는 파국이 보이지 않게 진행되고 있는 '상냥한 폭력의 시대'인 것이다.

백수린의 소설집 『참담한 빛』(2016)에 등장하는 인물들은 잠시 머물다 사라진 흔적들에 예민한 감각으로 다가선다. 그들은 "고립되었다고 생각한 순간에도" "세계가 발신하는 여러 신호를 민감하게 접수하고, 그로 인해 삶의 어떤 장면은 아무리 지우고 싶어도 사라지지 못한다."[243] 빛이 어둠이며 어둠이 빛인 이 참담한 세계에서는 모든 것들이 명확한 질서로 파악되지 않는다.

주기가 일정치 않은 밀물과 썰물처럼, 그 시절 나를 덮쳤던 감

---

241 정이현, 「우리 안의 천사」, 소설집 『상냥한 폭력의 시대』, 97쪽.

242 백지은, 「공허와 함께 안에서 밀고 가기」(해설), 정이현, 소설집 『상냥한 폭력의 시대』, 239쪽.

243 양경언, 「정오의 빛이 그림자를 거둘 때」(해설), 백수린, 소설집 『참담한 빛』, 창비, 2016, 306쪽.

정의 실체가 무엇이었는지 나는 결코 설명해낼 수 없을 거라고 생각한다.[244]

유라와 주드는 연인 사이였는데 어느 날 주드가 이별을 선고한다. 주드가 자신과 아버지의 관계를 이해할 수 없었던 것처럼 유라는 주드가 변심한 이유를 도무지 알 수 없다. 그렇듯 삶이란 인과관계를 설명할 없는 일들로 가득 차 있다. 그래서 "모든 것이 소멸한 우주의 끝"을 기다린다. "모든 것이 소멸한 우주의 끝에는 더 이상 아무것도 없고 어떤 변화도 일어나지 않겠지."[245]

오랜 시간 동안 어둠 속에서 살아온 한 생명체가 '참담한 빛' 속으로 이제 막 나오려고 한다. 이 생명체는 살아 있으나 이미 죽은 것이나 다름없다. 「국경의 밤」에서 '나'는 엄마의 뱃속에서 살고 있는 열네살 소녀다. 사춘기 소녀의 얼굴을 하고서 엄마의 자궁에서 웅크린 태아의 형상이다. 태아-소녀는 바깥 세상과 만나는 것이 무서워 엄마의 몸 안에서 갇혀 있다. 태아-소녀가 세상 밖으로 나오는 것을 두려워하게 된 것은 엄마 탓이었다. "일천구백팔십일년 봄", "정확히는 그로부터 1년 전, 한 도시에서 수많은 사람들을 학살했던 이가" 대통령이 된 때에 '나'는 엄마의 배 속에서 생겨나 쿠데타와 학살이 지속되는 동안 엄마의 몸에서 나올 용기가 없었다. 엄마는 아빠에게 물었다. "그래도 세계는 점점 살 만해지고 있는 거지?" 아빠는 "그럼"이라고 대답했다. 태아-소녀는 그 말이 '거짓말'이라는 걸 알

244 백수린, 「스트로베리 필드」, 소설집 『참담한 빛』, 34쪽.
245 백수린, 「시차」, 소설집 『참담한 빛』, 39쪽.

고 있었다. 그런데도 이 세계에 태어나는 것이 축하받을 만한 일인 것일까?

> IMF 금융위기가 터지고, 또 조금 더 지나 도심 한복판의 빌딩 위로 비행기가 날아가 박히고, 이라크전쟁이 발발하고, 이스라엘이 가자지구를 공습하고, 또 누군가가 누군가를 공습하고, 테러하고, 학살하다가, 온 세계를 불안에 떨게 하는 경제위기 속에서, 몇 년 후 그때의 나보다 겨우 조금더 나이를 먹었을 뿐인 아이들이 바닷속에 수장될 날이 올 줄은 꿈에도 모른 채. (…) 그렇지만 그렇더라도, 이제는 돌이키기에는 너무 늦었으므로, 나는 될 대로 돼라는 심정으로 삶[生]을 향해 나가기[出] 위해 몸을 힘껏 뻗었다.[246]

'나'는 태어난다는 것이 전쟁, 테러, 학살, 그리고 세월호에 이르는 재앙의 세계로 내던져지는 것임을 잘 알고 있다. 그러나, 더 이상 세상 밖으로 나오는 것을 미룰 수 없다. 태아-소녀는 오랜 망설임 끝에 엄마의 몸 속에서 바깥으로 탈출하기로 결정한다. 이렇게 세상으로 나오게 된 것은 축하받을 일이라기보다는 될 대로 되라는 심정으로 자리를 옮긴 것에 불과했다. 출생[出生]은 국경의 밤을 넘어 다른 어둠 속으로 이주하는 것과 같다.

여기가 아닌 다른 곳으로 갈 수 있을까? 다른 곳은 정말 이곳과 완전히 다른 곳일까? 그런 곳이 있기는 한 것일까? 국경을 넘는다 해

246 백수린, 「국경의 밤」, 소설집 『참담한 빛』, 299쪽.

도 여기의 현실과 완전히 단절된 곳은 없을 것이다. 「중국인 할머니」, 「참담한 빛」, 「여름의 정오」에서 국경을 넘어선 이주민들에 관한 이야기는 그런 질문과 예감을 품고 있다.

「중국인 할머니」에서 새할머니 '풍효'는 1930년 한반도의 남쪽에서 태어났다. 새할머니는 두명의 한국인 남자와 결혼하고 그 사이 한국 국적을 가진 아들을 하나 낳았지만 태어나서 죽을 때까지 계속 중국인 화교로 살았다. 새할머니의 아버지는 인천항을 통해 1927년, 식민지 개발 명목 하에 중국인 이주가 늘어나던 시기에 한반도에 발을 디뎠다. 이주민으로서 살아온 그 고단한 세월을 간단하게 요약하기란 쉽지 않다. 새할머니는 말했다. "대륙 사람 자식으로 태어나 대만 사람이 되어서 70년 넘게 여기서만 살았는데, 여기서 외로우면 어디를 간들 외롭지 않겠냐."[247]

백수린 소설에서 보이는 공포와 외로움은 전지구적인 증상이라는 점에서 문제적이다. 「참담한 빛」에서 정호가 조사한 바에 따르면 영화감독 아델은 옛 동독 지역인 슈베린에서 태어나 여덟살 때 미국으로 이주했다. 그녀의 부모는 지금은 폴란드령이 된 슐레지엔 지역 출신으로 2차대전 이후 강제 이주된 독일인들이었다. 세계 여러 곳을 떠돌며 살았던 영화감독 아델의 다큐멘터리들은 특별한 서사가 없는 작품들로 대체로 거주민이 모두 떠난 이후 허물어져가는 마을을 기록한 지루한 영상을 담고 있었다. 아델의 이야기는 정호 자신의 외로움과 만난다. 정호는 사라졌다가 되돌아오는 공포를 느꼈다. "그는 이 공포가 오래도록 사라지지 않으리라는 것을, 사라졌다가도

247 백수린, 「중국인 할머니」, 소설집 『참담한 빛』, 151쪽.

계속, 계속 되돌아오리라는 것을, 그러나 누구에게도 이해되지 않을 것을 알았다."[248]

이처럼 백수린의 소설에서 등장하는 이주민의 이야기는 단지 이주민들의 아픔을 말하는 것에서 끝나지 않는다. 참담한 세계에서는 국경 너머의 다른 사람들의 아픔이 겹친다.

> 그러면 여기에는 미래가 있어? 내가 또 묻는다. 그건 모르지. 어디에도 미래가 없다면 차라리 자기 나라에서 사는 게 낫지 않아? 이방인으로 평생 사는 건 외로운 일이야. 내 말에 짧은 침묵을 두고, 그가 말한다. 자기 나라에서 이방인으로 사는 것보다 더 외로운 일은 없어.[249]

'나'는 9월 11일, 뉴욕 한복판의 고층 건물로 비행기가 날아가 꽂히는 장면을 보면서 타까히로, 하고 중얼거렸다. "타까히로를 만난 것이 뉴욕도 아니었고 그 순간 그의 이름을 불러야 할 이유는 전혀 없었는데, 도대체 왜였는지는 모르겠지만, 나도 모르게."[250] 참담한 삶은 국경과 국경 사이의 단단한 장벽을 무너뜨린다. 이주민들의 슬픈 역사는 지금 세계를 떠도는 우리 자신들의 이야기이기도 한 것이다.

---

248 백수린, 「참담한 빛」, 소설집 『참담한 빛』, 181쪽.
249 백수린, 「여름의 정오」, 소설집 『참담한 빛』, 78쪽.
250 백수린, 「여름의 정오」, 소설집 『참담한 빛』, 91쪽.

4. 걷다: 느리게 혹은 거칠게

어디를 가든 지옥이긴 마찬가지다. 그래도 살아야 한다면, 그럼에도 불구하고, 어딘가로 계속 걸어갈 수밖에 없다. 느리게 혹은 거칠게. 뚜렷한 방향도 목적지도 없이 그저 '걷는' 이 발걸음이 어느 곳에 닿게 될지 알 수 없다. 그 발걸음은 세계에 대한 환멸과 세계로부터 망명 사이에서 전개되고 있는 것만은 분명하다.

강영숙의 소설집 『회색문헌』(2016)에서 "C는 도시 생활의 폭력성과 잘난 척하는 주변 사람들이 역겨워 더는 못 참겠다,고 선언한 뒤 귀농했"지만 도시에 편지를 보낸다.[251] 고향도 도시와 마찬가지로 병들어 있다. 귀향은 아늑하고 그리운 고향으로 돌아가는 것이 아니다. 귀향은 이런 것이다. "아무런 기억이 없는, 태어났다고 기록된 곳에 찾아가는 일."[252] 귀향은 아름다운 기억이 깃든 고향에 대한 향수에서이거나 고향에 대한 특별한 기억이 있어서가 아니라 다만 그곳이 태어난 곳이라고 기록되어 있기 때문이다. 그것은 절반만 진실이다.

> 그녀의 고향에서는 여름만 되면 남자들이 외진 나무숲 아래 모여 솥을 걸고 불을 피웠다. 나무숲이 더워지면 개울가로 내려갔고 개울가가 더우면 계곡으로 갔다. 그리고 나무다리 난간에 개를 끈으로 묶어 매단 뒤 방망이로 때렸다. (…) 왜 오긴, 여기

---

251 강영숙, 「가위와 풀」, 소설집 『회색문헌』, 문학과지성사, 2016, 177쪽.

252 강영숙, 「귀향」, 소설집 『회색문헌』, 26쪽.

가 내 고향이야. (…) 언니 휴가 아직 남았으면 정신 나간 사람들이 모여 있는 시설에 저랑 같이 가면 어때요, 고향이라면서. 아님 치매 걸린 노인들만 우글거리는 양로원은 어때요?[253]

"본인의 인생과 아무런 연관이 없는 친구의 일, 가족에게 일어난 일이 본인의 손에 하나의 선으로 남는 것이 손금입니다. 그런데 왜 다른 사람한테 일어난 일이 내 손바닥에 남을까요?"[254]

그녀에게는 고향에서의 기억들이 하나도 잊히지 않고 남아 있다. 기억 속의 고향은 사라진 것이 아니라 그녀 곁에서 망각된 채 머물러 왔던 것이다. 고향은 단지 태어난 곳이라고 기록된 장소가 아니라 "흰 몸뚱이의 사내애", "그 애의 목숨을 빼앗아 태어난 것 같은 죄책감에 시달렸"[255]던 기억이 살아 있는 곳이다. 여름날 숲 속에서 개를 방망이로 내리치던 장면을 잊지 않았다. 그리고 지금 고향에서는 정신이 나간 사람들과 치매 걸린 노인들이 우글거리고 있다. 지나간 기억들은 몸에 깊은 자국을 남긴다. 마치 손바닥에 그려진 손금처럼 '나'의 삶에는 타인들의 운명이 침투한다. 아픔의 자국들이 살고 있는 "고향에 오는 건 그래서 늘 싫었다."[256]

이 세계의 본질을 통찰한 「크훌」의 문장들을 인용해 말하면, "세

253 강영숙, 「귀향」, 소설집 『회색문헌』, 33~34쪽.
254 강영숙, 「불치(不治)」, 소설집 『회색문헌』, 68쪽.
255 강영숙, 「귀향」, 소설집 『회색문헌』, 29쪽.
256 강영숙, 「불치(不治)」, 소설집 『회색문헌』, 75쪽.

계는 무너진 적이 없다는 거. 무너지는 건 크훌, 젠장 나의 내부라는 것."[257] 그러니까, 세계는 한 번도 무너진 적이 없이 지속되고 있는 현실이며 '쓰레기가 되는 삶' 속에서 망가진 것은 우리의 내면이다. 그럼에도 불구하고 글을 쓴다는 것은 무엇일까? 강영숙에게 이 회색의 장소를 쓴다는 것은 "경험한 상실과 결핍에 대해 이야기하고, 이를 글로 쓰는 일을 멈추지 않는 데 있다."[258] 그것은 세계의 심연을 기록하는 방법이다.

「폴록」에서 J는 환경운동단체에서 인턴으로 일하면서 환경운동을 시작한 여성들의 활동을 구술과 영상으로 남기는 일을 돕고 있다. 그 일을 하던 중에 만난 K 이사는 "무슨 일이 일어났는가를 말하는 차원의 진술과는 다른, 말로 하기 어려운 층위의 일을 경험하게 했다." J는 말이 되지 못한 기억들, 간결한 말로 정리할 수 없는 일들을 기록하기 위해 글을 쓰기 시작한다.

> 그래서 J는 아무런 소용도 없는 글을 쓰기 시작했다. 그리고 장르를 정할 수 없어 고민하다가 전공인 도서관학에서 들은 한 가지 개념을 빌려왔다. 최종 단행본이 되기 이전의 자료, 공식 자료 이전의 자료, 과정을 보여주는 회의 자료, 최종 결과물이 나오면 결국 폐기-폐기 도장을 찍는 일은 주로 해당 지역 인근 중학교 학생들의 방과 후 봉사활동 일감이다-하게 될 자료를 통칭하

---

257 강영숙, 「크훌」, 소설집 『회색문헌』, 227쪽.

258 이소연, 「상처, 그 신비한 열림에 대하여」(해설), 강영숙, 소설집 『회색문헌』, 문학과지성사, 2016, 243쪽.

는, 회색문헌grey literature을 작성하게 된 것이다.[259]

J가 쓰고 있는 글은 최종 결과물이 나오면 폐기될 기억 자료들을 모아서 작성한 '회색문헌'이다. 그것은 잭슨 폴록의 그림을 뉴욕과 일본에서 단 두 번 봤다는 K 이사가 잭슨 폴록의 그림 자체보다는 폴록의 그림을 본 "두 번의 시간 전후, 그때 있었던 일들에 대해 얘기"[260]하는 것과 흡사하다. 인터뷰 녹취 파일에서 K 이사는 1988년 초반 공해추방단체에서 일하게 된 시절, 열다섯살에 취직했다가 3개월을 일하고 수은중독으로 죽었던 소년의 일을 이야기한다. 그리고 그 소년의 일로 "이상적인 공동체", "아무도 아프지 않고 아무도 죽지 않는 공동체."[261]에 대해 토론했던 일을 떠올린다. 이렇듯 K 이사의 인터뷰에는 간결한 말로 정돈할 수 없는 우연한 사건들이 한 폭의 추상화를 그린다.

강영숙의 소설이 재난과 재해가 계속되는 세계를 기록하는 방식은 정돈되지 않은 그대로를 쓰고 저장하는 것이다. 여기에서 세계의 황폐한 진실이 드러난다. 불현 듯 닥쳐오는 재난을 피할 수 있는 방법 중의 하나는 우리 몸의 기관을 바꾸는 것이다. "K 이사의 말처럼 도시가 사막화되면 결국 모래바람을 피해야 하고, 그러려면 눈썹이 길어야 하니까. 낙타처럼 이중, 삼중이어야 하니까."[262] 사막의 모래

259 강영숙, 「폴록」, 소설집 『회색문헌』, 38쪽.
260 강영숙, 「폴록」, 소설집 『회색문헌』, 40쪽.
261 강영숙, 「폴록」, 소설집 『회색문헌』, 42쪽.
262 강영숙, 「폴록」, 소설집 『회색문헌』, 57쪽.

바람이 불어오는 이곳에서 살아가기 위해 낙타의 눈썹을 붙이고 느린 발걸음을 옮길 수밖에 없다.

김혜진의 소설집 『어비』(2016)는 죽음 직전의 상태에 처해 있는 사람들이 생존의 방식을 탐구하는 보고서로 읽힌다. 다음과 같은 문장을 예로 들 수 있다. "확실한 죽음의 방식을 찾아 헤매야 할 것이었다. 오늘은 정말 찾을 수 있을까."[263] '확실한 죽음의 방식'을 찾아야 하는 이유는 그것만이 죽지 않고 살아남을 수 있는 '확실한 방식'이기 때문이다. 어쨌든 살아야 한다면 그 일이 '죽음의 방식'이라고 해도 괜찮다.

엄마는 알고 있다, "분명 뭔가 잘못된 게 틀림없다니까. 그렇지?"[264] 국영 기업이었던 회사가 합병과 인수를 거치며 민영 기업이 된 후 엄마는 다른 사람들과 함께 해고되었다. 해고의 사유는 엄마가 늘 해오던 상담 업무와 판이하게 업무 불이행과 업무 능력 상실이었다. 아무도 부당한 해고에 반대하는 1인 시위를 하는 엄마에게 관심을 갖지 않았다. 회사 앞에서 서 있는 엄마의 자리는 "거긴 처음부터 엄마의 자리 같았다. 회사의 중심으로부터 가장 멀리 있는 자리."[265]

> 너 아직 아무것도 안 하지? 일을 해야 돼.
>
> (…)
>
> 해야지.

---

263 김혜진, 「치킨 런」, 소설집 『어비』, 민음사, 2016, 112쪽.

264 김혜진, 「아웃포커스」, 소설집 『어비』, 45쪽.

265 김혜진, 「아웃포커스」, 소설집 『어비』, 60쪽.

뭘 할 건데?

뭐든.

(…) 근데 너 정말 뭐라도 해. 아무것도 안 한다는 게 말이 되니, 알았지?[266]

다른 사람에겐 '일'처럼 보이진 않겠지만 '나'에게 그건 분명히 '일'이다. 아직 아무것도 안 하고 있는 것이 아니라 할 수 있는 일은 "뭐든" 하고 있는 것이다. 그냥 이대로 살아가도 괜찮은 걸까? 자전거를 타고 거리 한 가운데로 달리면서도 파고드는 생각을 멈출 수 없다. "근데 이대로 페달을 밟아도 괜찮을까. 난 더 세게 페달만 밟았다."[267] 거칠게, 이 죽음의 세계 속으로 돌진한다.

일용직 근로자 어비는 팀장에게 외친다. "고집이 아니고요. 잘못한 게 없어요."[268] 어비의 주장은 받아들여지지 않는다. 직장 동료들은 "늘 사람들을 밀어내는 기운 같은 게 있"는 어비를 밀어낸다. 어비는 "결국 할 수 없는 건 아무것도 없다는 생각이 들었다."[269] 그 순간 어비의 마음속에선 어떤 충동이 솟구친다.

그러는 동안 뭔가 뜨겁고 단단한 것이 계속 나를 충동질하고 지나가는 걸 분명히 느낄 수 있었다. 그런 충동은 내 안의 뭔가를

266 김혜진, 「쿵후하는 자세」, 소설집 『어비』, 138~139쪽.

267 김혜진, 「쿵후하는 자세」, 소설집 『어비』, 140쪽.

268 김혜진, 「어비」, 소설집 『어비』, 17쪽.

269 김혜진, 「어비」, 소설집 『어비』, 31쪽.

다 깨고 부수고 망가뜨리고 박살 낼 때까지 절대 그치지 않을 것 같았다. 그런 예감이, 확신이 점점 더 선명해졌다. 그리고 그런 순간엔 당장 무엇이라도 저지를 수 있는 기분이 됐다. 그게 뭐든 아무 상관이 없었다.[270]

계속 앞으로 가는 것도, 되돌아 나가는 것도 아득해 보이긴 마찬가지였다. 어느 방향으로 가야 좀 덜 걸을 수 있을까. 금방 다리를 벗어날 수 있을까. 어차피 그런 건 없었다. 그런 생각이 들었다. 나는 걷기 시작했다.[271]

자기 자신마저 망가뜨리고 박살낼지도 모를 충동에 사로잡힌 어비의 모습에서 한 마리의 야생동물이 연상된다. 그동안 시키는 일만 조용히 수행해 왔던 어비는 뭔가 저지를 수 있을 것 같은 기분에 사로잡힌다. 어비는 이곳에서 더 멀어지기 위해서, 여기를 벗어나기 위해서 어차피 여기와 다른 곳은 없다는 것을 알고 있으면서도 어딘가로 걷기 시작한다. 그 어딘가는 '확실한 죽음의 방식'을 찾을 수 있는 장소일 것이다. 김혜진의 소설에서 반짝이는 충동은 이 세계와 정반대에 있는 곳으로 나아가는 원심력이다.

이은희의 소설집 『1004번의 파르티타』(2016)은 문제적 상황을 자신만의 방식으로 이해하려고 애쓰는 인물들의 모습이 돋보인다. 「1교시 언어이해」의 그녀는 한 개의 독해 지문을 보고 세 개의 문제를

---

270 김혜진, 「어비」, 소설집 『어비』, 31쪽.

271 김혜진, 「어비」, 소설집 『어비』, 32~33쪽.

만드는 일을 맡고 있다. 동료 우애경은 소설「개흘레꾼」에 관한 문항이 논란을 가져올 수 있는 정치적인 주제라는 이유로 이의를 제기한다. 우애경의 주장은 이렇다.

> "논란이 발생할 가능성 자체를 없애야 해요. 경쟁사에서 우리를 불리하게 만들 수 있는 여지를 남기면 안돼요."
>
> 민주화운동이 작품의 시대적 배경이라는 것과 테제, 안티테제 등의 용어가 오해를 불러일으킬 수 있다는 점 때문에 이 작품에 관해 출제된 문학 문제가 좌파 이념 전파에 기여하는 것으로 여겨질 수 있다는 것이었다.[272]

그녀는 "이제는 더 이상 버틸 수 없는 때가 왔다."고 생각한다. 그녀는 소설 속의 인물들이 눈물의 의미를 정확히 표현하는 것에 실패한 후 "마지막 문제를 버려둔 채 자리를 떠났다."[273] 그녀의 떠남은 그러나 패배가 아니다. 앞으로 그녀의 삶이 어떻게 전개될지 확언할 수 없다. "불확정성의 원리는 양자역학에만 존재하는 것이 아니라 인생에도 존재하니 말이다."[274]

「1004번의 파르티타」에서 "그는 자신이 무언가를 좋아하게 되면 항상 잃는다는 것을 알고 있었다."[275] 슬픔도 상실도, 모든 것을 잊

---

272 이은희, 「1교시 언어이해」, 소설집 『1004번의 파르티타』, 문학동네, 2016, 68쪽.
273 이은희, 「1교시 언어이해」, 소설집 『1004번의 파르티타』, 82~83쪽.
274 이은희, 「1교시 언어이해」, 소설집 『1004번의 파르티타』, 73쪽.
275 이은희, 「1004번의 파르티타」, 소설집 『1004번의 파르티타』, 123쪽.

기만 하면 그만이다. 그렇다고 해도 "사랑하는 사람들에게 그가 필요 없다는 것만으로도 세상은 견디기 어려웠다."[276] 그러면 도대체 왜 살아야 할까?

> "네가 왜 살아야 하는지 그 이유를 하나만 대봐."
>
> (…) 유키가 말을 할 수 있다면 이렇게 말할 터였다. 내가 없으면 네가, 너 혼자만 남을 텐데 그 언젠가, 너만 있을 그때가 너무 걱정돼…… 그는 옷자락 안에 파고든 유키가 그의 상처를 건드리는 것을 느꼈다.
>
> (…) 네가 왜 살아야 하는지 이유를 대봐. 다리 위의 신이 말한다면, 그는 한 가지만 묻고 싶었다. 제겐 망가진 추억 말고는 아무것도 없습니다. 그래도 그걸로 괜찮겠습니까……?[277]

유키가 말할 수 있다면 유키 없이 혼자 남은 '너'를 걱정할 것이다. 품에 안고 있는 유키의 말없는 입이 그의 고독을 건드린다. 다리 위의 신에게도 묻고 싶다. 정말 이대로 살아가도 "괜찮겠습니까?" 무엇으로 이토록 망가진 삶을 위로받을 수 있을까? '나'는 유릿조각을 주우면서 기억 속의 엄마가 해준 그 말의 힘에 대해 생각한다. "내게, 울지 마라, 라고 말해주는 힘"[278] 이은희의 소설에서 문득 솟아나는 위로, "이것은 극복/승화가 아니라 위로, 그것도 자신의 내부로

---

276 이은희, 「1004번의 파르티타」, 소설집 『1004번의 파르티타』, 143쪽.
277 이은희, 「1004번의 파르티타」, 소설집 『1004번의 파르티타』, 145~147쪽.
278 이은희, 「푸른 문을 열면」, 소설집 『1004번의 파르티타』, 109쪽.

부터 힘을 발견하는 자기 위로라는 점에서 새로운 감수성이다."[279]

그것은 상실과 고독을 완전히 받아들였을 때에만 찾아오는 뜻밖의 선물과 같다. 이대로 살아야 할지 말아야 할지를 망설이고 있던 이들은 이곳이 아닌 어딘가로 망명하는 길을 선택한다. '사람이 아니라는 생각으로 버텨 왔던' 그는 또 다시 홀로 울게 될 줄 알면서도 세상 속으로 발걸음을 옮긴다. 그 길이 울음이든 웃음이든 "부디, 지금은 아무것도 생각하지 말자. 그는 다시 재빨리 걸었다."[280] 그의 거친 발걸음과 함께 울음은 점점 거센 소리를 낸다.

5. 포식자(捕食者)

김민정의 소설집 『홍보용 소설』(2016), 조수경의 소설집 『모두가 부서진』(2016), 김봄의 소설집 『아오리를 먹는 오후』(2016), 이수진의 소설집 『머리 위를 조심해』(2016)에 수록된 몇 편의 작품들에 등장하는 포식자의 형상은 비참한 현실의 단면을 드러내는 주요한 표지다.

먼저 김민정의 소설집 『홍보용 소설』(2016)에 실린 소설 「죽은 개의 식사 시간」의 한 장면을 예로 들 수 있다. 중국 유하에서 온 진봉은 시체를 처리하는 일로 생계를 유지하고 있는 조선족이다. 사람들이 진봉에게 보여준 멸시의 미소는 진봉을 주눅 들게 만들었고 이곳

---

279 고봉준, 「불확실한 삶」(해설), 이은희, 소설집 『1004번의 파르티타』, 217쪽.

280 이은희, 「너와 함께 웃을 것이다」, 소설집 『1004번의 파르티타』, 201쪽.

에서 이방인으로 살게 했다. 시체 처리 작업을 하는 그는 자신의 일이 "무엇보다 말하지 않아도 된다는 점이 마음에 들었다. 죽은 사람이 다시 살아나 말을 건다면 또 모를까."[281] 한 사내의 시체를 치우면서 진봉은 사내의 곁을 마지막까지 지켰던 그 개를 떠올린다.

> 폐허가 된 아파트 단지에서 혼자 스무 번의 낮과 밤을 지켜낸 개. 축축한 혀로 죽은 남자의 얼굴을 핥고 움직임 없는 주인을 향해 배를 뒤집어 까며 재롱을 부리다가 결국엔 배고픔을 이기지 못하고 욕조 밖으로 빠져나온 남자의 왼쪽 손을 뜯어 먹었다던 그 개. 진봉은 남자의 손가락을 개껌처럼 입에 물고 질겅질겅 씹고 있는 개의 모습을 상상했다. 더 늦게 집주인이 남자의 집을 방문했다면 남자의 왼쪽 어깨마저 흔적 없이 사라져버렸을지 몰랐다.[282]

고독한 사내의 곁을 지키던 개는 사내의 죽은 몸을 천천히 먹기 시작한다. 진봉이 지금 하고 있는 일은 개가 완전히 삼키지 못한 사내의 흔적을 치우는 일이다. 그렇듯 진봉이 하는 일은 한 사람이 남긴 죽음의 흔적만이 아니라 "삶의 흔적을 지우는 일이었다. 살아있던 한 사람의 자리를 사라지게 하는 일이었다."[283] 진봉은 부탄과 몽골에서 온 동료들과 시체 처리 작업을 끝내고 나면 "악취"를 맡았고

281 김민정, 소설집『홍보용 소설』, 실천문학사, 2016, 102쪽.
282 김민정, 「죽은 개의 식사 시간」,『홍보용 소설』, 107쪽.
283 김민정, 「죽은 개의 식사 시간」,『홍보용 소설』, 116쪽.

“심한 허기를 느꼈다.”[284] 이 허기는 개의 식사 시간만큼이나 불길한 일들이 연속해서 일어날 것이라는 예감을 일으킨다. 삶과 죽음의 흔적을 말끔히 청소하고 난 후 진봉들은 현실의 생태계에서 어떻게든 살아남기 위해 서로의 먹잇감이 될 터이다.

‘소설가’들 또한 진봉들의 처지와 크게 다를 바 없다. 그들 모두 신자유주의의 경쟁 체제 하에서 생존의 위협에 직면한 사람들이다. 소설가 소설이라고 할 수 있는 「홍보용 소설」과 「세상에서 가장 비싼 소설」의 제목이 보여주듯이 작가와 작품은 자본의 논리에 포섭되어 상품이 되어가고 있다. 「홍보용 소설」에서는 앞서 읽은 「죽은 개의 식사 시간」에 관한 부분이 등장하는데 그 일부를 옮겨 본다.

> 며칠 전 저녁 식사를 하면서 읽은 「죽은 개의 식사시간」이었다. (…) 조선족인 그는 중국에서는 한국인으로 한국에서는 중국인으로 취급받는다. 어느 한쪽에도 완전히 속할 수 없는 ‘영원한 이방인’인 그는 타인의 죽음으로 생계를 이어가는 삶을 살아감으로써 인생의 아이러니를 완성한다. (…) 나는 고개를 끄덕이며 그녀의 생각에 동의한다는 제스처를 취했다. 물론 스타팰리스에 사는 그녀가 구로공단 쪽방에서 삶의 밑바닥을 긁고 있는 조선족의 삶을 온전히 이해할 수 있을 거라고는 생각하지 않았다.[285]

김민정은 묻는다. 작가는 그들과 다른 위치에 있는 비참한 자들의

284 김민정, 「죽은 개의 식사 시간」, 『홍보용 소설』, 118쪽.

285 김민정, 「홍보용 소설」, 『홍보용 소설』, 31쪽.

삶을 어떻게 소설로 그려낼 수 있는가? 생존을 위해 한국으로 이주한 불법체류 노동자인 진봉의 삶을 '스타팰리스'에 사는 작가 김은정은 과연 쓸 수 있는 것인가? 이러한 물음에는 작가 자신의 윤리적인 태도가 개입해 있다. 이러한 질문이 새로운 것은 아니지만 우리 시대에 다시 던져보는 이 질문은 결코 가볍지 않은 문제의식을 동반한다. 그것은 우리 시대의 작가와 문학이란 무엇이어야 하는가라는 진지한 물음을 촉발한다.

소설 속의 한 소설가는 힘주어 말한다. "보이지 않는 것을 보는 것, 바로 그것이 예술이다. 나는 소설가이기 전에 예술가다."[286] 이 소설가가 "보는 것"은 우리에게 "보이지 않는 것"이리라. 김민정의 소설은 "소설이 찾아야 할 우리 시대의 이야기, 배제와 박탈의 최전선에 서 있는 우리 시대의 타자들에 대한 발견과 탐구를 개시한다."[287] 김민정의 소설이 '보는 것'은 암흑의 핵심을 냉정하게 포착함으로써 '보이지 않는 것'을 더 많이 드러내주는 작업이다.

우리 시대는 한 마디로 말해 동물들의 왕국이다. 조수경의 소설집 『모두가 부서진』(2016)에 실린 「지느러미」와 「사슬」에서 반복되는 '개' 이야기는 이 소설집을 관통하는 원본 이미지라 할 수 있다. 다음 두 장면을 옮겨본다.

"시골 할머니 댁에서 개를 많이 키우는데, 새끼를 낳으면 어미

286 김민정, 「세상에서 가장 비싼 소설」, 『홍보용 소설』, 237쪽.

287 정홍수, 「'세상에서 가장 비싼 소설'을 기다리며」(해설), 김민정, 『홍보용 소설』, 실천문학사, 2016, 256쪽.

가 탯줄도 끊어주고 태반까지 깨끗이 먹어치워요. 비쩍 마른 몸으로 젖을 먹이고, 오줌똥 핥아가며 새끼들이 남긴 흔적 없애고. 그건 본능이거든요. 그런데, 또 어떤 녀석들은 새끼를 낳고도 그냥 방치해두기도 하더라고요."[288]

소녀가 꼼지락거리는 핏덩이를 바라봅니다. 자그마한 윗입술이 꽃잎처럼 갈라져 있습니다. 아이는 울지 않습니다. 소녀가 아이를 발로 밀어냅니다. 검은 개가 몸을 일으킵니다. 피냄새를 맡은 뒤로 개는 내내 흥분한 상태. 태반에 코를 처박고 있던 개가 그것을 조금씩 핥아댑니다. 소녀가 뒤로 바짝 물러납니다. 순식간에 태반을 먹어치우고, 개는 탯줄을 삼키며 아이에게 다가가기 시작합니다.[289]

개는 새끼를 낳은 후 태반까지 깨끗하게 먹어치운다. 혹은 그대로 방치하는 경우도 있다. 그것은 개의 본능이다. 또 새끼를 낳은 어미 물고기는 새끼를 삼키는 포식자로 변한다. "조금 전까지 새끼를 배 속에 품어주었던 어미가 순식간에 사나운 포식자로 변한 것이다."[290] 검은 개는 탯줄을 삼킨 후 소녀의 아이 곁으로 서서히 다가간다. 저 포식자의 형상이 끔찍한 이유는 그 몸짓이 서로를 먹고 삼키는 무한 약탈과 경쟁 속에서 살고 있는 우리들과 겹쳐 보이기 때

---

288 조수경, 「지느러미」, 소설집 『모두가 부서진』, 문학과지성사, 2016, 193쪽.
289 조수경, 「사슬」, 소설집 『모두가 부서진』, 179쪽.
290 조수경, 「지느러미」, 소설집 『모두가 부서진』, 197쪽.

문이다.

「사슬」과 「지느러미」에서 본 포식자의 형상은 「할로윈-런, 런, 런」에서 좀비들과 좀비들에게 쫓기는 사람들의 모습으로 다시 등장한다. 사람들은 좀비 게임이 가짜라는 것을 알면서도 좀비들에게 공포를 느끼고 살아남기 위해서 안간힘을 쓴다. 게임이 시작되면 좀비 역할을 하던 '나'는 '진짜' 좀비가 된다. 좀비랜드에서 벌어지는 좀비 게임은 가상 현실이 아니라 지금 여기의 진짜 현실이다. 이 치열한 생존 경쟁의 세계에서 살아남기 위해서는 더 무서운 좀비가 되지 않으면 안 된다. 그래서 좀비랜드에서 아르바이트 면접을 준비할 때에 수한이 강조한 것은 '혼'이었다.

> "가장 중요한 건, 혼이야."
>
> "혼?"
>
> "그러니까 혼이 없어야 해. 생각이 제거된 상태로 몸만 움직이는 것. 그게 정말 무서운 거거든."
>
> "혼."[291]

'혼 없는 몸'은 좀비 아르바이트를 할 때에만 필요한 것이 아니다. 산다는 것은 '혼'이 없는 상태로만 버티는 것이다. "그때까지만, 그때까지만 버티면 되는 것이다."[292] "그때"는 언제일까? 아마도 그때엔 '모두가 부서진' 세계가 남게 될 것이다. 조수경의 소설은 "어둡고 축

291 조수경, 「할로윈-런, 런, 런」, 소설집 『모두가 부서진』, 138쪽.
292 조수경, 「할로윈-런, 런, 런」, 소설집 『모두가 부서진』, 153쪽.

축한 지하 세계"[293]에서 들리는 비명과 절규를 기록하는 것에서 시작해 모두가 부서진 세계의 거대한 그림자가 아주 가까이 임박해 오고 있음을 보여준다.

포식자들의 몸에서 새로운 생명들이 다시 태어난다. 김봄의 소설집 『아오리를 먹는 오후』(2016)에서 아이는 자신의 탄생을 이렇게 회고한다. "어쨌든 중간에 제가 생겨 버린 거죠."[294] '중간'에서 탄생한 존재들의 눈에 비친 현실은 환상과 분명하게 구별되지 않는다. 김봄의 소설에서 산 자와 죽은 자의 경계가 모호한 환상은 그런 맥락에서 이해된다. 「림보」와 「아오리를 먹는 오후」에서 죽음에 관한 두 장면을 인용해 본다.

> 네 가족 모두 바닥에 쓰러진 모습 그대로 하얀 테두리가 둘러쳐졌다. 남편은 뼈가 앙상하게 드러날 정도로 마른 몸이었다. 엎드려 죽은 부인의 몸은 뚱뚱했다. 치마 아래 드러난 겹이 생긴 허벅지살을 보고 있자니 나도 모르게 지하실 여자의 모습이 떠올랐다. 발가벗겨진 채 죽은 여자아이는 눈썹이 희미한 지하실 아이와 닮은 듯도 했다. (…) 어느 순간, 내가 여자의 살 속으로 흡수되어 버릴 것 같다는 생각마저 들었다.[295]

> 한 아저씨가 들것을 들고 와요. 들것 위에 날 올려놓고 긴 비

293 조수경, 「유리」, 소설집 『모두가 부서진』, 37쪽.

294 김봄, 「무정」, 소설집 『아오리를 먹는 오후』, 민음사, 2016, 9쪽.

295 김봄, 「림보」, 소설집 『아오리를 먹는 오후』, 66쪽.

닐을 씌우기 시작해요. 비닐이 발목을 지나 무릎을 건너요. 머리 쪽에 서 있던 아저씨의 손이 머리 위로 올라와요. 이마를 짚어 보고 그대로 천천히 얼굴을 쓸어내려요. 아저씨의 손이 내 눈 위에서 힘을 주고 눈꺼풀을 당겨 내려요. 이제야 눈이 감겨요. 잠이 오네요. 허공을 달리는 내가 보여요. 이제 곧 낭떠러지를 만나게 될까요.[296]

'나'는 한 가족의 죽음 현장을 바라본다. 그때 지하실 여자와 지하실 아이가 떠오른다. 어느 순간 '나'의 몸은 시체 속으로 흡수될 것만 같다. 시체들은 바라보고 있는 '나'를 끌어당긴다. 죽은 소녀의 목소리가 들린다. 이 '중음'의 존재는 천천히 자신의 시체가 거두어지는 순간을 상세하게 보고한다. 그리고 머잖아 자신의 몸이 다른 세계로 떨어질 것을 상상한다.

김봄의 소설에서 시체와 죽음에 관한 장면에 관한 서술이 이채로운 것은 그것이 곧 우리가 살고 있는 세계를 재현하고 있기 때문이다. "지옥에 사는 악마, 디오네아 무시풀라와 깍지벌레처럼 우리는 같은 세계에 사는 사람들이며" "누구나, 누구에게, 언제나 천적이 될 수 있는 세계에."[297] 살고 있다는 사실을 확인시켜 주고 있는 것이다. 죽음의 사슬이 반복되고 있는 지금 여기가 세계의 모습이라는 것을.

이수진의 소설집 『머리 위를 조심해』(2016)에서 문장들은 스멀스

---

296 김봄, 「아오리를 먹는 오후」, 소설집 『아오리를 먹는 오후』, 133쪽.
297 김봄, 「문틈」, 소설집 『아오리를 먹는 오후』, 161쪽.

멀 기어 다니는 벌레, 갑충, 다족류의 몸처럼 여기저기로 뻗어나간다. 그런 문장들은 한편 이수진의 소설관이 "인물도 사건도 설정도 결국엔 문장들의 불수의적 연동 운동에 의해 점령당하고 마는 장르, 그것이 소설이다."[298]는 점을 뒷받침한다.

무엇보다 이수진의 소설이 지닌 운동성은 곤충류와 근친한 관계에서 발동한다. 아무것도 아닌 것처럼 보이는 곤충의 사체가 사유를 촉발한다. 가령, 「대단히 멋진 꿈」에서 T는 흰 천장 가운데 검은 흔적, 말라붙은 갑충의 사체에서 생각을 점화한다. 꿈이란 "집요하게 달려드는 날벌레에 불과"하고 현실이건 꿈이건 될 대로 되라는 식이었던 T에게 "약간 기름한 형태의 갑충 사체는 터진 내장이 튄 자국과 합해져 비뚤어진 감탄부호처럼 보였고, 그에겐 진정한 의미로 하나의 깨달음이었다."[299]

「벽장」에서 '그'는 한 마리 짐승이다. 그의 집 안에서 움직이는 것은 "떠다니는 먼지와 기는 벌레와 길듯이 늘어져 있는 그뿐"[300]이다. 그는 "그저 옮겨갈 곳과 옮겨갈 의지가" 없기 때문에 "몸을 웅크린 달팽이 같은" 모습으로 식탁에 앉아 하루를 보낸다. '나'는 지쳐 보이는 '그'에게 연민을 느껴 '그' 대신 벽장으로 들어오게 된다. 벽장 안에서 '나'는 '그'의 하루를 지켜본다.

> 자신이 벽장에 있다는 것을 그가 알고 있음을 벽장의 그는 알

---

298 김형중, 「괄약근 VS 불수의근」(해설), 이수진, 소설집 『머리 위를 조심해』, 문학동네, 2016, 273쪽.

299 이수진, 「대단히 멋진 꿈」, 소설집 『머리 위를 조심해』, 251쪽.

300 이수진, 「벽장」, 소설집 『머리 위를 조심해』, 142쪽.

고 있었다. 그런데도 문을 닫아걸고 마치 없는 척하는 그 가증스러움, 그가 치를 떠는 부분은 바로 그런 점이었다. 틈새라곤 없는 공간의 다족류처럼 그가 얼마만큼 꼴사납게 온몸을 버둥거리며 지냈는지를 그는 알까. 그와 달리 그는 그럭저럭 잘사는 것처럼 보였다. (…) 그러나 그로서는 그의 그런 행태가 역겨운 위선으로밖에는 보이지 않았다. 그가 행하는 모든 기저마다 벽장 속의 그가 있는 까닭이었다. 일상의 향유에는 언제나 그런 밑바닥이 감추어져 있기 마련이니까.[301]

벽장 속의 '그'가 벽장 밖의 "그에게 묻고 싶은 것은 어떻게 하면 벽장에 잘 있을 수 있는가에 대한 것이지 나갈 수 있는 방법에 관해서가 아니다."[302] 벽장 안의 '그'에게 벽장 바깥의 '그'는 위선적으로밖에 보이지 않았다. 벽장 밖의 '그'는 어두운 벽장 안에 갇혀서 "다족류처럼" 지내고 있는 '그' 없이는 존재할 수 없다. 벽장 밖의 '그'의 "위선"과 벽장 안의 '그'의 "밑바닥"이 함께 있는 것이 바로 '그'다. 앞으로 '그'에게 남은 일은 이 집의 모든 '그'들, 즉 "침실에 누워 단잠을 자고 있는 그와 그의 곁에 잠든 척 누워있는 거실 귀퉁이의 그, 애초에 그가 찾으려 했던 지금은 벽장에 있는 그"[303]를 삼키는 것이다. 이렇게 해서 '그'는 거대한 몸통을 지닌 하나의 '나'가 된다.

여기서 삼킨다는 것은 분리된 '그'들을 하나의 '나'로 만드는 방법

301 이수진, 「벽장」, 소설집 『머리 위를 조심해』, 154~155쪽.

302 이수진, 「벽장」, 소설집 『머리 위를 조심해』, 151쪽.

303 이수진, 「벽장」, 소설집 『머리 위를 조심해』, 161쪽.

이다. 다시 말해 이수진의 소설에서 포식자는 분열된 존재를 하나로 통합하는 능력을 지닌 기이한 동물의 형상이다. 이 포식자의 그물에 휘말려 들지 않는 것은 아무것도 없다. 그동안 최상위의 위치에 있었던 아버지가 예외가 아니다. 다음 장면은 '아버지 살해' 모티프의 변이형으로 보이는데 여기에는 어떤 죄의식도 담겨 있지 않다.

> 아버지를 삼킨 짐승들이 금속판 사이에서 납작해지고 있었다. 그 비명에 대해서는 말하지 않는 편이 나을 것 같다. 피가 튀고 짐승들이 판판해지면서 철판에 난 일정한 간격의 둥근 구멍들에서 검붉은 소시지가 쏟아져 나왔다. 줄지은 소시지들이 컨베이어 벨트에 실려 앞으로 옮겨졌다. 벨트 옆에서 서 있던 하얀 가운을 입은 요리사 무리가 즉석에서 그것들을 구워냈다.[304]

아버지를 삼킨 짐승들은 납작하게 눌려 소시지가 된다. 요리사는 그 소시지를 요리한다. 살아 있는 자들은 아버지의 살과 짐승의 살로 만든 소시지 구이를 먹게 될 것이다. 인간과 동물의 시체를 한꺼번에 섭취한 새로운 유형의 포식자들이 세계를 어떻게 삼켜버리게 될지 도무지 예측할 수 없다. 포식자들이 먹어치운 이 세계에는 무엇이 남게 될까?-도처에 짐승.

---

304 이수진, 「아버지 축제」, 소설집 『머리 위를 조심해』, 94쪽.

없음의 있음

불편의 감촉

1. 마음의 무늬

역사 속의 인물과 시간을 다시 쓰는 일은 저 먼 시공간과 어떻게 접촉할 것인가가 관건이다. 최옥정의 장편 『매창』(2016), 정범종의 장편 『칼과 학』(2016), 김훈의 장편 『공터에서』(2017)에서 우리는 서로 다른 시대를 살다간 인물들의 내면에 가 닿는다. 정처 없이 떠돌았던 사람들의 황량한 마음이 만져진다.

최옥정의 장편 『매창』(2016)은 기생 매창의 삶을 암울한 역사적 상황 속에서 현상한다. 매창은 당대의 시인, 사상가들과 교류하면서 신분과 계급의 한계를 넘어선 인물로 알려져 있다. 변방의 기생으로서 한양의 선비들과 교류하였던 매창은 분노와 좌절의 한을 시와 음악으로 노래했다. 이 소설은 "임진, 정유 국제전쟁 시기를 살아간 여성의 삶을 그리고 있음에도 국가, 전쟁, 당파싸움 같은 문제를 의제화하지 않는다. (…) 대신에 작가는 매창의 삶의 감성과 감각을 전면에 배치한다."[305] 최옥정의 소설은 매창의 그늘진 마음을 파고드는 문체로 한 여인의 생애를 침묵에서 건져 올린다.

매창은 어둠 속의 시간을 돌이켜 본다. 그녀가 살아왔던 한 순간 한 순간은 '저 소리'와 '저 냄새'로 누벼 있다.

---

305 방민호, 「이 소나무와 바다, 거문고의 울림」(해설), 최옥정, 장편 『매창』, 예옥, 2016, 336쪽.

어둠 속에서 소리는 생존의 지표였다. 소리로 지형지물을 분간해야 한다. 나무들의 웅성거림 같은 바람 소리가 길을 방해했다. 평생 소리를 팔아서 먹고 살아온 자신이 저 소리만큼 사람의 귀를 잡아당겼을까 의심한다.[306]

냄새는 살아 있는 것들의 아우성이었다. 꿈틀거리고 요동치고 변하고 자리를 바꾸게 한다. 저 냄새들과 한바탕 어울려 놀았던 젊은 시절이 가슴 저릿하게 그리웠다.[307]

어둠 속에 살고 있는 그 소리와 냄새는 매창의 숨결을 수놓았다. 매창이 지나온 길은 거문고를 탄현(彈絃)하던 몸에서 흘러나온 애절한 소리였다. 사랑과 우정을 당겨주었던 것도 바로 그 거문고와 시의 가락이었다. 유희경, 허균과 나눈 추억은 그리운 냄새로 남아 있다.

이제 매창은 더 짙은 어둠 속으로 발걸음을 내딛어야 한다. 변산 근처 모옥으로 옮겨올 때부터 기다려온 죽음이 눈앞에 펼쳐 있는 것이다. 문득, 매창은 허균에게 무심코 했던 속깊은 말들을 떠올렸다. "남는 것은 오직 한 가지뿐이온데 그건 바로 이야기랍니다. 숱한 사연에 둘러싸여 빈 몸으로 늙어가는 신세, 그게 기생의 일생이지요."[308] 작가 최옥정이 기생 매창의 일생에서 다시 읽은 것은 바로

306 최옥정, 장편 『매창』, 10쪽.
307 최옥정, 장편 『매창』, 12쪽.
308 최옥정, 장편 『매창』, 19쪽.

이야기로 남겨진 매창의 마음이었으리라.

> 사람의 일이란 모름지기 마음에서 시작되고 마음에서 맺어지는 것. 그 마음을 알아보는 것이 인연의 뿌리이고 줄기이고 꽃이었다.[309]

> 아픔이 아픔을 알아보고, 사랑이 사랑을 알아보고, 모자람이 모자람을 알아보는 법이다. 그 순간 매창은 유희경이 자신과 닮은꼴의 영혼을 가졌음을 알아차렸다.[310]

매창은 유희경과의 짧은 만남에서 마음을 알아보고 인연을 알았다. 서로의 아픔과 사랑을 알아보고, 모자람을 알아보는 법을 배웠다. 그 애틋한 인연과 멀어져야 했을 때 매창은 사람이라는 존재가 얼마나 허약한 것인지를 알았다. 기약 없는 이별이 준 통증은 그 무엇으로도 이겨낼 길이 없었다. 매창은 사람이란 것이 "약하디 약한 힘없는 짐승"이라고 여겼다. 짧은 사랑 그리고 긴 이별은 "미친 유령들이 벌이는 놀이임에 틀림없다."[311]는 생각을 키웠다.

매창의 품에 간직한 사랑은 비극적인 역사 속에서 온전히 펼쳐질 수 없었다. 이순신 장군이 일본군의 진로를 막고 의병과 승군이 전라도를 지켜내고, 곰티재와 배티재 전투에서의 저항과 좌절이 이어

---

309 최옥정, 장편『매창』, 15쪽.

310 최옥정, 장편『매창』, 47쪽.

311 최옥정, 장편『매창』, 89쪽.

지는 동안 삶의 터전은 전쟁터만큼이나 비참했다. 일상이 곧 전쟁이었다. "죽었다, 다쳤다, 싸웠다, 묻혔다, 불탔다, 울부짖었다. (…) 사람들은 진저리를 치면서도 밥을 입에 넣고 똥을 쌌다."[312] 매창은 누구도 비켜갈 수 없었던 그 전쟁의 한복판에서, 유희경의 고통을 보았다. 비극의 시대는 그들이 마땅히 나누어야 할 말들을 나눌 수 없게 만들었고 새로운 세상을 꿈꾸는 말들마저 앗아갔다. 매창은 유희경, 허균과 나눈 말들의 한 자락을 되감아본다.

> "당신의 시를 듣고 싶어요. 저를 위해 준비한 시가 있으면 들려주시어요. 아니면 지금 당신 가슴에 떠오른 말들을 시로 보여주세요."
>
> 매창은 서로를 외롭게 할 뿐인 말을 재촉하지 않았다. 시로써 두 번째 만남을 기리고 시로써 기약 없는 이별을 대비하고자 했다. 그와 그녀 사이는 직설이 아닌 은유가 필요한 관계였다. (…) 눈에 보이지 않는 유희경, 형체가 없는 유희경. 시만이 해줄 수 있는 일이었다.[313]

> "차마 그런 날이 올까 저어합니다. 세상이 뒤바뀐다는 말 아닌지요? 꿈이 현실이고 현실이 꿈이 되는 일이니 감히 어찌 그날을 바라오리까."
>
> "오래 마음에 둔 일은 너 자신도 모르는 사이에 조용히 이루어

---

312 최옥정, 장편『매창』, 99쪽.

313 최옥정, 장편『매창』, 203~204쪽.

> 지게 되어 있느니라."
>
> 그 말을 입 밖으로 내놓는 허균의 목소리에 힘이 없었다. (…) 그렇다 해도 여자에게는 여자의 인생이 있었다. 남자들에게, 남자들이 만든 법에 억눌려 풀 길 없는 재능이 모두 한으로 쌓였다.[314]

말은 보이지 않는 것을 보이게 하는 힘을 지녔다. 시는 눈으로 볼 수 없는, 보이지 않는 유희경을 더듬고 꿈꾸고 상상할 수 있게 했다. 시로 기약 없는 기다림을 견뎠다. 허균의 말들은 매창의 가슴 속에 조용한 혁명의 불을 지폈다. 허균이 새로운 세상을 꿈꾸었을 때 매창은 여자로서의 한계를 더 분명하게 자각했다. 그 말들은 매창의 마음에서 떠난 적이 없었다.

"말은 인간의 가장 멀고 깊은 몸이리라."[315] 말들 속에서 매창은 다시 올 수 없는 사랑을 기다렸고 쉽게 오지 않을 세상을 꿈꾸었다. 『매창』은 지금 이 순간 누군가에서 번지고 있을 사랑과 우정의 물결을 건드린다. 읽는 내내 잔잔한 마음에 파도가 일고 어둠이 출렁거린다.

정범종의 장편 『칼과 학』(2016)은 고려 시대에 제작된 상감청자를 소재로 하여 정치권력에 맞선 도공 예술가의 혼을 그려내고 있다. 지배계급과 천민계급 사이의 갈등으로 요약하지 않으면서 무늬를 상감한 도공의 마음을 드러낸 점이 인상적이다.

관료 주상우는 개경의 왕실에서 무늬가 없는 비색청자가 아니라 무늬가 새겨진 상감청자 찻잔을 발견한다. 그는 아흔아홉 개의 비색

---

314 최옥정, 장편 『매창』, 254~255쪽.

315 최옥정, 장편 『매창』, 180쪽.

찻잔 외에 한 개의 상감 무늬 찻잔이 왜 궁궐에 들어오게 되었는지에 대해 의문을 품는다. 주상우에게 맡겨진 임무는 전라도 탐진(강진)의 청룡요(靑龍窯)에서 온 그 상감청자에 무늬를 새긴 도공을 처리하는 일이다. 주상우는 칼잡이 동생 주상모와 청자 감별관을 지낸 청허, 그리고 이야기꾼 운달 등과 함께 도공의 행방을 추적한다.

이야기의 흐름을 따라 읽는 것도 흥미롭지만 중간 중간에 끼어든 인물들의 내면 묘사가 돋보인다. 이야기꾼 운달이와 옹기장이 윤누리의 대화 장면에 눈길이 머문다. 윤누리가 먼저 묻는다.

> "이야기 이외에 좋아하는 건 없나?"
>
> "멀리 떠나는 걸 좋아하지. 거기서 다른 이야기를 만날 수 있기 때문이기도 하지만 멀리 떠나는 일 그 자체가 바로 이야기이니까."
>
> 윤누리는 청룡에서 일하면서 멀리 떠나고 싶을 때 바다를 보았다. 바다 건너로 가려는 게 아니라 바로 그 바다에 가보고 싶었다. 가마에서만 일해야 하는 도공에게는 담 너머의 바다도 머나먼 곳이었다.[316]

운달이는 구름처럼 멀리 떠돌아다니는 것을 좋아한다고 했다. 다른 곳에서 다른 이야기를 만날 수 있기 때문이었다. 이야기꾼 운달이에게는 여기에서 멀리 떠나 여기저기 떠도는 것이 바로 자신이 전

---

316 정범종, 장편『칼과 학』(제4회 제주4·3평화문학상 수상작), 은행나무, 2016, 86쪽.

해줄 이야기가 되었다. 가마에 갇혀 지내야만 했던 윤누리는 담 너머 바다 가까이 다가가고 싶었지만 그럴 수 없었다. 대신에 그가 빚고 새긴 청자무늬가 먼 곳으로 보내지길 원했다. 청자에 새긴 무늬는 윤누리가 갈 수 없는 곳으로 갈 수 있는 자유로운 영혼이었다. 청자무늬 찻잔이 궁궐로 들어가게 된 연유에 대해 윤누리는 대답한다.

> "찻잔이 어디에 쓰이든 그 무늬는 왕의 것이 아닌 제 것입니다. 용이나 봉황은 어울리지 않아요. 제가 어릴 적부터 보아온 학이 어울리지요."
>
> "네 무늬가 새겨진 찻잔은 궁궐로 올 수 없었을 텐데?"
>
> "비색 청자 찻잔들을 상자에 담을 때 하나를 상감청자 찻잔과 몰래 바꿔치기했지요."
>
> "그 연유를 알고 싶다."
>
> "고려에만 있는 상감청자를 왕께서 알아야 한다고 진즉부터 생각했어요. 개경의 대신과 백성도 알아야 하고요."[317]

윤누리는 상감청자에 새긴 무늬가 왕의 것이 아니라 도공 자신의 것이며 그 무늬는 왕과 백성이 모두 알아야 한다고 생각했다. 또 그 무늬는 특정한 누구의 것이 아닌 모든 사람들의 것이며, 비단 그릇을 만드는 사람만이 아니라 그릇을 사용하는 사람들의 것이라고 여겼다. 다물이는 남편 윤누리의 몸과 마음에 새겨진 상처의 깊이를 헤아렸다.

---

317 정범종, 장편『칼과 학』, 47쪽.

"상감청자 무늬는 흉터 같은 것 아닐까, 하고 생각한 적이 있었어. 주위의 도공들을 보면 그들의 마음속에는 꽃보다 상처가 더 많았거든." (…)

"도공은 제 몸의 흉터를 들여다보는 대신 무늬를 찾아냈어. 흙그릇에다 그 무늬를 새겼어."

윤누리가 대꾸하지 않자 다물이가 말을 이었다.

"무늬는 도공 자신의 것에서 머무는 게 아니야. 무늬는 그릇을 사용하는 사람의 것이기도 하지."[318]

윤누리의 아내 다물이는 윤누리의 말을 듣고서 상감청자의 그 많은 무늬들, "국화와 모란, 참외와 여지, 대나무와 소나무, 구름과 학, 연못과 오리, 포도덩굴과 아이들"을 떠올렸다. 상감청자에 새긴 무늬는 도공의 몸과 마음에 자리한 상처의 흔적이었다. 도공들은 자신들의 아픈 흉터를 거기에 옮겨 새겼던 것이다. 천민도공들은 그런 방식으로나마 자신들의 아픔을 치유할 수 있었는지 모른다.

모든 사람이 차별 없이 평등한 세상은 언제쯤 올 수 있을 것인가? 다물이는 새로운 세상과 인연 맺기를 염원하면서 불속으로 뛰어든다. "매향은 새 세상을 불러오는 일이다. 새 인연, 아름다운 인연을 맺는 일이다. 그러려면 악연은 태워 없애야 한다. 내 몸을 태우면 악연은 사라지리라."[319] 소신공양으로 평등한 세상을 꿈꿨다. 윤누리와 다물이의 아들 청산은 한 쌍의 학을 밝은 빛으로 상감한다. "학에

318 정범종, 장편 『칼과 학』, 139~140쪽.

319 정범종, 장편 『칼과 학』, 275쪽.

는 푸른 기가 감돈다. 청학(靑鶴)이다."[320] 거기에서 푸른 세상을 갈구하는 희미한 빛이 새어 나온다.

누가 평화로운 세상을 만들어 갈 수 있을 것인가? 세월이 흘러도 마음속에서 솟구치는 간절한 소망을 억누를 길이 없다. 『칼과 학』은 세상이 바뀌어도 시들지 않은 그 충동을 칼의 힘에 응답한 학의 무늬로 대신해 보여준 셈이다.

김훈의 손길은 평범한 사람들이 살다간 빈 자리를 매만진다. 장편 『공터에서』(2017)의 작가 김훈은 말한다. "나의 등장인물들은 늘 영웅적이지 못하다. 그들은 머뭇거리고, 두리번거리고, 죄 없이 쫓겨다닌다. 나는 이 남루한 사람들의 슬픔과 고통에 대해서 말하고 싶었다."[321] 영웅도 아니었고 그다지 특별할 것도 없는 마동수의 가족이야기는 그렇게 시작된다. 마동수의 가족사는 한국 근현대사의 커다란 줄기를 통과해오는 동안 결코 평범하지 않았다.

1910년에 태어난 마동수는 1979년 12월 20일 서울 서대문구 산외동 산18번지에서 죽었다. 그는 서울에서 태어나 만주의 길림, 장춘, 상해를 떠돌았고 해방 후 서울로 돌아와 6·25전쟁과 이승만, 박정희의 시대를 겪었다. "마동수의 죽음과 박정희의 죽음은 '죽었다'는 사실 이외에 아무 관련이 없다. 마동수의 인생에 특기할 만한 것은 없다."[322] 남루한 인생도 거대한 역사의 흐름을 비켜가진 못했다. 마동수의 친형 마남수는 불온한 소요에 가담한 소행이 사악하다는

---

320 정범종, 장편『칼과 학』, 286쪽.

321 김훈, 「작가 후기」, 장편『공터에서』, 해냄, 2017, 353쪽.

322 김훈, 장편『공터에서』, 78쪽.

이유로 죽을 정도로 맞았다. 만주 길림에서 한의사를 지낸 마남수는 그렇게 자신의 삶을 겨우 연명했다.

마동수와 마남수 형제가 떠돌아다닌 세월은 '여기'와 '저기'가 어디인지 식별되지 않았다. 이승의 시간은 저승의 시간이나 별반 다르지 않았다. 삶은 죽음과 같았다.

> 물이랑 저편의 풍경들은 서로 뒤섞였고 언제 어디인지 식별할 수 없는 기억들이 포개져 있었다.
>
> 여기가 아니다. 이건 이승이다. 지나온 세상이라고……. 죽어서 여기에 다시 올 리가 없다. 이건 아니야. 거기가 아니야…….[323]

> 상해에서 고향을 그리워했던 것인지는 확실치 않았다. 확실치 않았지만 그리워했던 만큼 버리고 싶었던 것 같았다. 여기가 어디인가, 여기가 거기인가, 여기가 거기로구나…….[324]

> 눈앞이 뒤집히고 정신이 거꾸로 박힐 때 마남수는 여기서 죽지 말자고 결심했다. 여기가 아닌 곳에서 살려면 여기서 죽어서는 안 되고, 여기가 아닌 곳에서 죽으려면 여기서 죽어서는 안 된다는 생각이 매와 매 사이에서 솟아올랐다.[325]

---

323 김훈, 장편『공터에서』, 13쪽.

324 김훈, 장편『공터에서』, 116쪽.

325 김훈, 장편『공터에서』, 65쪽.

죽음 앞에 선 마동수는 아직 여기가 거기가 아니라고, 부인했다. 아직 거기가 아니었으나 다시 여기로 돌아올 리 없었다. 부산 피난길에서도 상해에 있었던 때를 떠올렸으나 상해에서 고향이 그리웠는지는 알 수 없다. 다만 그곳에서도 여기와 저기가 가까이 있다는 것을 알았다.

마남수는 여기서 죽고 싶지 않았다. 여기에서 죽고 싶지 않았기 때문에 더 살아야 했다. 여기서 죽지 않기 위해 여기의 삶을 버틸 수 있었다. 그리고 여기가 아닌 다른 곳으로 가야 했다. 다만 여기서 죽지 않기 위해 여기저기로 옮겨 다녔다. 삶과 죽음은 늘 이웃해 있었다. 산다는 것은 죽는 것과 다르지 않았다. 여기가 바로 거기였고 거기가 바로 여기였다.

떠도는 일생과 한가지로 말들도 정처 없었다. 마동수는 남중국해 바다를 바라보았다. "그 바다에서 사람들의 말[言]은 의미에 닿지 못했다."[326] 마동수의 친구 하춘파가 선동하던 말들이 그러했다. "사상을 구현하기 위하여 행동하는 용기를 가져라. 그것만이 자유로 가는 길이다."[327] 그 말들이 실체를 지니고 있는지 의심스러웠다. 베트남 전쟁에서 마동수의 장남 마장세가 마주친 고통도 그와 같았다. 마장세는 그때 '적개심'을 가져야 했는데 그게 무슨 뜻인지 명확하게 헤아리지 못했다.

---

326 김훈, 장편『공터에서』, 67쪽.

327 김훈, 장편『공터에서』, 73쪽.

> 애초에 적과 나 사이에 무슨 적대 관계가 있었기에 서로 죽여야 하는지를 적에게 물어볼 수는 없었고 적들도 답답하기는 마찬가지일 테지만 마주쳤을 때 죽지 않으려면 죽여야 하는 것은 적들도 마찬가지였다. 지나고 보니 이 답답함이 적개심의 근원이었다. 마장세는 제대 후에도 베트남전쟁에서 훈장 받은 일을 입에 담지 않았다.[328]

'적'을 죽이기 위해서는 '적대감'을 가져야 하지만 그것이 무엇인지 알 수 없었다. 서로의 '답답함'이 서로를 죽여야 하는 이유였다. 맹호부대 전투원으로 베트남전쟁에 파병된 마장세는 부상당한 동료 김정팔을 죽였다. 제대한 후 마장세는 한국으로 오지 않고 미군을 따라 괌에서 무역업을 했다. 마동수와 그의 아들 마장세는 그렇게 다른 곳에서 다른 삶을 살았다.

그들의 나라 한국은 그들을 이렇게 기억했다. "한국은 아버지 마동수가 헤매는 나라이고, 마장세의 총에 맞아 죽은 김정팔이 훈장을 달고 국립묘지에 묻혀 있는 나라였다."[329] 긴 시간이 흐른 후 마장세는 김정팔의 형 김오팔을 양준석과 함께 평화국립묘지에서 만났다. 그들은 오래 전 묻어버린 아픔을 다시 꺼냈다.

> –너, 베트남에 있을 때 죽은 정팔이랑 친했었니?
>
> –파월 동기였지. 군번도 비슷했고 정팔이가 귀국할 때 가져갈

---

328 김훈, 장편『공터에서』, 160쪽.

329 김훈, 장편『공터에서』, 169쪽.

거라고 M-16 탄피를 모았는데, 50킬로그램쯤 됐어. 귀국 박스에 넣어 가서 부산 부두에서 팔면 한 학기 등록금이 된다고 하더군. 그걸 내가 가지고 왔잖아. 그걸 팔아서 신학교 입학금을 냈어.

-정팔이가 좋은 일 많이 하고 갔구나.

김오팔이 대화에 끼어들었다.

정팔이도 베트남에서 탄피를 수집했었구나. 그게 내가 고철 무역을 하게 된 인연이었던가 봐. 정팔이가 죽어서 날 밀어준거지.

마장세는 김오팔의 명함을 얻어서 지갑에 넣었다. 마장세가 말했다.

-형제의 인연이 보기 좋습니다. 고철 사업 관계로 한번 연락 드리겠습니다.[330]

김정팔의 죽음은 더 이상 슬픔이나 원망의 감정을 불러일으키지 않는다. 그들의 삶이 얼룩이었는지 영광이었는지 가리는 것은 의미가 없다. 마장세의 총에 맞아 죽은 김정팔이 마장세를 살게 했고, 베트남에서 수집한 탄피는 김정팔의 형 김오팔과 마장세의 인연을 맺어 주는 끈이 되었다. 마차세는 마장세를 면회하러 갔다가 생각했다. "형은 아버지를 피해 다니다가 아버지의 모습으로 돌아온 것인가."[331] 그리고 자신도 언젠가 아버지가 될 것이라고 생각했다. 마동수의 장남 마장세와 차남 마차세는 아버지의 역사에서 한 번도 자유

330 김훈, 장편『공터에서』, 224쪽.

331 김훈, 장편『공터에서』, 342쪽.

로운 적이 없었다. 아버지의 굴레에서 벗어나고 싶었으나 아버지의 삶을 닮아버렸다.

그들이 남겨 놓은 얼룩이 우리 삶의 바탕 무늬를 새겼다. 길 위의 자국들이 아직 선명하다. 그들이 사라진 공터에서, 매캐한 바람이 일어선다. 전혀 쓸모없는 공터는 없다. 적막한 세상을 견뎌온 사람들이 지녔을 비애의 마음이 다시 여기를 스친다.

2. 매듭

시간이 흘러가도, 어떤 것들은 사라지지 않고 선명한 흔적으로 남아 속 깊은 울음을 운다. 사건으로부터 멀어지는 순간 이야기는 이전과 다른 모습으로 다시 태어난다. 이야기는 과거와 현재를 하나의 매듭으로 엮는다. 여기에서 다시 묻게 되는 것은 이야기란 무엇인가이다.

문순태의 열한번 째 소설집 『생오지 눈사람』(2016)은 빛바랜 기억을 되감아 현상한다. 작가 문순태가 노년의 삶에 귀를 기울인 것은 노인들에게는 "약자의 슬픔과 오랜 세월 충분히 발효된 지혜와, 불행을 행복으로 환치시키는 비법이 숨겨져 있기 때문에, 우리는 마땅히 그들의 지혜를 인생의 길라잡이로 삼아야 한다."[332]는 뜻에서였다. 긴 세월을 통과한 노인들의 삶에 녹아 있는 지혜와 성찰의 거울은 역사의 그늘을 비춘다.

---

332 문순태, 「노년의 삶 통해 인생의 의미 찾기」(작가의 말), 소설집 『생오지 눈사람』, 도서출판 오래, 2016.

무엇보다 노년소설의 성격을 지닌 다수의 작품들이 수록된 이 소설집에서 우리가 주의 깊게 볼 점은 노년의 삶에 간직되어 있는 힘이다. 이 소설집 속의 노인들은 "격동의 현대사를 거쳐 오는 동안 여러 형태의 트라우마를 안고 있건만, 서로의 상처를 들춰내 덧내는 것이 아니라 용서와 화해의 인간성을 복원하려는 건강성을"[333] 지니고 있다. 이러한 점은 이 소설집이 문순태 소설 세계의 흐름에서 특별한 의미를 지니고 있음을 시사한다. 그것은 문순태 소설이 노년의 삶을 통해서 이전과 다른 방식으로 용서와 화해의 길을 모색하고 있는 지점과 연관된다.

몇 편의 소설들에 등장하는 '꽃'과 '섬' 이미지는 깊숙한 아픔을 끌어올리는 매개물이다. 「아버지의 홍매화」에서 '나'는 선암사 홍매화를 본 후 아버지가 심었던 기생 홍매를 위해 심었던 홍매화 한 그루를 떠올린다. 어머니는 "저 천허디 천한 기생 꽃을 당장 잘라서 없애버리소."[334]라고 하면서 아버지에 대한 서운한 감정을 내비쳤다.

> 아 글씨, 나는 땀 찔찔 흘림시로 콩 밭 매고 있는디, 느그 아부지라는 사람은 홍매 년 허고 집 앞 팽나무 그늘에 마주보고 앙거서 장구치고 니나노 가락으로 노래부름서 지랄염병허게 놀고 있드란 말이다. 환장허겄드라. 참다 참다, 오목가심에 불이 붙은 것맹키로 속이 끓어올라, 호맹이 자루 든 채로 쫓아내려가서 욕을

333 전흥남, 「관용과 따뜻함의 미학, 그리고 노년소설의 정수(精髓)」(해설), 문순태, 소설집 『생오지 눈사람』, 296~297쪽.

334 문순태, 「아버지의 홍매화」, 소설집 『생오지 눈사람』, 45쪽.

> 퍼부어댐시로 악을 써댔단다. 아, 그랬더니 시상에 그느 아부지란 사람이 홍매년 보는 앞에서 내 머리끄덩이를 휘어잡고 패기치드끼 땅바닥에 어풀치더니 발로 직신직신 밟드란 말이다. 그날 밤에 감나무에 목매달고 콱 죽어불라고 했다만 차마 네 놈 땜시... 징헌사람. 아이고 독헌 사람.[335]

어머니에게 아버지는 이런 사람이었다. 아버지는 기생 홍매에게 푹 빠져서 집안 일을 내팽개친 징하고 독한 사람이었다. 누님도 아버지에 대한 증오심을 버리지 못했고 물론 '나'에게도 아버지가 원망스러웠던 일이 아직 생생하다. 6·25 때 토벌대가 마을을 덮치던 날, 마을 뒷산으로 도망쳤던 그때 아버지는 내 손을 팽개치듯 놓아버리고선 어딘가로 사라졌다. 나중에 아버지가 가족을 버리고 홍매의 집으로 달려갔다는 것을 알게 되었다. 아버지와 홍매의 사랑은 가족의 평화를 깨뜨렸고 모두를 불행하게 했다.

걸핏하면 가족을 버리고 홍매에게 달려가던 그때 아버지는 가장 살아 있는 모습이었다. 홍매가 떠난 후 아버지는 정처 없이 흔들렸다. '나'는 아버지의 마음을 뒤늦게나마 옹호하고 싶다. "죽어서도 잊지 않기 위해 꽃나무를 심어줄 사람이 있다는 건 얼마나 아름다운가요."[336] 아버지의 홍매화는 "슬픈 전설이 되어 그리움의 붉은 꽃으로 피어난 듯싶었다."[337] 아버지가 심었던 홍매화가 그러하듯이, 한 그

335 문순태, 「아버지의 홍매화」, 소설집 『생오지 눈사람』, 65~66쪽.
336 문순태, 「아버지의 홍매화」, 소설집 『생오지 눈사람』, 50~51쪽.
337 문순태, 「아버지의 홍매화」, 소설집 『생오지 눈사람』, 57쪽.

루의 꽃나무는 누군가의 마음속에 살고 있는 그리움과 사랑을 일으킨다.

> “저 세상에 계시는 부모님 그리운 마음에 물어물어 여기까지 찾아왔습니다. 꽃을 보니 부모님을 뵌 듯 눈물이 나려고 하는군요.”
>
> “아, 그랬구만요. 그 심정 알겠습니다. 저도 저 꽃을 보면 죽은 아내가 생각난답니다.”[338]

‘나’는 비로소 안다. 아버지에 대한 원망과 미움도, 어머니가 감당해야 했던 아픔도, 지나간 모든 것들은 언젠가 다시 그리워진다는 것을. 누군가가 심어 놓은 한 그루의 꽃나무는 다른 누군가에게 그리움을 불러일으키는 눈물로 피어나리라는 것을. 이것은 풀리지 않는 매듭마저도 끌어안는 넉넉함이다.

생오지는 그런 마음이 자라나는 곳이다. 「생오지 눈사람」에서 동수와 혜진은 치킨 배달과 알바를 하고 지내다 자살사이트에서 우연히 알게 된 사이이다. 동수는 말한다. “우리는 흙수저도 아닌 똥수저야.” 그들은 자살을 하기 위해 서울을 떠나 광주 무등산 뒷자락 깊은 골짜기 안에 자리한 조붓한 마을 생오지로 들어온다. 생오지에서 지내는 동안 그들은 다가올 죽음을 기다리고 있는 노인들의 처연한 모습과 마주하게 되면서 새로운 삶에 눈을 떠간다. 동수와 혜진은 새 생명이 탄생하는 날을 기다린다.

---

338 문순태, 「아버지의 홍매화」, 소설집 『생오지 눈사람』, 56쪽.

소설의 첫 부분과 마지막 부분에서 동수와 혜진이 나누는 대화 장면은 생오지에 온 후 그들의 마음이 어떻게 달라졌는지를 보여준다. 생오지의 꽃은 이전과 다른 꽃이다.

> "사람은 누구나 한 때는 자신이 꽃처럼 아름답다는 생각을 한 적 있겠지?"
>
> "언젠가는 착각이었다는 것을 알게 되지. 사람은 결코 꽃처럼 영원하지도 아름다울 수도 없어. 꽃은 지고 나면 다시 피지만 사람은 그렇지가 않아."[339]

> "배롱나무 밑에다 눈 무덤을 만들었어."
>
> 동수가 혜진의 머리에 쌓인 눈을 털어주며 말했다.
>
> "꽃나무 밑에?"
>
> "응. 배롱꽃 나무."
>
> "나는 아직 배롱꽃 한 번도 못 봤는데…"
>
> "서울에는 안 펴. 따뜻한 남쪽에서만 피지."[340]

처음에는 그랬다. 꽃은 지고나면 또다시 피어나지만 사람은 그렇지 않다고 생각했다. 영원하지도 아름답지도 않은 것이 사람이라고 여겼다. 어느 날, 동수는 마을 사람들과 함께 배롱나무 아래 눈무덤을 만들어 치상을 치르고 돌아온다. 배롱나무는 쓸쓸하게 죽어가는

---

339 문순태, 「생오지 눈사람」, 소설집 『생오지 눈사람』, 19쪽.

340 문순태, 「생오지 눈사람」, 소설집 『생오지 눈사람』, 43쪽.

노인들의 눈무덤을 따뜻하게 감싸줄 것이었다. 혜진은 아이의 백일이 지날 즈음에 활짝 피어날 배롱꽃을 보고 싶다고 했다. 배롱꽃이 피고지는 남쪽, 노인들이 머물다간 생오지는 앞으로 동수와 혜진 그리고 그들의 아이가 살아갈 곳이다. 생오지는 삶의 끝이 아니라 따뜻한 삶을 기약하는 장소다.

광주5·18의 트라우마를 다룬 소설 「시계탑 아래서」에서 꽃들에 관한 한 문장에 잠시 마음이 머문다. "어쩌면 꽃들은 자신의 이야기들을 세상에 알리기 위해 꽃을 피우는 것인지도 모른다고 생각한다."[341] 광주의 고통을 기억하고 있는 사람들과 풍경들이 하나둘씩 사라져갈 때 그 꽃들은 산산이, 흩어진 꽃잎으로 아무런 힘도 없이 쓰러졌던 사람들의 이야기를 전해주고 있는 것은 아닐까.

그날 그 광장에 서 있던 시계탑이 어느 날 갑자기 사라졌지만 아무도 언제 누가 그것을 없앴는지를 알지 못한다. 아들은 광주의 역사를 간직한 시계탑을 소재로 시를 쓰고 싶다고 말한다. 실물이 없어지기 전에, 그것을 기록하고 싶다는 것이다. 아버지는 묻는다. "지금도 시계탑을 두려워할 사람이 있을까?" 아들이 대답했다. "있지요. 진실을 감추고 사는 사람들…"[342] 요컨대 이 소설에서 잠정적으로 정의하고 있는 문학이란 진실이 밝혀지는 것을 두려워하는 사람들에게 전설이 아닌 역사의 진실을 써 보이는 일과 같은 것이다.

역사 속의 진실은 드러남과 감춤 사이에 자리해 있다. 「안개섬을 찾아서」는 누구에게도 말하지 못한 진실이 거주하고 있는 노루섬이

341 문순태, 「시계탑 아래서」, 소설집 『생오지 눈사람』, 229쪽.
342 문순태, 「시계탑 아래서」, 소설집 『생오지 눈사람』, 233쪽.

배경이다. 소안도에서 추자도 중간쯤에 위치한 작은 노루섬은 지도에도 없고 정기여객선도 다니지 않는 외딴 곳이다. 50여 년 전, 형과 '나'는 아버지를 따라 노루섬에서 살았던 적이 있다. 1955년의 일이다. 아버지는 지서장의 다섯 식구가 살해된 사건이 일어났을 때 빨치산과 내통했다는 혐의를 받아 감옥살이를 하고 나왔다. "자본주의와 사회주의를 구별할 줄 모르는 농사꾼 아버지"에게 "사회주의자라는 붉은 딱지가 붙은 것이었다."[343] 그 일이 있고 난 후 아버지는 두 아들과 함께 남쪽 바다 끝에 있는 노루섬으로 들어갔다. 아버지는 그곳에서 행방불명이 되었고 형과 '나'는 섬을 빠져나왔다.

형은 왜 그 노루섬으로 들어간 것일까? '나'는 오래 전 노루섬으로 숨어든 아버지를 이해하기 위해서, 그리고 노루섬으로 은신한 형을 찾아서 노루섬으로 향한다. 끝내 형을 찾지 못하고 섬을 떠나온다. 안개섬에서 멀어지는 순간에, 모든 기억들은 저 바다 너머로 희미하게 사라진다.

> 한쪽이 완전하면 다른 한쪽은 불완전한 것, 그리고 불완전과 완전히 서로 보완하고 조화를 이루는 것이 더 아름답다고 생각했다.[344]

> 안개섬이 바다에서 사라져버렸다. 섬은 안개가 되었다. 그때, 한 무리의 습새 떼가 안개 속으로 지그재그로 몸을 흔들며 날아

343 문순태, 「안개섬을 찾아서」, 소설집 『생오지 눈사람』, 171~172쪽.

344 문순태, 「안개섬을 찾아서」, 소설집 『생오지 눈사람』, 173쪽.

들고 있었다."[345]

아픔은 바다가 되고 안개가 되고 섬이 되었다. 섬이 안개가, 안개가 섬이 되어버린 환상 속에서 슴새 떼가 날아오른다. '나'는 비로소 아버지와 형이 왜 안개섬으로 들어갔는지를 알 것 같다. 아버지와 형은, 안개섬에서 지내는 동안 형과 내가 좋아했던 슴새였는지도 모른다. "하늘에서는 가장 멀리 나는 새일지라도 땅에서는 걷는 것조차도 서투른" 슴새는 완벽하지 않았다. 지난 역사 속에서 어느 누구의 삶도 노루섬의 슴새처럼 온전할 수 없었다.

문순태의 소설집 『생오지 눈사람』이 관용과 화해의 길은 역사 속의 진실을 사실 그대로 들춰내는 것이 아니라 완전하지 못한 그대로 묻어두는 과정에서 찾아진다. 진정한 용서란 묻어둔 아픔이 서서히 발효되는 시간 속에서 무르익어 갈 것이다. 풀리지 않은 기억의 매듭은 지금 어딘가에서 다른 이야기들로 계속 태어나고 있을 것이다.

조성현의 소설집 『눈 내리는 마을』(2016)은 혼란스럽게 얽힌 기억 속의 장면을 들춰낸다. 「잃어버린 갈매기섬의 퍼즐」에서 '나'의 눈을 사로잡은 것은 신문에 실린 "광기의 시대에 이루어진 양민학살" 사건에 관한 내용이다. 유년의 고향, 갈매기섬에서 일어난 그 사건에 대한 보도는 "저 먼 무덤 속에서 고요히 잠에 든 할머니의 이야기"를 일으킨다. 이상하게도 할아버지의 죽음과 연관된 그 사건은 어디에도 "기록되어 있지 않았고 어느 누구도 그 사건을 말하지 않았다."[346]

---

345 문순태, 「안개섬을 찾아서」, 소설집 『생오지 눈사람』, 191쪽.

어린 시절 '나'는 두필이와 친하게 지냈다. 두필이네 할아버지와 '나'의 할아버지는 6·25전쟁 때 '붉은군인'에게 죽었던 것으로 알려졌다. 그래서 우리는 "우리나라의 평화를 지키는 데"에 "두 할아버지가 죽음을 같이했듯이 우리도 그 뜻을 이어받아야 "[347]한다고 생각했다. '나'는 동네에서 유일하게 공무원이었고 국가 유공자였던 아버지를 둔 두필이와 친구라는 사실이 자랑스러웠다. 두필이 아버지가 공무원이 된 것은 6·25전쟁 때 두필이 할아버지가 세운 공로 덕택이라고 들었다. 공적비에 새겨진 두필이 할아버지의 이름을 볼 때마다 '나'는 할아버지 이름이 공적비에 적혀 있지 않다는 사실이 부끄러웠다. 신문기사에 보도된 내용과 할머니에게서 들은 할아버지의 죽음 이야기 사이에는 적지 않은 균열이 있었다.

> "기가 막힐 일이었제……. 당신이 끌려갔다는 갈매기섬에 갔더니 여름이라 파리 떼가 하늘을 덮을 정도로 우글거렸고 시체 썩은 냄새가 너무 역겨워서 서 있기가 힘들었제. 시신도 찾지 못하고 밤새 그 시커먼 파도 소리만 듣다가, 해가 뜨는 줄도 모르고……. 그냥 맨손으로 돌아왔는데……. 우리 새 신랑은 어느 구천을 헤매고 있을는지……."[348]

할머니가 기억하고 있는 것과 다르게 할아버지가 돌아가신 것은

346 조성현, 「잃어버린 갈매기섬의 퍼즐」, 소설집 『눈 내리는 마을』, 70~71쪽.
347 조성현, 「잃어버린 갈매기섬의 퍼즐」, 소설집 『눈 내리는 마을』, 74쪽.
348 조성현, 「잃어버린 갈매기섬의 퍼즐」, 소설집 『눈 내리는 마을』, 78쪽.

6·25전쟁이 일어나기 전이었다. 할아버지는 누가 언제 죽였던 것일까? 할아버지와 마을 사람들이 죽고 몇 달 후에 '붉은 군인들'이 들어왔으니까 전쟁 전에 "그 사건을 자행한 범인은 우리 군인이거나 경찰이어야 했다."[349] 좌우익의 대립 속에서 일어난 양민학살 사건은 마을 사람들을 서로의 적으로 만들었던 것이다. 그때의 일은 그렇게 마감되지 않았다. 두필이가 나무에서 떨어져 다쳤을 때 두필이 할머니가 우리 할머니에게 소리쳤다. "사람 잡겠네……. 잡겠어. 본래 빨갱이 종자들이니까 그라제."[350]

교과서에도 한 단 줄도 나오지 않았고 선생님도 알지 못하는 '국보맹'이라는 사건은 어긋난 기억들 사이에서 어렴풋하게 그 진실을 드러내고 있었다. '나'는 신문기사를 읽으면서 우리 마을을 담당한 읍내의 국보맹 지도 위원장이 두필이네 할아버지였다는 것을 알게 된 것이다. 할머니가 들려준 이야기와 뒤늦게 밝혀진 사실, 그 사이에서 놓인 혼란스러운 기억의 퍼즐을 어떻게 맞추어야 할까? '나'는 기억 속의 몇 장면을 수정해야만 했다. 그리고 그것이 진실이라고 해도 그것을 기억의 한 장면으로 배치할 수 있을 것인지 망설였다. 소설의 마지막 장면에서 '나'는 초분 위령제에 동참하기 위해서 갈매기섬으로 떠난다. 아마도 그곳에서는 가해자와 피해자의 대립을 넘어선 씻김굿이 기다리고 있었으리라고 짐작해 본다.

「팔암리 사람들」은 무등산 너릿재를 지나 팔봉산 자락에 웅크리고 있는 팔암리 마을이 배경이다. 팔암리의 하루는 어두운 막장을 향해

349 조성현, 「잃어버린 갈매기섬의 퍼즐」, 소설집 『눈 내리는 마을』, 83쪽.
350 조성현, 「잃어버린 갈매기섬의 퍼즐」, 소설집 『눈 내리는 마을』, 89쪽.

가는 광부들의 잔기침 소리로 시작된다. 최근 이 탄광촌에서는 북에서 남파된 간첩이 마을에 잠입했다는 이상한 소문이 나돈다. 동시에 H군 경찰서에서 탄광촌에 있는 용공분자들을 경계해야 한다는 뜻을 담아 세운 방첩비가 흉측하게 부서진 사건이 일어난다.

어느 날 곽동수는 춘양집에 들렀다가 박두철이 북에서 내려온 간첩이며 반공비를 폭파하고 잠적했다는 말을 듣게 된다. 곽동수는 과거를 묻지 않는 것이 탄광촌의 불문율이었기 때문에 박두철의 고향이 어디인지 나이는 몇인지를 물은 적도 없었다. 다만 그가 지명수배자로 쫓기는 몸이라는 것만 알고 있었다. 동수는 박두철이 간첩이라는 사실을 믿을 수 없었다. 하지만 박두철이 탄광촌을 떠난 날짜와 시멘트 기둥이 파괴되던 날 밤 사이에 서로 연관이 있다는 것은 분명해 보였다.

팔암리에서 일어난 봉기와 학살의 기억은 되새기고 싶은 않은 일이었다. 어머니의 등에 업혀 너릿재를 넘었을 때, 동수의 나이는 4살이었다. 1946년 8월 14일, 군인들이 H탄광 노조위원장과 노조 간부 3인을 비롯해 100여 명의 노동자를 해고했다. 노동자들이 이에 반발하여 파업에 돌입했고 미군들이 탱크와 비행기를 동원해 진압했다. 춘양댁의 입에서 그 일이 무심코 흘러나왔다. “그 뼛다구가 인공 때랑 6·25 때 총상을 당한 사람덜의 빼따구람서라. 아이구, 숭악해라. 화탄부대, H탄광부대라고 하면 지금도 모르는 사람들이 없습디다.”[351] 마을 사람들이 금기했던 오랜 아픔의 뿌리가 다시 불거졌다.

---

351 조성현, 「팔암리 사람들」, 소설집 『눈 내리는 마을』, 216쪽.

"인자 자네가 경찰서장이네. 요즘에 간첩이 어디 진짜 간첩이 있간디, 다 만든 간첩이제."(곽동수)

"허허, 오늘 봉께 이 사람, 이거 큰일 날 사람이시, 간첩이 모슨 옷이간디, 만들게. 그럼 자네 말은 진짜 간첩은 양복점에서 맞춘 양복이겄네. 입은 빗뚫어졌어도 말은 바로 하라고 했어. 말 같잖은 소리만 하고 자빠졌네. 경찰서에 끌려가 경까지 치고 나온 사람이 우리보다 감이 둔해서야. 그러니까 헛구녁만 쑤시고 다니제……."(박춘상)[352]

마을 사람들은 사건의 피해자와 가해자를 따지고 그 사건에 대해 발설하는 것 자체를 불화를 조장하는 일로 여기고 금기시 해왔다. 경찰은 곽동수에게 박두칠의 소행을 자백하라고 강요했고 박춘상에게 그들은 여전히 '간첩'이었다. 팔암리를 감싸고 있는 팔봉산은 "모든 것을 잊어버리고 이 모든 것을 가슴에 묻으라고 말하는 것 같았다."[353] 팔암리 광부들의 넋은 '흰 새'가 되었다고 했다. 팔봉산 아래 팔암리는 아직 잊을 수 없는 고통을 말없이 품고 있다.

「선로의 섬망」에서 그는 군인들이 출몰하는 환각에 시달린다. 그럴 때마다 그는 "한 마리 짐승이 되고 싶었다."[354] 어머니가 이상한 징조를 보인 것은 중국 여행에서 돌아오는 비행기에서 내리기 직전

352 조성현, 「팔암리 사람들」, 소설집 『눈 내리는 마을』, 225쪽.
353 조성현, 「팔암리 사람들」, 소설집 『눈 내리는 마을』, 230쪽.
354 조성현, 「팔암리 사람들」, 소설집 『눈 내리는 마을』, 182쪽.

이었다. 총탄 자국과 핏빛이 남아 있는 K의 도청 건물이 가까워질 때 어머니의 시선이 닿은 곳은 비행장 활주로 가장자리에서 공놀이를 하는 다른 나라 군인들이었다. 왜 어머니는 그날 밤 그토록 즐거워했던 것일까?

1980년 광주, 형은 대학생이었고 '나'는 중학생이었다. '나'는 시위에 가담한 형을 찾아 나섰다. 형이 시민들에게 배포하던 유인물에는 "아름다운 나라 정부가 군부의 학살로부터 시민을 구하러 오는 것입니다."[355]라고 적혀 있었다. 어머니도, 그도 형의 말을 믿었다. 어머니는 형이 준 유인물을 '부적'이라도 된 듯이 서랍에 넣어 간직했다. "어머니에게 그것은 희망이었다."[356]

> 헝클어진 머리를 한 채 안방에서 나온 어머니는 아름다운 나라 군인들이 형을 보호하고 있으니까 꼭 살아서 돌아올 것이라고 말하며 오히려 웃으며 그를 위로했다. (…)
>
> 그는 구구단을 또 외웠다. 형은 돌아오지 않았다. 그는 또 구단을 외웠다. 형은 돌아올 것이었다. 구구단을 외웠다.
>
> 형은 돌아오고 있었다.[357]

'나'는 형의 비명소리가 들리던 그때, 형이 잡혀 갔는데도 숨어 있었다. 구구단을 외워도 형은 돌아오지 않았다. 어머니는 꼭 살아서

355 조성현, 「선로의 섬망」, 소설집 『눈 내리는 마을』, 191쪽.

356 조성현, 「선로의 섬망」, 소설집 『눈 내리는 마을』, 197쪽.

357 조성현, 「선로의 섬망」, 소설집 『눈 내리는 마을』, 199~200쪽.

돌아올 것이라고 믿었다. 형은 언젠가 돌아올 것이었다. 형은 지금 어떤 모습으로 여기로 돌아오고 있는 것일까? 그 기다림은 아직 밝혀지지 않은 광주의 진실을 다시 묻게 한다. 다시 말해 "사건으로서 유물이 발굴되면 우리가 따져야 할 것은 사건의 실체, 정황이 아니다. 그로부터 씌어질 수 있는 진실의 이야기이다."[358] 조성현의 소설에서 역사 속의 진실은 사건에 관한 기억을 이야기하는 과정에서 새롭게 드러난다.

이원화의 소설집 『꽃이 지는 시간』(2016)은 일상에 파고든 아픔을 다루는 시선이 섬세하다. 「메멘토 모리」는 역사 속의 죽음들이 지금 여기에 그대로 스며들어 있음을 기억한다. 제주4·3과 6·25한국전쟁 직전 좌우익이 대립하던 시기, 그리고 5·18광주의 아픔이 한 자리에서 만난다.

> "눈이 있어도, 입이 있어도 본 것을 봤다, 들은 것을 들었다, 내 입을 가지고도 말할 수 없는 세상 아니었으꽈."[359]

> "(…) 청년이 도망을 치면서 하필 빨갱이들 소탕한다고 군인들이 불을 질렀던 대밭을 지나왔더란 말일세. (…) 그를 숨겨 주면 동네 사람들은 무사하지 않을 거란 말일세. 그런데도 동네 어른들이 두말 않고 그를 숨겨 주었지. (…) 아마 살았겠지. 동네 사람들이 그를 밀고하지는 않았을 테니까. 만약 살았다면 한 번 찾

358 전동진, 「'비빔'과 소통의 서사」(해설), 조성현, 소설집 『눈 내리는 마을』, 265쪽.
359 이원화, 「메멘토 모리」, 소설집 『꽃이 지는 시간』, 문학들, 2016, 108쪽.

아옴직도 한데, 찾아왔다는 소리를 못 들은 걸 보면 죽었는가도 모르지. 역사는 말일세. 그런 세세한 이야기를 담지 않아. 그저 큰 줄기로 이긴 자의 편에서 기록되는 것이 역사지. 우린 그런 세상에서 살아남았네."[360]

제주4·3 당시 오빠가 행방불명이 되었고 그 학살의 현장을 두 눈으로 지켜봤지만 아무런 말도 할 수 없었다. 마을 사람들은 빨갱이 소탕 작전에 쫓겨 마을로 찾아든 청년을 몰래 숨겨주고 상처를 치료해주었다. 그들의 이야기는 이긴 자의 편에서 쓰인 역사에는 기록되지 않았다. 이름도 없이 사라진 평범한 사람들의 이야기는 살아남은 사람들에게 벗어날 수 없는 멍에가 되었다. 광주5·18 때에 광주로 학교를 간 오빠가 죽자 아버지는 공부를 하겠다는 딸을 가로막았다. 이진은 "스러져 간 개인의 삶이 곧 역사였다."는 것을 안다. 이진이 이제부터 써야 할 이야기들은 아들을 잃은 "엄마의 풀린 눈과 술병에 담긴 역사"였다.[361]

「감나무가 있는 집」을 가득 채운 여인의 넋두리는 한 시대를 겪어 온 사람들을 대신한 증언이다. 1980년, 그해 오월 끔찍한 밤과 새벽이 이어지는 동안 어머니는 아들을 품고서 어두운 방 안에 숨어 있었다. 광주 항쟁의 마지막 밤을 잊은 적이 없다. 바깥에서 들리던 애절한 목소리가 그 고요한 밤을 뒤흔들었다.

---

360 이원화, 「메멘토 모리」, 소설집 『꽃이 지는 시간』, 103~104쪽.

361 이원화, 「메멘토 모리」, 소설집 『꽃이 지는 시간』, 121~122쪽.

> 오메, 그날 27일 새벽에는 어짠지 아냐. 젊은 여자 목소리드란 말이다. 아조 젊은 아가씨 목소린디, 스무살 남짓 되얏는가. 아가씨가 확성기에다 대고, 그때는 전남 도청 옥상에 확성기가 있었니라. 광주시민 여러분, 어서 나오라고, 어서 나와서 같이 싸우자고, 우리를 잊지 마라고 하는디, 오메, 그 애끓는 목소리는 참말 못 잊어야. 시방도 귓가에 아조 선연해. 그 뒤로 죽었는가 살았는가. 그 목소리가 가슴을 후벼 파는디도 나는 새끼들 끌어안고 이불 속에 숨어 있었니라. 내 손톱 밑의 가시가 더 아프다고, 내 새끼들 살리자고 그렇게 이불 속에 숨어 있었어. 그저 내 새끼들하고 어떻게든 살아보려고, 남부끄럽지 않게 살아볼라고 애썼다만 그 목소리를 생각하믄 참말로 시방도 부끄러와.[362]

그 여자의 목소리는 이불 속에서 아들을 감싸고 있던 어머니의 가슴을 찢었다. '내 새끼들'과 어떻게든 죽지 않고 살아보려고 그날 밤 거리로 나가 함께하지 못한 것이 부끄럽고 또 부끄러웠다. 여자의 목소리는 더 이상 들리지 않는다. 이제 그 애절한 목소리도, 그 목소리를 기억하고 있는 늙은 여자의 소리도 들리지 않는다. 비탄의 소리들이 사라지고 없는 이곳에서 다시 "소리, 소리가 그립다."[363] 감나무집이 있던 그 집 주변의 풍경은 하나둘씩 변해갔다. 그 소리들이 사라진 자리에는 다른 소리들이 대신 들어앉았다.

점점 희미하게 사라지는 기억 속에서 애처로운 삶들이 이어진다.

---

362 이원화, 「감나무가 있는 집」, 소설집 『꽃이 지는 시간』, 29~30쪽.

363 이원화, 「감나무가 있는 집」, 소설집 『꽃이 지는 시간』, 33쪽.

어느 누구도 저 세상으로 떠나야 하는 사람과 결별해야 하는 순간이 다가오는 것을 막을 수 없다. 거부할 수 없는 죽음의 시간에 마지막 남은 따스한 온기가 전해진다.

> 본인이 받아들이던 거부하던 그건 자신들의 의식이나 의지와는 상관없이, 누구도 거부할 수 없는 것이다. 홀로 죽어간다고, 아내가 손을 잡아 준다고 죽는다는 것에 차이가 있을까.[364]

> 곧 부서져 바람에 날릴 것 같은 손이 차갑다. 이 힘없고 차가운 손이 그동안 우리가족들을 위해 얼마나 애썼는지, 안다. 그가 있는 세상과 없는 세상이 어떻게 달라질지 안다.[365]

죽음의 시간이 다가올 때, 모든 것은 선명해진다. 그것이 도저히 피할 수 없는 길이라는 것을 안다. 아무리 알려고 하지 않아도 저 편의 강 너머는 이곳과 얼마나 다른 곳인지를 말이다. 그러므로 차가운 손을 잡아 준다고 해서 아무것도 달라지지 않으리라는 것을 잘 알고 있다. '꽃이 지는 시간'에는 죽어가는 자의 고독과 남겨진 자의 슬픔이 한없이 가까워진다. 그 사이 꽃이 피는 시간이 성큼 다가온다.

안지숙의 소설집 『내게 없는 미홍의 밝음』(2016)은 어디에도 머물 곳 없이 흘러 다닌 바리들의 일상을 엮었다. 「바리의 세월」에서 바

---

364 이원화, 「꽃이 지는 시간」, 소설집 『꽃이 지는 시간』, 88~89쪽.

365 이원화, 「꽃이 지는 시간」, 소설집 『꽃이 지는 시간』, 90쪽.

리가 지내온 시간은 몇 마디 말들로 요약할 수 없는 슬픔의 세월이었다. 외아지매 집에 얹혀살게 된 시절 바리는 여섯 살이었다. 인민군이 내려온 이듬해 여름, 도덕산 안계마을에서도 총소리가 울렸고 국군과 인민군의 싸움이 있을 거라는 소문이 돌았다. 바리는 외아재 식구들과 함께 대구로 피난을 갔다. 피란지에서 외아재는 정 주사라는 일가를 찾아 더부살이를 부탁했다. 바리는 화장터 옆 산언덕에서 상의사를 하는 집에서 장의 일을 거드는 늙은 총각 무장승을 만났다. 바리는 스물세 살 되던 해 첫딸을 낳았다.

그러던 어느 날 억울하게 혐의를 쓰고 정 주사 집에서 쫓겨난 무장승과 바리는 갈 곳이 없었다. 바리 가족은 "학생들이 떼를 지어 몰려다니며 관공서에 불을 지르고 군인들이 지프차를 타고 다니던 시절" "역전 근처 여인숙과 쪽방촌을 돌며 살았다."[366] 대구에서 밀양으로, 밀양에서 부산으로 돌아다녔다. 무장승은 술에 입을 댔고 결국 골병이 나서 죽었다. 바리는 방직공장, 공사장 등지를 전전하면서 네 딸들을 키우며 살아왔다.

> 핏덩어리 딸자식 버린 부모를 속 깊이 원망하던 매 순간 체한 듯 얹혀오던 질긴 그리움이 지옥인 것을, 술에 취해 들어와 주먹을 휘두를 때는 어디 가서 죽어버렸으면 싶도록 밉다가도 천지에 기댈 데라고 없는 못난 위인이 바로 저 같아서 그저 끔찍하고 서럽던 마음 또한 지옥인 것을 모르고 살아온 한평생이었다. 늙은 어미 내친 딸년들이 행여 제 원망을 죄로 받을까 돌을 삼킨 듯 억

---

366 안지숙, 「바리의 세월」, 소설집 『내게 없는 미홍의 밝음』, 산지니, 2016, 219쪽.

장이 무너지는 이 지옥을 바리는 버리고 싶었다.[367]

바리는 서러운 인생을 누구에게도 말하지 못했다. 그리움도 미움도 원망도, 그 모든 것이 다 마음의 지옥이었다. 스스로 지옥 같은 시간들을 내치고 달아날 수도 없었다. 저 산짐승들이 자신의 목숨을 끝장내줄 것이라는 믿음으로 여기서 내내 살아온 시간과 이별할 수 있길 바랬다. 그것이 바리데기 '이옥금'이 살아온 세월의 전부였고 삶의 끝이었다. 바리의 세월은 이 땅의 여인들이 겪은 죽살이의 매듭이었다.

바리들이 지나간 지옥에서 또 다른 바리들이 태어났다. 「놀래미」의 여경이 바리들 중의 한 명이다. 스토리텔링 회사 대표와 본부장 부부는 미끼에 유독 약한 놀래미의 습성을 자신들의 인생 스토리로 바꾸었다. 여경에겐 그 이야기가 "놀래미를 방생한 팩트에서 끌어낸 이야기"[368]라서 감동적으로 다가왔다. 여경은 놀래미 이야기를 스토리텔링 회사의 창사 로고로 만들었다는 것에 스스로 만족했다. 하지만,

"상관없잖아요? 중요한 건 팩트가 아니라 스토리라니까요. 감동을 주지 못하는 팩트가 무슨 소용 있겠어요."

등위에서 본부장이 말했다. 맞는 말이지만, 앞뒤가 바뀐 말이었다. 감동을 주는 스토리라 해도 팩트가 없는 스토리는 스토리

367 안지숙, 「바리의 세월」, 소설집 『내게 없는 미홍의 밝음』, 240~241쪽.

368 안지숙, 「놀래미」, 소설집 『내게 없는 미홍의 밝음』, 23쪽.

텔링이 아니라 사기였다.[369]

여경은 그 감동적인 놀래미 이야기가 조작된 것이었음을 알게 된다. 여경에게 남겨진 마지막 선택은 "차가운 겨울바다 깊은 곳에서 미끼를 향해 덤비는 철없고 사납고 불안한 놀래미처럼"[370] 사직서를 꺼내서 쓰는 일이다. 이제 여경에게 놀래미처럼 산다는 것은 유혹적인 대상을 향해 덤벼들어 삼키는 것을 실천하는 일이다.

「청게」에서 '나'는 초등학교 때부터 삼촌 집에서 살게 되었다. 사촌 지니와 돈독한 사이가 되지만 지니가 자신을 이용하려는 것을 알고서 상처를 받는다. 묵은 상처는 더 큰 힘을 낳는다. '나'는 청게잡이 아버지를 떠올렸다. 아버지는 독뫼 끄트머리하고 낙동강 하구가 바다와 만나는 곳, 독뫼마을에서 청게잡이를 했다. 몸통에서 떨어져 나온 청게의 발들이 뱃전으로 기어오르는 것을 보았다. "무심하다는 것은 그런 거였다."[371] 결국 청게를 따라 바다로 간 아버지는 이렇게 말했다.

니 아나. 아버지가 물었다. 뭐를? 나는 아버지가 구멍 난 그물을 손질하면서 들려주는 이야기를 좋아했다. 청게가 니같이 쪼맨한 아이를 붙잡으면 바다로 끌고 가는 거. 나는 벌떡 일어나 책상다리를 하고 앉았다. 말도 안 된다. 내 말을 못들은 척 무연히 바

369 안지숙, 「놀래미」, 소설집 『내게 없는 미홍의 밝음』, 37~38쪽.
370 안지숙, 「놀래미」, 소설집 『내게 없는 미홍의 밝음』, 39쪽.
371 안지숙, 「청게」, 소설집 『내게 없는 미홍의 밝음』, 115쪽.

> 다를 바라보던 아버지가 말했다. 청게가 깊은 바다로 가는 길인데, 만약에 니가 청게한테 붙잡히면 어떻게 되겠노.[372]

> 나는 괜찮았다. 미니를 삼키고, 숙모를 삼키고, 삼촌을 토막 내어 삼키는 건, 역겹지만 치러야 할 일이었다. 지니를 삼킬 때는 이제 겨우 한 몸이 되어 살겠구나, 생각했다. 뱃속에서 영양소로 변해갈 지니의 몸을 생각하면 웃음이 삐져나왔다.[373]

청게 이야기를 들려준 아버지는 그 청게를 따라 결국 깊은 바다로 갔다. '나'는 청게를 따라 바다로 간 아버지와는 다른 길을 선택할 것이다. 이제 '나'는 미니, 숙모, 삼촌을 삼키는 방식으로 상처를 준 그들과 한 몸이 된다. 상처를 준 사람들을 삼키는 방식으로 상처를 더 깊게 껴안을 수 있다. 안지숙 소설 속의 바리들에게 '삼킨다'는 것은 상처를 그저 속으로만 삼키지 않고 밖으로 표출하려는 무서운 의지의 표현이다.

3. 꿈에서 꿈으로

최근 몇몇 소설들에서 자주 보이는 증상 가운데 하나는 소설 속에서 일어나는 일들이 현실인지 꿈인지 환상인지 명료하게 구분되지

---

372 안지숙, 「청게」, 소설집 『내게 없는 미홍의 밝음』, 120쪽.

373 안지숙, 「청게」, 소설집 『내게 없는 미홍의 밝음』, 139쪽.

않는다는 점이다. 꿈과 현실의 대립은 지워진다. 꿈은 현실이고, 현실은 꿈이다. 꿈에서 벗어난 곳도 꿈이고 현실의 바깥 역시 다른 현실이다. 그와 같은 점을 다음 세 권의 소설들, 이유의 소설집『커트』(2017), 장은진의 장편『날짜 없음』(2016), 김도연의 소설집『콩 이야기』(2017)를 사례로 살피는 것이 이 장의 소박한 목표다.

먼저 이유의 소설집『커트』(2017)에서는 심지어 꿈이 실제 현실이 되기도 하는 일들이 벌어진다. 이때 꿈은 프로이트가 말한 것처럼 현실에서 충족되지 못한 욕망이 실현되는 장소가 아니라 새로운 현실을 만들어내는 원본이다. 필은 여진이 꿈을 꾼대로 취업을 한 사실을 알게 된 후 꿈을 꾼 적이 없는 자신에 대해 생각해 보았다.

> 진짜 꿈꿔본 적이 한 번도 없어?
>
> 여진은 물었다.
>
> 필이 고개를 끄덕이자 그녀는 액정 화면이 나오지 않는 답답한 모니터를 보듯 그를 봤다. 필은 꿈만 없는 게 아니었다. 되고 싶은 것도, 갖고 싶은 것도 없었다. 어릴 때부터 그랬다. 인생에 큰 목표가 없으므로 뭘 해도 크게 좌절하지 않았다. 있으면 좋고 없어도 그만이었다. 왜 그 모양인지 자신도 알지 못했다.[374]

필은 "꿈의 형태와 꿈의 느낌을 미치도록 경험해보고 싶었지만 할 수 없었다."[375] 필은 꿈에 대한 어떤 기억조차 없었다. 꿈을 경험한

---

374 이유,「꿈꾸지 않겠습니다」, 소설집『커트』, 문학과지성사, 2017, 116~117쪽.
375 이유,「꿈꾸지 않겠습니다」, 소설집『커트』, 116쪽.

적이 없는 필에겐 꿈이 없으므로 어떻게 살아가야 할지 막연했다. 꿈을 꾸지 못했으므로 다가올 미래를 상상할 수도 없었다. 필이 꿈을 꾼다고 해도 그 꿈이 현실에서 반드시 실현되리라고 보장할 수는 없다.

꿈이 없는 사람들에겐 대신 꿈꾸게 해줄 수 있는 대상이 필요하다. 「깃털」에서 조와 류와 박에겐 중학교 친구인 '걔'가 그런 꿈을 자극하는 존재였다. 걔는 과학고에 들어가서도 1등을 거머쥐었고 성공의 신화를 이룬 환상적인 인물이었다. 조, 류, 박은 그런 걔가 친구라는 사실이 자랑스러웠다. 걔의 인생도 그러하지만 걔가 연구하는 분야도 가능하지 않은 것을 가능하게 하는 일이었다.

> 그게 가능해?
>
> 류가 책상다리를 하고 심각한 얼굴로 물었다.
>
> 야, 지금이 어떤 세상이니? 전기 자동차가 나오고 투명 망토가 나오는 판국인데, 지구가 걔 손바닥 안인 거지. 상상만 해도 끝내주지 않냐? 머릿속에 떠올리기만 해도 원하는 곳에 갈 수 있다면.
>
> 절대 안 되는 일이라는 건 없다. 우리는 공상이 현실이 되는 일을 목격한 세대가 아닌가. 게다가 늘 엄청난 일을 해내고 현실의 괴로움 따위 없이 승승장구하는 친구가 기억의 어디쯤에 자리하는 것도 나쁘지 않았다. 걔는 실패할 리 없었다. 현실이 뭐가 그리 대단하다고.[376]

---

376 이유, 「깃털」, 소설집 『커트』, 71~72쪽.

이 세상은 공상이 현실이 되고, 가상이 현실이 되는 기막힌 세상이다. 승승장구하는 걔가 개척할 미래는 우리가 그토록 꿈꾸고 원했던 그런 세계였다. 걔가 끝내 실현할 가상현실은 지금 우리가 살고 있는 실제 현실이 별 것이 아님을 증명해줄 것이다. 그런데 현실이 그리 대단하지 않다는 걸 증명할 수 있는 걔는 정말 존재하는 것일까? 걔가 어디에 있든 없든, 중요한 것은 우리에겐 '걔' 같은 존재가 단지 필요하다는 사실이다. 우리는 우리의 무능력함을 대신할 수 있는 사람을 원했던 것이다. 그런 존재가 반드시 현실에서 우리와 같이 살고 있지 않아도 된다. 그저 어딘가에 '걔'가 있으리라는 믿음만 있으면 그만이었다.

현실이 마음대로 되지 않을 때에는 꿈이 비록 악몽일 지라도 꿈을 꾸고 그 꿈을 현실로 만들면 되는 것이다. 뻔선생의 경우도 그런 사례에 속한다. 뻔선생은 아버지가 겪은 말 못할 사연을 계기로 사람들이 가지고 있는 가방에 관심을 가지게 되었다. 그리고 사람들의 가방을 열고 싶었다. 뻔선생은 말했다. "모든 가방에는 목적이 있어요." 뻔선생은 "그들의 가방 안에 뭐가 들었는지 확인하지 않으면 불안해서 견딜 수 없었다."[377] 그런 방식으로 뻔선생은 자신의 꿈과 가방의 목적을 동시에 실현했다.

꿈과 가방이 그러하듯이 저마다 존재할 목적과 이유를 지니고 있다. 모든 사물들에도 그것만의 목적이 있고 살아가는 방식이 있다. 「커트」에서 미용실 여자의 손에 들린 '커트 가위'는 머리카락뿐만이

377 이유, 「가방의 목적」, 소설집 『커트』, 169쪽.

아니라 무엇이든 자르고 버릴 수 있는 능력을 가졌다. 원하는 것이 "뭐든 저항 없이 잘린다. 잘리고 버려진다."[378] 여자의 딸아이가 악몽에서 현실로 돌아오는 방법도 그와 같았다.

> "귀신이 그러는 거야. 이건 진짜 현실이지만, 꿈이라고 열심히 생각하면 정말 꿈이 될 거래."
>
> 딸아이가 비로소 해시시 웃었다.
>
> "열심히 꿈이라고 생각했더니 눈이 딱 떠진 거 있지."
>
> 홀씨가 흩어지듯 웃음소리가 퍼졌다. 어둑한 뒷방이 일순간 환해졌다. 아이의 천진한 웃음이 과거의 무시무시한 기억을 한낱 꿈으로 만들어버렸다.[379]

꿈 속의 일이 진짜 현실이라고 해도 꿈이라고 생각하면 정말 꿈이 된다. 꿈이라고 생각하면 현실로 돌아올 수 있다. 악몽을 열심히 생각하면 악몽 같은 현실이 이루어질 수 있는 것이다. 여자에게 커트 가위는 끔찍한 악몽 속에서 자신의 욕망을 펼칠 수 있는 힘을 지녔다. 그녀에게 가위는 악몽과 결별하는 수단이다. 여자는 그렇게 기억 속의 상처를 절단한다. 여자가 그랬던 것처럼 딸아이는 엄마의 머리통을 자른다.

> 딸아이에게 머리통이 잘리는 게 이번 한 번만은 아니란 예감

378 이유, 「커트」, 소설집 『커트』, 169쪽.
379 이유, 「커트」, 소설집 『커트』, 214쪽.

이 들었다. 이 예감이 처음도 아니란 느낌이었다. 아무리 잘라도 머리카락은 다시 자라나고, 질기디질긴 기억의 망령은 언제고 부활한다. 하지만 내 손에 가위가 있는 한 겁날 건 없다.[380]

여자의 머리통은 딸아이의 손에 든 가위에 잘려 몸에서 분리된다. 그러나 가위로 잘라버린 머리카락이 계속 길어나듯이 악몽은 계속 자라날 것이다. 이유의 소설들은 "한 악몽에서 다른 악몽으로 이행하는 몽유록"이며 "바로 그 기록이 악몽의 탈출기"[381]라고 할 수 있을 것이다. 그런데 악몽 같은 현실이 지속되는 한 악몽의 탈출기는 계속 반복될 것이라는 예감을 준다. 악몽의 가위눌림에서 벗어난 이야기를 들 수 있을까? 이유의 소설들은 그런 기대를 단 번에 '커트' 한다.

악몽 같은 현실을 벗어날 길이 보이지 않는다. 여기 바깥에 다른 세계가 있으리라는 기대는 공상일 뿐이다. 그런데 만약 '그게 온다고 한다'면 그것은 어떤 모습일까? 장은진의 장편 『날짜 없음』(2016)에서 그것을 향한 기다림은 "그게 온다고 한다."라는 문장으로 반복된다.

그게 온다고 한다.

그 말이 정말 현실로 닥쳐올 것인가. 지금 이 순간 나는 간곡히 그 문장을 의심하고 싶어졌다. 아니, 부정하고 싶은 것일까.

---

380 이유, 「커트」, 소설집 『커트』, 223쪽.

381 양윤의, 「악몽의 몽유록」(해설), 이유, 소설집 『커트』, 250쪽.

만약 그게 사실이라면 그것은 어떤 악마의 얼굴을 하고 찾아올까. 전쟁처럼 올까, 전염병처럼 올까. 혹시 우리가 알아보지 못하는 얼굴로 벌써 오래전부터 우리 곁에 앉아 있었던 건 아닐까.[382]

나는 갑자기 그게 궁금해졌다. 무수한 시작들과 시작들의 시작에 대해서. 그리고 그 시작들의 종말에서 대해서도.[383]

그게 무엇인지 알 수 없다. 그것은 어떤 얼굴을 하고 있을지도 헤아릴 수 없다. 만약 그것이 오게 된다면 언제 올 지도 알 수 없다. 그것은, 다만 시작과 끝에 대한 무수한 생각들을 낳는다. 그게 온다면 어떤 일들이 벌어질까? "근데 정말 그게 오는 것일까."[384] '그게 온다'가 아니라 '그게 온다고 한다'는 말을 예감하고 상상할 수 있을 뿐이다. '그게 온다고 한다'는 것을 미리 상상하는 것은 어떤 의미를 지닐 수 있을까?

상상은 현실보다 늘 끔찍했다. 상상이 잔인할수록 무리 없이 현실을 받아들여 견딜 수 있어서였다. 갑작스런 재난이나 위험이 닥칠 때마다 사람들이 위기를 극복하며 살아갈 수 있었던 건 희망 따위가 아니라 상상이란 끔찍한 능력을 갖고 있어서인지도 몰랐다.[385]

---

382 장은진, 장편『날짜 없음』, 민음사, 2016, 23쪽.
383 장은진, 장편『날짜 없음』, 37쪽.
384 장은진, 장편『날짜 없음』, 139쪽.

상상한다는 것은 현실을 벗어날 수 있는 방법이 아니다. 오히려 상상할 수 있는 능력이 있어서 이 끔찍한 현실을 이겨낼 수 있었다. 그런 점에서 상상은 희망보다 더 나은 꿈이었다. 도시에는 그것이 온다는 것을 믿는 사람과 믿지 않는 사람이 있다. 도시를 떠나 다른 곳으로 간 사람들은 돌아오지 않았다. 그들은 왜 이곳을 떠났던 것일까?

아주 오래된 연인들은 새로운 이야기를 찾아서 그곳으로 갔다. "아주 오래된 연인들한테는 서로에게 나눠 줄 이야기 같은 게 더는 없을 테니까요. 없어서 다른 걸 찾아야만 살 수 있을 것 같으니까 떠난 걸 거예요."[386] 그러나 아직 여기에서 시작할 사랑과 이야기가 남아 있는 사람들은 떠나지 않았다. 아니, 떠나지 못했다.

> 혹시 그게 오려는 것일까. 그게 지금인 걸까. 저건 경고음일까, 예비음일까. 바라건대 지금은 아니었으면 좋겠다. 그에게 못다 한 말과 들어야 할 이야기들이 아직도 많이 있었다. 많이 남아서 우리는 떠나지 않았다.[387]

이 도시에 갇힌 채 우리는 계속 상상한다. 이곳이 아닌 다른 곳에 대하여. 그리고 "그곳에 대해서. 끝을 피할 수 있다고 믿게 하는 곳

---

385 장은진, 장편『날짜 없음』, 41~42쪽.

386 장은진, 장편『날짜 없음』, 58쪽.

387 장은진, 장편『날짜 없음』, 60쪽.

에 대해서."[388] 언제 그게 올 것인지를 예측할 수 없는 채로. 그렇지만 그것이 오든지 오지 않든지 간에 상관없는 일이다. 그게 온다고 해서, 오늘의 일상이 내일 아주 달라질 것이라고 생각하지 않는다. 이 현실 너머의 다른 세계를 찾아 떠나는 것보다, 어쩌면 '그게 온다고 한다'는 말을 상상하는 것이 이 현실을 버텨내는 힘이 될 수 있는 것이다.

> 아무도 알 수 없는 것이다. 내일에 대해서는. 그러니 내일이 거짓말처럼, 혹은 한편의 무언극처럼 소리 없이 찾아와 우리 옆에 시치미 떼고 앉아 있을 수도 있다.[389]

> 그게 온다고 한다.
> 눈은 멈추지 않았고 시간도 멈추지 않았다. 잔인한 비극도. 어떤 나쁜 것을 더 덧붙여도 나쁜 것의 끝은 여기일 것이다.[390]

정지된 시간의 반복. 날짜 없음의 날들. 그게 오든지 오지 않든지 간에 변한 것은 아무것도 없다. 나쁜 세계는 끝나지 않을 것이다. 나쁜 것의 끝은 계속 나쁜 것이 추가되어도 나쁜 것일 뿐인 바로 여기다. 그러므로 언제나 똑같이 되풀이되는 날들에 날짜를 기록하는 것은 무의미한 일이다. 지금 이 도시에서, 이 세계에서 일어나고 있는

---

388 장은진, 장편『날짜 없음』, 80쪽.
389 장은진, 장편『날짜 없음』, 192쪽.
390 장은진, 장편『날짜 없음』, 210쪽.

일들은 꿈일까, 꿈이 아닐까? 현실 바깥의 다른 세계로 갈 수 있으리라는 환상을 미리 경계한다. 장은진의 『날짜 없음』은 여기에서 달아날 수 있는 꿈도, 다른 세계에 대한 희망도, 그리고 그게 온다는 어떤 확신도 가질 수 없음을 다시 한 번 확인시켜 준다.

김도연의 소설집 『콩 이야기』(2017)에 실린 소설들은 얼핏 보아 농촌을 배경으로 하여 농촌 현실의 문제점을 보여주는 것처럼 읽힌다. 흥미롭게도 이 소설집에서는 꿈과 소설 쓰기에 관한 고뇌가 적지 않은 비중을 차지한다. 김도연의 소설들에서 꿈은 현실과 동떨어진 무중력의 장소가 아니다. 우리는 지금 현실에서 꿈속을 헤매고 있는 것이다.

> 꿈과 꿈 아닌 것을 어떻게 구별할 수 있단 말인가. 또 어디까지가 꿈이고 어디서부터 꿈이 아닐까……[391]

> 이 꿈 밖으로 나가는 길은 어디에 있을까. (…) 혹, 이 꿈은 영원히 끝나지 않는 건 아닐까. 그렇다면 결국 꿈속에서 감옥까지 가야 한단 말인가. 거기서 얼마나 살아야 할까. 아니, 아니……이게 정말 꿈일까.[392]

여기가 정말 꿈인 것일까? 꿈과 꿈 아닌 것의 경계는 어디이며 이곳이 만약 꿈이라면 어떻게 꿈 바깥으로 나갈 수 있을까? 물론 "꿈이

---

391 김도연, 「민둥산」, 소설집 『콩 이야기』, 문학동네, 2017, 19쪽.

392 김도연, 「민둥산」, 소설집 『콩 이야기』, 33~34쪽.

어도 좋고 꿈이 아니어도 상관없었다."[393] 어쨌든 삶이란 것은 무거운 짐을 짊어진 채 꿈속을 계속 걷는 것이나 마찬가지니까. 걷다가 쓰러지고 쓰러졌다고 일어나더라도, 죽음 직전까지도 우리는 살고 있는 이 현실이 꿈인지 아닌지를 분별하지 못할 것이다.

기억이 차츰 희미해지는 순간에 오히려 선명해지는 것도 꿈이다. 요양원에서 지내고 있는 옥순 할머니는 단 하나밖에 없는 며느리만을 기억하지 못한다. 며느리가 특별히 미운 건 아닌데 왜 며느리만 자신의 기억에서 사라지는 것인지를 알 수 없다. 다음과 같은 장면에서 꿈은 다른 의미를 획득한다.

> "……어머니가 전에 말씀하셨잖아요. 넌 뭐가 기억나고 뭐가 기억나지 않느냐고요. 생각해보니 저 역시 기억하고 있는 것보다 잊어버리고 사는 게 훨씬 더 많은 거 같아요."
>
> "그게…… 무슨 소리냐?"
>
> "제가 기억하는 건 고작해야 제 밥그릇 챙기기에 급급한 것들뿐이었어요. 죄송해요, 어머니. 그것도 모르고 어머니가 절 기억하지 못한다고 서운해했어요."
>
> "……난 도통 무슨 소린지 모르겠다. 왜 눈이 떠지질 않는 걸까. 내가 꿈을 꾸는 걸까."[394]

잊어버린 건 옥순 할머니만이 아니었다. 며느리는 그동안 자신이

---

393 김도연, 「민둥산」, 소설집 『콩 이야기』, 34~35쪽.

394 김도연, 「배 지나간 자리」, 소설집 『콩 이야기』, 271쪽.

얼마나 많은 것들을 잊고 살아왔는지를 고백한다. 그때 옥순 할머니는 그 믿을 수 없는 진심이 쏟아지고 있는 지금이 꿈이 아니라면 무엇일까라고 생각했다. 살아가는 것이 한낱 꿈속을 헤매는 것이라면, 소설을 쓴다는 것은 대체 무슨 소용이란 말인가. 김도연의 소설은 소설가가 본래 쓸모없는 이야기꾼이었다는 사실을 새삼 일깨워준다. 다방일에 전념한 지 사십년이 된 마담과 소설가가 마주해 나눈 말들에서 읽을 수 있다.

> 사람이 존재하는 한 이야기는 사라지지 않아요. 만약에 사라진다면? 아마…… 그래도 계속 쓸 것 같은데요. 왜? 제가 그나마 가장 잘할 수 있는 일이니까요. 돈과는 거리가 한참 멀어도? (…)
>
> 소설가 양반, 아까 그나마 가장 잘하는 일이 소설 쓰는 거라고 그랬잖소? 사실 나도 할 수 있는 일이 이것밖에 없소. 이 나이에 무슨 다른 일을 하겠소. 벌어놓은 돈이 없으니 다방 문을 닫을 수도 없소. 돈도 돈이지만 평생 다방 일을 해왔다는 오기도 있소. 물론 자존심도 있고.[395]

소설가와 다방 마담이 자신들이 해오던 일을 지속할 수밖에 없는 이유는 그것이 가장 잘 할 수 있는 일이기 때문이다. 돈을 많이 벌지는 못해도 자존심과 오기로 버텨 왔던 것도 부인할 수 없는 사실이다. 그러나 그 일도 언젠가는 몰락할 위기에 직면한 한 자락의 꿈이 아니겠는지.

---

395 김도연, 「별다방의 몰락」, 소설집 『콩 이야기』, 175~176쪽.

그럼에도 불구하고, 「콩 이야기」에서 남자는 콩 이야기를 쓰기 위해서 시골 도서관을 십년 동안 다니고 있다. 이 남자가 콩 이야기에 집착하는 데에는 그럴만한 사연이 있다. 어린 시절 남자는 늦가을 저물 무렵에 밭에서 콩알을 주어야 했다. 콩알은 이상하게도 한 번에 한 알씩만 주울 수 있었다. 콩알의 트라우마는 세상을 바라보는 각도를 바꾸었다. "날이 완전히 어두워질 때까지 꼼짝없이 콩알을 줍는다는 것은 세상 모든 게 다 콩알로 보이거나 아무것도 보이지 않는다는 것과 마찬가지였다."[396] 중학교 다닐 무렵, 콩을 줍는 일은 공부하는 것보다 더 중요한 일이었다. 그 콩 이야기가 완성될 수 있을지 없을지 확언하긴 어렵지만, 남자는 콩 이야기를 끝내고 나면 북두칠성의 네 번째 별에 대한 이야기를 쓰고 싶었다. 간절한 마음으로 밤하늘을 올려다보았다.

> 그러고 보니 왠지 하늘의 별이나 지상의 콩이 별반 다르지 않다는 생각이 들었다. 누가 되지 않는다면 그 별들에게 새로운 이름을 지어주고 싶었다. 목욕탕에서 때를 미는 때밀이, 할머니 등에 업혀 장에 가는 아기, 도서관 옥상에 콩을 심는 사서, 콩 자루를 들고 툴툴거리며 시내버스를 타는 나, 매일같이 콩과 팥을 나누고 합치고 다시 나누는 어머니와 아버지…… 야, 이거 괜찮은 별과 콩의 이야기구나! 나는 집으로 가는 길에 신이 나서 별들의 새 이름을 지어주었다. 아주까리콩, 흰콩, 선비제비콩, 누렁콩, 우렁콩, 푸른콩, 얼룩콩, 밤콩, 좀콩, 작두콩, 완두콩, 까치

---

396 김도연, 「콩 이야기」, 소설집 『콩 이야기』, 44쪽.

콩……[397]

콩 이야기를 쓰고 난 다음에 하늘의 별 이야기를 쓰려 했던 남자는 불현듯 하늘의 별이나 지상의 콩이 다르지 않다는 생각에 도달했다. 산다는 것이 여기보다 더 나은 곳으로 점진적으로 발전하는 길이 아니듯이. 지상의 콩들에서 하늘의 별들로 옮겨가서 쓴다 해도 현실이 꿈이 될 수 있는 것은 아니다. 저 별들의 무리는 지상의 아픔들을 닮아서 반짝이고 있는 것이다.

그렇다면 우리는 지금까지 '꿈'이라는 말의 의미를 잘못 알고 있었던 것은 아닐까? 마치 그것이 현실이 아닌 다른 곳, 콩의 현실과 다른 별의 세상이기라도 한 것처럼 오해하고 있었던 것은 아닐까? 김도연의 소설이 밤하늘 아래에서 문득 도달한 이 깨달음에는 꿈과 현실이, 희망과 절망이 접혀 있다. 그 접힌 모서리가 김도연의 소설이 감당할 이야기들의 장소일 것이다.

4. 없음의 쓸모

도선우의 장편 『스파링』(2016), 최정화의 장편 『없는 사람』(2016), 황정은의 소설집 『아무도 아닌』(2016)에 등장하는 인물들은 차라리 '없음'을 세계와 맞서는 방식으로 삼는다. 없음의 쓸모를 실천하고 있는 그들은 어둠 속에서 빛을 발한다.

---

397 김도연, 「콩 이야기」, 소설집 『콩 이야기』, 65쪽.

도선우의 장편 『스파링』(2016)은 성장소설의 일반적인 문법을 따르고 있지만 인물의 내면 변화를 포착하고 이야기를 전개하는 힘이 강렬하게 느껴지는 작품이다. 주인공 장태주의 목소리에 실린 굳은 다짐은 이 남자에게 새로운 삶이 이미 시작되고 있음을 알려준다.

> 타인의 시선으로부터 자유로워지고 누구에게도 기록되지 않는 삶을 산다는 것은 그러므로 어떤 면에서, 보통의 일상에선 경험할 수 없고 보통의 용기로는 실천하기 어려운 새로운 형태의 삶의 방식일 수 있는 것이다.[398]

> 애쓰지 말자. 나는 생각했다. 애써도 달라질 게 없다면 차라리 모두가 나를 증오하게 만드는 게, 내게는 더 쉬운 일일 수도 있었다. 어차피 내겐 거의 모든 면에서, 악의(惡意)가 더 편한 길이었기 때문이다.[399]

다른 세계의 입법자가 탄생하는 순간이다. 남자는 보통의 용기를 넘어선 새로운 형태의 삶을 선택했다. 평범한 사람들과 다른 삶의 방식을 원했다. 악의(惡意)는 그런 삶을 전개하는 데에 필수적인 동반자였다. 장태주가 열어갈 경이로운 세계는 어린 시절부터 차근차근 준비된 것이었다. 장태주는 은혜보육원에서 지내는 동안 '알리'라

---

398 도선우, 장편 『스파링』(제22회 문학동네소설상 수상작, 제13회 세계문학상 수상작), 문학동네, 2016, 17쪽.

399 도선우, 장편 『스파링』, 57쪽.

는 이름의 새가 쓰레기통에 버려졌을 때를 잊을 수 없다. 오재호가 그랬다. "너도 싫고 새도 싫어. 나는 약한 것들은 다 싫어. 알아?"[400]

그때 장태주는 약하지 않은 것이 된다는 것이 무엇인지를 알았다. 이제 이 세계는 이전과 같아 보이지 않았다. 남자에겐 새로운 질서와 규칙이 필요했다. 세계가 '나'를 원하지 않는다면 내가 먼저 이 세계를 포기하면 되는 것이다. 상처는 다른 세계를 건설하는 더 큰 힘이 되어 주었다.

그에겐 숱한 깨달음의 순간들이 스쳐갔다. "분명 무언가 잘못된 부분이 있었는데 그게 뭔지 알 수 없었다." 잘못된 부분이 있다는 것을 감지할 뿐 그것이 뭔지 정확하게 알 수 없었다. 이 무능력에서 폭력은 더욱 견결하게 다듬어졌다. 생각해 보면, 남자에게 익숙해진 그 폭력은 이전의 세계에서 상속받은 것이었다.

> 책과 폭력은 그러니까 우리가 흔히 생각하는 것과는 다르게 아주 밀접한 관계일 수 있었고 오히려 활자화된 폭력이 때론 더 잔인할 수 있었다.[401]

> 모른다는 것이 그런 것이었다. 모르고 저지르는 사람은 밖에서 망을 보는 도둑놈의 일행처럼, 알고 저지르는 놈들의 공범이나 다를 바 없었다.[402]

---

400 도선우, 장편『스파링』, 49쪽.

401 도선우, 장편『스파링』, 87쪽.

402 도선우, 장편『스파링』, 300~301쪽.

책 속에서 발견한 지식인의 폭력성은 그가 지닌 폭력보다 더 잔인했다. 자신들이 어떤 잘못을 저지르는지 알지 못한 사람들, 아무것도 알지 못하고 저지르는 잘못과 알고 저지르는 잘못은 별반 다를 게 없었다. 죄가 보이지 않는다고 해서 죄가 아니라고 생각하는 부류의 사람들도 있었다. 그들은 '공범'이었다.

장태주가 책과 이별하게 된 것은 어렵지 않은 일이었다. 다른 삶의 방향을 결정해야 할 순간이 온 것이다. 소년원 선생님에게서 권투 선수 무하마드 '알리'를 소개받고서 장태주는 본격적으로 권투 인생에 접어든다. 보육원 시절에 죽은 새의 이름도 '알리'였다. 겹쳐 일어난 우연은 필연을 도모한다. 그에겐 이제 책이 아닌 주먹이 지배하는 삶이 기다리고 있었다. 담임 선생님은 조언을 아끼지 않았다.

> "그 잘난 분풀이가 끝나고 나면 남는 게 무엇인지 잘 생각해 봐."
>
> 그리고 담임은 권투에 관해 이야기했다.
>
> "권투에서 가장 중요한 게 그거야. 어떤 순간에도 냉정함을 잃지 않도록 정신과 육체 두 가지를 모두 다스리는 방법. 그걸 끊임없이 훈련하는 거야. 그러니까 평소에도 항상 그렇게 다스리는 연습을 해야 해."[403]

담임 선생님이 강조한 지침은 "냉정함이 우선되지 않은 폭력은 결

---

403 도선우, 장편『스파링』, 192쪽.

국 분풀이 이상은 되지 않는다는 것이었다." 링 안은 글과 지식이 지닌 폭력과 다른 차원의 폭력이 실현되는 곳이다. 그렇게 장태주는 스물한 살에 '시대의 아이콘'으로 떠올라 '불굴의 스포츠 스타', '공정성의 신화', '부패척결의 대명사'가 되었다. 기록되지 않은 존재가 되길 꿈꿨던 남자는 세계적인 관심을 받는 사람으로 기록되었다. 남자에게 스파링은 더 독한 모습으로 다른 세계를 꿈꾸기 위한 실전 연습이었던 것이다. 장태수의 스파링은 세계의 중심축을 흔들었다.

그토록 힘겹게 통과한 인생의 끝에서 남자가 깨달은 것은 바로 "내게 세계란 존재하지 않았다."라는 사실이었다. "이럴 거면 도대체 나를 왜 이곳까지 끌고 왔나."[404] 사람들은 그를 '구제불능 사이코패스'라고 했고 '괴물'로 만들어버렸다. 누군가가 큰 소리로 남자를 위로했다.

> "당신만의 사랑을 찾아서 당신들이 행복할 수 있는 세계로 떠나. 이곳은 당신에게 어울리는 세계가 아니야!"[405]

사랑은 과연 그에게 행복을 가져다줄 수 있을까? 장태수가 매혹될 사랑은 아마도 비명의 몸부림에 가까운 것이리라. 이 악인의 탄생과 실패가 남겨준 의미는 그가 지나온 발걸음이 이 세계가 더 이상 믿을 수 없는 곳임을, 그리고 인간이란 동물이 도무지 알 수 없는 존재라는 것을 뚜렷하게 확인시켜 준 데에서 찾을 수 있을 것이다.

최정화의 장편 『없는 사람』(2016)에서 이부가 무오에게 묻고 있는

---

404 도선우, 장편 『스파링』, 329쪽.

405 도선우, 장편 『스파링』, 355쪽.

것도 그 알 수 없는 사랑의 감정이다. 사람들은 왜 죽음을 불사한 사랑을 감행하는 것일까? 인간의 그 모순적인 감정을 어떻게 이해할 수 있을까? 이부의 말을 일단 들어보자.

> "그런데 말이다, 인간이란 또 그렇지만은 않다는 거야. 사랑을 나누는 즉시 목숨을 빼앗긴다고 해도, 다음날 아침에 모가지가 날아갈 것을 알면서도 사랑을 나누는 게 또 인간이라는 거야. 이성으로는 이해할 수 없는 영역인 거지."[406]

이부가 보기에 도무지 이해할 수 없는 인간의 본성은 죽는다는 것을 알면서도 사랑한다는 것이다. 그것은 이성으로는 도저히 이해할 수 없는 영역이다. 뿐만 아니라 인간은 일어나지 않은 일들 때문에 괴로워한다. 그러면서 고통스러운 일은 하지 않으려고 한다. 이부가 생각하기엔 그것이 바로 인간과 동물을 가르는 기준이다. 이부의 말을 더 들어보자.

> "잘 들어봐. 동물은 일어나지 않은 일에는 반응을 하지 않거든. 하지만 인간은 그렇지 않지."
>
> 무오가 이부를 봤다.
>
> "일어나지도 않은 일 때문에 미쳐버릴 수 있는 게 인간이라고."[407]

406 최정화, 장편『없는 사람』, 은행나무, 2016, 10쪽.
407 최정화, 장편『없는 사람』, 29~30쪽.

"일단 들어봐. 인간이란 자기가 하는 일의 결과가 자기한테 안 좋은 쪽으로 작용하면 하던 일을 그만두기 마련이라는 거야. 즉, 누군가 하고 있는 일을 그만두게 하려면 그 일의 결과가 안 좋으면 돼. 하면 할수록 괴롭고 고통스러운데 누가 그 일을 하겠어. 자기가 죽는다는 걸 알면 계속 못하지."[408]

동물과 달리 인간은 일어나지 않은 일을 미리 느끼고 상상할 수 있어서, 그래서 심지어 미쳐버릴 수도 있다. 또 인간이란 일의 결과가 나쁜 방향으로 흘러갈 것 같다는 예감이 들면 그 일을 멈추려고 한다. 무오가 박의 죽음을 통해서 배운 것도 바로 그런 것이었다. "인간은 필요하지 않은 일은 하지 않는다는 것" "반대로 무언가가 필요하다면 없는 일도 충분히 만들어낼 수 있다"는 것.[409] 더 나아가 이부는 '선'과 '악'이 무엇인지를 스탈린의 논리를 빌려서 명쾌하게 설명한다.

"스탈린이 이런 말을 했어. 만약에 의지가 강한 사람이 똑똑하다면 그 사람은 적극적이게 되어 있다고. 그리고 만약 어떤 사람이 정신적으로 강하고 똑똑하다면, 그러니까 어떤 사람이 적극적이라면, 그것이 바로 선이라고."

무오가 아랫입술을 만지작거렸다.

---

408 최정화, 장편『없는 사람』, 35쪽.

409 최정화, 장편『없는 사람』, 53쪽.

> "결국 악이라는 건 유약하고 게으르고 어리석은 자들이 어쩔 수 없이 가지게 될 성품이라는 거지."[410]

스탈린이 말한 '선'을 거꾸로 적용해보면 의지가 약하고, 똑똑하지 않고, 적극적이지 않으면 악의 존재가 된다. 인간의 본성을 통찰한 이부는 무오에게 선의 세계로 이끈다. 이부가 무오에게 부탁한 일은 '도트'의 위치를 찍어서 보내주는 일이다. 그 일의 궁극적인 목적은 악행을 그만두게 하는 것이다. 즉 "싸움을 포기하게 만드는 거." "굴복, 체념."이다. 도트에게 "일상으로의 복귀. 그리하여 모두의 안전. 제 분수를 아는 사회. 묵묵하고 성실하게 자신의 자리를 지킬 것."[411]을 알려주는 것이다.

무오의 눈에 비친 도트의 모습은 처음에 무오가 이끌렸던 이자희의 모습과 달랐다. 무오가 생각한 진짜 도트의 모습은 "대열을 이끌던 그 단호한 목소리, 냉정하게 상황을 파악하고 열정으로 사람들의 마음을 파고들었던 그날의 연설, 귀를 윙윙 울리던 칼바람을 뚫고 퍼지던 노랫소리. 눈가에 이글거리던 분노,"[412] 이런 것들과 함께 있었다. 무오의 마음이 흔들렸지만 무엇인가를 해야 한다면 반드시 그럴 만한 이유가 필요한 것은 아니었다. 이부가 말했다. "의심하면 그냥 의심받으면 돼. 의심받아서 긴장되면 긴장하면 되고"[413] "정말 이

---

410 최정화, 장편『없는 사람』, 78쪽.
411 최정화, 장편『없는 사람』, 35쪽.
412 최정화, 장편『없는 사람』, 111쪽.
413 최정화, 장편『없는 사람』, 195쪽.

유가 필요하냐?"[414] 마치 무오가 처음부터 반드시 살아야 할 이유가 있어서 살아온 것은 아닌 것처럼.

> 무오는 보이지 않는 학생이었다. (…) 신경을 쓰지 않아도, 과하게 체벌을 해도 아무 문제가 되지 않는 그런 학생이 무오였다. 아무에게도 자기 얘길 할 사람이 없었다. 아무도 무오를 궁금해하지 않았다. 그러다 보니 무오 자신조차도 자신에 대해서 점점 더 모르게 되었다. 무오 자신조차도 자신에 대해서 궁금해하지 않았다.[415]

> 진짜가 되고 싶었다. 진짜로 이들 중 하나가 되는 것. 이들과 다르지 않은 농성대원이 되는 것. 여기에 속하는 것. 온전히 속하는 것. 이들과 다른 점 없이 섞이는 것. 그것을 원했다.[416]

아무것도 아닌 존재로 취급받았던 무오는 점점 자신이 누구인지조차도 모르게 되었다. 무오는 사회가 자신을 없는 사람으로 대했지만 그것을 단순하게 소외와 차별, 배제의 경험으로 기억하지 않았다. 무오는 그때부터 '없음' 그 자체를 자신의 정체성과 삶의 지표로 삼았다. 무오는 스스로 '없는 사람'이 되려 했다. 지금 무오는 다른 사람과 다름없이 한 곳에 속하고 싶었다. 무오에게 절실한 것은 자

---

414 최정화, 장편『없는 사람』, 121쪽.
415 최정화, 장편『없는 사람』, 136쪽.
416 최정화, 장편『없는 사람』, 203~204쪽.

신이 이곳에 있음 혹은 없음의 문제가 아니라 하나의 집단에 온전히 속함 혹은 속하지 않음이었다.

무오의 마음속에서 자라난 그 갈망을 간단하게 해석하지 않아야 한다. 그동안 '없는 사람'으로 살아온 무오는 온전히 다른 사람과 섞이는 방식으로, 진짜, 없는 사람이 되려 한 것이다. 그렇게 무오는 있는 없음의 세계에 속했던 것에서 없는 있음의 세계에 속하기를 원했다. 최정화의 소설 『없는 사람』이 무섭게 읽히는 것은 이 세계에 '없는 사람'이라고 여겨진 존재가 세계 속에 엄연히 '있는 사람'이라고 스스로를 드러내려는 순간을 보여주고 있기 때문일 것이다.

황정은의 소설집 『아무도 아닌』(2016)에 실린 단편들 중에서 있음과 없음의 문제는 벽과 터널을 상상하는 장면으로 나타난다. 다음에서 읽을 수 있듯이 "벽은 심지어 단단하지도 않다. (…) 긁어본 적이 있었는데 쉽게 부스러졌다."[417] 만약 그 벽이 쉽게 허물어지는 것이라면 벽 안에 갇혀 있는 사람을 구하러 오는 사람이 있을까? 그러나, '나'는 알고 있다.

> 내가 여기 틀어박혔다는 것을 아는 이 누구인가.
>
> 아무도 나를 구하러 오지 않을 것이다.
>
> 아무도 나를 구하러 오지 않을 것이므로 나는 내 발로 걸어나가야 할 것이다.[418]

---

417 황정은, 「웃는 남자」, 소설집 『아무도 아닌』, 문학동네, 2016, 173쪽.

418 황정은, 「웃는 남자」, 소설집 『아무도 아닌』, 185쪽.

아무도 그 벽 안에 갇혀 있는 '나'를 구하러 오지 않을 것이다. 이 완벽한 고립감은 벽 너머의 다른 공간을 상상하기 시작한다. 오제는 어린 시절에 경험한 이상한 기억 하나를 들려주었다.

> 벽 너머에 그 시계가 있었다. 나는 그게 생물인 것처럼, 야비하고 잔인하게 나를 놀려대는 생물인 것처럼 증오하면서 벽을 향해 서 있었거든. 삼십 분 정도를 그러고 있다가, 어쩌면 뭐 더 짧거나 긴 시간이었는지도 몰라, 그냥 팔을 뻗었다. 뭐가 어떻게 된다는 생각도 없이 무작정 뻗고 계속 뻗어서, 벽에 팔을 넣고 벽 너머를 더듬어서 시계를 찾아낸 거다.
>
> 벽에 구멍을 뚫은 것이냐고 묻자 오제는 벽에 구멍을 뚫은 것은 아니라며 고개를 저었다. 그저 버튼을 눌러서 시계를 꺼버린 다음, 팔을 빼냈을 뿐이라는 것이었다.[419]

오제는 해지기 전까지 놀다가 집으로 들어갔는데 방문이 잠겨 있었다. 열쇠가 없어서 들어가지 못했는데 방 안에서 울고 있는 시계를 벽 속으로 손을 넣어서 껐다고 했다. 부모님은 그 일을 꿈이거나 공상이라고 했지만 오제는 "도저히 그렇게 생각할 수 없었다." 오제는 힘주어 말했다. "왜냐하면, 선명하거든. 지금도 이렇게 말이지. / 너무 선명하거든."[420] 기억이 너무 선명하다면 그 사건이 실제로 일어난 것인지 일어나지 않은 것인지를 가리는 것은 부차적인 문제다.

---

419 황정은, 「上行」, 소설집 『아무도 아닌』, 25~26쪽.

420 황정은, 「上行」, 소설집 『아무도 아닌』, 26쪽.

중요한 것은 그날 그 벽 너머로 손을 넣어 시계를 껐다는 것, 그러니까, 벽 뒤의 '터널'이 있다는 것을 분명하게 경험했다는 사실이다.

「양의 미래」에서 "나는 어디까지 이어졌는지 알 수 없는 검은 공간을 걸어가는 악몽을 꾸고는 했다. (…) 긴 벌레의 몸통 같기도 하고 구렁이의 몸속 같기도 한 터널을 언제까지고 걸었다."[421] '나'는 진주가 사라진 후 발견되지 않자 벽 너머의 지하터널에 진주가 있을지도 모른다고 생각했다. 상가 관리인은 "그 벽 뒤엔 아무것도 없다고 (…) 지하터널 같은 것은 없다."[422]고 단호하게 말했다. 터널이 있는 것과 터널이 없는 것 중에서 어느 편이 더 두려운 것일까?

> 터널이 있는 것과 터널이 없는 것.
>
> 요즘도 나는 그 순간에 내가 어느 쪽을 더 두렵게 여겼는지를 생각해보고는 한다. 나무 벽의 구멍을 통해 검은 공동을 확인하는 것과 진물 같은 곰팡이로 덮인 또다른 벽을 확인하는 것. 어느 쪽이 더 섬뜩하고 소름 끼치는 일일까. 나는 그걸 알 수 없었고 아마 앞으로도 알 수 없을 것이다.[423]

벽 뒤에 터널이 있는 것과 없는 것은 어떤 차이가 있을까? 그 '검은 공간'이 있다는 것만으로 위안이 될 수 있는 것일까? 긴 터널을 걷는 악몽의 시간 속에서도 사라진 것들이 거기에 있으리라는 희망

421 황정은, 「양의 미래」, 소설집 『아무도 아닌』, 51쪽.
422 황정은, 「양의 미래」, 소설집 『아무도 아닌』, 57쪽.
423 황정은, 「양의 미래」, 소설집 『아무도 아닌』, 58쪽.

같은 것을 가져볼 수 있을까? 어쩌면 오래 전에 죽은 실리가 거기에 살고 있을지도 모른다.

> 그런 세계가 있을 것이고 그런 세계에 실리가 있을 것이다. 이런 상상은 얼마나 위안이 되는가.
>
> 그러나 없다.
>
> 없다.
>
> 점차로 없고 점차로 사라져가는 것이 있다. 그뿐이다.[424]

작가 실리는 단 한 권의 책도 내지 않았다. '나'는 실리의 책들을 다 읽지 않았지만 그 책들과 함께 그녀를 추억한다. 실리가 죽고 난 후 실리의 이야기를 기록해보려고 애써 보지만 그 이야기들은 조각나 있을 뿐이다. 실리의 이야기들은 문장이 되질 않고 목소리로 메아리로 흩어졌다. '나'는 실리의 만년필을 들고 무엇인가를 쓴다. 아무도 아닌, 명실은, 여기에 없는 실리를 기록하려 한다. 하지만 "모든 것을 지우는 어둠. 모든 것을 아무것도 아니게 만들어버리는 어둠."[425]만이 있었다. 이제는 "그녀가 가지고 있는 기억. 가지고 있다는 믿는 기억"만이 있을 뿐인데, 그것 또한 언젠가 사라질 것이다. 그때 비로소 실리는 죽는 것이다.

명실에겐 왜 실리의 이야기를 쓰는 것이 그토록 중요했던 것일까? 명실에겐 언젠가 아예 없어질 그것들이 잠시 머물러 있는 곳이

---

424 황정은, 「명실」, 소설집 『아무도 아닌』, 105쪽.

425 황정은, 「명실」, 소설집 『아무도 아닌』, 107쪽.

소중했다. "모든 것이 사라져가는 이때. 어둠을 수평선으로 나누는 불빛 같은 것, 저기 그게 있다는 지표 같은 것이./그 아름다운 것이 필요했다."[426] 어둠 속을 걸어가는 사람에게 불빛이 필요하듯이 사라져가는 것들이 간직되어 있을 긴 터널이 절실했다. 실리의 이야기를 쓰는 것은 소멸하는 시간을 견디는 방법이었다.

5. 쓰고 있는 그것

김종호의 연작소설집 『디포』(2016), 오한기의 장편 『홍학이 된 사나이』(2016), 서준환의 소설집 『다음 세기 그루브』(2016)에서 보여준 문학의 공간은 낯설고 이채롭다. 세 편의 소설들에서 작가의 위치는 모호하다. 쓰고 있는 그것은 인간도 아닌 인간이 아닌 것도 아닌 이상한 생명체다.

김종호의 소설집 『디포』(2016)에서 문장들은 어딘가를 향해 흘러간다. 그 흐름은 어떤 사라짐에서 시작된다. 정말 그것이 있었는지, 그것이 언제 없어졌는지, 아무것도 알 수 없다. "무엇인지조차도 모른다. (…) 그냥 사라졌다고 해두자. (…) 무엇이 사라졌을까."[427] 이 막막함에서 출발한 문장들에서 하나의 세계가 사라지고 다른 세계가 나타난다. 있음과 없음이 명멸한다.

무엇이 사라진 후 무엇이 살아 움직인다. 아무리 부인한다고 해도

426 황정은, 「명실」, 소설집 『아무도 아닌』, 110~111쪽.

427 김종호, 「디포의 주머니」, 연작소설집 『디포』, 문학실험실, 2016, 9~10쪽.

취소할 수 없는 것이 있다. "디포의 하얀 물고기 존재마저 부정할 수는 없다. 내가 아무리 취소해도 디포는 존재한다."[428] 알 수 없는 무엇이 사라졌으나 디포의 하얀 물고기는 존재한다.

> 꼬리 잘린 존재, 문장, 언어 역시 꼬리를 흔든다.[429]

> 모든 문장에 구멍이 나 있다. 시작은 있으나 끝이 없다.[430]

> 여백에 나를 쓰는 일은 여백을 지워나가는 일. 나도 짐승들 사이에서 다리를 절룩거리면서 걷는다.[431]

> 두려움은 얼룩과 공백이다.[432]

디포의 하얀 물고기는 어디에도 있고 어디에도 없다. 그것은 한이 없는 움직임이다. 끝없이 내려가는 검은 구멍이다. 여백을 채우면서 여백을 지우는 운동이다. '나'는 그 시커먼 짐승들 사이에서 걷고 있다. 여백 위에 글자가 찍힐 때마다 두려움은 커져 간다. 지나온 것들은 얼룩이 되고 공백을 남긴다. 디포 하얀 물고기는 거기에 없으면서 있다. 그것은 없는 있음이다.

---

428 김종호, 「디포의 주머니」, 연작소설집 『디포』, 15쪽.
429 김종호, 「디포의 주머니」, 연작소설집 『디포』, 15쪽.
430 김종호, 「디포의 주머니」, 연작소설집 『디포』, 28쪽.
431 김종호, 「디포의 계절」, 연작소설집 『디포』, 62쪽.
432 김종호, 「디포의 계절」, 연작소설집 『디포』, 65쪽.

> 글은 머리로 쓰는 것도 가슴으로 쓰는 것도 아니야. 디포가 말했다. 손으로 쓰고 손으로 감각하고, 그 감각을 자각하는 것이지.[433]

> 쓰는 것도 생각하는 것도 이미 내가 아니었으므로, 주어를 포기하라고 했다.[434]

쓰고 있는 그것은 '나'가 아니다. 머리와 가슴이 쓰는 것이 아니다. 생각도 열정도 아니다. 글은 몸의 감각으로 쓰인다. 쓰고 있는 그것은 손의 감각이다. 처음부터 움직임이 있었다. 그것은 소설을 시작하고, 시작하는 문장을 지우고, 시작하는 소설을 시작한다. "시작은 소설이 시작하기 전에 이미 시작되었고, 지금은 한참 소설이 쓰이고 있는 중이다."[435] '나'는 쓰는 것이 아니라 쓰이고 있는 중에 존재한다. 쓰고 있는 그것이 씀의 행위를 가능하게 한다.

작가는 소설을 쓰는 존재가 아니라 소설을 쓰면서 소설이 되어버린다. 그런 점에서 김종호의 소설은 "운둔하는 인간형을 거듭 불러내고 고쳐 쓰는 전략을 채택하면서 소설을 의태하려 한다."[436]고 말할 수 있다. 김종호의 소설에서 쓰는 행위는 다른 무엇을 닮는 것이

433 김종호, 「디포의 계절」, 연작소설집 『디포』, 69쪽.
434 김종호, 「디포의 디포」, 연작소설집 『디포』, 112쪽.
435 김종호, 「디포의 디포」, 연작소설집 『디포』, 113쪽.
436 윤경희, 「난처와 의태」(해설), 김종호, 연작소설집 『디포』, 154쪽.

아니라 스스로를 표현하는 독특한 세계를 펼친다. 작가의 표현에 따르면 "책은 항상 표현한다. 그것이 전부다."[437]

김종호의 소설에서 쓰기는 사라지는 순간에 그려지는 어떤 흐름이자 방향이다. 주어와 목적어를 상실한 채, 계속 이어지는 기나긴 문장들은 어느 한 곳에 머물지 못하게 한다. 머무는 자리가 떠남의 자리이며 떠돎의 시작이다. 하얀 물고기는 갇힌 생각과 말을 밀어내고 망망히 나아간다. 그 책은 검은 흰 색이다. 이것이 쉽게 읽히지 않는 김종호의 소설에 연루될 수밖에 없는 이유다.

오한기의 장편 『홍학이 된 사나이』(2016)에서 '나'는 홍학이면서 인간이다. 아니, 홍학이 된 인간이다. 홍학이지만 인간의 언어에 의지해 있다. "홍학의 말을 받아적는다."[438] "홍학인 채로 생각하고 인간의 언어를 빌려 기록한다." 홍학의 머리로 생각하고 인간의 언어로 표현한다. 그러므로 "내가 쓴 글은 모두 홍학이 쓴 것도 아니고 인간이 쓴 것도 아니다."[439] 진짜 도 그 중의 하나다홍학이 되기 위해서는 인간의 습성을 하나둘씩 버려야 한다. 묘사.

> 묘사하지 않아도 많은 것을 알 수 있다. 많은 것을 알수록 더 많은 것을 잃어가고 있다. 많은 것을 잃으면 아무것도 버릴 수 없다.[440]

437 김종호, 「책, 표현주의」(작가의 말), 연작소설집 『디포』, 145쪽.
438 오한기, 장편 『홍학이 된 사나이』, 문학동네, 2016, 10쪽.
439 오한기, 장편 『홍학이 된 사나이』, 15쪽.
440 오한기, 장편 『홍학이 된 사나이』, 106쪽.

애써 대상을 관찰해서 기록하는 묘사의 방식에 신경을 쓸 필요 없다. 현실을 쓰는 것은 현실을 묘사하는 방식에 의해서가 아니라 직관과 상상을 통해서도 가능하다. 상상은 현실에서 비롯된 것이 아니며 현실 바깥을 그려보는 것도 아니다. 상상한다는 것은 그런 소극적인 자세가 아니다. "현실보다 현실에 가까운 게 상상이다."[441] 상상은 현실에서 멀어짐으로써 현실에 더 가까이 갈 수 있는 방법이다.

상상은 이전과 다른 존재가 될 수 있는 능력이다. 남자는 홍학이 되는 것을 상상함으로써 홍학의 말을 받아쓰는 방식으로 인간에게서 점점 멀어진다. 홍학을 사랑해서 홍학이 되고, 그 지독한 사랑으로 인해 스스로 글이 돼버린 남자의 이야기는 문학이 할 수 있는 최고의 가능성을 현시한다. 글을 쓰는 동안에 '나'는 '나'가 아닌 다른 무엇이 될 수 있다. 완전히 다른 존재로 변신할 수 있다.

> 나는 너를 잊기 위해 내가 아닌 다른 게 된다. 글을 쓰는 것이다. 글을 쓰면서 나는 DB로 변한다. DB의 아빠 입장에 선다. 물수리가 주인공인 소설을 쓴다. 사냥개 윈체스터로 변장한다. (…) 그럼에도 나는 너를 피할 수 없다. 결국에 가서는 모든 글이 네 이야기가 된다.[442]

---

441 오한기, 장편 『홍학이 된 사나이』, 151~152쪽.
442 오한기, 장편 『홍학이 된 사나이』, 78쪽.

홍학-사나이는 글을 쓰는 동안만큼은 인간이라는 사실을 잊는다. '나'의 이야기는 결국 '네 이야기가 된다.' 그 익명의 목소리는 단 하나의 주어를 갖지 않는다.

> 저는 당신은 글을 쓴다고 했어요. 저는 당신이 쓰는 모든 글이 제게 바치는 것이라고 했잖아요. 저는 그런데 아무도 당신의 글을 인정해주지 않는다고 말했잖아요. 저는 물었죠. 저는 그럼 글을 왜 쓰나요. 저는 당신은 말했어요. 저는 글을 쓰는 동안 살아 있는 것을 잊는다고. 저는 당신의 글이 궁금해요.
>
> 저는 이제 당신 말을 조금 이해할 수 있을 거 같아요. 저는 비슷한 경험이 있어요. 저는 춤을 추는 동안 살아 있다는 것을 망각해요. 저는 춤을 출 때마다 홍학이라는 것을 잊어요.[443]

'저'와 '당신'은 한 문장 안에서 한 몸이 된다. '너'를 그리워하던 '나'는 당신이 된다. '나'의 글 속에는 당신이 들어와 살고 있다. 홍학이 된 사나이는 더 이상 외롭지 않다.

> 네 언어에 내 언어가 포함된다.
> 내 언어에 네 언어가 섞여든다.[444]

오한기가 펼치는 저 '사랑'의 문자가 어디에 도달하게 될지 궁금

---

443 오한기, 장편 『홍학이 된 사나이』, 114~115쪽.

444 오한기, 장편 『홍학이 된 사나이』, 139쪽.

하다. 그때 쓰고 있는 그것은 인간일까, 인간이 아닌 무엇일까. 분명하게 답할 수는 없겠지만 그것에게서 인간과 인간이 아닌 것 사이를 가르는 경계는 더 희미해져 있을 것이다. 그것은 아마도 인간이 더 이상 인간이 아닌 채로 인간이란 무엇인가를 질문하고, 쓰고 있는 그것은 대체 문학이란 무엇인가를 묻는 장소일 것이다.

서준환의 소설집 『다음 세기 그루브』(2016)는 재난의 세계에서 새로운 말들을 실험하는 공간이다. "예기치 못한 재난에서 겨우 살아남은 자", 난민에게는 어쨌든 살아야 한다는 강박만이 남아 있다. 이어폰에서는 "계속 쓰면서 듣게."라는 목소리가 들린다. 목소리는 말한다. "음악은 뇌와 직접적으로 접촉하지. 그러고 보니 접촉한다는 말로는 어딘가 부족한 것 같군. 차라리 맞닿아 있다고 해두지."[445] 저 편의 세계와 맞닿아 있는 소리를 들으면서 계속 써야 한다. 독재와 철권통치가 지배하는 세계에서 모든 것은 재난이다. 살아가는 것도, 쓰는 것도, 상상마저도.

> 그 상상은 늘 재난을 출발점으로 딛고 있을 수밖에 없다. 그러니 나에게는 모든 게 재난이다. 태어난 것도 재난, 살아남은 것도 재난, 상상도 재난이다. 기억이 없어진 것은 재난이 내게 남긴 생존의 흉터이자 위안이다.[446]

---

445 서준환, 「리핑(Ripping)」, 소설집 『다음 세기 그루브』, 문학과지성사, 2016, 9쪽.

446 서준환, 「튜브맨」, 소설집 『다음 세기 그루브』, 71쪽.

> 난민에게는 선택의 여지가 없다. 무조건 자기를 받아들여준 이 세계에 적응해 살아남아야 할 뿐이다. 맹목적인 생존 본능은 매 순간 난민의 영육을 다그치는 최종 심급이다. 그것이 난민의 비애다.[447]

재난에서 겨우 살아남은 난민들은 고독하게 '모놀로그 배우'이고 '우울하고 신경증적인 안드로이드'다. 통치사회가 요구하는 것은 "지금까지 유지해온 나의 자아를 말소하고 포맷하는 일일 것이다."[448] 난민에게 말과 글은 무엇일까? 난민은 진정 말과 글 속에서 거주할 수 있을까? 그렇지만 '나'는 말과 이야기를 믿지 않는다. 자아의 확장과 감각의 전환이 필요하다.

> 지금 나는 어디까지나 상상하는 대로의 나일 뿐이니까.[449]

> 이 세계와 교신하는 것은 순전히 나의 감각기관들이다.[450]

> 말은 인간의 자아가 이 세계에 그리는 그림일 것이다.[451]

> 허구적인 말과 글은 이토록 사소한 단어 하나에서조차 늘 새

---

447 서준환, 「파라노이드 안드로이드」, 소설집 『다음 세기 그루브』, 44쪽.
448 서준환, 「파라노이드 안드로이드」, 소설집 『다음 세기 그루브』, 40쪽.
449 서준환, 「튜브맨」, 소설집 『다음 세기 그루브』, 75쪽.
450 서준환, 「다음 세기 그루브」, 소설집 『다음 세기 그루브』, 113쪽.
451 서준환, 「파라노이드 안드로이드」, 소설집 『다음 세기 그루브』, 45쪽.

로운 현실을 여는 법이다.[452]

말은 자아의 표현이 아니라 그것 자체가 자아를 갖고 있다. '나의 자아'만이 아니라 말에도 자아가 있는 것이다. 내가 꿈꾸는 말은, '나의 자아'와 '말의 자아'가 함께하는 것이다. "말의 자아와 공모한 나의 자아는 자아의 외부에서 객관적 타당성을 걷어내고 말이 환유로 미끄러지지 않도록 지칭 대상들을 호명의 현실과 일치시킨다."[453]

이처럼 서준환 소설에서 "폭주하는 '말의 자아'는 자연스러운 이름 붙이기를 방해하고 보통명사들을 무효화하며 '어휘-통사-의미'의 구조를 교란하는 방식으로 사유의 친숙성을 뒤흔들어놓는다."[454] 그것은 말과 글을 버리기 위한 것이 아니라 모호한 사유를 걷어내고 현실과 일치하는 말을 찾아가려는 시도다. 말과 글은 다른 세계를 연다. 세계는 다른 무늬로 채워진다.

---

452 서준환, 「모조 노벨레 이어 하기」, 소설집 『다음 세기 그루브』, 275쪽.

453 서준환, 「파라노이드 안드로이드」, 소설집 『다음 세기 그루브』, 62쪽.

454 박진, 「파괴하면서 생성하는 이 열광적 순환」(해설), 서준환, 소설집 『다음 세기 그루브』, 295~296쪽.

더 깊은 곳에서
치곡(致曲)

불면의 감촉

其次致曲 曲能有誠 誠則形 形則著 著則明
明則動 動則變 變則化唯天下至誠 爲能化.[455]

흰 징먼 속의 요소들이 내 눈을 만족시키는 구도로 정렬될 때까지 다양한 앵글로 주제를 관찰하며, 나는 그저 걸어다닌다.[456]

1. 다르지 않았다

여행하는 사람에겐 발길이 닿는 곳이 머물 곳이며 머무는 그곳이 지친 몸을 기댈 수 있는 유일한 곳이다. 여행이란, 발길이 닿는 곳에서 잠시 살다가 떠난 곳으로 되돌아오는 것이다. 그것이 짧은 시간이라 해도 여행 이후의 삶은 이전과 같을 수 없다. 어딘가로 떠난 사람에게 이전의 모든 것들은 다르게 보인다. 그러나 여전히 삶은 변함없이 흘러간다.

백가흠의 『그리스는 달랐다』(2017)는 작가가 그리스 여행길에서 마주친 풍경들과 사람들의 이야기를 기록한 소설이다. 그는 한국을

455 《중용(中庸)》 23장.
456 앙드레 케르테츠André Kertész(1894~1985) 사진전, 성곡미술관, 2017. 6. 9~9. 3.

떠나 그리스에 머물렀고, 떠돌면서 이런 생각에 깊이 잠겼다. "나는 걸으면서 그곳이 이상하게도 우리와 닮았다고 생각했다. 하지만 달랐다. 물론 아니었다."[457] 그는 카메라의 눈으로 다른 국가에서 그리스로 흘러들어온 사람들과 그리스에서 태어나 거기에서 줄곧 살아온 사람들을 살폈다. 그가 찍은 사진에는 역사문화가 누적된 장소들을 걷고 있는 무국적 난민들의 몸짓이 담겼다.

아테네의 여름을 견디면서 "동양인"은 그리스 곳곳에 흩어져 있는 조각들을 덧대어 읽었다. 그곳은 분명 익숙한 곳이 아니었으나 아주 낯설지도 않았다. 한국에서 멀리 떨어진 그리스는 떠나온 한국과 연결되어 있었다. 어디에 있든 간에 지루한 느낌은 그대로였다. "일상의 무료함은 시간이 지날수록 더해졌다."[458] 권태로운 그의 눈빛이 이국적인 풍경을 통과해 그 속으로 스며들었다. 그의 마음이 머물고 싶은 곳도 그와 다르지 않다.

> 그의 마음이 끌리는 여행지는 하나같이 너무 적막해서 죽음도 가까이 오지 못할 것처럼 고요한 곳이기 때문이다.[459]

> 그는 한국에서의 모든 것에 지쳤다. 다음에 한국을 떠나는 일은 여행이 아니라 이주diaspora가 될 것이 분명했다.[460]

---

457 백가흠, 「시작하며」, 『그리스는 달랐다』, 6쪽.
458 백가흠, 「하늘에 매달린 도시」, 『그리스는 달랐다』, 난다, 2017, 13쪽.
459 백가흠, 「세상의 끝에 깊고 깊은 물빛」, 『그리스는 달랐다』, 39쪽.
460 백가흠, 「하늘에 매달린 도시」, 『그리스는 달랐다』, 13쪽.

그의 마음은 "적막"한 "고요"가 흐르는 곳에 이끌렸다. 그리스에서의 여행은 새로운 것을 보고 듣고 느끼는 시간이기도 했지만 이미 익숙한 것을 재발견하는 공간이기도 했다. 밀려드는 죽음의 시간을 견디는 일이기도 했다. 그는 다음에 하게 될 여행이 어떤 의미를 지니게 될 지 미리 알 것 같았다. 다시 한국을 떠나게 된다면 그것은 여행이 아니라 '이주'일 것이라고 짐작했다.

그리스 여행에서 만난 이방인들에게서 그는 저 먼 역사와 지금의 현실을 겹쳐 떠올린다. 비슷한 아픔을 지닌 사람들이 그곳에서도 살고 있었다.

> 요르고스는 한 번도 메초보를 떠난 적이 없었다. (…) 그는 평생을 산골 마을인 메초보에서 살았다. 그는 평생 식당에서 고기를 구웠다. 세월이 그렇게 흘렀지만 그는 하루를 산 것처럼 허망한 마음이 들곤 했다. 많은 일이 있었지만 아무 일도 없었던 듯 매일 똑같은 하루가 51년이나 흘러버렸다. 지난 모든 일들이 어제 일어난 것처럼 또렷했다. 마을은 바뀐 게 없었고 그의 하루도 바뀐 게 없었다.[461]

> 그는 바다를 건너는 동안 바다 위를 떠다니는 수많은 아프리카 난민들의 시체를 보았다. 어린아이부터 노인까지 약하고 힘없는 그들의 몸이 겨울 햇살을 받아 반짝였다. 그간 자기의 고향에

---

461 백가흠, 「메초보는 우연히 나타난다」, 『그리스는 달랐다』, 36쪽.

서 죽어간 많은 사람들이 떠오르는 건 자연스러웠다. (…) 보름이면 닿을 수 있는 거리였음에도 뗏목은 바다 위를 표류했다. 그는 뭔가 잘못됐다는 것을 알 수 있었지만 어떤 도움도 청할 수 없었고, 바다에서 벗어날 어떤 방법도 없었다. 뗏목이 뒤집어지지 않기를 비는 게 그가 할 수 있는 전부였다.[462]

산골 마을을 떠나본 적이 없는 요르고스는 평생 거기에서 고기만 굽고 살아 왔다. 그에겐 매일 똑같은 하루가 지나갔다. 도시의 시간과 다르게 흘러가는 시골의 시간이 그가 평생 경험할 수 있는 시간의 전부였다. 브라엘 강가는 아프리카 콩고에서 태어나 내전을 피해 국경을 넘었다. 열여섯 살 때 국제 난민이 되었다. 시체가 널린 바다 위를 표류하다가 크레타 해변에 도착한 브라엘 강가는 난민 캠프에서 아테네로 향했다. 지금은 바람개비를 팔아서 겨우 목숨을 이어가고 있다.

한국과 그리스는 역사적인 배경과 정치적, 경제적인 면에 있어서 닮은 점이 많다. 두 나라는 식민 통치와 독립 투쟁, 쿠데타로 독재정권 수립, 민주화, 좌우 대립으로 인한 정치 불안정, 공무원들의 부정부패, 국가채무불이행 사태 등을 겪었다. 그는 그리스가 한국과 무엇이 같고 다른지를 보고 싶었다.

그리스가 직면한 문제의 근원에서 우리의 문제가 보일지 모른

---

462 백가흠, 「두 사람은 함께 신타그마 광장에서 바람개비를 팔았다」, 『그리스는 달랐다』, 172~173쪽.

다.[463]

스물다섯의 김은 지방에서 대학을 졸업한 사회 초년생이다. 김은 여러 곳에 원서를 냈지만 연락이 오는 곳은 없었다. 김은 아르바이트 생활을 전전했다. 그런 김에게 어느 날 행운이 찾아왔다. 한국 정부가 세계한인무역협회를 통해 추진 중인 청년 실업 문제 해결을 위한 해외 취업 알선 프로그램에 합격한 것이다. 김은 아테네에서 한인이 운영하는 무역회사 인턴 사원으로 취직했는데 뒤늦게 모든 것이 속임수였다는 사실을 알게 된다. 3개월을 지내고 한국으로 돌아간다는 그녀가 말했다.

> "나라에서 3개월 임금 지원 받고, 일은 일대로 시켜먹고, 숙식비 챙기고, 3개월 후엔 돌려보낸 뒤 새로운 애들을 받아요. 한국에서 취직에 목맨 청년들을 꼬드기는 거죠. 해외 취업 어쩌고저쩌고하면서 말이에요. 어차피 국가에서 그러라고 만든 프로그램이니까. 문제가 있다면 국가에 있는 거죠."[464]

> "방법이 없어요. 그냥, 시간을 허비하는 수밖에. 국가가 우리에게 준 선물이에요."[465]

---

463 백가흠, 「그곳엔 없는 그곳엔 있는」, 『그리스는 달랐다』, 56쪽.

464 백가흠, 「취업을 시켜드립니다」, 『그리스는 달랐다』, 74쪽.

465 백가흠, 「취업을 시켜드립니다」, 『그리스는 달랐다』, 75쪽.

그리스에서도 한국이라는 국가는 엄연한 위력을 과시했다. 국가가 우리에게 준 선물은 우리가 결코 원치 않았던 것이었다. '그들(부자들과 그 추종자들)'이 만든 프레임이 요구한 것은 "살아남기 힘들면 가장 힘없는 아이나 여자나 노인 같은 약자부터 죽여라."[466]라는 약육강식의 구호였다. 이제 우리가 할 일은 그 프레임을 하나씩 하나씩 없애는 일이다.

> 우리에게도 방법은 있다. 프레임을 허문다면, 필요 없는 시장이 존재하지 않는다면, 모두가 고아가 없는 사회를 만든다면, 가족이 되어 서로를 부양한다면, 경쟁하지 않는다면, 부자들은 움찔할 것이다. 정부는 두려울 것이다. 이제까지 정부는 부자(기업)들의 것이었다는 것을 우리가 아는 게 싫을 것이다. 우리의 할 일은 이제 그런 것들을 차근차근 부수는 것이다.[467]

한국에서 그리스로 옮겨갔던 사람들은 그리스로 떠난 것이 아니었다. 한국에서 쫓겨난 것에 불과했다. 고향과 국가를 떠나 그리스로 온 사람들은 어디에도 정착하지 못한, 어디에도 갈 곳이 없는 난민들일 뿐이다. 그리스 여행 중에 그가 기록한 것은 한 편의 난민 보고서였다. 그래도 "동양인"이 보기엔 그리스는 우리가 갖지 못한 게 남아 있었다. 거기에는 아직까지 "서양(유럽)이 만들어낸 인간의 가치 존중과 존엄함에 대한 보장이"[468] 있었다. 그는 한국으로 돌아가

466 백가흠, 「취업을 시켜드립니다」, 『그리스는 달랐다』, 57쪽.
467 백가흠, 「그곳엔 없는 그곳엔 있는」, 『그리스는 달랐다』, 57쪽.

기 전에, 아테네에서 무엇을 간직하고 갈 수 있을지에 대해 생각했다. 그것은 그리스의 '시간'을 닮은 '사랑'이었다.

> 아테네에서 시간을 셈하는 것은 그야말로 부질없는 짓이다. '항상'이나 '언제나'가 시간개념의 전부일 것이다. 그래서 언제나 그래왔던 것처럼 오랜 세월, 모든 것은 그대로 제자리에 있었고, 미코리스 안티아스 집안도 마찬가지였다. 그들은 대대로 피레우스 항구에서 싱싱한 생선을 사다가 오모니아 시장에서 생선을 팔았다.[469]

생선 장수인 미코리스 안티아스는 트램 운전사인 그녀를 사랑했다. 약속 시간이 한 시간이나 지났지만 그녀는 오지 않았다. 그녀는 근처에 사고가 나서 근무가 연장돼서 늦었다고 했다. 그는 "와줘서 고마워."라는 말과 함께 그녀를 껴안았다. 그녀의 대답 속에서 환한 사랑의 빛이 흘러 나왔다. "그게 무슨 말이야. 나는 언제나 당신에게 달려가고 있다고. 트램을 운전할 때도 당신에게 달려가는 상상을 해."[470]

그리스의 사랑은 항상, 언제나 서두르지 않았다. 사랑하는 마음은 기다림이 있는 곳에 미리 도착해 있었다. 지루한 삶 속에서 다른 삶을 꿈꾸고 기다릴 수 있는 여유가 그곳에는 있었다. 그리스는 다르

---

468 백가흠, 「그곳엔 없는 그곳엔 있는」, 『그리스는 달랐다』, 58쪽.

469 백가흠, 「청혼」, 『그리스는 달랐다』, 181쪽.

470 백가흠, 「청혼」, 『그리스는 달랐다』, 183쪽.

지 않았다, 하지만 달랐다.

2. 누구의 잘못

상실 이후의 삶은 이전과 똑같은 상태로 회복될 수 없다. 김애란의 소설집 『바깥은 여름』(2017)과 김영하의 소설집 『오직 두 사람』(2017)은 상실 이후의 시간을 견디며 살아가고 있는 사람들을 서로 다른 분위기로 그려낸다. 모든 일은 '오직 두 사람'의 몫이거나 '바깥은 여름'인데 다른 계절 속에 있는 것처럼 다가온다.

지금 눈앞에 펼쳐진 이해 못할 상황은 누구의 잘못일까. 김애란의 소설집 『바깥은 여름』(2017)은 무어라 말할 수 없는 고통의 강도를 안과 밖의 공간적 비유로 현상한다. "볼 안에선 하얀 눈이 흩날리는데, 구 바깥은 온통 여름일 누군가의 시차를 상상했다."[471] 여기서 바깥은 안의 밖에 있는 공간이 아니다. 바깥은 한 사람이 지닌 상처와 기억을 함께 나눌 수 없는 사람들 사이에 자리한 간극을 가리킨다. 과거는 지나간 시간 속으로 사라지는 것이 아니라 한 사람의 삶 속에 온전히 스며들어 있는 것이다.

> '과거'가 지나가고 사라지는 게 아니라 차오르고 새어나오는 거란 생각이 들었다. 살면서 나를 지나간 사람, 내가 경험한 시간, 감내한 감정 들이 지금 내 눈빛에 관여하고, 인상에 참여한다

471 김애란, 「풍경의 쓸모」, 소설집 『바깥은 여름』, 문학동네, 2017, 182쪽.

는 느낌을 받았다. 그것은 결코 사라지지 않고 표정의 양식으로, 분위기의 형태로 남아 내장 깊숙한 곳에서 공기처럼 배어 나왔다. 어떤 사건 후 뭔가 간명하게 정리할 수 없는 감정을 불만족스럽게 요약하고 나면 특히 그랬다. '그 일' 이후 나는 내 인상이 미묘하게 바뀐 걸 알았다. 그럴 땐 정말 내가 내 과거를 '먹었다'는 생각이 들었다. 그 소화는, 배치는 지금도 진행중이었다.[472]

태어나 내가 처음으로 터뜨린 울음, 어쩌면 그게 내 이름이었을지 모른다. 죽기 전, 허공을 향해 알 수 없는 말을 내뱉은 어떤 이의 절망, 그것이 내 얼굴이었을지 모른다. 복잡한 문법 안에 담긴 단순한 사랑, 그것이 내 표정이었는지 모른다. 범람 직전의 댐처럼 말로 가득차 출렁이는 슬픔, 그것이 내 성정이었는지 모른다. 나는 내 이름을 못 왼다. 하지만 내가 누구인지 설명할 순 있다. 당신이 누구든 내 말은 당신네 말로 들릴 것이다.[473]

과거는 사라지지 않은 채 내 몸 안으로 파고든다. 그래서 과거의 기억은 사람의 눈빛, 표정, 인상을 바꾼다. 과거의 일은 아직까지 내장 깊숙한 곳에서 소화되지 않은 채로 남아 있다. 서로 다른 과거를 지닌 사람들은 서로의 말을 알아들을 수도 없고 이해할 수도 없다. 우리는 오직 자신만의 얼굴과 표정을 지닌 완벽한 타인들이다. 그래서 소수의 언어를 지니고 태어난 이들은 고독하게 죽어간다.

---

472 김애란, 「풍경의 쓸모」, 소설집 『바깥은 여름』, 173쪽.
473 김애란, 「침묵의 미래」, 소설집 『바깥은 여름』, 124쪽.

소년 찬성을 바라보는 화자의 시선은 찬성의 바깥에 있다. 「노찬성과 에반」에서 찬성은 두 해 전 트럭 전복 사고로 아버지를 잃은 뒤 할머니와 함께 고속도로 휴게소 근처에서 살아간다. "당시 찬성이 맡은 가장 중요한 일은 잘 크는 것도 노는 것도 아닌, 어른들의 잠을 깨우지 않는 거였다."[474] 휴게소에서 커피를 파는 할머니 곁에서 찬성은 휴게소에서 쉬고 있는 관광객의 흉내를 내면서 지낸다. 찬성은 삶이란 것이 얼마나 지루한 것인지를 일찍 알았다. "그해 여름은 왠지 모든 게 지겨웠으니까."[475] 김애란은 찬성이라는 소년이 불우한 환경 속에서 성장하는 과정에 초점을 두기보다는 찬성이 작고 흰 개 에반을 알게 된 후에 자기 안의 슬픈 기억들과 만나는 순간에 더 관심을 기울인다.

> –있잖아, 에반. 나는 늘 궁금했어. 죽는 게 나을 정도로 아픈 건 도대체 얼마나 아픈 걸까?[476]

찬성이 에반에게 던진 질문은 결국 자기 자신을 향한 것이었다. 찬성은 에반이 아파서 동물 병원에 간 후에 에반의 고통에서 자신이 겪은 일들을 비춰본다. 에반이 죽고 난 뒤, 찬성은 할머니가 자주 되새기던 '용서'라는 말을 떠올린다. 찬성에겐 그 용서라는 말의 뜻이 명확하게 다가오지 않았다. 아마도 찬성의 마음속에서는 이런 질

474 김애란, 「노찬성과 에반」, 소설집 『바깥은 여름』, 43쪽.

475 김애란, 「노찬성과 에반」, 소설집 『바깥은 여름』, 42쪽.

476 김애란, 「노찬성과 에반」, 소설집 『바깥은 여름』, 62쪽.

문들이 자라나고 있었는지 모른다. 이 견딜 수 없는 아픔을 누구에게 호소할 수 있을까. 그저 아무것도 아닌 일이라고 덮어두는 것이 용서라는 것일까. 눈앞에 닥친 이 잘못된 상황이 누구의 잘못인지를 알지 못하는데, 누가 누구에게 속죄하고 용서를 구할 수 있다는 것일까.

「가리는 손」에서 엄마는 아들 재이에게 일어난 일들을 도무지 이해할 수 없다. "다른 존재가 될 수 있었지만 내 아이로 태어난 아이. 다른 데가 아니라 이곳에 온 재이."[477], 엄마는 이 소중한 아들에게 앞으로 살게 될 세상을 미리 견딜 수 있도록 "거절과 상실의 경험"[478]을 주고 싶었다. 그런데 노인들과 실랑이 끝에 노인이 죽는 사건이 일어난 후 재이는 '동남아시아인'의 아이라는 이유로 사건의 주동자로 오해를 받는다. 엄마는 사건의 현장에 있었던 재이가 어떻게 그 사건과 연루되어 있는 것인지 알 수 없다.

> 웃음 고인 아이 입매를 보자 목울대가 매캐해지며 얼굴에 피가 몰린다. 불현듯 저 손, 동영상에 나온 손, 뼈마디가 굵어진 손으로 재이가 황급히 가린 게 비명이 아니라 웃음이었을지도 모른다는 생각에. 정말 그렇다면 그동안 내가 재이에게 준 것은 무엇이었을까.[479]

477 김애란, 「가리는 손」, 소설집 『바깥은 여름』, 188쪽.
478 김애란, 「가리는 손」, 소설집 『바깥은 여름』, 190쪽.
479 김애란, 「가리는 손」, 소설집 『바깥은 여름』, 220쪽.

영상에 찍힌 재이의 '웃음'을 보면서 그 노인의 죽음과 모종의 연관이 있을 것 같은 느낌이 들었다. 엄마는 아들 재이의 바깥에 있었다. 삶이 늘 우리를 중심이 아니라 바깥으로 밀어내듯이 서로는 서로의 바깥이었다. 「입동」에서 어렵게 집을 마련한 부부의 삶은 아들 영우를 잃은 뒤부터 조금씩 무너져 내린다. 그들에겐 "풍경이, 계절이, 세상이 우리만 빼고 자전하는 듯한. (…) 시간이 누군가를 일방적으로 편드는 듯했다."[480] 집 안에서 아들의 흔적을 발견할 때마다 가슴이 저려왔다.

> -다른 사람들은 몰라.
>
> 나는 멍하니 아내 말을 따라 했다.
>
> -다른 사람들은 몰라.
>
> 그러곤 내가 아내 말을 완벽하게 이해하고 있다는 걸 알았다.[481]

남편은 힘들어하는 아내의 말을 똑같이 반복해 본다. 아내의 말을 그대로 옮겨온다고 해서 아내의 아픔이 온전히 내 아픔이 될 수 있을까. 마을 사람들은 부부가 겪고 있는 고통을 자신들의 것으로 느끼지 못했다. 이웃들은 이제 그만하면 됐다고, 더 이상 질척이지 말라고 '꽃매'를 때렸다. 타인이 겪고 있는 아픔은 내 아픔이 되지 못한다. 고통은 함께 나누는 말들 가운데 있으면서도 혼자만의 것이기

---

480 김애란, 「입동」, 소설집 『바깥은 여름』, 21쪽.

481 김애란, 「입동」, 소설집 『바깥은 여름』, 37쪽.

때문이다.

'이해'는 '오해'다. 「침묵의 미래」는 김애란의 여러 소설들에서 다루었던 진중한 주제를 압축적으로 보여준다. 소수언어박물관에 살고 있는 이들은 "이 세계에 단 하나뿐인 언어를 구사하는 '마지막 화자'들이다."[482] 천여 개의 언어를 지키며 살고 있는 천여 명의 화자는 "침묵의 무게", "부재不在의 부피", "상실의 밀도"[483]와 같이 없는 듯 있고 있는 듯 없다. 그렇게 소수 언어의 화자들은 "어디에도 존재하지 않는 채 존재하는 형태로 존재한다."[484] '나'는 이렇게 태어났다.

> 나는 나무에 그려지고 돌에 새겨지며 태어났다. 내 첫 이름은 '오해'였다. 그러나 사람들이 자기들 필요에 의해 나를 점점 '이해'로 만들었다. 나는 내 이름이었거나 내 이름의 일부였을지 모를 그 낱말을 좋아했다. 나는 복잡한 문법 안에 담긴 단순한 사랑, 단수이자 복수, 시원이자 결말, 거의 모든 것인 동시에 아무것도 아닌 노래다.[485]

"오해"라는 이름을 지닌 '나'는 사람들의 필요에 따라서 "이해"가 되었다. 태어난 순간부터 '오해'로 불렸던 사람들끼리 서로의 언어를 나누고 '이해'한다는 것은 불가능하다. 사람들 사이가 어긋날 수밖에

482 김애란, 「침묵의 미래」, 소설집 『바깥은 여름』, 127쪽.
483 김애란, 「침묵의 미래」, 소설집 『바깥은 여름』, 125쪽.
484 김애란, 「침묵의 미래」, 소설집 『바깥은 여름』, 133쪽.
485 김애란, 「침묵의 미래」, 소설집 『바깥은 여름』, 145쪽.

없는 이유는 바로 그 때문이다. 사람들은 아무것도 아니면서 모든 것, 보이지 않는 "노래"로 말하고 있기 때문이다. "침묵"은 말로 소통할 수 없는 사람들이 감당해야 할 "미래"의 언어다.

「어디로 가고 싶으신가요」에서 남편을 잃은 명지는 스마트폰 음성비서 시리(Siri)에게 '고통'에 대해서 묻는다. 시리는 그녀에게 고통의 개념과 정의를 검색해 줄 수 있지만 그녀가 어디로 가야할 지에 대해서는 말해줄 수 없다. 시리는 그녀에게 되묻는다. "어디로 가고 싶으신가요?"[486]

김애란 소설 속의 인물들은 과거의 상처에서 벗어나지 못한 채 힘겹게 살아간다. 상처는 혼자만의 몫이다. 서로는 서로의 바깥일뿐이다. 잘못의 근원을 확연하게 밝힐 수 없는 그 '침묵의 무게'가 김애란 소설의 깊이를 만든다. 김애란은 약자들을 향해 연민과 동정의 시선을 쉽게 내어주지 않는 태도로 이 어긋남이 누구의 잘못인지, 아니 어디에서부터 잘못된 것인지를 소리 없이 묻고 있는 것이다.

김영하의 소설집 『오직 두 사람』(2017)은 침묵이 아니라 '수다'에 가까운 말들을 끊임없이 지속하는 방식으로 고통의 깊이에 다가선다. 표제작 「오직 두 사람」에서 '나'는 언니에게 보낸 편지 서두에 '재미있는 기사' 하나를 들려준다.

> 어제는 재미있는 기사를 하나 읽었어요. 한번 상상해보세요. 언니는 희귀 언어를 사용하는 중앙아시아 산악 지대의 소수민족 출신으로, 스탈린 치하를 피해 미국 뉴욕으로 이민을 떠난 수십

---

486 김애란, 「어디로 가고 싶으신가요」, 소설집 『바깥은 여름』.

명 중 하나예요. 뉴욕에서 이 언어를 쓰는 사람은 언니네가 전부예요. 고향에서는 러시아어가 표준어가 되었고, 언니네 언어는 이미 소멸되었다는 소식도 들려와요. (…) 마침내 오직 언니하고 다른 한 명만 남아요. 둘은 어쩌면 전 세계에서 이 언어로 대화를 나눌 수 있는 유일한 생존자들일지도 몰라요. 그러던 어느 날 이 둘, 최후의 두 사람이 사소한 말다툼 끝에 의절을 해요. 그러곤 수십년 동안 대화를 나누지 않아요. 결국 한 사람이 먼저 세상을 떠나요. 저는 생각했어요. 아무와도 대화할 수 없는 언어가 모국어인 사람의 고독에 대해서요. 이제 그만 화해하지그래, 라고 참견할 사람도 없는 외로움. 세상에서 가장 치명적인 말다툼.[487]

인용한 기사의 내용은 '오직 두 사람'만이 사용하던 언어가 둘 중의 한 사람을 잃었을 때 남겨진 고독에 관한 것이다. 이 이야기는 '나'와 아버지의 관계로 옮겨 와도 다르지 않다. 수술을 마친 아버지는 더 이상 "의미 있는 말"[488]을 하지 못하게 되었다. 아빠가 쓰러졌다는 소식을 듣고서 '나'는 비로소 "내 삶의 더 커다란 결락, 더 심각한 중독은 아빠였다는 것을" 알았다. '나'와 아버지가 나누는 말들은 주어진 '운명'과 같은 모국어였다. "굳이 말을 하지 않아도 통한다는 느낌이 있어요. 좋고 나쁘고의 문제가 아니에요. 그냥 운명 같은 거예요."[489]

---

487 김영하, 「오직 두 사람」, 소설집 『오직 두 사람』, 문학동네, 2017. 11~12쪽.

488 김영하, 「오직 두 사람」, 소설집 『오직 두 사람』, 12쪽.

489 김영하, 「오직 두 사람」, 소설집 『오직 두 사람』, 38쪽.

아버지의 죽음 이후 '나'와 아버지, 오직 두 사람만이 알아들을 수 있는 언어는 이 세상에서 소멸했다. 동일한 모국어를 사용하던 아버지를 잃은 후 "희귀 언어의 마지막 사용자가 된"[490] 그녀는 외로움을 감당할 수 있을까.

함께 말을 나누던 다른 한 사람을 잃는다는 것은 두 사람이 간직해온 기억을 잃는 것과 같다. 서로의 말이 통하지 않는 이유는 공유한 기억을 잃어버려서 서로 다른 기억 속에 있기 때문이다. 「아이를 찾습니다」에서 어느 날 아이를 잃어버린 부부에게도 그런 절망적인 상황이 찾아온다. 이 소설은 유괴당한 아이가 돌아왔을 때의 기쁨보다 더 막막해진 상황을 그린다. 아들 성민은 친부모에 대한 어떤 기억도 갖고 있지 않았고 유괴한 여자를 친엄마라고 믿고 있었다. 무엇으로 그들 사이를 갈라놓은 긴 시간의 장벽을 극복할 수 있을까. 도대체 어디에서부터 잘못된 것일까.

> "맞을 거야. 경찰이 유전자 검사를 했다잖아. 유전자, 네 유전자가 우리가 갖고 있던 네 유전자하고 일치한다잖아. 너 유전자 몰라?"
>
> "몰라요, 몰라. 제가 그걸 어떻게 알아요? 아저씨는 알아요?"
>
> 모르지. 본 적도 없고 만진 적도 없어. 마치 기독교에서 말하는 영혼처럼, 내 내부에 있다는, 인간마다 고유하다는 그것에 대해 나도 이전엔 아무 관심도 없었지. 너를 잃은 후에야, 방바닥을 기어다니며 너의 갈색 머리카락을 주워본 후에야 나는 유전자라

490 김영하, 「오직 두 사람」, 소설집 『오직 두 사람』, 41쪽.

는 것에 대해 생각하게 됐지. (…) 유전자가 일치하면 그게 한 사람이라는 증거라는데, 우리는 그걸 믿어야 한다는데, 반드시 믿어야 한다는데, 그럴 수밖에 없다는데, 왜 그것은 우리 눈에 보이지를 않을까?[491]

적절한 말을 찾을 수 없을 때 보고 만질 수 있는 증거를 내밀 수 있다면 아무런 문제없이 해결될 수 있을 것이다. 윤석에겐 자신을 아저씨라고 부르는 아들에게 친자 확인이 가능하다는 것, 눈에 보이지 않는 '유전자'를 믿게 할 수 있는 방법이 없다. 잃어버린 기억은 서로 나눌 수 있는 말들마저 앗아갔다. 윤석은 아내 미라의 조현병과 이어진 죽음, 그 후로 아들과의 생계를 혼자 감당해야 했다. 고향에서 새로운 삶을 시작하지만 윤석은 아들이 남겨준 빚과 새로 태어난 아이를 떠맡게 된다.

이미 부서진 삶에서 돌아갈 수 있는 원점 같은 곳은 없다. 서진은 힘든 일을 겪을 때마다 "인생의 원점, 자신이 떠나온 곳, 사람들이 흔히 고향이라 말하는 어떤 장소로. 그가 누구인지 모두가 아는 곳으로"[492] 돌아가고 싶었으나 그곳이 어디인지 알 수 없었다. 서진과 인아는 서로 다른 곳을 바라봤다. 서진에게 인아가 '원점'과 같은 곳이라면 인아에게 서진은 '대피소'와 같은 곳이었다. 이 어긋나는 삶 앞에서 서진은 "제가 잘못했다고 말해야 되는 상황입니까?"[493]라는

---

491 김영하, 「아이를 찾습니다」, 소설집 『오직 두 사람』, 76쪽.

492 김영하, 「인생의 원점」, 소설집 『오직 두 사람』, 87쪽.

493 김영하, 「인생의 원점」, 소설집 『오직 두 사람』, 94쪽.

물음에 갇힌다.

「신의 장난」은 궁지에 처한 인간의 실존적 상황을 환상적인 수법으로 보여준다. 방 안에 갇힌 사람들은 탈출을 시도하지만 번번이 실패한다. 사람들은 갇힌 방에서 나갈 수 있는 다양한 방법들을 모색한다. 그 중에서 '인류의 진보'를 심문하는 목소리가 흥미롭다.

> 인류가 이렇게 진보한 건 섣불리 움직이지 않고 끝없이 자신의 과오에 집착해온, 사실 나 같은 우울증 환자들 덕분이야. 그들은 헛된 희망을 품지 않아. 스스로를 과신하지도 않고, 그래서 살아남은 거야. 알잖아? 이건 더 이상 게임이 아니야. 우린 누군가에게 유인, 납치돼 감금당한 거야. 이건 정말이지 끔찍한 거라고. 제발 문에 그만 좀 돌진하고, 가만히 앉아 생각이라는 걸 좀 해봐.[494]

이 목소리는 출구 없는 방에서 나갈 수 없는 것이라면 헛된 희망을 품지 않아야 한다고 웅변한다. 게다가 자신과 같은 '우울증'의 주체가 인류의 진보를 가져왔다고 분석한다. 무턱대고 나가려고만 하지 말고 끔찍한 상황에 대해 진지하게 생각해 보라고 충고한다.

더 끔찍한 것은 이곳이 가상 게임의 공간이 아니라 실제 상황이며 앞으로도 지속되리라는 예감을 주기 때문이다. "이 지루하고 재미없고 으스스한 방 탈출 게임은 아직 끝나지 않았어. 아무래도 우리에겐 종료의 권한이 없는 것 같아."[495] 감옥이 일상화된 현실에서는 자

494 김영하, 「신의 장난」, 소설집 『오직 두 사람』, 247~248쪽.
495 김영하, 「신의 장난」, 소설집 『오직 두 사람』, 265쪽.

신을 과신하지 않은 우울증의 주체들만이 살아남을 것이다.

자신을 '옥수수'라고 여기는 한 망상증 환자의 수다스러운 독설은 감금의 시대를 견디는 방법이 아닐까. '옥수수-나'는 우리 시대에 문학이란 무엇인가에 대해 이렇게 설명한다.

> "원래 쓰려던 것을 그대로 쓰는 것. 그건 대중소설, 장르소설이죠. 본래 가려던 곳이 아닌 엉뚱한 곳에 비로소 도달하는 것. 그게 문학이죠. 원래 그런 거예요."[496]

> "쓰레기라니요? 이해가 잘 안 되네요. 물론 이 소설의 창작 동기가 불순, 아니 불명확했던 것은 저도 인정합니다. 그러나 막상 쓰기 시작하자 신비스러운 일이 일어났습니다. 모든 작가들이 어느 정도는 겪는 현상입니다만 작품이 작가 자신을 배반해버리는 것입니다."[497]

'옥수수-나'에게 문학이란 원래 쓰려던 이야기에서 벗어나 전혀 예상하지 못한 이야기를 만들어내는 것이다. 이것이 그가 지향한 문학이 결말이 뻔한 대중소설이나 장르소설과는 다른 지점이다. 작가 자신마저도 배반해버리는 소설 쓰기는 잘못의 근원을 밝힐 수 없는 이 암울한 시대의 탈출구, 출구 없는 방 안에서 꿈꾸는 방법이 될 수 있다. 이 수다스러운 옥수수-작가의 마지막 말이 우리의 기대마저

---

496 김영하, 「옥수수와 나」, 소설집 『오직 두 사람』, 158쪽.

497 김영하, 「옥수수와 나」, 소설집 『오직 두 사람』, 159쪽.

무너뜨린다. "그런데 왜…… 안 끝나지?"[498]

김영하의 소설은 언제까지 계속될지 모를 재앙 같은 현실에서 끊임없는 수다와 결말을 예측할 수 없는 이야기들을 늘어놓는다. 단절적이고 비약적인 호흡은 이곳이 아닌 다른 곳을 상상하게 해준다. 그의 소설이 지금보다 더 엉뚱한 곳으로 나아가서, 뜻하지 않는 길을 열어 주리라고 기대해 본다. 작가 자신마저 배반한 소설들이 어떻게 펼쳐질지 벌써 궁금하다.

3. 생존의 방식

이젠 살아가는 것보다 살아남는 것이 더 힘든 일이 되었다. 생존권이 보장되지 않은 사회에서 그것은 쟁취해야 할 대상인 것이다. 그러므로 생존의 방식에 대한 탐구는 '어떻게 살 것인가'라는 다소 철학적인 사유를 요청하는 질문과 다르다. 강지영의 소설집 『개들이 식사할 시간』(2017), 정정화의 소설집 『고양이가 사는 집』(2017), 최진영의 장편 『해가 지는 곳으로』(2017), 이 세 권의 소설집에서는 생존의 위기에 직면한 사람들의 일상이 부각된다. 일상을 관찰하고 이야기를 전달하는 관찰자 화자의 성격을 주의깊게 살필 필요가 있다.

강지영의 소설집 『개들이 식사할 시간』(2017)에 수록된 작품들은 비극적인 현실을 환상적인 분위기로 그려낸다. 이 환상적인 분위기는 사건의 비극성을 드러내는 것으로 끝나지 않는다. 다시 말해 "다

---

498 김영하, 「옥수수와 나」, 소설집 『오직 두 사람』, 168쪽.

소 비극적인 결말처럼 보임에도 불구하고 그것만으로 그치지 않는다는 점이 중요하다. 무정한 인간에의 발견, 세상에 대한 암울한 인식을 수동적으로 반복하는 것이 아니라 '끝맺음'을 넘어서는 돌발성을 통해 독자를 동요시키며 그저 결말에 찬동할 수 없게 하는 것이다."[499] 이 '돌발성'은 강지영 소설의 독특한 인물과 사건, 배경 설정과 무관하지 않다.

강지영 소설 속의 인물들은 삶과 죽음의 경계를 아무렇지 않게 넘나든다. 그들의 발걸음은 보이지 않는 어둠 속으로 안내한다. 「개들이 식사할 시간」에서 장갑 아저씨와 가족들 사이에 있었던 일들의 근원적 이유를 가늠하는 것은 쉽지 않다. 악이 무한 반복되는 세상은 악착같이 살아남으려는 생존경쟁의 장이다. '개'와 '해파리'의 생존 방식은 약육강식의 질서로 무장한 인간들의 생태계와 다름없다.

> "하고많은 개들 중에 왜 이놈만 살아남았는지 알아요? 이놈은 지가 개새끼인 걸 너무 잘 알아요. 사람 새끼인 척 아양 떨면서 손바닥 핥는 다른 놈들하곤 질적으로 다르더라니까요. 곧 죽게 생긴 놈이 배고프다고 지 마누라 노릇하던 암컷도 잡아먹은 놈이에요. 개가 개같이 굴어야지 정승처럼 굴면 그것도 참 숭해요. 난 그래서 이놈이 좋아요."[500]

---

499 박인성, 「강지영이라는 고유명」(해설), 강지영, 소설집 『개들이 식사할 시간』, 자음과모음, 2017, 294쪽.

500 강지영, 「개들이 식사할 시간」, 소설집 『개들이 식사할 시간』, 40쪽.

> 해파리가 끝없이 재생하는 데 가장 필요한 건 바위가 아닐지도 모른다. 그들의 연막 아래에서 먹이를 구하는 물고기들. 대를 이어 아주 천천히 해파리 독에 면역을 쌓아온 어떤 이들. 그들의 생존 욕구가 해파리의 재생을 부추기는 것은 아닐까.[501]

참혹한 현실에서 살아가고 있는 한 생명체는 증언한다. "어둠보다 내가 더 검었으므로 나는 두려울 것이 별로 없었다."[502] 생명체들 간의 공생 관계는 뒤집어서 생각해 보면 자기 자신이 살아남기 위해서 다른 생명체에 의존하고 있는 것, 그것은 이기적인 생존 방식의 하나일 뿐이다. "학교는 정글과 다를 바 없다. 독사, 모기, 악어 같은 별명의 선생들과 원숭이, 거머리, 박쥐의 습성을 닮은 아이들이 공생한다."[503] 결국 공생의 프로그램에 적응한 이기적인 유전자만이 살아남는다.

> "낙오자는 탈락되는 게 자본주의 아닙니까? 전국 꼴찌가 전국 1등이 되는 기적까지 바라는 건 아니지만 자기 밥그릇만큼은 지켜야 하지 않겠어요?"[504]

> 그의 눈엔 내가 보이지 않는 걸까? 조그맣게 저, 여기 있어요,

---

501 강지영, 「스틸레토」, 소설집 『개들이 식사할 시간』, 128쪽.
502 강지영, 「개들이 식사할 시간」, 소설집 『개들이 식사할 시간』, 41쪽.
503 강지영, 「키시는 쏨이다」, 소설집 『개들이 식사할 시간』, 179쪽.
504 강지영, 「이상하고 아름다운」, 소설집 『개들이 식사할 시간』, 203쪽.

여기 사람 있어요, 소리쳐보았지만 누구도 대답하지 않는 외침이 었다.[505]

그들은 서로 공생하면서 악의 논리를 구축하고 실현한다. 생존 경쟁에서 뒤처진 사람들은 '낙오자'가 되었다. 아무도 그들의 작고 낮은 목소리를 듣지 않았다. "전 이제 세상에 없는 건가요?"[506] 강지영의 소설은 세상에서 버림받고 소외된 사람들의 이야기를 차가운 품으로 감싸 안는다. 노인, 소녀, 기자 할 것이 모든 사람들이 '돈'과 '성공'에 눈이 멀어 어떻게 삶을 파괴시키는지를 보여준다.

「눈물」은 이상한 얼굴을 지니고 태어나, 없는 존재로 취급당하면서 살아온 한 소녀에 관한 이야기다. 이 소녀가 태어난 한량골이라는 마을에서는 방수공장에서 흘러나온 산화규소라는 독극물 때문에 사람들이 하나둘씩 죽어 나갔다. 그 후로 많은 사람들이 마을을 등지고 떠나 이젠 노인들만 남았다. "마을을 굽어보는 산꼭대기 바위 형상이 불상과 같다 하여 불상리였던 그곳이, 밥 빌어먹을 재주 없는 늙은 이만 남았다 하여 불쌍리로 불리게 된 무렵의 일이다."[507] 보상금을 넉넉하게 챙긴 마을 사람들은 "게으른 산골 한량들"처럼 아무 일도 하려고 하지 않았다.

마을 사람들이 상당액의 보상금을 받으면서 살게 된 것은 "칠순의 나이였지만 아직 총기가 남아 있던 독배" 덕분이었다. 방수공장의

505 강지영, 「이상하고 아름다운」, 소설집 『개들이 식사할 시간』, 206쪽.

506 강지영, 「이상하고 아름다운」, 소설집 『개들이 식사할 시간』, 210쪽.

507 강지영, 「눈물」, 소설집 『개들이 식사할 시간』, 46쪽.

모기업 회장은 부정적인 여론이 일어 당국의 수사가 진행되자 독배의 회유로 보상금을 지급하는 것으로 사건을 마무리했다. 굶어 죽을 걱정이 없었던 향순은 동네 노총각의 아이를 가졌다. 노총각은 서울로 줄행랑을 놓았다. 독배와 독배의 처는 종질녀인 향순의 아이를 수건으로 덮었지만 "세눈박이" 아이는 살아났다. 향순이 아이를 꼬집자 아이가 눈물을 흘렸고 아이의 눈물은 반짝이는 보석이 되었다. 독배는 이 사실을 마을 사람들에게 알려 환심을 샀다. 여섯 살 어린 나이였지만 소년은 "자신이 울면 울수록 사람들의 탐욕이 암세포처럼 점점 커진다는 것을 본능적으로 알아차렸다."[508]

소녀가 열일곱살이 되었을 때다. 방수광장의 모기업 회장과 군수가 뇌물 증재와 수재 혐의로 긴급 구속되는 사건으로 카메라를 든 기자가 마을을 찾았다. 소녀는 기자가 들고 있는 카메라가 탐이 났다. "그거 눈물 몇 개면 살 수 있어요?"[509] 소녀는 카메라를 사기 위해 제 손가락으로 살을 꼬집어 눈물을 뽑아냈다. 소녀는 기자를 따라 서울로 올라갔다.

> "진주 눈물 흘리는 세눈박이 괴물 소녀가 뭐냐? 우리가 삼류 주간지도 아니고. 좀더 고급스럽게 뽑아봐. 방수공장 산화규소에 초점을 맞추는 게 좋지 않아? 일단 전문의 인터뷰 하나 따고, 유전공학 박사 인터뷰도 하나 따고. 아참, 얘 아빠가 있대. 수소문 좀 해봐. 이름은 심의성이고, 불상리 출신이야. 자녀가 있는

---

508 강지영, 「눈물」, 소설집 『개들이 식사할 시간』, 59쪽.
509 강지영, 「눈물」, 소설집 『개들이 식사할 시간』, 64쪽.

지 확인하고 같은 질환 있나도 캐봐. 안 만나주면 며칠이고 뻗쳐야지, 별수 있어? 글쎄, 당장 수술은 못 하겠지. 연구한다고 덤비는 작자가 오죽 많겠냐. 괜찮긴, 인마. 볼 때마다 소름이 쫙쫙 돋는다. 그래도 독점 취재하려면 이 악물고 참아야지. 뭐 벌써 축하를 해, 당장 내일 승진하는 것도 아닌데. 오케이, 그럼 내일 자 1면 톱 부킹해놔."[510]

소녀는 기자가 동네 사람들이 그랬던 것처럼 소녀의 눈물을 이용해 성공을 꿈꾸는 사람이라는 사실을 알게 된다. 이제 소녀가 선택할 수 있는 방법은 하나뿐이다. 돈과 성공을 쫓는 사람들이 그토록 탐냈던 자신의 '눈물'을 없애는 것이다. 소녀는 면도날로 눈두덩을 도려내고 동그란 안구마저 뽑아냈다. 그때서야 소녀는 "태어나 처음으로 환하게" 웃을 수 있었다. 시골 마을 한량골도 서울도 병들어 있긴 마찬가지였다. 늙은이와 젊은이 가릴 것 없이 소녀 또한 돈의 달콤한 유혹에서 벗어날 수 없었다.

「있던 자리」에서 봉수는 타락한 인물의 전형이다. 봉수는 '약속이 생명입니다'로 시작되는 전화 메시지가 나오는 가전회사의 AS기사로 일했는데 중고 부품을 뒷거래하다 해고당했다. 봉수는 약속이 생명인 회사를 다녔지만 약속을 지키지 일과는 거리가 먼 사람이었다. 첫 아기 행복이를 낙태해 의료폐기물로 보냈다. 유일하게 약속을 지켜 낳은 아이가 딸 '혜주'다. 오직 돈을 얻기 위한 봉수의 사기 행각은 계속된다. 혜주의 생일날, '나'는 사기를 치고 행방을 감춘 봉수를

---

510 강지영, 「눈물」, 소설집 『개들이 식사할 시간』, 71~72쪽.

찾아갔다 돌아오던 길, 횡단보도에서 거대한 트럭에 치인다. 죽은 '나'의 몸은 혜주가 있는 곳으로 날아간다. 그리고 나지막한 목소리로 뒤늦은 깨달음 하나를 들려준다.

> 사랑받기 위해 거짓 웃음을 짓고, 또 사랑을 거절하기 위해 거짓 울음을 흘릴 나이가 되면 혜주도 나와 봉수를 이해하게 될 것이다. 그 애 역시 언젠가는 제 부모를 닮아 나쁜 어른이 되고 또 제 아이를 착한 아이로 기르려 애쓰다 늙어 죽을 게 뻔하다. 이렇게 될 줄 알았다면, 나쁜 어른도 그리 나쁜 것만은 아니란 걸 일러줄 걸 그랬다. 그걸 깨닫고 나면 제 아비처럼 세상살이가 한결 쉬워질지 모르니까. / 나는 로드킬당한 동물처럼 너덜거리는 몸을 벗어나 사람들의 머리를 헤치고 하늘로 솟아올랐다. 주황색 옷차림의 젊은 사내가 들것을 내려 두 동강 나다시피 한 내 몸을 그 위에 실었다.[511]

> "사향나무를 아세요? 이 집을 에워싼 침엽수들이 모두 사향나무지요. 우리 조상 중에는 그 사향나무와 사랑에 빠진 남자가 있었답니다. 그는 수백 년 전 이 자리에 정원수로 사향나무 수십 그루를 심었다가 어이없이 그들과 사랑에 빠져버렸죠. (…)"
> "(…) 그는 죽었지만 살아남은 아이는 다시 정원의 다른 사향나무와 사랑에 빠지고 그 결실로 아이가 태어나길 반복해왔습니다. 기묘한 건 태어나는 아이마다 모두 사내아이라는 거였지요.

---

511 강지영, 「있던 자리」, 소설집 『개들이 식사할 시간』, 281~282쪽.

아버지를 닮아 사람의 모습을 했지만 몸에서는 은은한 사향나무 냄새가 나는 잘생긴 아이들이 이 집에서 나고 자라 제 씨앗을 남기고 묻혔답니다. 하지만 내 아버지 대에서 대가 끊기고 말았죠. 놀랍게도 딸이 태어난 거예요. 바로 저 말이죠."[512]

검은 어둠보다 더 검게 그을린 이야기들은 저 먼 시간 속에서 유전된 것인지도 모른다. 사향나무의 전설은 그 어둠이 쉽게 걷힐 것 같지 않을 거라는 예감을 준다. 사향나무를 사랑한 가문은 사향나무 냄새가 나는 잘생긴 사내아이들이 태어나 전통을 이어왔는데 딸이 태어나면서 대가 끊긴다. 옹이가 박혀 있는 몸으로 태어난 여자는 그동안 책을 읽고 소설을 쓰면서 살아왔다. 노파가 쓴 소설들은 한결같이 판타지 포르노 같은 이야기였다. 노파는 책을 읽어줄 사람을 구했다. 한 남자가 노파를 찾아왔다. 노파에게 책을 읽어주던 남자의 마음속에선 그녀의 옹이 하나를 차지하고 싶은 욕심이 자라기 시작한다.

이 말도 안 되는 이야기가 어떻게 마무리될 것인지를 상상하는 일은 그리 중요하지 않다. 사향나무를 사랑한 가문을 잇는 늙은 노파와 노파에게 책 읽어주는 남자가 어렵게 아르바이트 자리를 구하던 휴학생이었다는 사실을 떠올려볼 때 이 로맨스가 성차별적인 가부장제와 부패한 자본주의 사회에서 전염된 이야기의 변이형이 아닐까하고 짐작해 본다.

정정화의 소설집 『고양이가 사는 집』(2017)에 실린 작품들에서 이

---

512 강지영, 「사향나무 로맨스」, 소설집 『개들이 식사할 시간』, 170~172쪽.

야기를 전하는 화자는 사건들을 멀리 떨어져 관망하는 위치에 있다. 화자는 자신이 겪고 있는 일인데도 그 사건에 대해서 섣부른 해석을 덧붙이지 않는다. 「언어가 감정을 지배하는 방식」에서 던지고 있는 질문 속에서 사건과 관련된 화자의 태도를 가늠해볼 수 있다.

> '언어'라는 낱말을 사전에서 찾아보면 '생각, 느낌 따위를 나타내거나 전달하는 데에 쓰는 음성, 문자 따위의 수단'이라고 나온다. 어떤 상황이 언어를 만들어 내고, 그걸 표현하게 되면 언어는 상호작용을 한다. 그렇다면 그 역은 성립할까. 언어가 먼저 전달되고 상황이 생길 수 있는가.[513]

> 언어. 인공지능 로봇이 사람의 심리를 이해하고 그에 맞는 답을 해준다면 차라리 그렇게 하고 싶었다. 복잡해서 머리를 굴려야 하는 인간관계에 얽매이는 언어는 단절이 있고, 굴절이 있고, 과장이 있다. 애초에 언어에 집착하지 않는 남편의 선택이 옳았는지도 모른다. 현실에서 언어는 필요하지만 지나칠 필요는 없는 것이다. 지나친 건 감정 과정이거나 사치인 듯했다.[514]

유부녀인 수연은 자신을 좋아하는 태우가 진심이 담긴 마음을 표현할 때마다 망설인다. 수연은 태우의 달콤한 말들을 들을 때마다

513 정정화, 「언어가 감정을 지배하는 방식」, 소설집 『고양이가 사는 집』, 연암서가, 2017, 172쪽.

514 정정화, 「언어가 감정을 지배하는 방식」, 소설집 『고양이가 사는 집』, 186쪽.

거기에서 벗어나려고 애쓰지만 그렇게 하지 못한다. 수연은 상황이 먼저 있고 언어가 뒤따르는 것이 아니라 언어가 먼저 있고 언어가 상황을 지배하는 것이 가능한지에 대해 생각한다.

이 소설을 통속적인 연애로 몰아가지 않는 힘은 바로 여기에 있다. 수연은 태우가 전하는 사랑의 언어에 대해 생각하고 관찰한다. 수연은 연애 관계 안에 있으면서도 연애의 바깥에 있다. 수연은 언어에 집착하지 않는 남편이 옳은 일이라고 생각해 보기도 한다. 차라리 복잡한 감정을 주는 언어에서 벗어나 언어 인공지능 로봇에게 모든 판단을 맡기고 싶을 때도 있다. 사건의 내부에 있으면서 사건의 외부에서 조망하는 화자의 시선은 꽃잎과 강물을 바라보는 장면에서 볼 수 있다.

> 꽃잎이다. 키 작은 벚나무 우듬지에서 하얀 꽃이파리가 쏟아져 내린다. 꽃잎, 꽃잎, 멍든 꽃잎들…….[515]

> 물이 흘러간 자리에는 또 다른 강물이 자리를 메웠다. 죽은 아내도, 헤어진 여자도, 도둑이 된 여자도 김 노인에겐 봄날 벚꽃 같은 존재인지 모르겠다.[516]

누군가의 마음속에 자리한 아픔은 꽃잎과 강물이 되어 흐른다. 그것을 지켜보는 시선은 한 사람의 삶을 읽고 이해하는 눈과 만난다.

---

515 정정화, 「그 사이를 지날 때」, 소설집 『고양이가 사는 집』, 123쪽.

516 정정화, 「흐르는 강물 위로 꽃은 지고」, 소설집 『고양이가 사는 집』, 146~147쪽.

「김필립」에서 '나'는 창희와 함께 러시아 여행을 갔다가 가이드로 일하는 김필립을 만났다. 필립의 지난날을 요약하면 이렇다. 필립의 부모님은 아버지의 외도로 이혼했다. 필립은 과거와 단절하려고 군대에 들어간 후에도 크고 작은 일들을 겪었다. 복학 후엔 형편이 여의치 않아 학비 마련을 위해 아르바이트와 막노동을 전전했다. 그러나 "아버지는 필립을 투명인간처럼 대했다."[517] 필립은 아버지의 옆구리를 칼로 찌르고 서류가방에서 돈봉투를 꺼내 달아났다. 러시아로 건너온 필립은 러시아어와 한국어 통역번역학과를 공부했고 현재 가이드를 하면서 지내고 있다. 여행 중에 창희의 지갑이 없어지는 사건이 일어난다. '나'는 사진에 필립이 창희의 지갑을 꺼내는 장면이 찍힌 것을 확인한 후 필립을 추궁한다. 필립은 푸시킨의 시를 러시아어로 낭송해주면서 태연한 태도를 보인다.

> 뭔가를 따지고 들 것 같았던 창희는 시를 듣고 말없이 그 방을 나왔다. 골목을 돌아 나와 다리 난간에 섰다. 우리는 눈바람이 몰아치는 네바 강을 마주했다. 내가 불빛 어린 검은 강물을 바라보며 가슴 졸이는 것과 다르게 창희는 필립이 사는 곳을 지긋이 바라보며 서 있었다.[518]

창희의 지갑을 훔치고서도 아무렇지도 않게 행동하는 김필립을 어떻게 이해할 수 있을까. 필립이 겪은 아픔들로 그를 이해해야 하

517 정정화, 「김필립」, 소설집 『고양이가 사는 집』, 22쪽.
518 정정화, 「김필립」, 소설집 『고양이가 사는 집』, 30쪽.

는지 죄를 따져 물어야 할 것인지, 알 수 없다. 필립의 집에서 나온 창희와 '나'는 서로 다른 곳을 바라본다. 네바 강의 검은 강물과 필립의 방이 그들의 망막 위로 흐른다. 그것이 만약 필립이 살아가기 위한 하나의 생존 방식이라면 거기에는 어떤 해석과 판단도 개입될 수 없다는 듯이.

「고양이가 사는 집」의 남자도 김필립의 상황과 크게 다를 바 없다. 직장을 그만 둔 남자는 아내 몰래 '폐가'로 찾아든다. 폐가는 남자에게 현실의 억압을 떠난 휴식의 공간이다. 그곳엔 "약육강식도, 사람들의 가면도, 김 씨의 이중 처신도, 모자 쓴 사내의 위협도, 빵빵거리는 차 소리도, 딱딱거리는 패킹 소리도, 직장을 구해야 한다는 강박감도 없었다."[519] 남자는 폐가에서 자살을 시도한다. 뜻밖의 일이 벌어진다.

> 세 마리 고양이의 보드라운 털 위로 햇살이 희미하게 비치고 있었다. 아내는 어떤 일이건 내가 없는 것보다는 낫다고 생각할지 모르겠다. 좋아서 그러지 않았다는 아내의 말을 믿고 싶었다. 아내에게 사실을 털어놓고 막노동이라도 하면서 일자리를 찾아야겠다. 손에 힘을 빼고 라이터를 떨어트렸다. 구석에 둔 가방을 어깨에 메고 어두침침한 그곳을 빠져나왔다.
>
> 진눈깨비가 뿌옇던 골목길에는 바람이 몰아치고 있었다. 나는 우리 집을 향해 걸었다.[520]

---

519 정정화, 「고양이가 사는 집」, 소설집 『고양이가 사는 집』, 240쪽.

520 정정화, 「고양이가 사는 집」, 소설집 『고양이가 사는 집』, 242~243쪽.

자살을 하려던 남자는 고양이 울음소리를 듣는다. 아무도 살고 있지 않은 폐가에 집 나간 어미 고양이가 수컷 고양이와 새끼 고양이를 데리고 집으로 돌아온다. 남자가 그동안 머물던 폐가는 실상 '고양이가 사는 집'이었던 것이다. 자기 집을 찾아 들어온 고양이 가족들 탓에 남자는 자살을 하지 못한다. 그때 남자는 아내에게 돌아가 새로운 일을 시작하리라 다짐한다. 그 남자에게 희망적인 미래가 펼쳐졌는지 예측할 수 없다. 분명한 것은, 정정화 소설에서 집과 가족을 떠났거나 앞으로 새로운 집을 찾아갈 사람들에게 '집'은 여전히 어둠과 불안, 폭력이 거주하고 있는 곳을 가리킨다.

「쿠마토」에서 아빠와 결혼한 새엄마는 피부가 거무스레한 외국인이다. '나'는 아빠가 새엄마를 의심하고 때리는 광경을 지켜본다. 그런 아빠는 "무시무시한 괴물 같았다." 아이들도 새엄마를 이상하게 바라봤다. '나'는 "고통 속에 있지 말고 새엄마가 집을 떠나기를 마음속으로 빌었다."[521] 어느 날, 새엄마가 어딘가로 사라져버렸다. "새엄마는 안전한 곳으로 갔는데 내 눈에는 눈물이 흘러내렸다."[522] 집을 나간 지 1년쯤 지나 새엄마를 만났다.

> 새엄마에게 도망가라며 은근슬쩍 속마음을 드러냈다. 새엄마는 나를 빤히 쳐다보더니 후유, 하며 긴 한숨을 뿜어냈다. 어디로 가? 간절함이 묻어나는 목소리로 되레 내게 물었다. 처음 올 때

---

521 정정화, 「쿠마토」, 소설집 『고양이가 사는 집』, 82쪽.
522 정정화, 「쿠마토」, 소설집 『고양이가 사는 집』, 98쪽.

보다 피부가 푸석푸석하고, 눈주위는 푹 꺼져 눈알이 튀어나온 모습이었다. 나는 입을 다물었다. 마음이 약해지고 싶지 않았고, 뾰족한 대안도 없었다.[523]

"나는 조리기능사 자격증을 따서 식당 주방에서 일하고 있어. 고향에 돈도 조금 부쳐줄 수 있어 좋아. 가끔 집이 생각났지만 맞고 사는 게 무서웠어. 얼마 전부터 폭력 예방 모임에 들어가서 봉사활동도 시작했단다. 교육을 받고 나서 피해자를 도와주는 일을 하고 있는데, 무슨 일 있으면 연락해야 해."

그릇장 안에 놓여 있던 한식 요리책이 떠올랐다. 새엄마는 이제야 자신의 길을 찾은 것 같았다. 총총히 돌아서 걷는 뒷모습을 나는 하염없이 바라보았다.

엄마…….[524]

새엄마가 폭력적인 아버지의 곁에서 떠나기를 응원했던 아이는 마침내 새로운 길을 찾은 듯한 새엄마를 향해 작은 목소리로 '엄마'라고 부른다. 이 아이의 시선과 태도는 다문화 사회에서 고통을 겪고 있는 이주민들의 소외와 차별을 그려온 기존의 소설들과 다른 차원을 보여준다. 폭력을 휘두르는 아빠 아래에서 엄마의 빈자리를 감당해야 하는 아이와 이주민 여성인 새엄마는 모두 생존의 위기에 직면해 있는 약자들이다. 정정화의 소설은 이 사회적 약자들에 대한

---

523 정정화, 「쿠마토」, 소설집 『고양이가 사는 집』, 84~85쪽.

524 정정화, 「쿠마토」, 소설집 『고양이가 사는 집』, 99쪽.

배려와 공감을 요청하기보다는 위기에 처한 그들 간의 은밀한 연대가 싹트는 지점을 포착한다.

최진영의 장편 『해가 지는 곳으로』(2017)에서 던지고 있는 문제의식을 다음과 같이 미리 요약해볼 수 있다. "재난 소설(post-apocalypse)임에도 바이러스의 진원지나 정체, 그것의 진압 과정이 온전히 드러나지 않"고 "돋을새김되어 있는 것은 재앙 자체가 아니라 재앙을 맞닥뜨린 후 삶 또는 죽음 쪽으로 길을 내는 인물들의 여로다."[525] 이 소설은 재앙의 진원지를 밝히는 일에 관심을 두는 것이 아니라 재앙을 피해 어디로 갈 것인가, 그리고 어디에서 어떻게 살아가야 하고 왜 살아야 하는가를 탐구하는 과정으로 읽힌다.

자정 뉴스에서는 먼 나라에서 기괴한 바이러스가 퍼지고 있다고 했다. 백신을 만들면 진화한 바이러스가 다시 창궐한다고 전했다. 사람들은 이 재앙이 먼 나라의 일이라고 생각했고 현대 의학과 국가가 이 문제를 해결해줄 것이라고 기대했다. 그런데 해림이 학교에서 병원으로 이송된 지 한 시간도 지나지 않아 죽었다는 연락을 받았다. 재앙을 피해서 사람들은 한국을 떠났다. 사람들은 러시아 등지를 떠돌면서 새로운 삶의 터전을 찾아 헤맨다.

도리는 미소를 홀로 남겨 두지 않으리라 다짐한다. 도리는 이미 알고 있었다. 아무도 이 상황을 해결해 줄 수 없다는 것을. "똑똑한 사람들이 찾아내는 것은 해결책이 아닌 더 큰 재앙일 것이다. 그러니 나는 부모님과 다른 방법을 찾아야만 했다."[526] 미소가 도리에게

525 전소영, 「비로소 사랑하는 자들의 모든 노래가 깨어나면」(해설), 최진영, 장편 『해가 지는 곳으로』, 민음사, 2017, 196쪽.

물었다.

> 저 사람들 어디로 가?
>
> 나는 모르겠다고 했다. 미소가 다시 물었다.
>
> 우리는 어디로 가?
>
> 우리는…… 여름을 찾아서.
>
> 여름은 어디에 있는데?
>
> 나는 손가락으로 태양을 가리켰다.
>
> 저기, 해가 지는 곳에.[527]

미소와 도리는 여름을 찾아서, 해가 지는 그곳으로 갈 수 있었을까? 처음엔 바이러스가 두려웠지만 바이러스처럼 강도가 늘어났고 폭력과 방화, 괴상한 종교가 번성하기 시작했다. "탱크처럼 들이닥친 강도들은 아빠 몸에 수십 개 상처를 내고 집 안의 쓸 만한 것을 모조리 털어 갔다." 재앙 속에서 시간은 멈춘 듯 흐른다.

> 아무 일도 일어나지 않았다면, 아무 일도 일어나지 않았을 것이다.[528]

> 분명 겪은 일인데 지난 일 같지 않다. 미래 같다. 앞으로 수없

---

526 최진영, 장편『해가 지는 곳으로』, 18쪽.

527 최진영, 장편『해가 지는 곳으로』, 23~24쪽.

528 최진영, 장편『해가 지는 곳으로』, 21~22쪽.

이 겪게 될 일 같다.[529]

재앙 속의 시간은 되돌이표처럼 반복된다. 그것은 과거에 이미 겪은 것이면서 앞으로 겪게 될 미래의 일로 다가온다. 안전하다고 생각한 곳이 더 무서운 곳일 수 있었다. 다시 만날 수 있으리라는 약속도 없이 살아 있기만을 바랬다. 재앙 속에서의 사랑은 자기 자신과 다른 타인에게 전염되는 것이다. 도리는 지나처럼 느끼고 생각하고 싶었다.

> 불행이 바라는 건 내가 나를 홀대하는 거야. 내가 나를 하찮게 여기고 망가트리는 거지. 난 절대 이 재앙을 닮아 가진 않을 거야. 재앙이 원하는 대로 살진 않을 거야.
>
> 지나를 닮고 싶었다.
>
> 지나처럼 먹고 마시고 걸으려고 했다. 서두르지 않고 천천히, 눈앞의 것을 최대한 보고 느끼고 생각하려고 했다. 하지만 나는 지나가 아니고, 지나는 고유하고, 우리는 달랐다. 콩을 그릇에 덜어 먹는 방식을 따라할 수는 있어도 지나의 마음까지 흉내 낼 수는 없었다. 나는 조금씩 재앙을 닮아 가고 있었다. 그렇다는 것을 지나가 눈치챌까 봐 두려웠다.[530]

도리의 사랑은 자신이 지나와 다름을 아는 것에서 시작한다. 그

---

529 최진영, 장편『해가 지는 곳으로』, 48쪽.
530 최진영, 장편『해가 지는 곳으로』, 55쪽.

사랑은 서로의 곁에서 서로에게 전염되고 이끌리는 것이다. 도리에게 사랑은 "매일 시체를 보고 폐허"를 봐야 하는 곳에서 "기적"을 기대할 수 없는 그곳에서 나타난 기적이었다. 이들의 사랑은 서서히 감염되는 바이러스와 닮았다. 도리는 지나와 서로가 다르다는 것을 확인했고 같아지고 싶었다.

> 거기 도리가 있었다.[531]

> 거기 지나가 있었다.[532]

최진영의 소설은 재앙의 바이러스가 창궐하는 세상에 사랑의 바이러스를 놓는다. 앞으로 우리가 찾아야 할 사랑은 시간을 거슬러 올라가 새로운 말들을 시작해 보는 것이다. 또 시간을 앞질러 가서 다르게 말해보는 것이다. 다시 말해 재앙 속에서 희망 혹은 사랑이란 지금 여기를 다르게 상상하고 아직까지 해보지 못한 것들을 하는 것이다.

> 소중한 사람을 미뤘다. 내일이 있으니까. 다음에 하면 되니까. 기나긴 미래가 있다고 믿었으니까. 이젠 그럴 수 없다.[533]

---

531 최진영, 장편『해가 지는 곳으로』, 162쪽.

532 최진영, 장편『해가 지는 곳으로』, 163쪽.

533 최진영, 장편『해가 지는 곳으로』, 99쪽.

> 최선을 다해 설명해야 한다. 미루는 삶은 끝났다. 사랑한다고 말해야 한다.[534]

이전의 삶에서 지우고 살았던 사랑이 문득 얼굴을 내민다. 이들은 더 이상 사랑을 말하고 마음을 건네는 일을 주저하지 않는다. 사랑의 말들은 미루지 않고 당장 실현해야 할 일이다. 한 번도 말해본 적이 없는 사랑의 말들은 새로운 삶의 방향을 찾아가는 힘이 된다. 류는 여전히 단과 해민이 "각자의 두려움과 고통을 껴안을 수 있는 건 오직 자신뿐인 머나먼 우주"[535] 속에 살고 있는 것 같았다. 이들은 재앙으로 뒤덮인 지구에서 벗어날 수 있을까.

> 사전과 지도가 있으면 가고 싶은 곳을 정할 수 있어.
> 우리는 여름을 찾아서 간다고 했잖아.
> 여름은 찾아가지 않더라도 우리에게 올 거야.
> 그럼 그땐 왜 그렇게 말했어?
> 추웠으니까.
> 지금도 춥잖아.
> 춥지.[536]

거주할 곳을 잃어버린 이들이 새롭게 희망과 사랑을 꿈꾸는 장소

---

534 최진영, 장편『해가 지는 곳으로』, 100쪽.
535 최진영, 장편『해가 지는 곳으로』, 145쪽.
536 최진영, 장편『해가 지는 곳으로』, 119쪽.

를 마련할 수 있을지는 미지수다. 여기가 아닌 그곳이 어디에 있는지도 알지 못한다. "사전과 지도" 없이 어딘가로 가야 하는 이들에게 중요한 문제는 계속 살아가야 하는 것이고 살아남아야 하는 것이다.

이것이 바로 재앙 속에서 꿈꿀 수 있는 유일한 생존의 방식이다. 어쩌면 그곳은 '해가 지는 곳' 근처에 있을 터인데 보이지 않아서 없다고 생각해 온 것인지도 모른다. 혹독한 더위와 추위가 없는 그곳은 검은 구름이 차츰 물러난 그 자리에 문득 파란 하늘이 열리듯이 점점 가까이 다가오고 있을 것이다. 먼 시간을 돌아 바르샤바에 살고 있는 한 생명체는 지난날을 되돌아보며 묻는다.

> 당신은 한국을 아는가?
> 한국은 아직 그곳에 있는가?[537]

> 간절히 기도하는 마음으로 살아갈 것이다. 살아 있어라. 제발 살아만 있어라.[538]

한국은 아직 이곳에 있다. 하지만 이곳이 그들이 되돌아와 살만한 곳이라고 대답할 수는 없다. 건지의 마음 속 기도가 닿아, 지금도 어딘가를 떠돌고 있을 그들이 제발 살아 있으면 좋겠다. 최진영의 장편 『해가 지는 곳으로』가 남겨둔 사랑의 말들과 간절한 기도는 막막한 우주 한가운데에서 상상할 수 있는 조그마한 블랙홀 같은 것이라

---

537 최진영, 장편 『해가 지는 곳으로』, 14쪽.
538 최진영, 장편 『해가 지는 곳으로』, 184쪽.

서 더욱 비극성을 더한다.

4. 헤나와 가짜

성보경의 소설집 『국민교육헌장』(2017)은 상처입은 사람들의 내밀한 상처를 균열된 문장 사이로 드러낸다. 작가 성보경은 "상처가 비정한 사회에 의한 것임을 증명하고 우리의 주변에도 그렇게 상처입은 이들이 많을 것임을 담담하게 보여 줌으로써, 우리의 지친 영혼을 따뜻하게 위로해 줄 수 있는 작가다."[539] 상처는 언제든지 덧날 것처럼 구석진 곳에 웅크리고 있다. 성보경은 그 상처들을 따뜻한 손길로 어루만지는 것이 아니라 건조한 목소리로 천천히 불러들인다.

「샬롬, 안젤라」에서 스텔라와 안젤라는 자매 사이인데 서로 다른 기억을 안고 살아간다. 안젤라의 기억은 1986년 9월 14일, k 공항에서 찍은 한 장의 가족사진에 머물러 있다. 그것은 미국으로 출국하는 외할머니를 배웅하기 위해서 공항으로 갔던 날, 공항 대기실에서 찍은 흑백사진이었다. 안젤라가 공항의 쓰레기통에 사탕 비닐 껍질을 버린 후 폭발음이 났다. 엄마 아빠가 안젤라의 몸을 감쌌다. 일곱 살 때의 일이다. 안젤라는 그날 이후로 죄의식에 갇혀 살았다.

사탕만 아니었으면, 그 쓰레기통에 버리지 않았으면, 그 공항

539 전철희, 「상처가 주는 위로」(해설), 성보경, 소설집 『국민교육헌장』, 문학들, 2017, 205~206쪽.

에 가지 않았으면, 그 시간만 아니었으면, 외할머니만 아니었으면, 이 나라에서 아시안 게임만 열리지 않았으면, 어땠을까?[540]

> 저 애가 내 자식을 잡아먹었어요. 제 어미 에비를 잡아먹은 애라고요. 저 애가 미워 죽겠어요. 할머니가 할아버지에게 말하는 소리가 들렸다. 무인 제트기가 굉음을 내며 날아와 내 가슴 한복판에서 폭발하는 것 같았다. 귀에서 자꾸 제트기 소리가 들렸다. 몸에 박힌 파편들이 함성을 지르며 일제히 일어나 들쑤시는 듯 오목가슴이 너무 아팠다.[541]

안젤라에게 그 사건은 웃음마저도 "폭파"시켰다. "공항"과 "쓰레기" "외할머니" "아시안 게임" 등과 같은 말들이 그날 이후로 안젤라의 가슴을 찔렀다. 또 안젤라는 부모님이 자신을 보호하다가 죽었던 그해에 아시안 게임이 이 "나라"에서 열리지 않았었더라면 그런 일이 없었을 지도 모른다고 생각했다. 안젤라의 죄의식이 국가를 향한 원망으로 확대되는 이 지점은 성보경의 소설에서 빛을 발휘한다. 이 부분은 아래에서 다시 언급할 것이다.

스텔라는 자신이 쓴 시를 가슴에 새겼다. 안젤라는 헤나 문양을 새겨 달라고 했다. 안젤라의 몸에 난 흉터가 가려졌다. 그 자리에서 꽃이 피어났다. 안젤라는 궁금하다. "내 몸에 새겨지면 세상에 대한 두려움이 없어질까."[542]

---

540 성보경, 「샬롬, 안젤라」, 소설집 『국민교육헌장』, 82쪽.

541 성보경, 「샬롬, 안젤라」, 소설집 『국민교육헌장』, 91쪽.

스텔라는 자신의 상처가 너무 아파서, 감추어진 내 상처를 후벼 파, 나에게 아픔을 줌으로써 제 상처를 가리려고 했을까. 스텔라는 쇼윈도 부부였을까. 그녀가 갈망하는 건 오리처럼 다정한 부부의 모습일까. (…) 스텔라는 나직이 자신의 시를 읊조렸다. 나는 그녀의 눈에 설핏 눈물이 맺힌 걸 보았다.[543]

색깔이 진하고 모양이 화려한 야생 양귀비. 지렁이가 야생 양귀비로 탈바꿈한 듯했다. 내 삶이 이렇게 화려한 적이 있었을까. 또 눈물이 났다. (…) 상흔도 헤나처럼 지워졌으면 좋겠다.[544]

그들의 몸에 새긴 시와 헤나 문양이 몸 속 깊숙이 박힌 상처를 씻어줄 수 있을까. 문신을 새기는 동안 안젤라는 시로 덮인 스텔라의 등에서 그동안 그녀 혼자 감당해왔을 슬픔과 고독을 읽었다. 안젤라는 그렇게 자신의 상처에서 스텔라의 상처를 보았다. 그녀는 외로움과 상처에서 자신이 누구인지를 확인했고 그와 비슷한 처지에 있는 타인들과 접속했다. 안젤라는 인터넷 창에서 한 사내아이가 내전으로 총에 맞아 죽은 부모의 영정사진을 들고 있는 장면이 담긴 사진을 검색했다. 안젤라는 자신의 고통으로 한 번도 만나본 적이 없는 소년의 아픔을 읽었다. 화려하게 장식된 헤나 문양이 지워질 즈음에

---

542 성보경, 「샬롬, 안젤라」, 소설집 『국민교육헌장』, 98쪽.
543 성보경, 「샬롬, 안젤라」, 소설집 『국민교육헌장』, 98~99쪽.
544 성보경, 「샬롬, 안젤라」, 소설집 『국민교육헌장』, 101쪽.

그 오랜 흉터들과 결별하길 그녀는 원했다.

성보경의 소설 설계도는 「타설」과 「거푸집」에서 볼 수 있듯이 공사장의 언어로 그려진다. 철규는 타설 공사장에 모여든 카자흐스탄에서 온 백인 카잔과 같이 인종이 다르고 국가가 다른 사람들을 보면서 "벌어먹고 사는 일이 세상에서 제일 무서운 일이라는 걸 새삼 뼈저리게 느낀다."[545] 쓰레기로 가득 찬 공사장에서 일하는 사람들은 "재활용도 못할 만큼 쓸모가 없으면 폐자재가 되는 거푸집처럼"[546] 떠돌아다니는 도시 유목민들이다. 철규가 다른 사람들이 살게 될 건물들을 지을수록 그의 삶은 점점 불행해졌다.

> 그날 옥상 물탱크 난간에 올라선 아들의 심정은 어땠을까. 학교에 가라고 다그치며 몰아붙이지만 않았어도, 아들의 뺨을 후려치만 않았어도, 옥상에 큰 물탱크만 없었어도 아들은 그렇게 자살하지 않았을지 모른다. 철규는 자신이 아들을 죽음으로 몰아붙였을 것만 같다. 어머니를 자신이 죽였다고 생각하는 아내의 마음이 이랬을까.[547]

> 엄마가 서서히, 느릿느릿, 죽어가는 모습을 곁에서 바라보는 나는 욕창의 고름 같은 삶을 살고 있다는 생각이 들었다. (…)
>
> "인제 그만 놓으세요. 내가 도와줄게요."[548]

---

545 성보경, 「타설」, 소설집 『국민교육헌장』, 179쪽.

546 성보경, 「거푸집」, 소설집 『국민교육헌장』, 20쪽.

547 성보경, 「거푸집」, 소설집 『국민교육헌장』, 29쪽.

철규의 아내는 아들이 죽고 난 후부터 집안을 온통 먼지와 쓰레기, 물건들로 채웠다. 임금을 못 줘서 크레인에 올라가 자살하려는 최 사장을 보면서 철규는 자살한 아들과 아내의 마음을 떠올린다. 이렇듯 성보경 소설 속의 인물들은 대부분 '죄의식'에 사로잡혀 있다. 마음속에 응어리진 죄의식은 다른 사람의 아픔을 끌어안는 품이 된다. 이 죄의식은 역사를 성찰하는 태도와 윤리를 구축한다. 이 같은 점은 「유도화가 핀 여름」과 「국민교육헌장」에서 흥미롭게 서술된다.

> 뱀보다 찬 마음으로 유신헌법을 만들고, 계엄령을 선포하며 무고한 사람을 잡아가는 게 아닐까. 그러니까 국민이 싫어하는 건 당연하지. 대통령은 진짜 머리가 미련한 밥통인가. 어째서 그 쉬운 걸 생각 못 할까. 중2인 나도 하는데. 이렇게 상황을 정리해 보다가 한마디로 단정을 지었다. 밥통은 이해 불가.[549]

> 박정희가 나를 가닫제. 아버지는 가닫제에 악센트를 주며 말하고는, 두 손목을 맞붙여 주먹을 쥐고 수갑을 찬 표현을 했다. (…) 박통이 나를 빨갱이라 했제. 원한이 가시지 않는 듯, 흰자에 핏발이 섰고 갈색 눈동자가 부리부리하게 움직였다.[550]

---

548 성보경, 「엄마의 강」, 소설집 『국민교육헌장』, 170쪽.

549 성보경, 「유도화가 핀 여름」, 소설집 『국민교육헌장』, 34쪽.

550 성보경, 「국민교육헌장」, 소설집 『국민교육헌장』, 56쪽.

8월 15일, 광복절 기념식에서 박통이 경축사를 읽을 때 총소리가 들렸다. 그 자리에 있던 육여사가 총에 맞아 죽었다. 그 상황에서 경축사를 읽고 있는 박통은 누구인가. '나'에게 박통은 도무지 이해할 수 없는 사람이다. 아버지는 박통 시절의 피해자였다. 1960년대 당시 교원노조가 불법이었던 때 아버지는 초대 교원노조 위원장을 지냈다. 그 일로 감옥살이를 했다. 아버지는 그 뒤로도 "박통이 나를 빨갱이라 했제"라고 하면서 손목에 수갑을 찬 듯한 몸짓을 보였다. 박통이 비상계엄령을 선포한 이후 아버지의 증세는 점점 심해져 술을 마신 날이면 칼을 들고 온 집안을 들쑤셨다.

아버지가 폭력적인 사람으로 돌변할 때마다 '나'는 불안한 마음을 없애려고 국민교육헌장의 구절을 외웠다. 때로는 거꾸로 외우기도 했다. 국민교육헌장에 쓰인 문장들은 '나'의 생각과 말을 지배했다. 그것은 삶을 단단하게 건설하는 토양이 되었다. 엄숙한 마음으로 헌장의 구절들을 외우고 있을 때 아버지가 말했다. "시끄럽다. 그기 국민 노비 문서다!"[551] '나'의 눈에 아버지는 알 수 없는 사람이었다.

> 나는 한국 현대사 공부를 하며, 해방 후 아버지가 월북하지 않은 것, 빨치산이 되지 않은 것만으로도 다행이라 여겼다. 그랬다면 나는 태어나지도 못했을 것이다. 그때 처음으로 아버지가 고마웠다.[552]

---

551 성보경, 「유도화가 핀 여름」, 소설집 『국민교육헌장』, 36쪽.

552 성보경, 「국민교육헌장」, 소설집 『국민교육헌장』, 63쪽.

아버지는 한밤중, 이북방송을 곧잘 들었다. 나는 아버지가 진짜 간첩이 아닐까 의심했다. 간첩을 신고하면 3,000만 원을 준다는데, 어마어마한 돈 앞에서 아버지를 신고할까 심각하게 고민한 적이 있었다(나는 초등학교 때 간첩을 잡으러 간 적이 있었고 세 번 경찰서에 간첩 신고했다).[553]

'나'에게 아버지는 하나의 의미로 해석될 수 없는 모호한 존재다. 돌이켜보면 아버지는 비극적인 역사에서 살아남아 '나'를 태어나게 한 고마운 사람이었고 이북방송을 듣는 간첩이었다. 한 마디로 말해 아버지는 박통처럼 "이해불가." 이 이해불가한 지점이 성보경의 소설이 과거의 기억과 거리를 두면서 비판적 시각을 확보해내는 장소다. 그것은 과거와 쉽게 화해하지 않고 버티는 힘이 된다. 이해할 수 없는 아버지들의 모습은 안개로 덮인 시대를 아슬아슬하게 건너온 우리들의 삶에 박힌 문신이다. 선과 악으로 확연하게 구분할 수 없는 시대는 여전히 지속되고 있다.

이정명의 장편『선한 이웃』(2017)은 우리의 역사와 시대가 어떻게 악을 만들어 왔는지를 한 편의 연극 무대 위에 펼쳐준다. 각 부에 배치된 인물들은 어두운 장막과 같은 시대를 가까스로 통과해온 사람들이다. 그들을 선과 악이라는 기준으로 명확하게 분별하기란 쉽지 않다. 최민석의 뒤를 쫓는 김기준의 독백에서 잘 읽을 수 있다.

"앞-서서 나가니 산-자여 따르라!"

---

553 성보경,「국민교육헌장」, 소설집『국민교육헌장』, 68쪽.

치켜든 그들의 팔뚝에 근육이 불끈거렸고 달아오른 목덜미에는 핏줄이 불거졌다. 그들의 함성은 때로 신음같이 들렸고 비명처럼 들리기도 했다. 기준은 그들이 지겨울 정도로 성가셨다. 그러나 그들이 나쁘다고 생각한 적은 없었다. 오히려 그들은 선하다고 할 만했다. 그러나 세상은 선한 것만으로는 부족한 곳이었다. 대책 없는 선함은 어리석음과 다를 바 없었다. 경우에 따라선 기소를 당하거나 감옥살이를 면할 수 없었다. 착하기 때문에 그들은 나쁜 놈이 될 수밖에 없는 것이다. 그렇다고 해도 그것은 기준의 잘못이 아니었다. 잘못은 어딘가 망가지거나 삐뚤어진 세상에 있기 때문이다. 종종 기준은 자신이 잘못된 세상에 부역하는 것이 아닌가 하는 생각을 했다. 하지만 그렇다 해도 어쩔 수 없었다. 비뚤어졌건 망가졌건 그가 숙주로 삼아 살아가야 할 곳은 그 세상밖에 없었으니까.[554]

기준은 옳지 않은 행동을 수도 없이 목격해왔고 때로는 직접 나쁜 짓을 하기도 했지만 그것들을 선악의 개념으로 판단하지는 않았다. 선은 절대적인 가치가 아니라 악과 반대되는 개념일 뿐이며, 악에 의해 쫓겨난 선 또한 악 없이는 소멸할 수밖에 없을 테니까.[555]

기준은 선과 악을 판단하고 해석하는 나름의 '기준'을 지닌 인물이

554 이정명, 장편『선한 이웃』, 은행나무, 2017, 17~18쪽.
555 이정명, 장편『선한 이웃』, 227쪽.

다. 그가 최민석과 같은 이웃을 쫓는 이유는 그들이 악하기 때문에서 그런 것이 아니다. 기준이 보기에 세상은 선한 그들이 살아갈 수 없을 정도로 타락했다. 그들은 선하기 때문에 오히려 악이 될 수 있었다. 기준은 세상이 잘못되어 있다는 것을 알고 있었지만 그 자신이 숙주로 삼고 있는 이 세상을 버릴 수는 없었다.

이정명의 소설은 선악을 식별할 수 없다고 생각하는 기준이라는 인물을 통해서 현대사의 그늘에 가려진 복잡한 관계망을 드러낸다. 기준이 지금 찾고 있는 "적은 눈에 보이지 않는 인물"이다. "최민석은 화염병을 들지도, 얼굴을 수건으로 싸매지도, 깨진 보도 블록을 던지지도 않을 것이다."[556] 기준이 채증 사진에서 주의를 기울인 것도 사진에 찍히지 않는 것들이었다.

> 최루탄 연기가 떠도는 거리에서 그는 증거가 아닌 진실을, 아름다움을 포획했다. 푸르다고밖에 할 수 없는 하늘과 눈부신 햇빛, 녹슨 급수탑과 날아오르는 비둘기들, 그가 한때 본 적이 있지만 생각 없이 스쳤거나 자신이 알고 있다는 사실조차 잊고 있었던 풍경들……. 그것들은 아름다웠다. 그 아름다움은 가짜일지 모르고 싸구려일지도 몰랐다. 하지만 그럼에도 아름다웠다.[557]

> 최민석이란 이름은 불온함과 위험, 저항과 혼란이라는 개념을 품은 동시에 순수와 희생, 탄압받는 자의 고통을 연상케 했고

556 이정명, 장편『선한 이웃』, 18쪽.
557 이정명, 장편『선한 이웃』, 137~138쪽.

> 동정을 불러일으켰다. 그에게는 영향력이 있었다. 존재만으로도 사람들에게 두려움과 분노, 동정심과 증오를 불러일으킬 수 있는 힘. 그는 타인의 마음에 불을 지르는 법을 알았고, 그것을 무기로 사람들을 위협하고 설득하고 기만하고 조종했다. 그것이 최민석이 위험한 이유였다.[558]

기준은 최민석이라는 인물이 지닌 남다른 호소력과 분위기를 붙잡으려 했다. 채증 사진에서 기준이 눈여겨 읽으려 한 것은 사람들의 마음을 선동할 수 있는 최민석의 강력한 영향력이었다. 용공 사범을 색출하고 심문하는 대공 수사 보안분실로 발령을 받은 그는 자신이 지금 하고 있는 일에 대해 이렇게 웅변한다.

> "제가 원하는 건 최민석을 잡는 겁니다."
>
> "왜지?"
>
> "그게 제 일이니까요."
>
> 그렇다. 빨갱이를 잡고 좌익분자를 색출하는 일은 정치적 신념 때문이 아니라 그의 일이기 때문이었다. 그는 최민석을 쫓기 위해 일한 것이 아니라 일을 하기 위해 최민석을 쫓았다. 그냥 일을 한 것이 아니라 자신의 일에 충실했고 최선을 다했다. 그것이 제대로 일하는 방식이었다.[559]

---

558 이정명, 장편『선한 이웃』, 142쪽.

559 이정명, 장편『선한 이웃』, 144쪽.

> 태주는 조국과 민족을 위해 옳은 일을 했다는 기준의 말을 간절히 믿고 싶었다. 그러나 자신이 한 일이 옳다면 거리의 학생들과 넥타이 부대가 폭도들일 것이고 군부독재를 끝장내려는 시민들도 나쁜 자들일 것이다. 어느 쪽이 옳은지 알려면 수십 년이 흘러야 할지도 모른다. (…) 세상을 지옥으로 만드는 건 살인자나 테러리스트 같은 악한이 아니라 자기 일에 최선을 다하는 선한 이웃들이다. 인간은 죽어서 지옥에 가는 것이 아니라 살아 있는 동안 지옥을 만드는 것이다. 그는 고해성사를 하는 죄인처럼 말했다.[560]

기준에게 최민석과 같은 "빨갱이" "좌익분자"를 붙잡는 일은 그 자신이 투철한 정치적 이념을 지녔기 때문이 아니었다. 그는 자신이 하고 있는 그 일에 사명감을 가지고 최선을 다했을 뿐이다. 태주는 기준을 보면서 자신이 하는 일이 악인지 모르고 성실하게 수행하는 그 "선한 이웃"들이 거리 위의 평범한 시민들을 "폭도"로 만들었다고 생각했다.(여기에서 한나 아렌트가 나치 전범 아돌프 아이히만(Adolf Eichmann)의 법정 진술을 보면서 상기한 '악의 평범성'이라는 개념을 떠올릴 수 있다.) 지옥은 따로 있는 것이 아니라 바로 그 선한 이웃들이 만들어 왔던 것이다.

시대가 바뀌자 기준은 다른 사람의 얼굴로 다시 태어났다. '현재'의 기준은 '과거'의 기준에게 묻는다. "야당 국회의원 최민석이 과거의 정보요원 김기준이라면 그는 개과천선한 것일까? 아니면 어

---

560 이정명, 장편『선한 이웃』, 246쪽.

느 한쪽이 다른 한쪽을 연기하는 것일까? 만약 그렇다면 누가 누구를 연기하는 것일까?"[561] 둘 중에서 어느 편의 기준이 더 선한 것인지를, 어떤 사람이 '연기'를 하고 있는 것인지도 명확하게 가릴 수 없다. 어쩌면 그런 질문을 처음부터 의미 없는 것이었는지 모른다.

> 애초부터 배반해야 할 대상 같은 것은 없었다. 왜냐하면 그는 어떤 대상도 사랑하지 않았기 때문이었다. 그는 어떤 대상-국가, 조직, 동료, 과업-도 믿지 못했다. 단지 적절한 시점에 적절한 선택을 했고, 필요한 시점에 필요한 행동을 했을 뿐이었다. 그것은 확실히 비겁한 행위라고 할 수 있을 것이다.
>
> 하지만 그때는 많은 사람들이 얼마간 비겁할 수밖에 없었던 시대였다. 조국의 이름으로 사람들을 미행하고 잡아들여 패고, 아무도 모르게 죽이고 아무도 모르는 장소에 갖다 묻는 일이 비일비재했던 때였다. 어떤 사람들은 못 본 척했고, 어떤 사람들은 애써 보지 않으려 했다. 그들은 모두 자신의 일에 열중할 뿐이었다. 그것만이 악을 몰아내기 위해 할 수 있는 유일하고 절대적인 해결책인 양.[562]

기준은 처음부터 어떤 대상을 향한 사랑, 믿음, 헌신 따위의 감정을 지니고 있지 않았다. 따라서 자신이 해온 일에 대해서 배반과 사기라는 판단도 개입되어서는 안 되는 것이다. 기준의 말대로 만약

561 이정명, 장편『선한 이웃』, 292쪽.

562 이정명, 장편『선한 이웃』, 294쪽.

자신에게 잘못이 있다면 그것은 많은 사람들이 "비겁할 수밖에 없었던 시대"를 성실하게 통과해온 사람이라는 사실뿐이다. 과거의 자신과 화해하고 스스로를 용서해버렸다면 이후의 역사는 어떻게 전개될 것인가.

> 배기가스 냄새가 자욱한 거리에 서서 기준은 희망이 있다면 바로 그들, 그토록 무모하고 생각 없고 경박한 그 아이들이라고 생각했다. 그들이 세상을 구원하기는커녕 오히려 더 망가뜨린다 해도 상관없을 것이다. 연극은 끝나지 않고 계속될 테니까. 그렇게 생각하자 그는 비로소 과거의 자신과 화해할 수 있을 것 같다는 생각이 들었다.[563]

기준의 눈에 지금 우리 시대는 다른 종의 인간들이 탄생해 진화하고 있다. 기준은 30년 전의 세대와 다르지만 같기도 한 그들에게서 희망을 본다. 소극장 '프라임' 연출가 이태주가 셰익스피어의 연극 무대로 한국사회를 들여다본 것은 적절했다. 이태주는 "'무능한 절대왕권에 대한 저항은 정당한가?'라는 화두를" 던진 "400년 전 셰익스피어의 질문은 독재 치하의 한국에도 여전히 유효"[564]하다고 생각했기 때문이다.

『선한 이웃』에서 내린 진단에 따르면 지금 여기는 가짜 얼굴을 한 악의 화신들이 아무렇지도 않게 연기하고 있는 한 편의 연극 무대

---

563 이정명, 장편『선한 이웃』, 294~295쪽.

564 이정명, 장편『선한 이웃』, 39쪽.

다. 다른 사람의 얼굴을 자신의 얼굴로 바꾸어 살아가고 있는 사람들, 가면을 쓴 이들이 활보하는 이곳이 우리 시대의 맨 얼굴이 아닐까.

5. 베껴 쓰기

김덕희의 소설집 『급소』(2017)를 한국문학사의 어느 지점에 놓을 수 있을 것인지에 관해선 아직 가늠하긴 어렵다. 각기 다른 인물과 사건들로 짜인 소설들은 다음과 같은 점에서는 흡사한 구석이 있다. 소설 속의 "무대는 '생태계' 혹은 '서식지'라는 명명에 더 잘 어울려 보인다. (…) '비오스 bios'는 사라지고 '조에 zoe'들만이 먹이와 번식을 위해 고투하는 곳, 그런 곳을 '세계'나 '사회'라고 말할 수는 없다. 거기는 그저 '서식지'다."[565] 아마도 그 서식지에서 유래했을 법한 어휘들은 김덕희 소설의 상상력과 주제를 개진하는 장치이다.

한 예로 「전복」의 경우를 들 수 있다. 김과 전복이 유명한 남쪽 해안 도시에서 태어난 신주영은 공부를 하러 서울로 올라왔다. 집주인에게 잘 부탁한다는 부모님의 당부와 함께 살아 있는 전복이 배달된다. 전복이, 신주영의 학교 생활과 일상이 잔잔하게 그려진다. 그러던 어느 날 신주영의 실종 소식이 전해진다. 지역 신문에서는 '신주영 양이 권모 군과 밀월여행을 왔다가 권 군을 먼저 올려보낸 뒤 자

565 김형중, 「늪지에서 침을 놓는 법」(해설), 김덕희, 소설집 『급소』, 문학과지성사, 2017, 298쪽.

살했다'고 보도했다. 일부 공개된 유서에 따르면 신 양은 "완전한 사랑을 찾은 이 순간을 영원히 지키고 싶어서"[566] 바다에 뛰어들었다고 전했다.

전복이 많이 나는 곳에서 올라온 신주영 양은 전복이라 불렸고 전복이 많이 나는 그 바다로 가서 자살했다. 이 소설의 마지막 부분에서 관찰자의 시선으로 묘사된 환상적인 장면에 이르렀을 때에는 그녀의 자살이 다만 사랑 때문이 아니었으리라는 생각이 든다.

> 전복들의 행진은 느리고 매끄럽지만 완강하다. 나는 어느새 발아래에 닿은 선두에게 길을 비켜준다. 거실 문에서 다시 막히는 걸 보고는 달려가 문을 열어준다. 계단을 따라 부드럽게, 꾸준히 전복의 물결이 흘러내린다.[567]

"언제 다시 돌아와 있는 건지 모르겠"는 전복이가 냉장고에서 "언 몸을 비틀어" 기어 나오고 있는 장면이다. 그 순간 집주인인 '나'는 전복이가 갇혀 있는 굴레에서 벗어나 자유로운 몸이 되길 응원하듯이 전복들이 행진할 수 있는 길을 향해 문을 열어준다. 냉동실 안에 있었던 전복이는 온몸을 다해 기어 나온다. 전복이는 정말 바다로 갈 수 있었을까.

표제작 「급소」는 생태계의 냉혹한 단면을 포착한다. 장에게 이 늪지는 누구의 죄를 묻고 악의 근원을 따지기 전에 그저 살아남기 위

566 김덕희, 「전복」, 소설집 『급소』, 37쪽.
567 김덕희, 「전복」, 소설집 『급소』, 37쪽.

한 생존의 현장이다. 장이 말한다. "무슨 죄가 있겠냐. 정신 차려보니 갑자기 물 설고 땅 선 곳에 부려졌을 뿐인데, 어떻게든 살아보겠다고 버둥거리는 건데……"[568] 아들은 서식지를 지배하고 있는 아버지 장을 찾아온다. 김덕희 소설 속의 인물들에게서 보이는 '원한'의 감정은 사회 현실의 구조적 문제와 관련 있는 것이겠지만 그 기원에는 가족과 같은 '친밀한 공동체'에서 경험한 폭력이 자리해 있다는 것을 가볍게 여겨서는 안 된다. 아버지 장이 휘두르는 골프채 소리는 '나'의 기억 속의 오랜 상처 하나를 불러일으켰다.

> 소리의 기억이 몸의 기억을 부른다. 제가 안 그랬어요. 거짓말 마. 너 같은 건 맞아야 돼. 아니에요. 다시는 안 그럴게요. 이 도둑놈, 내가 모를 줄 알았니? 아파요. 제발요. 어디서 이런 새끼가 나왔나 몰라. 니 애비한테나 가버려. 아파요 엄마, 살려주세요. 닥쳐, 여기 니 엄마 없어.[569]

> 나는 내 이마를 콕콕 누르던 뾰족한 손톱을 참을 수 없었다. 그래서 나도 모르게 욕을 하며 엄마를 떠밀어버렸다. 쿵, 하는 소리와 함께 엄마는 냉장고 모서리까지 가더니 거기에 잠시 기댔다. 정말이지 그 순간엔 기댔다, 라고 생각할 수밖에 없었다.[570]

---

568 김덕희, 「전복」, 소설집 『급소』, 61쪽.
569 김덕희, 「급소」, 소설집 『급소』, 59쪽.
570 김덕희, 「급소」, 소설집 『급소』, 69쪽.

'나'에게 치명적인 '급소'는 바로 엄마에 관한 기억이다. 아버지의 폭력을 엄마의 멸시와 폭력을 견딜 수 없었던 끝에 엄마를 떠밀어버려 죽게 했던 것이다. 경찰이 늪지로 찾아온다. 경찰과 아버지가 다투는 모습이 쓰러져 있던 '나'의 눈앞에 흐릿하게 들어온다. "남자들의 발길질이 어지럽다. 발들 사이로 골프채를 높이 쳐든 장을 얼핏 본 것 같다."[571] 아버지의 골프채가 경찰과 아들, 그 어느 쪽을 향해 있었는지는 확인할 수 없다. 아버지의 급소가 어디였는지는 명확히 알 수 없기 때문이다.

이렇듯 김덕희 소설에서 급소와 침은 한의학적인 의미로 국한되지 않는다. 「혈」과 「가시 자국-혈 2」에서 침놓는 기술을 배우는 장면은 단순하게 장인의 전통을 전수받는 것으로 해석되지 않으며 이때 '침'은 다만 혈을 다스리는 처방 기구를 뜻하지 않는다. 급소와 침은 삶의 태도를 함축한 상징물이다.

> 침은 아프지 않아야 할 뿐만 아니라 어떨 땐 시원하고 어떨 땐 따뜻할 수 있어야 하는 거다. 니가 환자의 몸과 혈을 충분히 이해한다면 지금 니가 가진 침에 대한 감각 위에 온기를 조절할 수 있게 될 거야. 참외 과육에도 결이 있는 줄은 몰랐지? 부디 상대방의 결을 읽으렴. 안 그러면 그 사람의 병이 네게 옮아올 수도 있어.[572]

---

571 김덕희, 「급소」, 소설집 『급소』, 69쪽.

572 김덕희, 「가시 자국-혈 2」, 소설집 『급소』, 201~202쪽.

대침 하나 가슴 깊숙이 들어와 있는 이 기분을, 잊을 수 있을까. 홀로 숨죽여 울고 있는 어머니를 발견하고 홧김에 아버지를 죽여버리겠다고 소리를 지른 적이 있다. (…) 외과용 매스를 닮은 참침은 언제 써봤는지 기억이 없으나 늘 깨끗하고 날카롭게 손질되어 있다.[573]

"상대방의 결"을 매만질 수 있는 침에 대한 감각을 지닌 남자는 날카로운 "참침"을 가슴 속에 간직하며 살아간다. 그가 간직한 참침은 언제든지 급소를 찌를 수 있을 것처럼 잘 손질되어 있다. 한의사인 남자에게 참침은 다수의 사람들을 향한 모종의 적의로 나타난다. 무협지를 보며 자란 남자들이 온몸을 마비시킬 수 있는 급소가 정말 있는지를 물었을 때 남자는 "사람들에게 내가 어쩌면 누군가를 죽일지도 모른다고 말해버린 적이 있었다."[574] 정교하게 마음을 다스려 몸에 침을 놓는 기술은 '실상'과 '가상'을 분별하는 눈이 된다. 남자는 「하울링」에서 사장이 자주 쓰는 '실상'이라는 단어를 새겨듣는다.

"그런데 말이야. 다른 직원들 눈도 생각해야 하지 않겠나. 실상 지금이 휴가 시즌도 아니고, 너도 나도 휴가를 내겠다고 하면 일은 누가 해? 요즘 같아선 실상, 기역 니은만 구분할 줄 알아도 데려다 쓸 판이야. 모르겠어? 이제 기반이 좀 잡히려는 신호라고. 실상 아주 중요한 시기지. 그러니 휴가는 좀 미루고, 직원들

573 김덕희, 「혈」, 소설집 『급소』, 296쪽.
574 김덕희, 「혈」, 소설집 『급소』, 193쪽.

모두 함께 어디 공기 좋은 데로 바람이나 쐬고 오도록 해보자구. 또 말이지, 실상 우리 회사에서 고생 안 하는 사람이 누가 있어? 조만간에 인원도 보충할 거고, 그땐 숨 좀 돌리면서 일할 수 있을 거야. 장담할게."[575]

휴가를 가겠다는 '나'에게 사장은 '실상'이라는 단어를 남발하면서 회사의 어려운 상황을 설명했다. 그런데 사장이 사용하고 있는 그 '실상'이라는 말이 정말 믿을 만한 '실상'을 가리키는 것인지 알 길이 없다. 남자는 실상과 가상의 경계가 모호한 이 말들의 소음에서 벗어날 수 있는 방법을 고민한다. 그때 탁이 이런 장치를 제안했다. "(…) 태어날 때부터 스캔을 하면서 사는 거지. 그렇게 차곡차곡 스캔을 받아놓으면 터미널이 외국어 무늬를 그 사람이 학습해온 모국어 무늬에 매칭시켜서 전송해주면 그냥 다 알아듣는 거야."[576] '나'는 그 '기술의 진보'에 선뜻 동의하진 못하지만 거절할 수도 없다.

체험할 수 없는 것이 아예 사라지고 말 기술의 진보가 나는 무섭다. 그래서 비교적 원시의 형태에서 변형이 더딘 언어인 문자 속으로 숨어들었다. 그러나 글자와 문장을 매만지는 일은 꽃꽂이나 뜨개질과는 전혀 달랐다. 바이러스처럼 급속히 확산되고 변이되는 지식을 감당하기에 문자는 지나치게 관념적이고 무력했다. 그 무능함 때문에 영상과 소리를 비롯해 오감을 자극할 수 있는

575 김덕희, 「하울링」, 소설집 『급소』, 147쪽.
576 김덕희, 「하울링」, 소설집 『급소』, 157쪽.

모든 것이 동원돼야만 했다. 그만, 이라고 외치고 싶을 때가 한두 번이 아니었다. 가끔은 거대한 가상 속에서 출구를 찾지 못하고 허덕이는 꿈을 꿨다.[577]

엔지니어가 지정해준 터미널에 들어가 누웠다. 남자는 그 속에서 "어머니의 품에 안긴 것처럼 따뜻하고 편안한 기분"을 느낀다. 그런 후 "몸의 힘을 최대한 빼고 내게 다가오는 가상, 아니 실상을 받아들인다."[578] 무의미한 말들이 교란하는 세상에서는 가상은 곧 실상이다. 무엇이 가상이고 무엇이 실상인가. 눈으로 읽는 글자는 무슨 뜻이며 손으로 쓰는 문장은 대체 어떤 의미를 지니고 있는가? 안다는 것은 무엇인가?

이 같은 질문들을 「낫이 짖을 때」에서는 필경사 수복이의 성장 과정에 배치한다. 소설의 서두는 스승의 입에서 흘러나온 한 문장으로 시작된다. "나는 글을 읽을 줄 모른다."[579] 한 아이가 '나'의 이야기를 종이 위에 옮겨 적는다. 스승의 눈에 아이는 "자기에게 허락된 앎과 금지된 앎을 구분할 줄 아는 영민함이 기특하다. (…) 하나하나 눈에 익지만 그 뜻과 소리는 모른다."[580] 이제부터 수복이의 눈물겨운 진통이 이어진다.

글을 배울 수 없는 노비 신분으로 자라난 수복이는 점점 글의 쓸

---

577 김덕희, 「하울링」, 소설집 『급소』, 158쪽.
578 김덕희, 「하울링」, 소설집 『급소』, 167~168쪽.
579 김덕희, 「낫이 짖을 때」, 소설집 『급소』, 103쪽.
580 김덕희, 「낫이 짖을 때」, 소설집 『급소』, 103쪽.

모를 알게 됐다. 아버지는 과거에 자신이 겪었던 고통을 똑같이 반복해서 겪지 않도록 글의 뜻을 아는 것을 금지했다. 아버지와 주인의 말이다.

> "아프냐. 그 고통을 기억하거라. 니가 만약 글을 깨친다면 백 배 천 배의 고통이 뒤따를 것이다. 명심해라. 아직도 우리를 보는 눈이 있다. 니가 글을 깨치는 건 이 아비를 사지로 몰아넣고 네 뼈와 살을 뭉개는 짓이다."[581]

> "이놈은 글을 모르니 네놈들처럼 제가 쓰는 것에 그 어떤 사사로움도 담지 않을 것이다. 어디 네놈들과 다른 점이 그뿐인 줄 아느냐. 보아라. 여기 있는 네놈들은 죽었다 깨어나도 나흘 만에 이런 일은 해내지 못할 것이다."[582]

수복이는 모든 것들을 자기 손으로 "베껴보고 싶은 욕망"을 버릴 수 없었다. 글자 대신 흙바닥에 그림을 그리기 시작했다. 그림 솜씨는 나날이 발전해갔다. "낫을 그리면 풀을 벨 것 같고 개를 그리면 곧바로 짖어댈 것만 같았다."[583] 그렇지만 수복이는 살기 위해서 글자의 뜻을 알아서는 안 된다는 아버지의 당부를 지켰다. 주인은 필사 작업에 있어서 무엇보다 중요한 것은 자신이 옮겨 베껴 쓴 글 안

---

581 김덕희, 「낫이 짖을 때」, 소설집 『급소』, 122쪽.
582 김덕희, 「낫이 짖을 때」, 소설집 『급소』, 123쪽.
583 김덕희, 「낫이 짖을 때」, 소설집 『급소』, 105쪽.

에 사사로움을 담지 않는 일이라고 했다. 바꿔 말해 글자를 베껴 쓰는 일에는 세상의 이치를 자신의 견해에 비추어 왜곡하지 않는 태도를 지녀야 하는 것이다. 그래야만 있는 그대로의 '실상'에 다다를 수 있다.

늙은 필경사 수복이는 옛 성현의 말씀을 담은 귀한 경전을 나흘 동안 베껴 완성했다. 주인은 필사본을 보고서 감격했다. "똑같구나. 똑같아. 획의 흔들림까지, 점의 망설임까지, 먹이 튄 자국까지 그대로구나."[584] 후원에 들어온 지 10년, 수복이의 필사 작업은 계속되었다. 스승이 지어낸 새 글을 옮겨 적기 전에 그는 생의 깨달음을 몇 마디 말에 담아 전한다.

> 나는 여전히 글을 읽지 못한다. 그러나 이제 필사에 노회해져 스승의 글을 베끼면서 내 안에서 이는 생각을 다스리지 않아도 된다. (…) 물론 필사는 점 하나 틀리는 법 없이 완벽하다. 나는 언제부턴가 글에서 자유로워지고 있는 게 분명하다. 그걸로 됐다. 더 바란다면 욕심일 것이다.
>
> 이쯤에서 내 이야기를 마쳐야겠다. 이제 나는 스승이 내게 맡긴 새 글을 필사할 참이다. 마침 임금의 일지가 아니라 스승이 갓 지어낸 이야기라고 한다. (…)
>
> 스승의 새 글은 이렇게 시작되고 있다.
>
> "나는 글을 읽을 줄 모른다."[585]

---

584 김덕희, 「낫이 짖을 때」, 소설집 『급소』, 124쪽.
585 김덕희, 「낫이 짖을 때」, 소설집 『급소』, 133쪽.

이제 필경사 수복은 한 글자 한 글자를 새기는 동안에도 어떤 생각이든지 자유롭게 떠올릴 수 있게 되었다. 글자의 뜻을 모르기에 지금 종이 위에 쓰고 있는 문자와 머릿속에 차오르는 생각은 아무런 관계가 없었다. 진정한 필경사란 그렇듯 베껴 쓰는 이의 생각과 글자가 종이 위에, 함께 있으면서 또 따로 있는 경지에 도달한 사람을 일컫는 말일 것이다.

수복이는 바틀비(Bartelby)가 그랬듯 자신을 그저 평범한 사람("I am not particular")이라고 여겨주길 바랬을지 모른다. 수복이의 성실한 손은 자신도 모르게 '아무것도 하지 않음으로써 저절로 되어 있음'의 순간을 펼쳤다. 한 글자 한 글자에 세상의 모든 것을 있는 그대로 정성껏 베껴 그리다 보면 언젠가 '낫이 짖을 때'가 올 것이다.

이 글을 닫으면서 나는 갑자기 글자의 뜻을 읽을 줄 몰랐으면 했다. 믿기 어려운 일이 다반사로 일어나는 이 비참한 현실을 섬세하게 그려 보이고 있는 소설책들에서 잠시 눈을 떼어 다른 생각을 하고 싶었던 것이다. 그러나 그 경지에 이르는 것이 얼마나 어려운 일인지를 잘 알고 있다. 가상과 실상을 분별하기 위해서는 더 깊은 곳에서 사물들, 장소들, 소리들, 풍경들을 지극 정성으로 옮겨 적고 생각해야 할 것이다. 여전히 문학이 감당해야 할 역할 중의 하나는 삶을 왜곡하지 않고 곡진하게 그려내는 일이라는 것임에는 의심이 깃들 여지가 없다.

불면의 감촉

불면의 감촉

접히듯 내리는 어둠의 시간에는
어쩌면 희미하게 전해지는 우리 손끝의 느낌
이외엔 아무것도 없는 것일지도 몰라요.
그리고 우리의 행동과.[586]

보이지 않는다고 해서 아예 없다고 말할 수 있는 것은 아니다. 어떤 것은 없음 그 자체로 있으며 어떤 것은 있는 그 자체로 없다. 사라진 줄 알았던 것들이 불현듯 되돌아오고 바로 곁에 있다고 믿었던 것들이 흔적 없이 자취를 감추곤 한다. 본 것은 보이는 그대로가 아니었을지도 모른다. 들은 것은 들린 그대로가 아니었을지도 모른다.

어둠 속에서 오직 손끝의 감촉만이 살아 있음을 증거한다. 손끝으로도 닿을 수 없는 X에게 어떤 말들을 건넬 수 있을까. 이 막막한 마음을 어떤 문자로 그려볼 수 있을까. 감각하는 손에는 결정적 순간만 남는다. 떨리는 손들이 기록한 문장들에 완벽하게 갇힌다. 갇혀 있는 자만이 그곳에서 벗어나기 위한 행동을 개시할 수 있다. 쓸모없는 말들이 적힌 이 편지가 X에게 전달될 수 있다면.

586 존 버거, 김현우 옮김, 『A가 X에게』, 열화당, 2009, 143쪽.

1. 사라지는 가운데

임철우의 소설집 『연대기 괴물』(2017)은 오랜 상처의 자국들을 더듬어 문자로 기록하는 작업에 바쳐진다. 이번 소설집에서는 역사와 일상을 바라보는 시선이 한결 더 깊어졌다. 그 지독한 사랑의 눈빛은 어두운 곳에 드리워진 그림자를 일으켜 따스한 숨결을 불어넣는다. 손끝에서 온기가 전해진다.

> 당신은 이제 알고 있다. 언덕 아래 저 작은 마을 하나에도 얼마나 많은 이야기가 감추어져 있는지를. 저 오밀조밀한 지붕, 골목, 돌담, 밭 들 하나하나마다 각기 저만의 이야기를 간직하고 있다는 사실을.[587]

> 당신이 잃어버린 사람들, 이름, 얼굴, 목소리, 숨결, 체취, 살의 온기와 감촉. 그리고 당신이 잃어버린 풍경과 소리와 색깔들⋯⋯ 오로지 그것들만이 진정한 당신의 몫, 당신의 유일한 재산이었다.[588]

당신의 눈빛과 손끝이 머무는 곳은 저 평범하고 사소한 것들이 저마다 품고 있을 작은 이야기들이다. 기억하는 것은 고통스럽게 살아가고 있는 당신의 몫이다. 섬세한 손길로 고통의 흔적을 거슬러 올

---

587 임철우, 「이야기 집」, 소설집 『연대기 괴물』, 문학과지성사, 2017, 237~238쪽.
588 임철우, 「흔적」, 소설집 『연대기 괴물』, 39쪽.

라가 사라진 것, 잃어버린 것들에 간직된 이야기들을 상기한다. 그것은 단지 의지만으로 할 수 있는 일이 아니며 선택할 수 있는 문제도 아니다.

흔적들은 예고 없이 언제든지 여기로 회귀한다. 어느 날, 사내의 "죽은 아내가 다시 집으로 돌아왔다."[589] 사내는 지난날을 떠올릴 때마다 자책과 회한의 감정이 앞선다. "그랬더라면, 이 모든 것이 달라졌을까."[590] 지우려 해도 지울 수 없는 흔적들 사이로 그때 애타게 부르며 호소하던 말들, 온전한 말들이 되지 못한 말들이 되살아온다.

> "(…) 아아, 그때 난 문을 열어주었어야 했어요. 그의 이야기에 잠시만이라도 귀를 기울여야 했어요. 그런데도 난 방 안에서 문고리를 더욱 세게 그러쥐기만 했어요. 바로 문밖에선 누군가 꽁꽁 얼어 죽어가고 있었는데도요……"[591]

> 꿈속에서 그는 마치 그 여자를 예전부터 알고 있었고, 뭔가 꼭 털어놓아야 할 어떤 절박한 얘기가 있는 것 같은 느낌이었다. 목구멍까지 차올랐던 그 말, 끝내 토해내지 못한 그 말은 대체 무엇이었을까.[592]

---

589 임철우, 「흔적」, 소설집 『연대기 괴물』, 11쪽.
590 임철우, 「흔적」, 소설집 『연대기 괴물』, 25쪽.
591 임철우, 「간이역」, 소설집 『연대기 괴물』, 200쪽.
592 임철우, 「남생이」, 소설집 『연대기 괴물』, 269쪽.

'나'는 1968년 무렵 전라남도 K시 변두리 마을에 살았던 추미화를 떠올린다. 그 시절 아이들 사이에선 공동묘지 옆 판잣집에 사는 문둥이에 대한 소문이 널리 퍼져 있었다. '나'는 판잣집에서 미화를 본 그날부터 잠을 이루지 못했다. "어쩌면 미화도 문둥이일지 몰라. 미화와 나누어 먹었던 볶은 콩, 오이, 감자, 시루떡에도 병균이 묻어 있지 않았을까. (…) 아아, 이러다 나도 문둥이로 변하는 게 아닐까."[593] 그때 미화는 아버지와 오빠가 문둥병을 앓고 있다는 사실을 아무에게도 말하지 않기를 당부했지만 판잣집에서 도망쳐 오던 중 옆집 병우를 마주친 순간에 우려는 현실이 되었다. 미화와 헤어지던 날을 떠올리면 막막한 마음의 물결이 차오른다. "차라리 그랬더라면 좋았을 터이다. 그런 무시무시한 저주라도 퍼붓고 떠나주었더라면……."[594]

그러나 이젠 이전의 상태로 돌이킬 수 없다는 것을 알고 있다. 당신이 두려운 것은 미래의 어느 시간에 마주하게 될 죽음의 얼굴이 아니다. 미래에 닥칠 죽음보다 더 절실한 것은 "어떻게 죽을 것인가. 어떻게 죽어야 이 초라한 흔적을 지상에 남기지 않을 것인가."[595]라는 질문을 안고 사는 것이다.

고통스러운 세월만큼 사라짐을 향한 열망은 더욱 강렬하게 일었다. 사내는 심야의 여객선을 탄 노부부가 항해 도중 선상에서 행방

---

593 임철우, 「남생이」, 소설집 『연대기 괴물』, 284쪽.

594 임철우, 「남생이」, 소설집 『연대기 괴물』, 288쪽.

595 임철우, 「흔적」, 소설집 『연대기 괴물』, 39쪽.

불명된 사건을 접한 후 '울음소리'에 대해, "목숨을 가진 지상의 모든 것들에게서 흘러나오는 소리"에 대해 생각했다. 그리고 "부디 그들이 다시 떠오르지 않기를 바랐다."[596] 이 세상에서 살아가는 것보다 바다의 심연으로 영영 가라앉길 바랐다. 아무런 흔적을 남기지 않고 이 세상에서 완전히 사라지길 원했던 것이다. 당신은 아내의 환영을 다시 보게 되었을 때 비로소 마음 속 깊은 곳에 자리한 울음 하나를 꺼내놓는다.

> "여보, 나는 다음 세상에선 절대로 사람으로는 태어나지 않을 테요. 나물, 풀 한 포기로, 꽃 하나로 그렇게 피어났다 사라지고 싶소. 이 세상의 어느 후미진 들판이나 골짜기에 한 알 풀씨로 아무렇게나 떨어져서, 아무런 흔적도 남기지 않고, 햇빛과 바람, 비와 눈보라를 맞으며 그렇게 피었다가 사라지고 싶소. 당신도…… 나는, 당신도 그랬으면 좋겠소."[597]

이 간절한 염원을 담은 작가의 손길은 흔적 없이 사라진 사람들의 흔적을 발굴하는 데로 옮겨간다. 쓸모없이 사라져버린 사람들, 어디에도 기록되지 못한 사람들의 생애를 건져 올린다. 「연대기, 괴물」에서 '나'는 '육십대 노숙자 지하철 투신자살' 사건에 관한 신문기사를 접한다. "송달규. 1949년생. 주소 불명. 파월 장병으로 1년간 복무." 그러나 송달규는 베트남참전전우회의 회원에 가입한 적이 없었고

596 임철우, 「흔적」, 소설집 『연대기 괴물』, 42쪽.

597 임철우, 「흔적」, 소설집 『연대기 괴물』, 43쪽.

본적지인 남해안의 작은 섬을 떠난 후로 연락이 끊긴 상태라고 했다. 달규는 계룡산 인근의 기도원에서 20년 넘게 기거해왔던 것으로 알려졌다. 노인 달규의 시체는 무연고자 유골 임시 보관소로 옮겨졌다.

임철우의 '괴물, 연대기'는 형사가 '사건 종결'이라고 기입한 다음부터 시작된다. "자, 이제부터 그 남자의 생애 마지막 날로 돌아가 보기로 하자." 서울역 앞 지하도에서 아침을 맞이한 달규는 "묵직한 쇠사슬이 땅바닥에 끌리는 것 같은 기이하고 섬뜩한 소리."[598]를 들었다. 그때 그는 어린 시절 괴물과 처음 맞닥뜨렸던 날을 떠올렸다. "피 묻은 쇠갈고리를 쥔 사내. 바다 위를 떠다니는 수많은 시체들. 수면 위에 해파리처럼 풀어져 너울거리는 여자들의 치렁한 머리채 (…) 붉은 발광체처럼 번들거리는 두 개의 눈알."[599] 달규의 고향 섬에서 있었던 보도연맹 사건 때의 일이다.

> 아이고, 물 위에 떠다니는 그 시신들 때문에…… 어디, 그때만 그랬었나? 인민군 들어와서 한바탕 죽어 나갔지, 그놈들 빠져나간 담에는 또 경찰이 들어와가꼬 그랬지…… 으마마, 진짜 지옥이 따로 없었제. 사람 목숨이 파리 목숨이었지. 거, 말도 말어. 그때 그놈들, 서북청년단인가 뭔가 하는 몽둥이패 말이여. 나는 시방까지도 몸서리가 다 쳐진다고.[600]

---

598 임철우, 「연대기, 괴물」, 소설집 『연대기 괴물』, 52쪽.

599 임철우, 「연대기, 괴물」, 소설집 『연대기 괴물』, 55쪽.

600 임철우, 「연대기, 괴물」, 소설집 『연대기 괴물』, 58~59쪽.

몽둥이패라고 불린 사람들 중에서 김종확은 더 큰 소리로 외쳤다. "4·3 폭동 때 이 갈고리로 즉결 처단한 뺄갱이 숫자가 얼마나 되는 줄 알간?" 달규의 외조부는 딸이 낳은 아이가 "그 악마 놈의 핏줄"이라는 것을 알고서 그 아이를 육촌뻘인 아랫마을 칠수의 아들로 호적에 올렸다. 호적상에 적힌 달규는 태어나기 몇 달 전에 사망한 사내아이의 이름이었다. 그때부터 진태는 달규라는 이름으로 살아왔다.

돌아보면 달규가 살아온 시간은 숱한 악마와 괴물들을 마주하는 경험의 연속이었다. 열일곱 살 되던 해, 섬을 떠난 달규는 베트남파병 근무 명령에 복무한 후 베트남에서 귀국한 지 10년이 지나 고엽제와 화학 가스 후유증을 겪었다. 고향 섬으로 돌아갈 수도 없었던 그는 떠돌지 않으면 견딜 수 없었다. 유랑 생활을 하던 어느 날, 사할린 근해 어디에선가 광주에서 굉장한 난리가 났다는 소식을 접했다. 세월호 참사가 일어나던 곳에서도 "네 개의 거대한 다리를 가진 정체불명의 괴물"이 뒤집힌 선체 주위를 유유히 헤엄치고 있는 장면을 보았다.

달규는 자신의 생부를 찾아 거리를 헤맸다. 달규의 눈에는 광장에 몰려나온 사람들이 모두 유령처럼 보였고 자신도 유령처럼 느껴졌다. 광장에 모인 무리들 중에는 세월호는 단순한 사고이며 정치적으로 이용해서는 안 된다고, 종북 세력에게 끌려 다니면 안 된다고 강변하는 사람들이 있었다. 거기에서 달규는 "서북청년단처럼 몽둥이를 들자. 이는 우리에게 주어진 역사적 사명이다."라고 외치는 노인을 보았다. 바로 달규 자신의 생부이기도 한 괴물의 얼굴을 본 것이다. 지하철역에 투신하던 날, 달규는 다시 "놈의 정체"를 확인했다.

"그것은 그의 아비였고, 또한 바로 그 자신이었다. 온몸으로 피냄새를 풍기는, 세상 모든 악의 형상이었다."[601] 그 정체불명의 괴물을 본 순간 달규는 놈을 향해 몸을 던지는 것을 주저하지 않았다. 지하철에 투신해 생을 마감한 노인 송달규의 망막에는 도처에 살아 있는 악마와 괴물의 형상이 분명하게 찍혀 있었을 것이다.

임철우의 소설들은 보도연맹, 베트남전쟁, 광주5·18, 세월호에 이르는 비극적인 역사 속에서 지속적으로 살아 움직이는 괴물들의 정체를 드러낸다. 김형중은 작가 임철우의 충실한 윤리성에 대해 다음과 같이 말한다. "그 어떤 형체의 유골이 지상으로 되돌아가겠노라고, 내 몫을 요구하겠노라고, 그러니 나의 사연을 지상에 전하라고 자신을 소환해도 묵묵히 이에 응하는 발굴자의 자리에 임철우가 있다. 그는 사건들의 기록자다."[602] 아울러 이번 소설집에서 임철우는 사라지는 흔적의 가운데에서, 또 다시 서성이는 듯하다. 그의 눈은 지상의 모든 것들이 흔적 없이 사라지는 시간을 응시한다.

한때 "날렵하고 섬세한 손을 갖고 있었던 옹기장이"였던 사내의 눈은 저무는 저녁의 풍경 사이를 스쳐간다.

> 그는 지금 그것들의 나지막한 숨소리를 듣고 있다. 그리고 그 낮은 지붕들마다 깃들어 살고 있을 무수한 사람들을 생각한다. 머잖아 저들도 모두 이 세상을 떠나 흔적 없이 사라지리라.[603]

---

601 임철우, 「연대기, 괴물」, 소설집 『연대기 괴물』, 100쪽.

602 김형중, 「임철우, 사도 바울」(해설), 임철우, 소설집 『연대기 괴물』, 371쪽.

603 임철우, 「세상의 모든 저녁」, 소설집 『연대기 괴물』, 151쪽.

> 그 누추한 자루 속에 담긴 한 생애의 모든 시간, 추억, 풍경들 그리고 이야기들도 함께 지워지고 있다. 그렇다. 아무도 모르는 사이, 작고 이름 없는 세계 하나가 지상에서 영원히 사라진 것이다.[604]

그의 시선, 아니 임철우의 시선은 곧 어둠 속으로 사라지게 될 세상의 모든 것들에 머물러 있다. 그 사이로 점점 희미해지는 풍경들, 지워지고 있는 이야기들이 현상된다. 빛과 어둠이 교차하는 저녁은 기나긴 고통의 세월과 작별하려는 의식을 준비하는 시간이기도 하다. 수많은 흔적들이 켜켜이 퇴적된 시간의 지층은 오랜 세월이 흘러간다 해도 쉽사리 소멸되지 않을 흔적을 다시 불러온다.

2. 세월이 흘러가도

2014년 4월 16일, 세월호 침몰 사건. 말도 안 되는 그 참혹한 장면을 두 눈 뜨고 그저 지켜봐야 했던 그날. 그때 그날이 남겨준 아픈 자국들은 세월이 흘러가도 지워지지 않는다. 그날은 더 선명한 모습으로 밀려온다. 세월호 이후, 세계를 바라보는 방식은 이전의 것과 동일할 수 없다.

김탁환의 소설집 『아름다운 그이는 사람이어라』(2017)와 방현석

---

604 임철우, 「세상의 모든 저녁」, 소설집 『연대기 괴물』, 152쪽.

의 중편 『세월』(2017)은 세월호 이후의 한국사회의 현실을 서로 다른 각도에서 조명하면서 세월호 문학이 감당할 과제를 열어준다.

김탁환의 소설집 『아름다운 그이는 사람이어라』의 해설에서 김명인은 "이 소설들은 고통 속에서도 연대하는 아름다운 인간들의 이야기이기도 하지만, 어떻게 보면 그날 이후 더할 수 없이 깊어진 집단적 외상이 견딜 수 없어 스스로 자기 치유의 길을 찾아 나선 이야기라고도 할 수 있다."[605]고 언급한다. 요컨대 김탁환이 꾸준하게 시도해 온 '세월호 문학' 작업은 집단적 외상과 자기 치유의 길을 모색하고 있는 작가 자신 또한 거기에서 한 걸음도 나아갈 수 없다는 것을 징후적으로 보여준다.

김탁환의 「제주도에서 온 편지」는 "2025년 4월 16일, 제주에서, 윤현진"이 당시 희생된 여선생님께 보내는 편지 형식으로 되어 있다. 그해 봄 고등학교 2학년이었던 윤현진은 침몰선에서 탈출해 살아남았지만 절친했던 민아를 비롯해 친구들, 담임선생님을 다시는 만날 수 없게 되었다. 이제는 교사가 된 윤현진은 이렇게 묻는다. "이런 참혹한 경험이 있는 교사와 없는 교사가 어떻게 같을 수 있겠어요."[606] 기울어진 배 안에서의 경험이 있는 것과 없는 것은 많은 질문들을 일으킨다.

> 가만히 있으라는 반복 속에서, 혹시 선생님은 사소하지만 중

---

605 김명인, 「'세월호 문학'의 시작」(해설), 김탁환, 소설집 『아름다운 그이는 사람이어라』, 돌베개, 2017, 343~344쪽.

606 김탁환, 「제주도에서 온 편지」, 소설집 『아름다운 그이는 사람이어라』, 153쪽.

요한 차이를 발견하신 건 아닐까요. 15도 배가 기울었을 때 가만히 있으라는 것과 45도 기울었을 때 가만히 있으라는 것, 75도 기울었을 때 가만히 있으라는 것은 같은 의미일 수 없으니까요. 겉으로 보기엔 똑같은 여섯 글자라 해도, 상황이 바뀌면 의미가 달라지는 법입니다. 배의 각도에 따라, 우리 반 객실의 유리창에 비친 바닷물의 출렁임과 색깔이 달라지듯이.

(…) 배에서 당장 나가라고 말한 사람은 아무도 없어요. 단 한 사람만이라도 그렇게 외쳤더라면, 더 많은 친구들이 살았을 거예요. 선원들은 왜 그렇게 하지 않았을까요. 해경들은 왜 그렇게 하지 않았을까요. 교사들을 비판하는 목소리도 있지만, 저는 선생님까지 원망할 마음은 없어요. 선생님은 구명조끼도 입지 않고 바삐 경심이를 찾으러 3층 식당으로 향하기 직전, 제게 눈길을 주셨어요. 그리고 고개를 끄덕이셨죠. 말은 하지 않으셨지만 느낄 수 있었어요.

나는 널 믿어![607]

'가만히 있으라'는 말이 기울어지는 배의 각도에 따라서 그 의미가 달라질 수 있다는 것. 이 여섯 글자가 상황에 따라 의미의 변화를 가져온다는 것. 또, 현진은 그때 그 배안에서 누구도 왜 배 안에서 나가야 한다고 외치지 않았는지를 도무지 이해할 길이 없다. 말하지 않았지만 느낌으로 전해 받은 선생님의 한 마디 말을 기억한다. '나

607 김탁환, 「제주도에서 온 편지」, 소설집 『아름다운 그이는 사람이어라』, 150~151쪽.

는 널 믿어!' 그 말은 윤현진의 삶에 어떤 의미가 되었을까.

침몰선 안에서 마지막으로 보고 들었던 말과 눈빛은 살아남은 자들에게 새로운 질문들을 가져다준다. 「눈동자」에서는 그 문제를 침몰선에서 살아남은 '나'와 침몰선을 화두로 품고 있는 소설가의 대립을 통해 현상한다. '나'는 소설가가 칼럼에 적은 바, "얼마나 절실하게 질문을 던지는가가 중요하다. 그 질문이 소설을 새로운 끝으로 밀고 간다"[608]라는 문장을 기억한다. '나'는 소설가의 그 눈동자 때문에 글을 쓰기 시작했다. 그 배 안에서 마주친 눈동자들이, 경험의 있음과 없음이 삶을 해석하는 절대적 기준이 된다.

세월호를 직접 경험한 일과 세월호에 관한 질문은 결코 동일한 위치에서 생각할 수 없는 문제다. 소설가에겐 세월호 참사를 둘러싼 질문들을 던지는 것이 중요하다면 '나'에게는 침몰선에서 봤던 그 '눈동자'들이 전부인 것이다. 세월호의 실재와 재현, 당사자들의 경험과 작가가 던진 물음 사이의 간극은 영영 메울 수 없는 빈틈을 남긴다. 사람들이 왜 유가족들과 함께 사생결단 단식까지 감행하였느냐고 물었을 때 "그 질문에 답하기 위해서라도, 나는 다시 눈동자로 돌아가야 한다."[609]

> 내가 할 수 있는 일이라곤 그녀를 내려다보는 것뿐이었다. 그녀의 눈동자를 내 눈동자에 담는 것뿐이었다. 그 순간 세찬 물살이 그녀를 휩쓸어 덮었다.[610]

608 김탁환, 「눈동자」, 소설집 『아름다운 그이는 사람이어라』, 11쪽.
609 김탁환, 「눈동자」, 소설집 『아름다운 그이는 사람이어라』, 22쪽.

나는 그 질문의 답을 마무리 발언에서 이미 밝혔다. "아저씨, 난 어떻게 해요?"라는 질문에 답을 못해서라고. 이제 안전한 국가가 되었으니 마음 편히 기다리면 전원 구조될 것이라고 답할 수도 없고, 이 나라는 안전하지 않으니까 자기 목숨은 자기가 알아서 지키라고 답할 수도 없어서라고.[611]

침몰선에서 잡은 손을 놓아버린 그 짧은 순간에 할 수 있는 일은 휩쓸려 가는 눈동자 하나를 자신의 눈에 새기는 것뿐이었다. 그러나 여전히 눈동자들이 남긴 간절한 물음에 대해 응답할 준비가 되어 있지 않다. 끊긴 기억 속의 장면들은 명료한 대답을 밀어낸다. 자신을 '눈동자 수집가'라고 부르는 그에게서 우리는 세월호를 문학의 언어로 담는다는 것이 얼마나 어려운 일이며 동시에 그때의 아픔을 온전히 드러낼 수 없으리라는 절망을 미리 읽는다.

"그 개잡놈의 새끼가 바로 나야. 내가 낚아챈 거라고. 소설을 아무리 잘 써봤자 뭘 해? 아이들은 죽어버렸고, 아이들 버려두고 살아 돌아온 놈은 이 핑계 저 핑계를 대며 또 살아. 내 문장은 때늦은 한숨 같아. 이깟 한숨, 이러니저러니 늘어놓는 게 싫어. 난 자격 없어. 입 처닫고 조용히 아이들 영혼을 위해 기도나 드리는 편이 나아. 소중 씨가 나라면 어쩌겠어? 그래도 계속 쓰겠

610 김탁환, 「눈동자」, 소설집 『아름다운 그이는 사람이어라』, 31쪽.
611 김탁환, 「눈동자」, 소설집 『아름다운 그이는 사람이어라』, 33쪽.

어?"[612]

재현의 범위를 초과해버린 사건에 대한 이야기를 쓸 수 있을 것인가. 이 문제는 「소소한 기쁨」에서 편집자 금소중과 작가 탁모독을 통해 계속된다. 편집자 금소중은 황철후 선생의 원고를 편집하는 일을 맡고 있는 중 선생의 죽음으로 고통스러워한다. 갑자기 소설 쓰기를 중단하겠다고 통보한 작가에게 금소중은 황철후 선생이 바라본 '우리 나무'를 소개한다. 그 나무 앞에서 금소중은 황철후 선생이 했던 말, "대단한 걸 따로 찾지 말라고, '소소한 기쁨을 상처 입은 자들 곁으로 가서 함께 나누라'고 그러셨어요."[613]라고 탁작가의 소설 작업을 응원한다. 작가는 소설을 다시 이어서 쓰기로 결정할 수 있었을까.

세월호를 겪은 이들에게 현실은 환상과 선명하게 구분되지 않는다. 팟캐스트 사회자가 민간 잠수 오민재에게 "악몽을 꾸십니까?"라고 묻자 오민재는 악몽을 꾸지는 않지만 "그것들은 어디에나 있어요."라고 대답했다.

> "그것들이라고요? 맨정신에 뭘 본다는 겁니까?"
>
> "이렇게 팔을 뻗고 굴려 뛰면 만져집니다. 창들, 계단들, 복도의 벽과 문, 여행 가방들, 이불과 베개……."
>
> "만지면서 뭘 하시는 겁니까?"

---

612 김탁환, 「소소한 기쁨」, 소설집 『아름다운 그이는 사람이어라』, 307쪽.
613 김탁환, 「소소한 기쁨」, 소설집 『아름다운 그이는 사람이어라』, 329쪽.

"찾고 있어요."[614]

잊히지 않은 아픔은 눈에 보이는 모든 것들을 다시 더듬어 생각하게 한다. 세월호 이후, 우리들은 여전히 무엇인가를 찾고 있다. 형체 없이 사라진 몸들, 녹슨 선체의 파편들, 끝없이 이어진 노란 리본들, 이 모든 것은 우리가 매일 밤 꿈꾸는 악몽의 현장에 발견되는 것들이다.

방현석의 중편 『세월』(2017)은 세월호 참사를 한국이라는 공간에 국한하지 않고 국제적인 범위로 확장해 다룬다. 베트남인 쩌우와 로안 부부는 세월호 소식을 접한 후 한국 남자와 결혼한 큰딸 린의 가족들을 찾아 팽목항에 도착한다. 그러나 세월호 침몰로 딸의 가족을 모두 잃은 그들에겐 깊은 슬픔을 어느 누구에도 전달할 방법이 없다. 아무도 이방에서 온 낯선 그들에게 관심을 보이지 않는다. 말로 표현할 수 없는 죽음들에 대해 한 마디의 설명도 듣지 못한다.

> 나에게 어떻게 해도 그건 괜찮아. 아무도 설명해주지 않아도 내 사위와 내 외손자를 내가 알아보지 못하는 일은 없을 테니까. 그런데 탈출할 수 있는 충분한 시간이 있었는데도 왜 내 딸이 거기서 죽어야 했는지, 내 사위와 외손자가 왜 아직도 저 안에 갇혀 있어야 하는지는 누가 설명해주어야 하지 않아?[615]

614 김탁환, 「찾고 있어요」, 소설집 『아름다운 그이는 사람이어라』, 254쪽.
615 방현석, 중편 『세월』, 아시아, 2017, 51쪽.

"사람이 아직도 바닷속에 갇혀 있는데…… 사람들이 돈 얘기를 해."

투이는 로안을 물끄러미 바라보며 담배연기를 길게 뿜었다.

"그게 한국이야."[616]

"돈이 인격이고, 돈이 없으면 사람이 되지 않는 세상. 돈 앞에서 아주 공정한 나라야."

"우린 여기서 사람이 될 길이 없구나……."[617]

그들에게 한국은 도무지 이해할 수 없는 나라다. 이주민, 타자, 소수자에 대한 차별은 세월호의 현장에서도 예외 없이 나타난다. 그들은 한 사람을 구출하고 살리는 일보다 돈이 더 소중한 사회가 바로 한국이라는 것을 분명하게 확인한다. 침몰한 세월호는 오직 '돈'만 중요시하는 한국사회의 구조적 모순과 한국 사람들의 천박한 인식이 함께 실려 있었던 것이다. 다시 말해 이 소설은 "단지 '세월호'만을 문제 삼지 않고 까마우의 바다로부터 팽목항까지 덮친 그 거대한 신자유주의에 맞서 하나의 물음을 던지고 있다. 우리가 탄 이 거대한 자본주의 여객선은 '지금 침몰 중입니까?'라고. '안전합니까?'가 아니라 '침몰'의 기울기에 대해 묻고 있다."[618]고 할 수 있다.

이렇듯 작가 방현석은 이방인이자 타자의 시선을 통해서 한국이

---

616 방현석, 중편『세월』, 73쪽.

617 방현석, 중편『세월』, 74쪽.

618 정은경, 「더 기울어진 방으로」(해설), 방현석, 중편『세월』, 93쪽.

라는 나라가 대체 어떤 곳인지를 생생하게 보여준다. 아울러 베트남과 팽목항을 잇는 작가의 손길은 세월호의 침몰이 바로 지금 여기의 한국사회 현실을 분명하게 드러내고 되묻는 사건이라고 웅변한다. 또한, 세월호에 갇혀 가라앉은 비참한 현장과 베트남 사람들이 겪어온 비극적인 역사의 흐름을 연결한다. 쩌우는 그의 무릎 위에서 미쩌우 공주 이야기를 들을 때마다 웃고 눈물을 흘리던 큰딸 린의 모습을 떠올린다.

> 등 뒤에 매달려 울고 있는 공주에게 왕은 이렇게 말했지. 걱정마라. 내 너만은 반드시 지킬 것이다. 이 대목에서 그는 방바닥에 엎드려 린을 등에 태우고 같은 말을 한 번 더 반복했다. 걱정 마라, 내 너만은 반드시 지킬 것이다. 린은 까르르 웃으며 외쳤다. (…) 쫑투이 나빠, 미쩌우 공주 불쌍해. 이미 눈물을 주르르 흘리고 있는 린에게 그는 또 흐우의 시를 들려주는 것으로 이야기를 마쳤다. 심장이 잘못하여 머리 위에 놓이니/나라의 운명이 바다 깊이 가라앉았네.[619]

바다 속으로 가라앉은 린의 가족들과 미쩌우 공주의 비극적인 운명이 겹쳐 보인다. 쩌우가 린에게 들려준 베트남 설화의 한 장면이 린의 가족들을 모두 앗아가버린 한국의 바다에서 그대로 재현된 것처럼. 린의 아버지가 읊은 흐우의 시, "심장이 잘못하여 머리 위에 놓이니/나라의 운명이 바다 깊이 가라앉았네."라는 구절은 베트남

619 방현석, 중편『세월』, 23~24쪽.

이 아닌 한국이라는 나라의 운명으로 옮겨와도 무방할 듯싶다.

작가 방현석이 이 짧은 소설에서 보여준 것은 세월호의 트라우마가 공감과 연대의 지평을 확장해 새로운 문제의식이 될 수 있으리라는 하나의 가능성이다. 한국과 베트남을 교차하면서 상처 입은 자들의 연대를 이끌어내는 그의 감수성과 상상력은 세월호 문학이 앞으로 감당해야 할 깊이와 넓이를 아우른다.

3. 그 무엇도 아닌 삶

구효서의 소설집 『아닌 계절』(2017)은 제목에서 보듯이 계절의 흐름이 소설을 전개하는 밑바탕을 이룬다. 무감각하게 보이는 인물들의 태도와 일상에서 일어나는 일들이 오히려 반복되는 계절처럼 자연스럽게 다가오는 것도 그 때문이다. 감각을 잃은 몸들은 세계의 흐름이 들고나는 통로가 된다.

여자와 노파는 같은 동네에 살고 있지만 거기에서 살아가는 이유는 서로 다르다. 노파는 자신의 아픔이 묻어 있는 그 동네를 떠날 수 없기 때문에 살아간다면 여자는 그곳에서 살아가야 할 특별한 이유를 알지 못한 채로 지낸다. 두 여인이 세상에서 일어나는 일들을 해석하는 방식은 같지 않다.

> 모든 기억이 사라져 머릿속이 텅 비어버릴 때나 모든 것이 얼어 움직임을 멈출 때, 비로소 나타나 어릿거리는 두려움의 정체를 여자는 알지 못했다. 그것이 '모든'에 속하지 않고 따로 출몰하

는 까닭을.[620]

우연인 것 같지만, 응? 다 이유가 있는 거란 말이야. 사소하게 이렇게 겹치는 것도, 응? 몰라서 그렇지. 우리가 몰라서 그렇지 세상은 죄다, 응? 죄다 연결돼 있으니까, 빈틈없이 세상은.[621]

여자에게 모든 것은 갑자기 '출몰'하는 것이기에 두려움을 준다. 노파에겐 우연하게 보이는 그 모든 것이 실상 촘촘하게 엮인 사슬처럼 보인다. 노파는 삶에서 일어나는 사건들을 머리카락과 머리카락 사이라는 뜻의 '간발의 차이'로 설명한다. 어쨌든 간에 변함없는 것은 "폐허의 시간이 두 여자의 머리 위로 묵묵히 지나갔다."[622]는 사실이다. 그러므로 순환하는 계절의 흐름 앞에서 개개인의 삶을 필연과 우연의 질서로 분류하는 것은 의미 없는 일이다. 그 모든 것을 몸이 겪는다는 사실만은 분명하다.

여자가 아는 것은 겨울도 한겨울이라는 것, 그래서 몹시 춥다는 것, 분명한 것은 그것뿐이라는 것이었다.[623]

이응이 아는 것은 12월이라는 것과 정말이지 몹시 춥다는 것

620 구효서, 「세한도」, 소설집 『아닌 계절』, 문학동네, 2017, 15쪽.
621 구효서, 「세한도」, 소설집 『아닌 계절』, 24쪽.
622 구효서, 「세한도」, 소설집 『아닌 계절』, 문학동네, 33쪽.
623 구효서, 「세한도」, 소설집 『아닌 계절』, 40쪽.

과 지금 눈이 오고 있다는 것과 강씨가 지나간다는 것 따위였다.[624]

남아 있는 게 있다면 덥다는 것, 8월의 정오는 뜨겁다는 것, 분명한 것은 그것뿐이라는 것이었다.[625]

이응은 언제부터 아내와 방 두 개를 나눠 갖게 된 것인지, 강씨가 왜 그렇게 됐는지가 전혀 궁금하지 않다. 명확한 목적과 이유를 알지 못한 일들이 이응의 곁을 지나가고 흘러간다. 어떤 일들이 왜 일어났는지를 설명할 방법은 없다. 이응은 "그 아득함의 와중에 있었다."[626] 육십 년 동안, 집을 떠나 있었던 그는 그동안에 겪은 여러 경험들과 긴 세월을 견디어온 힘의 출처를 아내에게 말해야 했지만 그렇게 할 수 없었다. 그의 몸에는 할 수 있는 말이 남아 있지 않았다. "그것은 죄의식도 실의도 놀라움도 아닌, 텅 빔 자체였다."[627] 그 아득한 구멍, 텅 빔 그 자체는 몸으로 감각할 수 있을 뿐이다.

그것을 무엇으로 형용할 수 있을까. 말은 대상을 가리켜 의미를 담아내는 그릇이 아니라 이미지를 생성한다. 말이 하나의 이미지를 연상하고 떠오르는 그 이미지가 말이 된다. 가령, 이런 식이다. "말은 기포처럼 떠올랐다. 기포라는 말도 기포처럼 떠올랐다."[628] 감각

624 구효서, 「12월 12일-이상에게」, 소설집 『아닌 계절』, 49쪽.
625 구효서, 「하이눈, August」, 소설집 『아닌 계절』, 179쪽.
626 구효서, 「12월 12일-이상에게」, 소설집 『아닌 계절』, 67쪽.
627 구효서, 「여름은 지나간다」, 소설집 『아닌 계절』, 101쪽.
628 구효서, 「하이눈, August」, 소설집 『아닌 계절』, 147쪽.

이 말에 앞선다. 그러므로 유일하게 알 수 있는 것은 "덥다는 것" "춥다는 것", 그런 몸의 감각에 관해서일 뿐이다.

> 그런 것들이었다. 어깨에 솟아나는 땀방울, 외퇴에 끈적하게 달라붙은 스커트 안자락. 그런 것들. 당장 견뎌야 할 것들이었으나 언제까지고 견뎌야 할 것들일지도 몰랐다.[629]

> 찌고 숨막히는 듯하다가 더위는 고스란히 살을 에는 통증이 되었다. 어떤 느낌도 여자에게 이토록 명징했던 적이 없었다. 혹독했으며 처음이며 마지막일 것 같았다. 정점을 지나면 다시는 겪지 못할.[630]

말은 대상들에 적절한 이름을 붙이거나 중단 없는 시간의 흐름에 질서를 부여하는 방식과 거리가 멀다. 견딘다는 것은 명료한 질서나 체계로 설명되지 않는 그것 자체를 그대로 앓는 것이다. 계절의 흐름에 특별한 질서가 없듯이 몸이 겪는 통증은 원인을 밝힐 수 없는 채로 겪어야만 하는 것이다. 세계는 그렇게 알 수 없는 자신의 몸을 드러낸다.

> 하나의 세계에 비가 내리고 개는 것이 아니었다. 비 오는 세계와 비 없는 세계가 감쪽같이, 불연속적으로 번갈아 들었다. 겹친

629 구효서, 「하이눈, August」, 소설집 『아닌 계절』, 150쪽.
630 구효서, 「하이눈, August」, 소설집 『아닌 계절』, 165쪽.

여러 세계가 차례로 제 몸을 나타내는 원리를 미음이 알 리 없었다.[631]

날이 샜지만, 곧 밝겠지만, 언제까지고 어두울 것 같기도 하네. 두엄은 한차례 미친 듯 경련한 뒤 풀썩 꺼져버리고. 해가 뜨려면 아직 먼 걸까. 세상이 온통 퍼래. 아무려나 봄은 깔축없이 오는데. 날이 새듯 봄이 오는데.[632]

겹침의 세계가 운행하는 이치를 명료하게 파악할 수 없다. 이는 허무적이고 비관적인 태도로 주어진 삶을 그저 수락한다는 뜻이 아니다. 회화나무의 눈과 입으로 새악시, 꽃서방, 닷근이 등이 전쟁 통에 일어난 일들을 구술하고 있는 것에서 우리가 들을 수 있는 것은 역사 기록에서 읽을 수 없는 것, 다시 말해 말과 글로 다 담아낼 수 없는 삶의 움직임이다. 그 무엇도 '아닌' 삶 그 자체이다. 구효서의 문장들이 포착하고 있는 것은 거역할 수 없는 삶의 흐름에 몸이 스며드는 찰나의 순간들이다.

조해진의 소설집 『빛의 호위』(2017)는 살아가야 할 이유를 저 먼 기억의 가장자리에서 호출한다. 여기저기를 떠도는 사람들은 고향과 도시, 그 어느 곳에서도 안착하지 못한 소외된 존재들이다. 그런 점에서 조해진의 소설은 "살아 있는 고향과 그에 뿌리박은 정체성이 애초에 불가능한 세계에서 문학을 통해 새로운 고향과 정체성 만

631 구효서, 「바다, 夏日」, 소설집 『아닌 계절』, 126쪽.
632 구효서, 「봄 나무의 말」, 소설집 『아닌 계절』, 224쪽.

들기를 시도"인지도 모르며, 공선옥과 신경숙의 소설과 비교했을 때 조해진 소설 속 인물들은 "고향의 기억과 농본적 유대감이 결여되어 있을 뿐아니라 도시 문화의 활력에서도 소외된 듯이"[633] 다가온다. 조해진의 소설들은 이 떠도는 존재들을 향해 희미한 빛을 던져 말을 건넨다.

보육원에서 어린 시절을 보낸 '균'은 그곳에서의 일들을 하나도 잊지 않았다. 교회의 주부 성가대원들은 부활절과 성탄절에 보육원을 찾아오는 유일한 이방인들이었다. 균은 보육원 아이들을 대화의 소재로 삼아 그들이 나누었을 이야기를 상상하면서 그들과 세상에 대한 증오심을 키웠다. 그들이 노래를 부르는 동안 균은 "아직 놀잇감이 살아 있어서, 가지고 놀 수 있으니까 좋아, 어?"라고 외쳤다.

> 그러나 그들에게 균의 목소리가 닿을 리 없었다. 그들은 노래하며 마음껏 균을 괴롭혀왔지만 균은 그들의 손끝 하나 건드릴 수 없는 것이다. 균의 상처, 균의 증오심, 균의 기억, 그런 건 그들에게는 의식조차 되지 않는 제로와 다를 것 없었다. 그나마 그들에게 유의미하게 각인된 것이 있다면 그 가엾고도 무서운 아이들에게 일년에 두 번씩 노래를 불러줌으로써 교회에 헌신했다는 자부심 정도가 아니었을까.[634]

633 한기욱, 「떠도는 존재의 기억과 빛」(해설), 조해진, 소설집 『빛의 호위』, 창비, 2017, 264~265쪽.

634 조해진, 「작은 사람들의 노래」, 소설집 『빛의 호위』, 243쪽.

균은 자신과 '그들'을 완전히 분리했다. 그들의 노래는 줄기차게 균을 뒤따라 다녔다. '친애하는 앨리의 후원자들께, 라고 시작되는 구호단체의 편지'를 읽은 후, 균은 기계적으로 후원자들에게 편지를 써서 보냈을 앨리의 뒷모습을 떠올린다. 그 순간 균은 외로웠다. 균은 앨리의 편지들과 사진들에 불을 붙이면서 "그 모든 앨리들"과 작별을 고한다. 서로에게 진정한 위로의 말을 건넬 수 없다는 사실을 알게 된 그 순간에도 "노래는, 그렇게 올 것이다."[635]

상처받은 균들의 영혼은 지금 어디에서 떠돌고 있는 것일까. 조해진 소설에서 떠도는 사람들은 동백림 사건(「동쪽 伯의 숲」), 일본 유학생 간첩단 사건(「사물과의 작별」), 홀로코스트(「빛의 호위」) 등과 같이 세계의 곳곳에 거주한 비극적인 역사와 조우한다. 다른 시공간 속에 자리한 그 기억들이 한 자리에서 다시 만난다.

표제작인 「빛의 호위」에서 '나'는 분쟁지역 전문 사진작가 권은을 인터뷰한다. 권은은 헬게 한센의 다큐멘터리인 '사람, 사람들'을 본 후 '알마 마이어'라는 여성을 알게 되었다고 했다. 또, 그녀는 다른 시대와 다른 역사를 살아왔고 아무런 관련이 없는 알마 마이어와 자신이 비슷한 경험을 공유하고 있다고 느꼈다고, 그래서 그때부터 알마 마이어에게 편지를 쓰곤 했다고 했다. 그는 왜, 2009년에 이미 죽은 알마 마이어에게 편지를 써온 것일까. "그녀와 알마 마이어의 겹쳐진 경험"이란 대체 무엇일까. 그런 물음 사이로, 사진작가 권은과 '나'의 이야기 그리고 알마 마이어와 연인인 장의 이야기가 교차한다.

---

635 조해진, 「작은 사람들의 노래」, 소설집 『빛의 호위』, 248쪽.

셔터를 누를 때 카메라 안에서 훅 지나가는 빛이 있거든. 그런 게 있어? 어디에서 온 빛인데? 평소엔 눈에 잘 안 띄는 곳에 숨어 있겠지. 어떤데? 글쎄, 장롱 뒤나 책상 서랍 속, 아니면 빈 병 같은 데 아닐까.[636]

장이 작곡한 그 악보들은 식료품점 지하 창고에서 날마다 죽음만 생각하던 내게는 내일을 꿈꿀 수 있게 하는 빛이었어요. 그러니 난 이렇게 말할 수 있어요. 그 악보들이 날 살렸다고 말이에요.[637]

1916년 벨기에에서 태어난 알마 마이어는 유대인이면서 여성이라는 이중적 차별을 딛고 1938년에 브뤼셀 필하모닉 오케스트라에 입단했다. 1940년 벨기에에 유대인 등록령이 내려져 해고되었고 게토에 갇혀 지내거나 수용소로 끌려가야 하는 상황에 처했다. 그녀의 연인이자 오케스트라에서 호른을 연주하던 장이 그녀의 은신처를 마련해주었다. 불운한 시대를 살았던 알마 마이어와 장의 이야기는 열세살 때의 권은과 '나' 사이의 빛바랜 추억을 불러오는 고리가 된다.

그때 권은의 '허기와 추위'를 해결해줄 수 없었던 '나'는 후지사의 필름 카메라를 안고 권은에게 달려갔었다. '나'의 눈에는 그 수입 카

---

636 조해진, 「빛의 호위」, 소설집 『빛의 호위』, 19~20쪽.

637 조해진, 「빛의 호위」, 소설집 『빛의 호위』, 23쪽.

메라가 중고품으로 팔 수 있는 돈뭉치로 보였지만 권은은 그 카메라를 팔지 않았다. 그랬을 것이다. "그녀에게 카메라는 단순히 사진을 찍는 기계장치가 아니라 다른 세계로 이어지는 통로였으니까."[638] 권은은 이십여년 만의 만남이긴 했으나 자신을 알아보지 못해 서운했다고, 그리고 편지에 이렇게 썼다. "네가 준 카메라가 날 이미 살린 적이 있다는 걸 너는 기억할 필요가 있어."[639] 그 오랜 기억 속의 숨결을 꺼내 함께 나누는 것만으로 서로에게 위로가 되었는지도 모른다. 짧은 순간 스쳐지나간 빛이 먼 시간을 되돌아와 황량한 주위를 따스하게 감쌀 때처럼.

사라진 것은 아무것도 없다. 사라진 것들은 서로 다른 세계를 연결하는 조각들이다. 사물들에는 서로 다른 시공간을 살아온 사람들의 기억과 흔적이 고스란히 스며들어 있다. 그 사물들이 묻어버린 아픔을 되살린다.

> 언젠가 나 역시 그 어떤 가면이나 장식 없이 누군가에게 시체로 발견될 테니, 설계된 기능에 문제가 생기면 쓰레기통에 버려진 뒤 매립되거나 소각되는 하나의 사물처럼……[640]

> 나라는 한 인간이 덧없이 사라질 수 있다는 생소한 가능성, 기차의 목적지가 환기하는 그 가능성은 나를 두렵게도 했지만 매혹

---

638 조해진, 「빛의 호위」, 소설집 『빛의 호위』, 26쪽.
639 조해진, 「빛의 호위」, 소설집 『빛의 호위』, 27~28쪽.
640 조해진, 「사물과의 작별」, 소설집 『빛의 호위』, 68쪽.

하기도 했다.[641]

지하철역 귀퉁이의 유실물센터에서 일하고 있는 '나'에게 세계란 "사물들의 총합에 지나지 않"[642]는 곳이다. 그런데 어떤 사물들은 덧없는 생을 관통한다. 알츠하이머 초기 진단을 받은 고모는 유학생 서군이 자신에게 맡긴 원고 때문에 간첩으로 몰렸다는 생각에 죄책감에 시달린다. 고모의 첫사랑인 서군의 이야기는 쓸쓸한 역사의 한 장면을 들춰낸다. 1971년에 한국으로 유학온 재일조선인 서군에게 국적은 "폭력이자 치유가 불가능한 상처였다." 고국은 그에게 잊지 못할 상처를 남겼다. 청계천 노동자의 분신자살 사건을 기억하면서 서군은 언젠가 자신도 "하나의 사물처럼" 버려질 것이라고 썼다. "이 세계를 구성하는 데 없어도 무방한 덧없는 조각일 뿐이란 것"[643]을 알고 있었던 것이다.

역사란 그처럼 덧없는 조각들이 만나 만들어진 것에 불과하다. 「동쪽 伯의 숲」에서 고향을 떠나와 베를린예술대학교 음악대학에서 작곡을 공부하고 있던 한나가 안수 리를 만난 1964년 가을. "안수 리는 한나에게 단순한 친구가 아니었다. 그는 한나에게 역사를 준 사람이다. 그리고 그 역사의 끝에 내가 서 있는 것이다."[644] 무상한 역사가 흘러가는 그 자리에서 조해진은 낮은 목소리로 말걸기를 시도

---

641 조해진, 「번역의 시작」, 소설집 『빛의 호위』, 41쪽.
642 조해진, 「번역의 시작」, 소설집 『빛의 호위』, 62쪽.
643 조해진, 「사물과의 작별」, 소설집 『빛의 호위』, 87쪽.
644 조해진, 「동쪽 伯의 숲」, 소설집 『빛의 호위』, 93쪽.

한다.

> 태엽이 멈추고 눈이 그친 뒤에도 어떤 멜로디는 계속해서 그 세계에 남아 울려퍼지기도 한다는 것, 그리고 간혹 다른 세계로 넘어와 사라진 기억에 숨을 불어넣기도 한다는 것 역시, 나는 이제 이해할 수 있었다.[645]

> 공항에 도착해서야 그 소리가 내게만 들리는 사라진 사람들의 언어라는 걸 나는 깨달았다. 아직 번역할 수 없는 먼 곳의 언어였지만, 뚜렷하게 감각되는 위로이기도 했다.[646]

저마다의 고유한 흔적이 새겨진 사물들과 작별해야 하는 순간에 상처는 덧난다. 조해진의 소설은 그 조각난 상처의 파편들을 모아 서로를 위로할 수 있는 말들을 회복하려 한다. 언젠가 사라질 것이라는 예감 속에서, 아무도 자신의 삶을 증언해줄 수 없을 것이라는 외로움 속에서, 기억 속의 빛과 소리를 다시 불러낸다. 편지는 서로 다른 시간과 공간에 흩어진 사람들을 잇는 매개가 된다.

> 당신이 하고 싶었으나 하지 못한 말들, 미처 완성하지 못한 일과 멋진 계획들, 만날 가능성이 있었던 사람들, 그 모든 것을 모르는 채로. 쓰이지 못한 역사, 기록되지 않은 이야기, 닫혀버린

---

645 조해진, 「빛의 호위」, 소설집 『빛의 호위』, 31쪽.
646 조해진, 「번역의 시작」, 소설집 『빛의 호위』, 57~58쪽.

> 하나의 미래, 그 역시도. 당신을 묻고 온 날, 우리의 손에는 아무 것도 남지 않았습니다.[647]

그러나, 혼자만의 중얼거림, 가닿지 못할 말들, 전달되지 않은 편지들이 바로 그 무엇도 아닌 삶의 파편이라는 듯이 반짝인다. 투명한 빛이 먼지를 일으키면서 어둠 사이를 지나갈 때처럼 소리 없는 아픔들이 일어선다. 그것들은 지금 조해진의 문장들 안에서 그들만의 행복한 시간을 살아가고 있는지도 모른다.

4. 번역

정영수의 소설집 『애호가들』(2017)을 흐르는 정조는 지루함이다. 정영수의 경우엔 그 지루함으로 세계의 질서를 들여다본다. 반복되는 생의 한가운데에서 묻는다. 이 세계에서 완전히 새로운 것이 있을 수 있을까. 그래도 계속 살아가야 한다면.

> 모든 건 지나가기 마련이니 얼른 이 시간이 지나가버려서, 이 알 수 없는 증상들이 나타나기 전, 원래의 나로 돌아가고 싶었다. 시간을 흘려보내면 미래가 아니라 과거가 온다는 말은 모순 같지만 사실이다. 원래 모든 미래는 과거를 품고 있는 법이니까.[648]

647 조해진, 「잘 가, 언니」, 소설집 『빛의 호위』, 164쪽.

우리는 다가오지 않은 미래에 대해서는 할 이야기가 없었다. 우리는 늘 현재에 대해서만 이야기했고 그래서 나는 그녀가 앞으로 어떤 삶을 살아가게 될지 전혀 아는 바가 없었다. 그 말은 그녀가 지금까지 어떤 삶을 살아왔는지도 전혀 알지 못했다는 뜻인데, 미래와 과거는 연결되어 있고 과거를 안다면 미래를 알 수 있기 때문이다.[649]

지금 이 시간이 지나간 후 미래가 다가오는 것이 아니다. 과거와 미래는 하나로 연결되어 있다. 그렇다고 현재의 충만한 삶을 긍정한다는 뜻이 아니다. 미래는 과거의 연장일 뿐이다. 현재는 미래를 품은 과거가 진행되고 있는 것에 불과하다. 현실이 아닌 책 속으로 도피할 수도 없다. "살아 있는 것들은 바깥에 있고 이 안에는 늘 죽은 것들이 있었다."[650] 책은 죽은 것들이 거주하고 있는 곳이다. 다르게 살기 위해서는 이전의 삶을 다르게 번역해야 한다.

어떤 이는 번역의 다양성을 옹호하면서 뽈 리꾀르가 『번역론』에 쓴 "같은 것을 다른 방식으로 말하는 것은 늘 가능하다"라는 말을 인용하기도 하는데 내가 보기에 그 문장에서 방점을 찍어야 하는 부분은 '다른 방식'이 아니라 '같은 것'으로, 이 말은 사실상

---

648 정영수, 「하나의 미래」, 소설집 『애호가들』, 창비, 2017, 61쪽.

649 정영수, 「하나의 미래」, 소설집 『애호가들』, 73쪽.

650 정영수, 「레바논의 밤」, 소설집 『애호가들』, 13~14쪽.

구조주의 언어학에서 말하는 '언어는 달라도 그것이 지시하는 대상의 본질은 동일하다'라는 말의 동어반복에 불과하다.[651]

이미 나온 판본의 오백 문장은 바로 그런 정확한 문장들이었다. 나머지 삼백 문장은 명백히 틀린 번역이었다. 나는 그것을 완벽한 문장으로 대체했고 그래서 내가 번역한『과수원지기의 개』는 완벽한 판본이 된 셈이었다. 이미 다른 책으로 나왔다는 이유 하나만으로 완벽한 문장들까지 틀린 문장으로 바꿔야 했을까? 웃기는 소리였다.

"그 문장들은 완벽했어요. 수정할 이유가 없었습니다."

그러나 편집부장은 계속 죄송하다고만 했다.[652]

"같은 것을 다른 방식으로." 그러나, 이미 나온 번역본 중에서 '같은 것'을 '다른 방식으로' 바꾸는 것이 필요한 일일까. 정확한 문장들을 애써 수정할 필요가 있을까. 이미 다른 번역본으로 나왔다고 해서 완벽한 문장까지 틀렸다고 할 수 없고 고칠 필요는 없는 일이다. 다른 방식으로 번역해도 어차피 본래의 삶은 크게 바뀌지 않는다. 다른 방식으로 살아가는 것보다 그것이 같은 것에서 출발했다면 아무리 다르게 살아가려 해도 삶의 근본적인 구조는 변화하지 않는다. 살아간다는 것은 이전과 다르게 보일 뿐 여전히 같은 곳에 머물러 있는 것이나 다름없다.

---

651 정영수,「애호가들」, 소설집『애호가들』, 43~44쪽.

652 정영수,「애호가들」, 소설집『애호가들』, 56~57쪽.

우리의 삶은 우연으로 이루어져 있다. 사실상 모든 것이 우연이기 때문에 우연이라는 단어 자체가 정말 필요한가 하는 생각이 들 정도다. 세상이 생겨난 이래 일어난 모든 일은 우연이다. 이 간결하고도 명백한 명제를 따로 설명할 필요가 있을까?[653]

"(…) 저는 이제 스무살에 불과한데도 삶이 너무 지루합니다. 견딜 수가 없을 정도로 지루해요. 시간은 개같이 느리게 흐르고요. 이걸 언제까지 견뎌야 할지 모르겠다고요. 그런데도 제 할아버지는 죄를 지은 건가요? 단지 지루함을 견디지 못했다는 이유만으로요?"[654]

원래 삶이란 우연들의 연속에 지나지 않는다. 명백하다고 판단된 것들에 대해서는 굳이 설명을 덧붙일 필요는 없다. 실재의 세계보다는 "손에 잡히거나 눈에 보이지 않는, 누군가 발화하거나 기록하지 않으면 사라져버리는 정신의 산물들."[655]에 관심을 기울인다. 모두가 사라지고 "언어조차도 남아 있지 않은 아주 먼 미래에 대해서" 생각한다.[656] 이 지루한 현실 세계에 다르게 개입할 수 있는 방법은 그 지루한 시간들과 단호하게 결별하는 일이다. 권태로움은 무표정하

653 정영수, 「여름의 궤적」, 소설집 『애호가들』, 86쪽.
654 정영수, 「특히나 영원에 가까운 것들」, 소설집 『애호가들』, 154쪽.
655 정영수, 「여름의 궤적」, 소설집 『애호가들』, 102쪽.
656 정영수, 「여름의 궤적」, 소설집 『애호가들』, 114쪽.

게 흘러가는 세계의 흐름을 중단한다. 그것이 서늘한 유머를 동반한 정영수의 소설이 무서운 느낌을 주는 이유다.

'1954년'은 그해를 떠올리는 사람들이 '어떤 사람들'이냐에 따라 서로 다른 모습으로 기억된다. 손보미의 장편『디어 랄프 로렌』(2017)의 프롤로그에서 보듯이 기억이란 같은 것을 각자의 관점에서 다르게 해석하는 일이다.

> 어떤 사람들에게 1954년은 메릴린 먼로가 서울을 방문한 해로 기억될 것이다.[657]

> 어떤 사람들에게 1954년은 최초의 원자력발전소가 세워진 해로 기억될 것이다.[658]

> 또다른 사람들에게 1954년은 헤밍웨이가 노벨문학상을 받은 해로 기억될 것이다.[659]

> 나에게 1954년은 랄프 로렌과 조셉 프랭클이 만난 해로 기억된다.[660]

---

657 손보미, 장편『디어 랄프 로렌』, 문학동네, 2017, 7쪽.
658 손보미, 장편『디어 랄프 로렌』, 9쪽.
659 손보미, 장편『디어 랄프 로렌』, 11쪽.
660 손보미, 장편『디어 랄프 로렌』, 12쪽.

'나'에게 1954년 여름은 독일 출신의 유대인이었고 권투에 반평생을 바쳤던 조셉 프랭클이 권투 도장으로 가던 중, 구두닦이 소년이었던 랄프 로렌을 만났던 장면으로 기억된다. 기억은 숱한 경험들이 겹쳐 다른 삶을 만든다. 미국으로 유학을 온 물리학도 이종수(나)는 지도교수인 기쿠 박사로부터 대학원 공부를 그만두는 것이 좋겠다는 충고를 듣는다. 종수는 "이미 일어난 일은 일어난 일일 뿐이다."[661]라고 생각해보기도 하지만 그 일은 이후 종수의 삶에 복잡한 영향을 끼친다.

종수는 미국에서 보낸 마지막 일 년 동안 랄프 로렌과 조셉 프랭클에 관한 이야기를 찾아다니는 데에 몰두한다. 소설가 S가 쓴 단편소설 '디어 랄프 로렌'이 생략과 단절이 많아 다시 쓰기 시작한 것이다. 생략과 단절의 틈 사이로 종수가 고등학교 시절에 만난 수영의 이야기가 들어온다. 그 시절, 랄프 로렌 브랜드 옷을 입고 싶었던 아이들이 많았지만 모두가 그 옷을 입을 수는 없었다. 간혹 랄프 로렌 상표를 흉내낸 옷을 입은 애들도 있었다.

그때 수영은 랄프 로렌 컬렉션을 완성하고 싶어 했다. 수영은 랄프 로렌이 왜 시계를 만들지 않았는지를 궁금해 했다. 종수는 첫사랑 수영에게 그토록 중요했었던 그 질문을 다시 떠올린다. "랄프 로렌은 도대체 왜 '죽어도' 시계를 만들지 않겠다고 결심한 걸까? 그게 그에게 왜 그렇게 중요했던 것일까?"[662] 이 질문이 종수의 삶을 '노크'하기 시작한다. 우연한 노크는 종수가 일생을 걸어 해결해야 할

---

661 손보미, 장편『디어 랄프 로렌』, 27쪽.

662 손보미, 장편『디어 랄프 로렌』, 108쪽.

절대적 과제를 안겨준 셈이다. 종수는 조셉 프랭클을 다룬 기사를 찾아 읽고, 그와 관련된 사람들을 인터뷰하기 시작한다.

> 나는 그들의 목소리를 나중에 '들음으로써' 그들이 혼란스러워한다는 사실을 알게 된다. 이야기를 하는 사람들 역시 마찬가지이다. 그들 중 대부분은 이야기를 시작한 이후에야, 자신의 머릿속을 채우고 있던 풍부하고 생생한 기억의 토막들이, 언어화되는 동안 믿을 수 없을 만큼 단순해진다는 사실을 깨닫는다. 그들은 마치 안개 속을 더듬거리는 사람처럼 조심스러워진다. 그렇지만 시간이 조금 지나면 방금 전까지의 머뭇거림이 무색할 정도로 이야기에 탄력이 붙는다. 그리고 어느 순간, 용케도 그 시절의 자기 자신을 끄집어낸다. 심지어 처음엔 아무것도 기억나지 않는다던 사람들마저 그랬다. 그들의 목소리를 기록하고 있노라면, "나의 말이 나의 기억을 불러오는군요"라는 헨리 카터의 말이 그저 수사가 아니라는 사실을 새삼 깨닫곤 감탄했다.[663]

조셉 플랭클에 대한 사람들의 기억은 다양했다. 헨리 카터의 말에 따르면, 조셉 프랭클은 시계방을 사십여 년이나 운영했고 평생 독신이었으며 '형편없는' 권투선수였다. 조셉 프랭클이 유대인이라는 것은 대개 알고 있었지만 출신지 등에 대해서는 의견이 분분했다. 여러 사람들의 목소리를 기록하는 동안 종수는 랄프 로렌과 조셉 프랭클에 관련된 내용만 기록해둔다는 원래의 원칙이 무너지고 있음을

663 손보미, 장편『디어 랄프 로렌』, 151~152쪽.

알게 된다. 그들에 대한 이야기를 전하는 사람들은 그들의 기억으로 인해 자신들의 기억을 불러오기도 했기 때문이다. 잭슨 여사가 잠든 사이 종수는 그때 수영에게 묻지 못한 것들을 질문했다.

> "전 그녀가 그 편지를 어떻게 했는지 영원히 알 수 없게 되어버린 거예요." 나는 (언제나처럼 잠든) 잭슨 여사에게 말한다. "수영이는 그 편지를 랄프 로렌에게 보냈을까요?" 그리고 나는 잭슨 여사에게 칠 년 전에 수영이 보낸 청첩장에 대한 얘기도 한다. "그녀는 왜 내게 그런 메모지를 보냈을까요?" 혹은 이렇게 묻는다. "난 그걸 칠 년 전에 읽었으면서 어떻게 그 내용에 대해 하나도 궁금해하지 않을 수 있었을까요?" 혹은 이렇게도. "나는 왜 그걸 서랍 속에 넣고 잠가버렸을까요?"[664]

종수의 중얼거림은 수영에 대한 기억을 불러왔다. 헨리 카터의 말을 인용해 말하면 '나의 기억이 나의 기억을 불러온다.'[665]고 말할 수 있다. 잠든 잭슨 여사에게 말을 건네는 동안, 종수는 수영과 함께 랄프 로렌에게 쓰는 편지를 완성했는지 정확하게 기억나지 않았다. 돌이켜보면, 수영과 보내는 시간 동안 종수는 그녀의 랄프 로렌 컬렉션이 완성되기를 바라는 마음보다 "그저 그 일들을 될 수 있으면 오래 지속시키고 싶었던 마음이 더 컸다."는 사실을 확인한다. 그해 여름 이미 죽고 없는 랄프 로렌에게 보낼 편지 위에 '디어 랄프 로렌'이

---

664 손보미, 장편『디어 랄프 로렌』, 273쪽.
665 손보미, 장편『디어 랄프 로렌』, 169쪽.

라고 첫 문장을 쓰던 수영의 모습이 떠오른다.

> 그녀의 편지는 완성되었을까? 잘 모르겠다. 정말로 잘 모르겠다. 나는 짐작도 하지 못하겠다. 한 가지 확실한 것은, 그 편지가 완성되었든 그렇지 않았든, 그 편지의 가장 첫 문장은 완전히 수영의 문장이라는 점이다. 그리고 그 문장은 이 세상 그 어떤 문장보다도 진실되었다는 점이다. 그러니까,
>
> 디어 랄프 로렌.[666]

어쩌면 편지의 첫 문장을 쓰는 일이 편지에 담길 내용보다 더 절실한 일인지도 모른다. 랄프 로렌에게 보낸 그 편지가 정말로 완성되었는지를 확인하는 것보다 그토록 간절한 요청을 담아 편지의 첫 문장을 썼다는 그 사실이 중요한 것이다. 마지막 페이지를 닫으며, 이 소설이 묻어버린 오랜 상처를 다른 사람의 이야기로 번역해 쓰는 방법으로 결국 자신의 깊숙한 상처를 매만지는 머나먼 길이었음을 읽게 된다. 지금 우리는 '수영에게'라는 문장으로 시작한 긴 편지를 쓰고 있는지도 모른다.

5. 위안

박영의 장편 『위안의 서』(2017)는 과거와 현재의 시간을 교차하

666 손보미, 장편 『디어 랄프 로렌』, 352쪽.

면서 죽음과 사랑에 관한 깊은 사유를 보여준다. 이 소설은 "결국 죽음을 전제할 때에라야 사랑을 위시한 인간의 행위와 말은 비로소 참된 것일 수 있으며 그것이 빠져 있을 경우 그 어떤 인간적 행위도 진정할 수 없다는 것"[667]을 밀도 있게 파고든 작품으로 평가받은 바 있다. 상처, 불안, 죽음, 사랑 등에 관한 단상들은 이 도시에서 살아가고 있는 사람들의 적막한 내면을 비춘다.

소설 속의 한 남자와 한 여자. 정안은 국립고궁박물관 보존과학실로 '수백 년 전의 여자'의 미라를 담은 관이 수송되어 오는 것을 기다리는 중이다. 그는 미라를 보존처리하는 일을 하고 있다. 오상아는 자살률을 낮추기 위해 정부에서 파견한 공무원으로 늘어나는 자살 문제를 해결하는 일을 맡고 있다. 그녀는 자신이 위안을 얻을 수 있는 것이 있다면 "그건 이미 죽은 지 수백 년이 지난, 자신이 왜 죽었는지 기억조차 가물가물한 미라일지도 모른다는 생각"[668]에 이끌려 전시실을 찾아간다.

1600년대경 이십여 년의 짧은 생을 살았던 한 여인의 것으로 추정하고 있는 그 미라가 왜 남성의 의복을 입고 있었는지에 대해서는 다양한 추측들이 제기된다. 남자와 여자는 저 먼 곳에서 온 그 죽은 여인의 몸에서 무엇을 본 것일까.

악수는 죽은 이의 손이 시리지 말라고 산 사람들이 씌워놓은

---

667 박영, 장편 『위안의 서』(제3회 황산벌청년문학상 수상작), 은행나무, 2017, 심사평 중에서, 180쪽.

668 박영, 장편 『위안의 서』, 42쪽.

장갑 같은 것이라는 안내 설명서를 읽었다. 그런데 그녀에게는 그 한 켤레의 악수가 그저 악수로 보이지 않았고, 마치 죽은 여인의 손처럼 여겨졌다. 오랜 시간 어둠 속에 묻혀 있다가 이제야 자신에게 내밀어진 손.

죽음의 손. 자신에게 손짓하고 있는 손. 이제 그만 그곳으로 건너오라고, 이 어둠 속으로 건너오라고, 이 세상에서 무엇을 위해서인지도 모른 채 아등바등하며 살아갈 것 없다고, 그 손을 잡으면 어쩐지 지금의 얼어붙은 자신의 손이 녹아내릴 것만 같았다.[669]

다만 죽음이 다가올수록 더더욱 미친 듯이 자신의 일에 매달리고 있었다. 죽고 난 뒤에는 더 이상 하지 못하는 일들. 죽고 난 뒤에도 여전히 이 세상에 남아 있게 될 그것들을 위해 조금이나마 자신의 시간을 사용하고 싶었다. 아마도 그의 손을 거친 유물들은 그가 죽고 난 뒤에도 여전히 이 세상에 남아 있게 될 것이었다. 그것만이 위안이었다, 그에게는.[670]

여자에게 미라의 손을 감싼 악수(幄手)는 세상의 어둠을 건너오라는 위안의 손길로 다가온다. 여자는 미라가 견디어온 고독과 추위를 느낄 수 있었다. 그 죽음의 손은 여자에게 이 냉혹한 세상을 견디는 위로의 말처럼 들렸다. 유물들을 매만지는 일을 하는 남자는 자

669 박영, 장편『위안의 서』, 47~48쪽.

670 박영, 장편『위안의 서』, 71쪽.

신이 죽은 후에도 그 유물들이 남아있을 거라는 사실에 위안을 느낀다.

오랜 세월을 견디어온 미라의 몸은 여자와 남자가 간직하고 있는 깊은 상처와 만난다. 폭력적인 의붓아버지와 불안정한 생계를 꾸려온 어머니 아래에서 자란 여자, 그리고 가족을 버리고 새로운 가정을 꾸린 아버지와 갑작스런 어머니의 죽음을 겪은 남자에게 고독, 불안, 죽음은 늘 가까이에서 함께 살고 있는 것이다. 여자는 죽음을 두려워하는 남자와 다르게, 미라가 입고 있는 저고리에 수놓인 문양, 새가 애벌레를 쪼아 먹는 무늬에서 여자는 냉혹한 죽음의 얼굴을 본다. 여자는 말한다. "그건 바로 새가 한 치의 망설임과 연민 없이 제 굶주림을 채우기 위해 벌레의 생을 끝장내듯 죽음은 우리 인간을 어느 순간 냉정하고 잔인하게 덮쳐올 뿐이라는 거예요."[671]

어느 누구도 잔혹한 그 운명의 시간을 비켜갈 수 없다. 죽음을 전제하지 않는 삶이란 없다. 타인의 불행한 죽음은 여자에게 오히려 생계의 수단이 된다. 여자는 생각한다. "만일 아무도 불행하지 않고, 그 누구도 자살을 시도하지 않으며 아무도 불안해하지 않는 도시라면 막상 그녀는 살아남을 수 없을 것이었다."[672] 여자에게 미라의 몸에 감싸인 사랑의 흔적들은 남자가 내민 손과 겹쳐 보인다.

> 그가 내민 손이 어쩐지 박물관 미라전에서 보았던 미라의 악수와 겹쳐져 보여서였다. 왜였을까. 그녀는 처음 미라의 악수를

671 박영, 장편 『위안의 서』, 93쪽.

672 박영, 장편 『위안의 서』, 156쪽.

보았을 때 통제하기 어려울 정도로 강한 이끌림을 느꼈었다. 죽은 자의 손을 수백 년간 감싸고 있던 그것이 너무나 따스해 보였기 때문이었을까. 그녀는 간절하게 잡고 싶었던 그 악수가 막 자신의 앞으로 내밀어진 것 같은 기분에 사로잡혀 숨이 막혀왔다. (…)

그리고 문득 이제는 죽은 여자 미라의 몸에 왜 남성의 의복이 겹겹이 감싸여 있었는지에 대하여 알 수 있을 것만 같았다. 그건 죽음으로부터 온몸으로 사랑하는 연인의 몸이 소멸해가는 것을 막아 주고 싶었던 마음이 아니었을까. 철저히 혼자서 치러야만 하는 소멸의 지난하고도 낯선 시간을 조금이나마 함께 하고 싶었던 한 사람의 간절한 의식이 아니었을까 하는.[673]

남자는 여자를 다시 찾지 않았다. 헤어진 후 그들은 만날 수 없었다. 지금 이 순간, 곁에 없어도 손과 손이 맞닿았던 그 충만한 시간이 서로에게 위안이 된다. 박영의 『위안의 서』는 저 먼 곳에서 온 미라의 몸에서 스치듯 나눈 그 짧은 순간의 사랑과 이별을 위로한다. 고독과 불안, 죽음에의 두려움을 넘어선 사랑의 말들은 각자의 삶에서 다른 이야기들로 펼쳐질 것이다. 쓸쓸한 결말이 긴 여운을 남긴다.

박혜상의 소설집 『그가 내린 곳』(2017)은 정처 없이 방황하는 사람들이 마주친 우연한 일들로 채워진다. 우연은 삶의 질서를 파악하기 위한 하나의 장치라고 할 수 있다. 다시 말해 "작가는 소설의 인

---

673 박영, 장편 『위안의 서』, 159~160쪽.

물들을 방황하도록 하면서, 세계를 떠돌게 하면서 그들이 마주하게 될 우연한 만남에 내기를 건다. 필연적인 질서가 만들어놓은 견고한 테두리에 틈을 내기 위해서는 그 자리에 우연의 요소를 도입하는 것이 유일한 방법이리라."[674] 그것은 어디로 가야 할까, 발길이 내린 그곳은 어디인가라는 물음을 동반한다.

잠시 내린 그곳은 그래서 새로울 것도 없고 특별한 것도 없는 일상의 한복판이다. 「봄눈」에서 바닷가 마을 사람들에게 바다가 그런 곳이다. 바다는, 출구나 절망의 장소가 아닌 곳. 그곳은 "그저, 있다, 라고 말할 수밖에 없다."[675]

> 그래도 갈 곳이 있다는 것은 다행한 일이다. 그래야 떠나올 수 있으니까. 마음대로 다른 곳을 바라보고, 함부로, 혹은 용기를 내어 떠나올 수 있는 그곳.[676]

> 그곳이 없으면 그날은 존재하지 않는다. 형의 그곳은 어디일까.

잠시 발길을 내릴 그곳을 하나씩 품고 살아간다. 떠날 수 있는 그곳은 다시 돌아갈 곳이다. 여기가 아닌 어딘가로 가다가 우연히 발

---

674 김태선, 「너머에 이르는 불가능한 걸음」(해설), 박혜상, 소설집 『그가 내린 곳』, 문학과지성사, 2017, 252쪽.

675 박혜상, 「봄눈」, 소설집 『그가 내린 곳』, 225쪽.

676 박혜상, 「봄눈」, 소설집 『그가 내린 곳』, 232쪽.

길이 닿아 '내린 곳'은 떠나온 곳이며 돌아올 곳이기도 하다. 어느 곳에도 안착하지 못한, 어디에도 속하지 않은 사람들은 어디에도 없다. 부산 태종대에 도착한 윤은 오늘이 월요일인지 아닌지조차 정확하게 알지 못한다. 그때 윤은 문득 Y의 소설 '앨리스가 오지 않는 월요일'이 떠올랐고 Y라면 오늘이 월요일이라고 확실하게 말해줄 것 같았다고 생각한다. 윤에게 부산은 실재하는 공간으로 다가오지 않는다. 마치 오래전부터 소장하고 있었던 사진 속의 얼굴들을 볼 때처럼.

> 그러나 그곳에 발을 내딛으면 모든 것이 사라지는 기분이랄까……[677]

> 그가 갈 곳은 '돌아가야 할 곳'이었다. 돌아가야 할 곳이란 떠나고 싶은 곳이기도 했다.[678]

> 시인에게 윤은 떠난 사람이었고 그가 떠돌며 만난 친구들에게는 떠날 사람이었다. 그리고 어머니에게는 언제나 곧 돌아올 아들이었다. 그러므로 그는 어디에도 없는 사람이었다.[679]

윤은 글이 써지지 않을 때 그 사진 속의 얼굴들을 보았다. 거기에

---

677 박혜상, 「그가 내린 곳」, 소설집 『그가 내린 곳』, 111쪽.
678 박혜상, 「그가 내린 곳」, 소설집 『그가 내린 곳』, 126쪽.
679 박혜상, 「그가 내린 곳」, 소설집 『그가 내린 곳』, 126쪽.

서 실재가 아닌 '허구의 실존'을 읽었다. 그가 쓰려는 이야기도 곧 사라질 그것과 같았다. 그것이 허구의 장소라고 해도 그것이 있다는 것만으로 위안이 된다. 여기저기를 떠도는 사람들이 내릴 곳은 어디에도 없다. 떠나고 싶은 곳과 돌아갈 곳은 접혀 있다. 허공을 헤매는 발걸음을 디딜 수 있는 곳이 필요하다. 「낮달과 낙타」의 근석에게 '산책'이 바로 그런 위안의 장소이리라. 여자는 미국 이민 비자 사기를 당한 후 침울하기만 한 남편 근석이 산책을 하러가는 모습을 바라보면서 생각에 잠긴다.

> 아무래도 상관없었다. 당신이 어디서 시간을 보내든 무엇 때문에 길을 나서는 것이든 난 자리를 지킬 거니까. 당신은 이상한 낙타야. 낙타는 산책을 하지는 않아. 그래도 부지런히 다녀봐. 혹시 알아? 그러다 보면 사라진 혹이 자라날지도 모르지.
>
> 점점 퍼지는 햇빛에 아랑곳없이 서편 하늘에는 어제 본 낮달이 슬며시 떠 있었다.[680]

한 사람의 가슴 속에 자리한 아픔을 어느 누구도 대신 앓을 수 없다. 여자는 알고 있다. 어쩔 수 없는 떠돌아야 하는 그런 사람에게는 그만의 시간이 필요하다는 것을. 헤매는 그 길 위에서 그가 여태껏 찾아왔던 것을 문득 발견하게 될지도 모를 일이다. '그가 내린 곳'은 사막과 같은 이 고단한 현실을 완전히 벗어날 수 있는 탈출구가 없다는 것을 알면서도 다른 곳으로 계속 나아가려는 길목, 그런 곳이다.

---

680 박혜상, 「낮달과 낙타」, 소설집 『그가 내린 곳』, 189~190쪽.

6. 지우면서 쓰기

정영문의 소설집 『오리무중에 이르다』(2017)와 김선재의 연작소설집 『어디에도 어디서도』(2017)는 이 세계를 지우면서 쓰기를 반복하는 과정으로 읽힌다. 의미를 지워버린 문자들은 어디에도 새로운 세계는 없다는 것을 증명한다. 정영문의 경우 그것은 소설가의 고뇌에 담겨 있으며 김선재의 경우엔 어디에도 없는 다른 곳으로 향하는 여정과 접속한다.

오직 상념으로만 파고든 정영문의 문장들은 소설의 세계를 탐문하는 장소가 된다. 소설 속의 작가는 소설을 쓰지 못하고 있다기보다는 소설이란 것이 써지지 않게 하기 위해 노력한다. 소설의 형식과 구성을 애써 파기한다.

> 플롯이나 서사나 배경이 없는 것은 물론이고 인물조차 등장하지 않는, 등장한다 해도 인물이 아무것도 할 생각이 없어 아무것도 하지 않고, 계속해서 아무것도 하지 않고, 끝내 아무것도 하지 않아 아무 일도 일어나지 않고, 그래서 소설 속에서 펼쳐지는 것이 아무것도 없는 소설만을 반복적으로 생각하고 있었고, 그러니 소설이 써질 리가 없었는데, 인물뿐만 아니라 사물조차도, 아무것도 등장시키고 싶지 않았다.[681]

언젠가 이후로 심각한 소설을 쓰는 것이 어려워진 것에 대해,

681 정영문, 「개의 귀」, 소설집 『오리무중에 이르다』, 문학동네, 2017, 73쪽.

> 그리고 그것과는 별개로, 언젠가 이후로 삼인칭 소설을 쓰는 것이 어렵게 된 것에 대해 (…) 그리고 언젠가 이후로 내가 쓰는 소설이 거의 일기처럼 바뀌고 있는 것에 대해 생각했다(그것은 삶의 가장 지배적인 형식은 반복이고, 일기가 반복적인 것의 기록을 위한 장르라는 사실과 별개가 아니라는 생각을 했다). 갈수록 나는 나 자신에 관한 이야기를 하는 것만으로도 벅찼다.[682]

다른 사람들의 이야기를 쓰는 것이 더 이상 불가능해졌을 때 '나'의 이야기를 쓰는 것 외에 다른 방법은 없다. 타인과 자신의 이야기를 쓰지 않는다면 소설이란 대체 무엇일까. 아무것도 하지 않아 아무 일도 일어나지 않는 소설은 가능한 것일까. 정영문은 아무것도 등장하지 않는 소설, 아무런 일도 일어나지 않은 흰 소설을 꿈꾼다. 무엇인가를 "쓰는 것이 불가능한 소설"을 쓰는 것이 그가 의도하는 일이다. 아무것도 하지 않은 일이, 의도하지 않은 글쓰기가 다른 생각과 다른 세계를 연다.

> 어떤 불능 상태에 이르러 무의미한 글쓰기를 반복하는 것이 사실상 할 수 있는 것의 전부가 되었을 때 기대할 수 있는 것은, 무의미한 글쓰기를 반복하는 것 또한 가능하지 않은, 완전한 불능 상태에 이르는 것인지도 몰랐다. 텅 빈 생각들이 반복되었다. 어떤 반복이 원하는 것은 어떤 텅 빈 상태 자체이므로.[683]

---

682 정영문, 「어떤 불능 상태」, 소설집 『오리무중에 이르다』, 246~247쪽.
683 정영문, 「어떤 불능 상태」, 소설집 『오리무중에 이르다』, 265쪽.

> 내가 이곳에서 무엇을 하고 있는지 알 수 없고, 알지 못해도 상관없고, 더욱더 알 수 없는 지경에 이르게 되어도 상관없는 상태가 이어지고 있고, 세계에 존재하는 모든 것이 어떤 점에서 서로 연관이 있다고 생각하는 것이 가능한 것과 마찬가지로 세계에 존재하는 모든 것이 어떤 점에서 서로 무관하다고 생각하는 것 또한 가능하지 않은가.[684]

그것은 소설이란 무엇이며 작가란 무엇인가라는 질문을 일으킨다. 작가는 어디에 있든지 글을 써야 할 운명에 처한 사람들이다. "나는 결국 X에 오게 되었는데, 사실 나는 어디를 가도, 혹은 가지 않아도 상관없었고, 어디에 있어도, 어디에 없어도 상관이 없었고, 어디에 있건 있게 된 곳에서의 시간을 견디는 것에는 차이가 없었다."[685] 유형지 같은 느낌을 주는 X는 '유형지에서'라는 글을 쓰기에 적합한 장소로 채택된다. 유형지에 갇혀 있는 자는 세계의 이면을 본다.

> 나는 비록 유령의 존재를 믿지 않았지만 살아 있던 존재들이, 한때는 그토록 많은 존재들이 죽게 되면서 더 이상 어떤 식으로도 존재하지 않는다면, 그래서 이 세계가 오로지 살아 있는 존재들의 세계일 뿐이라면 그것은 어쩐지 반쪽짜리 세계 같았고, 유

---

684 정영문, 「유형지 X에서」, 소설집 『오리무중에 이르다』, 145쪽.

685 정영문, 「유형지 X에서」, 소설집 『오리무중에 이르다』, 123~124쪽.

령들이 없는 이 반쪽의 세계는 무척 쓸쓸한 세계인 게 분명했다.

쓸쓸하면서도 동시에, 아무런 느낌도 없는, 아무런 느낌도 없는 느낌만 강렬하게 있는 것 같은, 내게 가장 지배적인 느낌에 빠져들었다.[686]

나는, 어디에도 없는 곳에 가면 어디에도 없는 사람 정도는 될 수도 있겠지만 어디에도 없는 곳은 어디에도 없으니 어디에도 없는 곳을 갈 수는 없을 테지만 그럼에도 마음속으로 어디에도 없는 곳을 향해 어딘가를 가다보면 어디에도 없는 곳으로 가고 있는 사람이거나 어디에도 없는 곳으로 가고는 있지만 어디에도 없는 곳으로 가느라 어디에도 가지 못하는 사람 정도는 될 수도 있겠지, 하는 어지러운 생각을 할 수 있었는데, 그것은 머리가 무척 어지러운 덕분인 것 같았다.[687]

거기에서 이 세계에 드러나지 않은, 그러나, 분명히 이 세계와 연접되어 있는 다른 세계를 만난다. 오리무중의 생각들을 거듭하면서 말과 생각이 지워지고 의미와 느낌이 사라진 텅 빈 백지와 같은 장소에 가까이 다가간다. 이 극한에서 중얼거리는 문장들은 세계의 끝에서, 다른 세계의 문을 연다. 글을 쓰는 자는 안과 밖의 경계가 모호한 그 세계에서 추방된다. 정영문의 글쓰기가 도달한 "어디에도 없는 곳"은 소설가라는 존재와 소설이라는 형식이 위기에 직면해 있

686 정영문, 「개의 귀」, 소설집 『오리무중에 이르다』, 95쪽.

687 정영문, 「오리무중에 이르다」, 소설집 『오리무중에 이르다』, 299~300쪽.

음을 보여준다.

김선재의 연작소설집 『어디에도 어디서도』(2017)에 등장하는 인물들은 현실 속에 있으면서도 현실을 벗어나 있는 느낌을 준다. 방황하는 몸짓들이 지우면서 쓰는 것은 바로 삶의 흔적이다. 그런 사이에 삶의 흔적들은 더 선명하게 나타난다. "때로, 의도되지 않은 흔적들이 당신의 가장 분명한 기록이다."[688] '나'는 삼 년 동안 함께 살았던 우리의 흔적들을 하나씩 지워나간다. "문에는 nilk가 남았다. nilk. 세상에 없는 단어다. 아니, 사라지는 중인 단어다."[689] 그러나, 의도하지 않고 더듬거리는 말들 속에서 그 흔적들은 그것대로의 시간을 살아가고 있다.

> 네가 말한 적은 없지만 언젠가부터 나는 실감의 세계와 먼 곳에 존재하는 문장이 되어 가는 느낌에 사로잡혀 있었다. 마치 아무 감정 없이 죽은 짐승의 살과 뼈를 몇 분 만에 해체해버리고 돌아서는 식육처리사가 된 기분이었다. 음과 뜻이 분리된 이해는 과연 이해일까, 아닐까.[690]

> 너무 많은 말과 문자 사이를 지나왔다. 닫힌 문을 보며 우리 사이에 필요한 말이나 문자가 아니라 그 너머의 감각 같은 것이라고 생각했다. 이를테면 무릎이나 노래 같은 것. 그래, 그런 것

---

688 김선재, 「어제의 버디」, 연작소설집 『어디에도 어디서도』, 문학실험실, 2017, 118쪽.

689 김선재, 「어제의 버디」, 연작소설집 『어디에도 어디서도』, 119쪽.

690 김선재, 「어제의 버디」, 연작소설집 『어디에도 어디서도』, 128쪽.

이었다.[691]

'너'를 지우기 위해서는 숱하게 지나온 말과 문자들을 삭제해야 한다. 문장 속에서 '너'의 얼룩들을 지우는 사이 점점 "너는 이제 알 수 없는 사람이 됐다."[692] '너'를 잊으려 애를 쓰지만 문장들 속에 새겨진 '너'의 흔적은 쉽게 지워지지 않는다. 눈앞에 보이지 않는 '너'를 상상한다. 상상하는 것만이 더 이상 상상할 수 없는 '너'를 기억하는 방법이다. 새벽 세 시에 현관문을 두드린 그는 상상력을 없애고 현실을 현실 그대로 보라고 충고한다.

> 저희가 할 일은 그들이 계속 아무것도 모른 채 살 수 있도록 돕는 것이지요. 그런 그들에게 가장 독이 되는 것이 바로 상상력입니다.[693]

> 다른 어떤 것도 상상할 수 없게 만들면 간단히 해결될 일입니다. 눈은 더 눈답게, 숲은 더 숲답게 만드는 거죠.[694]

상상력을 없애면 현실을 더 현실적으로 감각할 수 있을까. 지금 눈앞에 있는 현실 이외에 다른 어느 것도 무엇도 상상하지 않고 생

---

691 김선재, 「어제의 버디」, 연작소설집 『어디에도 어디서도』, 136쪽.
692 김선재, 「어제의 버디」, 연작소설집 『어디에도 어디서도』, 133쪽.
693 김선재, 「틈」, 연작소설집 『어디에도 어디서도』, 11쪽.
694 김선재, 「틈」, 연작소설집 『어디에도 어디서도』, 12쪽.

각하지 않게 된다면 이 막막한 마음속의 아픔들이 사라지게 될까. 어떤 말로도 이 세계에서 일어나는 일들을 명료하게 설명할 수 없다.

> 위로는 인간의 언어로는 불가능한 꿈이다. 동시에 그 불가능한 꿈을 꾸는 건 오직 당신들의 일이다.[695]

> 언제나 나는 사이의 세계에 있다. 당신들이 누운 간격 사이. 혹은 당신들이 서로 알아볼 수 없는 어둠과 그 어둠의 뒤편 사이. 오래된 과거와 길지 않은 미래 사이.[696]

> 나는 지금 낮고 작게 우는 새이와 그녀와 당신 사이에 있다. 하나이면서 제각각인 잠이 제각각의 세계로 흘러가는 것을 지켜본다. 나는 그 모든 것의 사이에서 그 모든 것을 볼 따름이다. 나에게는 그 방향을 바꿀 힘이 없다. 어둠 속에서 지나온 날짜를 꼽는다.[697]

보이지 않아도 있는 것이 있고 보아도 보이지 않는 것이 있다. 모든 것의 '사이'에서 모든 것이 흘러가는 것을 지켜볼 수 있을 뿐이다. 삶이란 예정된 질서에 따라 진행되지 않기 때문이다. 이미 지나간

---

695 김선재, 「외박」, 연작소설집 『어디에도 어디서도』, 23쪽.
696 김선재, 「외박」, 연작소설집 『어디에도 어디서도』, 42쪽.
697 김선재, 「외박」, 연작소설집 『어디에도 어디서도』, 43쪽.

일들은 해석할 수 없고 다가올 일들은 예측할 수 없다. "어떤 순간은 다른 순간들보다 더 중요하다. 그 순간에 삶이 흔들리기 때문이다. 움직이기 때문이다. 방향이 꺾이고 틈이 벌어지기 때문이다."[698] 화재로 아들을 잃은 부부가 나누는 대화에서 전해지는 아픔은 투명한 말로 붙잡을 수 없는 세계의 진실이다. 사진에는 있지만 여기에는 없는 그 찰나의 순간처럼.

> 순간을 영원히 남기는 것에는 성공했지만 그 순간이 어디에서 다가와 어디로 향하는 순간인지, 사진은 결코 말해주지 않는다. 그건 오직 인간만이 가지는 기억 바깥의 기억이다. 남자는 자신이 잃어버린 건 사진뿐만이 아니라는 걸 알았다. 자신이 갖고 있는 건 영혼과 전혀 상관없는, 분명했던 시간의 그림자가 전부였다. 눈덩이처럼 단단하게 뭉쳐진 어떤 시간의 분위기. 혹은 희고 차고 어두운 안개처럼 부유하는 기억들.[699]

아내가 찍은 그 사진에는 아내가 없다. 아내는 그 사진 속에 부재하는 방식으로 자신의 존재를 증명했다. 아들이 태어났을 때 찍은 사진은 아들이 태어난 순간을 기록하고 있지만 그 외의 것에 대해서는 아무런 말도 남기지 않았다. 분위기 혹은 기억들이 잃어버린 것들을 상기한다. 이 깊은 상실감은 대답을 들을 수 없는 질문들, 의미

---

698 오은, 「사라지는 독서와 나타나는 이야기」(해설), 김선재, 연작소설집 『어디에도 어디서도』, 146쪽.

699 김선재, 「아무도 거기 없었다」, 연작소설집 『어디에도 어디서도』, 71쪽.

가 될 수 없는 말들을 허공에 흩뿌린다.

> 잘못한 사람은 없는데 왜 모든 것들이 잘못된 걸까.[700]

> 다만 아무도 거기 없다는 사실을 알 뿐이다. 우리는 모두 어디로 갔을까.[701]

> 밤과 낮이 그렇게 순식간에 바뀌듯, 있지만 어느 사이에 사라지는 존재들. 세계는 그런 식으로 흘러와서 다시 그런 식으로 흘러갈 것이다.[702]

모든 것은 소리 없이 사라졌다. 잘못된 것만은 분명하지만 그 누구의 잘못인지를 알 수 없다. 믿기 어려운 현실의 조각난 파편들이 있을 뿐이다. 김선재의 소설을 감싸고 있는 공기는 어둡고 축축하다. 그 사이를 지나가는 사람들은 어디에도, 어디서도 머물지 못한다. "다시 어디로든 가야 할 시간이다."[703] 지친 발걸음을 어딘가로 다시 옮긴다. 끝없이 이어지고 반복되는 '삶의 흐름' 속으로.

---

700 김선재, 「아무도 거기 없었다」, 연작소설집 『어디에도 어디서도』, 78쪽.

701 김선재, 「아무도 거기 없었다」, 연작소설집 『어디에도 어디서도』, 79쪽.

702 김선재, 「눈 속의 잠」, 연작소설집 『어디에도 어디서도』, 107쪽.

703 김선재, 「눈 속의 잠」, 연작소설집 『어디에도 어디서도』, 114쪽.

7. 사랑이 하는 일

이승우의 장편『사랑의 생애』(2017)는 흔하게 읽을 수 있는 그런 사랑 이야기가 아니다. 이 소설은 사랑에 대한 이야기가 아니라 사랑이 몸 안에 살면서 하는 일들을 관찰한 기록이다. 이승우는 말한다. "사랑 경험은 사람마다 다 다르지만 비슷하고, 비슷하지만 다 다르다. (…) 제목은, 사랑하는 사람은 사랑의 숙주일 뿐이고, 사랑이 그 안에서 제 목숨을 이어간다는 뜻으로 '사랑의 생애'라고 했다."[704] 그러니까 사랑이라 부르는 그 무엇이 몸 안에 거주하기 시작한 다음부터 행하는 일들을 문자로 현상하고 있는 것이다.

> 사랑이 들어와 사는 것이다. 숙주가 기생체를 선택하는 것이 아니라 기생체가 숙주를 선택하는 이치이다. (…) 몸 안에 사랑이 살기 시작한 이상 아무 변화도 생기지 않는 경우는 없다. 그 사람은 사랑하지 않는 다른 사람과 다를 뿐 아니라 사랑하기 전의 자기와도 같지 않다. 같을 수 없다. 사랑이 들어와 살기 시작했기 때문이다.[705]

> 어느 순간 사랑은 문득 당신 속으로 들어오고, 그러면 당신은 도리 없이 사랑을 품은 자가 된다. 사랑과 함께 사랑을 따라 사는 자가 된다. 사랑이 시키고 원하는 일을 하는 사람이 된다. 그러니

---

704 이승우, 「작가의 말」, 장편『사랑의 생애』, 예담, 2017, 4~5쪽.
705 이승우, 장편『사랑의 생애』, 9~10쪽.

까 사랑에 빠졌다는 식으로 말하지 말라.[706]

사랑이 몸 안에 들어와 살아가는 순간부터 이전의 몸은 다른 몸이 된다. 사랑은 감정의 표현이 아니라 행위의 주체다. 몸 안에 스며든 사랑은 그것대로의 생애를 펼친다. 그 사랑으로 인해 몸의 변화가 일어난다. 아니, 몸은 사랑이 하는 일을 그대로 따른다. 그러므로 영배는 그녀를 떠나면서 자격이 없다고 말했으나 사랑은 특별한 자격을 갖추고 있는 사람들이 하는 일이 아니다. 사랑하는 것은 사랑할 자격이 있고 없음의 문제가 아니다. 사랑은 타인에게 빠지는 것이 아니라 온몸으로 겪어내야 할 사건이다.

사랑이 살기 시작했을 때 동반되는 신비한 일들이 그것을 증명한다. 무지와 고독이 뒤따른다. 사랑이 살아 움직일 때 "잘 알던(잘 안다고 생각했던) 사람도 갑자기 모르는 사람이 되어야 한다."[707] 사랑이 온몸에 가득 차 있는 순간에도 마음은 왜 "더 비어 있는 것 같고 그 어느 때보다 외로운가. 공허한가."[708] 사랑이 들어와 살기 시작한 순간부터 아무것도 알 수 없고 아무것도 할 수 없게 되기 때문이다. 무지와 고독의 장소에 사랑이 깃든다.

사랑하고 있는 자의 입에서 나오는 말들은 본래의 의도를 비켜가 마음과 어긋난다. 사랑의 말들에서 말이 그 주인이기 때문이다. "사랑한다는 말은 발화(發話)된다. 누구도 사랑한다는 말을 발화할 수

---

706 이승우, 장편 『사랑의 생애』, 11쪽.

707 이승우, 장편 『사랑의 생애』, 30~31쪽.

708 이승우, 장편 『사랑의 생애』, 36쪽.

는 없다."[709] 사랑한다는 말을 한 그 사람은 사랑의 말 속에 갇힌다. 말이 사랑을 행하게 한다.

> 사랑한다고 말한 사람은 사랑하는 사람이 된다. 되지 않을 수 없다. 사랑한다는 말을 하기는 어렵지만 사랑한다는 말을 해놓고 사랑하지 않기는 더욱 어렵다.[710]

> 사랑한다는 말은 실제로 그 말을 들은 사람의 마음을 움직이기보다 그 말을 한 사람의 마음을 더 움직인다.[711]

사랑한다는 말을 한 사람은 말이 힘을 지니고 있어서 '사랑한다'는 그 말에 구속된다. 말의 주술과 사랑의 주술에서 벗어날 도리가 없다. 말의 힘이 사랑하는 자를 지배한다. 사랑은 서로의 삶 속에 스며드는 행위다. 사랑은 이전의 삶을 바꾸는 힘이다. 형배와 준호가 보여준 서로 다른 사랑의 패턴은 '프란츠 카프카와 앙드레 지드'의 예로 대신 설명할 수 있다.

> 사랑을 하지 못할까봐 불안해했지만 사랑을 하게 될까 봐 두려워했다. 그는 여성을 사랑하기를 원하고, 원하면서도, 또 원하는 만큼 사랑하지 않기를 원한다. 두 번의 약혼과 파혼 상대였던

---

709 이승우, 장편『사랑의 생애』, 98쪽.
710 이승우, 장편『사랑의 생애』, 130쪽.
711 이승우, 장편『사랑의 생애』, 131쪽.

> 펠리체 바우어에게 보낸 편지에 그는, '그녀 없이는 살 수 없지만 그녀와 함께 살 수도 없다'는 문장이 머릿속에 떠올랐다고 써 보냈다. (…) 그는 온통 그녀 생각에 사로잡혀 지내면서도 그녀를 사랑하게 될까 봐 두려워한다. 그것이 카프카의 난처한 심리적 포지션이었다.[712]

> 어떤 순수는 때로 순수하지 않은 행위를 통해 증명된다. 순수하지 않은 행위가 그 사람의 순수를 보장하는 예는, 흔하지는 않지만 희귀한 것도 아니다. 준호는 민영의 사랑을 얻기 위해 순수하지 않은 예배를 택했다. 순수하지 않은 예배는 그(의 사랑)의 순수를 드러낸다. 이 과정에서 그가 자기에게 가한 약간의 합리화와 기만은 그의 비순수가 아니라 순수를 증명하는 예로 충분하다. (…) 순수를 위해 비순수를 감내했다고 해야 할까. 그런 일은 인간의 삶에서 모순이라고 할 수 없고, 오히려 흔하기까지 해서 차라리 삶의 어떤 규칙처럼 여겨질 정도이다.[713]

준호는 형배에게 카프카의 연인 펠리체 바우어에게 보낸 편지에 드러난 난처한 딜레마를 적용했다. 카프카는 여인을 사랑하길 원하면서도 원하는 만큼 더 두려워했다. 그의 사랑은 욕망과 두려움 사이에 갇혀 있었다. 자유연애주의자이고 바람둥이인 준호가 민영의 사랑을 얻기 위해 교회를 나간 것은 앙드레 지드의 『좁은 문』에서 조

---

712 이승우, 장편 『사랑의 생애』, 66쪽.
713 이승우, 장편 『사랑의 생애』, 126~127쪽.

숙한 제롬이 사촌 누이 알리사의 마음을 얻기 위해 사용한 방법과 동일했다. 그것이 순수하지 못하다고 해서 사랑이 아니라고 말할 순 없다.

사랑의 패턴을 결정하는 것은 다만 사랑이라는 감정이 아니다. 사랑이라는 행위는 어느 날 문득 솟아난 것이 아니라 개개인의 고유한 상처와 관계 속에서 시작된다. 형배가 그토록 사랑을 두려워한 것은 아버지의 기억에서 비롯했다. "사랑을 위한 아버지의 도피가 그 아들로 하여금 사랑으로부터 도피하도록 조종했다고 말해야 할까."[714] 사랑은 유년 시절의 기억에 관한 정신분석과 맞닿아 있다. 외롭게 살아온 영석이 선희를 사랑하는 일에서 영석이 알게 된 것은 "사랑한다는 말을 해달라고 요구하는 자기를 겪는 일이었다."[715] 다시 말해 "당신이 나의 방식을 정한다."[716] 영석의 약함이 선희의 몸짓을 결정했다. "넝쿨식물의 손이 나무의 몸을 움켜쥐고 있는" 형상처럼 "약함을 앞세워 강한 나무를 꼼짝 못 하게 하고 있는" 넝쿨이 행하는 그 "장악의 방법"[717]이 그들에겐 사랑의 한 방식이었다.

> 그날 그녀가 거기서 본 것은 아름다움이나 에로티시즘이 아니라 생존을 위한 전력투구였다. 사랑이 아니라 생존이었다. 사랑이라면, 그것은 생존을 위한 사랑일 것이다. 살려고 사랑하는 것

---

714 이승우, 장편『사랑의 생애』, 87쪽.

715 이승우, 장편『사랑의 생애』, 142쪽.

716 이승우, 장편『사랑의 생애』, 147쪽.

717 이승우, 장편『사랑의 생애』, 158쪽.

이다. (…) 그것이 사랑의 방식을 취하고 있는 건 신비스러운 일이 아닐 수 없다.

의도를 넘어서는 표현들, 동기와 상관없는 결과들, 원문에서 달아나는 번역들이 삶에 신비를 더한다.[718]

넝쿨식물의 언어는, '너는 내 것이다'가 아니라, '나를 구해주세요'이다. '내 말을 들어라'가 아니라 '나를 받아주세요'이다. 선언이 아니라 부탁이다. 만지는 손을 통해 이 연인-약자가 하는 말도 '너는 내 것이다'나 '내 말을 들어라'가 아니라, '나를 구해주세요' 혹은 '나를 받아주세요'이다. (…) 자신의 약함에서 비롯한, 자신의 약함을 극복하기 위해 내뻗은 연인의 손길이 연인의 몸에 유사한 종류의 약함을 생성해내는 신비, 애무란 그런 것이다.[719]

넝쿨의 여린 몸부림은 나무를 소유하기 위한 것이 아니다. 단단한 나무를 감싸 올라 나무를 장악한 넝쿨의 그 필사적인 몸부림이 말하고 있는 것은 "사랑에 대해서가 아니다. 생존에 대해서다."[720] 단지, 살고 싶었기 때문이다. 약함이 강함을 무너뜨린 것이다. 약함으로 호소하는 말들이 연인의 몸을 끌어당겨 애무한다. 약함은 또 다른 약함을 이끈다.

형배는 사랑을 알지 못했다. 그는 두려웠다. "젊은 날의 그의 어머

---

718 이승우, 장편『사랑의 생애』, 180쪽.

719 이승우, 장편『사랑의 생애』, 205쪽.

720 이승우, 장편『사랑의 생애』, 182쪽.

니처럼, 그래서 아플까 봐, 그래서 약해지고 비참해지고 어둠 속에서 술에 취해 울고 낙오할까 봐 사람에게 쉽게 마음을 주지 않았는지 모른다."[721] 사랑은 아는 것이 아니라 하는 것이다. 진정으로 삶을 살아가고 있고 사랑하고 있는 사람은 사랑이 무엇이며 삶이 무엇인지를 궁금해 하지 않는다.

> 에로틱한 것들은 실은 에로틱하지 않다. 안타깝고 안쓰럽다.[722]

> 에로틱한 것들은 실은 에로틱하지 않다. 에로틱하지 않고 안쓰럽다.[723]

> 중요한 것은 아는 것이 아니라 '삶을 하고' 사랑을 하는 것이다. 정의 내리는 것이 아니라 경험하는 것이다. 그 속에 들어가는 것이다. 어떻게 해도 정의되지 않는 것이 신이고 삶이고 사랑이기 때문이다.[724]

안타깝게, 안쓰럽게, 그저 하는 일이다. 사랑하는 자의 몸은 온몸을 사랑에게 내맡긴다. 사랑이 몸 안에 스며들어 살게 된 그 순간부

---

721 이승우, 장편『사랑의 생애』, 282쪽.
722 이승우, 장편『사랑의 생애』, 201쪽.
723 이승우, 장편『사랑의 생애』, 202쪽.
724 이승우, 장편『사랑의 생애』, 285쪽.

터 사랑이 하는 일을 앓고 겪는 것 외에 할 수 있는 일은 아무것도 없다. 사랑이 하는 대로 '하면서' 견딜 수 있을 뿐이다. 불면의 밤들을 채우던 사랑이란 대체 무엇인가라는 질문은 더 이상 필요하지 않다. 이 소설은 사랑에 관한 숱한 책들 속에서 읽은 사랑의 의미를 소멸시킨다. 이승우의 손길을 통과한 사랑은 견고한 무엇이 아니라 안타깝게 다가서는 호소이며 꿈틀거리는 몸짓이다. 사랑을 사랑이라는 말에 가두지 않으려는 혁명적 실험이다.

혀와 말

불편의 감촉

> 모든 말들이 길을 헤매고 있었다. (…) 말들은 그들의 고향을 잃어버렸고 자신들의 고향에 대한 감사와 의리를 잃어버렸다. 그래서 배반당한 말들은 자유였다. 그들이 태어날 때 지은 모든 약속에서 말들은 자유였다. 그러나 말들은 이제 정처가 없었다.[725]

> 글을 쓴다는 것은 언어를 응시한다는 것을 의미한다. 스스로의 언어를 관찰할 줄 모르고 사랑하기만 하는 사람, 자신의 언어 속에 숨어 있는 애가를 참을성 있게 읽지 못하고 깊은 곳에서 울려 퍼지는 송가를 들을 줄 모르는 사람은 작가라고 할 수 없다.[726]

1.

1) "우리는 다만 외로웠을 뿐이라고."

제7회 혼불문학상 수상작인 권정현의 장편 『칼과 혀』(2017)는 1945년 일제 패망 직전 만주국을 무대로 '칼과 혀' 사이의 보이지 않는 긴장을 펼친다. 무엇보다 이 소설은 칼과 혀를 이중적인 의미로

---

725 이청준, 「떠도는 말들」, 『언어사회학 서설』(1973~1981), 열림원, 2000.

726 조르조 아감벤, 윤병언 옮김, 「불과 글」, 『불과 글』(2014), 책세상, 2016, 20쪽.

장치하여 "한중일 국가 사이의 대문자 역사, 그러니까 증오의 역사를 다루면서도 다른 한편으로는 한중일의 개별적인 존재들끼리의 소문자의 역사, 그러니까 모두 동일하게 추억의 맛을 지닌 존재들의 공존 가능성의 역사를 모두 포괄하고 있"[727]는 점이 돋보인다.

제국 일본이 세운 괴뢰정권 만주국에서 동아시아 삼국의 사람들이 겨루는 치열한 생존 투쟁과 복수의 여정이 중심 내용이다. 중국인 요리사 첸, 조선인 위안부 길순, 관동군 사령관 야마다 오토조, 이 세 인물들의 내면을 살아 움직이는 듯 세밀하게 포착한 장면들이 읽는 이의 호흡을 멈추게 한다. 그 장면들 사이로 질문 하나가 스쳐간다. 이들에게 전쟁이란 대체 무엇이었는가.

칼과 칼이 대립하던 시대를 혀의 맛으로 맞선 자가 있었다. 요리사인 아버지의 뒤를 이은 첸이 바로 그다. 첸은 만주국 관동군 사령관 야마다 오토조를 제거하기 위해 장교식당 요리사가 된다. 첸은 자신 또한 언젠가 도마 위에서 사라지게 되리라는 걸 예감하고 있었다. 두려운 미래가 그의 가슴 속을 파고들었다. "내가 과연 저 날카로운 광풍의 칼날을 비껴갈 수 있을까?"[728] 첸에게 요리는 생명을 다루는 일처럼 섬세하고 예민한 작업이다.

> 원형의 도마는 죽고 죽여야 하는 투계장 같다.
> 칼날이 집요하게 도마를 두드리며 피 냄새를 부른다.[729]

---

727 권정현, 장편 『칼과 혀』, 다산책방, 2017, 「또 다른 '칼과 혀'의 발견, 그리고 한국 소설의 새로운 영토」(심사평), 348쪽

728 권정현, 장편 『칼과 혀』, 20쪽.

729 권정현, 장편 『칼과 혀』, 52쪽.

재료가 칼 아래 저를 온전히 내어놓을 때 불과 기름, 온갖 양념과 그것에 더해지는 요리사의 손길을 받아들여 또 다른 생명으로 건너가는 거라고, 그렇다! 음식이란 하나의 재료가 다른 재료들과 더해져 빚어낸 하나의 궁극이다.[730]

"도마에 놓인 것은 그것이 무엇이든 하나의 생명이야. 칼은 그들의 생명을 끊는 도구가 아니라 그들을 굴복시키는 도구야. 칼을 다룰 때 조금이라도 허점이 보이면 재료들은 접시에 오르는 순간까지 말썽을 부리잖아. 칼은 등을 보여서도 안 돼. 칼날로 재료를 지그시 눌러가면서 놈들의 눈을 제압해. 숨통을 단박에 끊어놓을 듯 위협하면서 동시에 재료 고유의 빛깔과 싱싱함이 다치지 않도록 배려해."(첸의 아버지)[731]

첸에게 도마는 음식의 재료들을 다듬는 도구이면서 수많은 영혼들이 처단된 장소를 상기하는 물건이다. 첸은 도마 위에 적들의 이름을 하나하나 새겼다. 요리사인 아버지의 말에 따라 음식의 재료들을 다뤘다. 요리를 시작하기 전에 재료들의 눈을 제압한 후 재료들을 완전히 굴복시켰다. 요리에 사용될 재료들은 그렇게 첸의 칼 아래 놓였다. 음식의 재료들을 제압하듯이 첸은 적들의 혀를 요리로 길들이고 싶었다. 첸에게 전쟁은 피 냄새를 부르는 칼과 도마 위에

---

730 권정현, 장편『칼과 혀』, 60쪽.

731 권정현, 장편『칼과 혀』, 98쪽.

서 시작되었다.

제19대 관동군 사령관 야마다 오토조(山田乙三). 그의 어릴 적 아명은 '모리'다. 모리는 스스로를 이렇게 표현한다. "나는 이 거대한 제국의 허울 좋은 주인이자 공포와 비명을 감춘 천수각의 성주, 그리고 매끼 맛깔나는 음식에 목말라하는 요리애호가이자 예술비평가다."[732] 모리는 스스로를 전쟁과 어울리지 않는 인간이라고 여겼다. 전쟁은 어린 시절 어머니가 만들어준 맛있는 음식을 더 이상 먹지 못하게 하는 슬픔을 안겨주었기 때문이다. 한편 전쟁은 요리의 참맛이 무엇인지 깨닫게 해주었다.

> 전쟁은 정말 지루하고 피곤한 일이다. 사람이 죽고 건물이 파괴돼 전쟁이 슬픈 건 아니다. 그걸 몰라서 전쟁을 시작했던가? 전쟁의 진짜 슬픔은 세쓰분(節分)에 어머니가 정성껏 볶아준 콩을 맛보지 못하는 슬픔에 있다.[733]

> 순수성만이 요리의 정신에 부합되니까. 단 하나의 오점도 없는 재료들이 요리사의 손길을 거쳐 불과 물과 한바탕 섞일 때 가장 완벽한 모습으로 거듭난다. 하나의 요리가 장인의 손을 떠나 인간의 혀와 맞닿는 최초의 순간, 세상의 진귀한 요리는 바로 그 한순간으로 존재한다.[734]

---

732 권정현, 장편『칼과 혀』, 23쪽.
733 권정현, 장편『칼과 혀』, 26쪽.
734 권정현, 장편『칼과 혀』, 32쪽.

전쟁이 일상이 된 그곳에서 모리는 요리의 '순수성'을 찬양했다. 완벽한 요리는 어머니의 손맛과 같았다. 모리는 조선인 길순의 품에서 어릴 적 보았던 어머니의 모습을 겹쳐 떠올렸다. 길순과 어머니의 환영이 겹치는 순간 모리는 길순을 향해 총을 겨누고 싶었다. "수천 번도 더 병사를 받아낸 천박한 몸뚱이가 감히 내 어머니를 대신하려"는 것을 참을 수 없었던 것이다. 모리는 강인한 인상을 남겼던 어머니를 잊은 적이 없다. 서너 살 무렵의 일이다. 모리가 마당의 수탉에게 해코지를 당했을 때 어머니는 수탉의 목을 고운 손으로 꽉 잡고 수탉의 두 눈알을 파버렸다. 그때 모리의 입에서는 이런 탄성이 흘러나왔다.

> "아름답다!"
>
> 닭의 눈알이 뽑히던 순간 나는 엉뚱하게도 그런 생각을 하고 있었다. (…) 수돗가에 앉아 닭의 내장을 죄다 긁어낸 뒤 몸통에 찹쌀을 채우고 백숙을 끓여 내 목구멍으로 국물을 흘려 넣어주기까지 걸린 시간은 채 한 시간도 되지 않았다. 그 모든 동작들은, 화단의 맨드라미 꽃밭을 가꿀 때처럼 적요로웠다.
>
> (…) 그러니까 그날 내 혀에 와 닿던 백숙의 맛은, 간장의 달착지근함이 더해진 그 연한 고기의 맛은, 적을 향한 그 어떤 사나운 증오심조차 그 연한 속살 속으로 들어가면 자신의 외피를 둘러싼 단단한 껍질과는 상관없는 가장 순수하고 정제된 하나의 본질을 지니고 있음을 깨닫게 해주었다. 자애로움으로 가득했던 내 어머니의 외피 속에 숨겨진 고요하기 이를 데 없었던 그날의 의식처

럼.[735]

전쟁의 지루함과 소란 속에서 모리의 혀가 진정 원했던 것은 바로 "그 어떤 사나운 증오심조차" "가장 순수하고 정제된 하나의 본질을 지니고 있음을 깨닫게 해"주는 그런 맛이었다. 그날 어머니가 만들어준 백숙의 달콤한 맛은 사나운 증오심조차 순수하게 정제시켜 만든 바로 그것이었다. 모리는 증오하던 적의 죽음과 어우러진 아름다운 맛을 애타게 갈구했다.

함경도 청진 출생인 조선인 위안부 길순. 그녀는 이 기나긴 전쟁을 사내들이 벌이는 쓸모없는 짓이라 여겼다. 그녀는 묻고 싶었다. "도대체 사람을 죽여 무얼 얻지?"[736] 길순의 눈에는 총칼로 생명을 빼앗는 사람들이나 이념의 노예가 된 사내들이 별반 다를 게 없어 보였다.

> 그건 때가 되면 규칙적으로 여자들에게로 찾아오는 이름 모를 일본 병정들이나, 남부식 권총 하나로 세상의 부조리를 끝낼 수 있다고 믿는 내 오빠나, 도마 하나로 세상을 바꿀 수 있다고 믿는 첸이나 모두 매한가지야. 그래서 난 사내들을 믿지 않아.[737]

> 혀 잘린 첸의 복수를, 끌려와 죽어간 조선 청년들의 복수를,

---

735 권정현, 장편『칼과 혀』, 217~218쪽.
736 권정현, 장편『칼과 혀』, 45쪽.
737 권정현, 장편『칼과 혀』, 92쪽.

놈이 잠들거든 허리의 권총을 꺼내 안전 고리를 풀고 방아쇠를 당겨. 정확히 놈의 심장을 겨눠야 해. 그럼 너는 역사에 이름을 남기게 돼.[738]

길순에겐 위안소를 찾는 일본 군인들도 혁명의 구호를 외치는 오빠도 모두 믿을 수 없는 인간들이었다. 도마 하나로 세상을 바꾸겠다는 첸 또한 무모하긴 그들과 마찬가지였다. 길순은 타인의 생명을 빼앗아 새로운 역사를 만들겠다는 혁명주의자들과 역사에 이름을 남기기 위해 복수를 하라고 외친 망령들에서 벗어나고 싶었다. 총이 있다면 그 망령들의 목소리를 쏘아버리고 싶었다. 길순의 표정에서 모리는 "전쟁의 진짜 모습"과 "진짜 죽음"[739]의 얼굴을 읽었다.

고요한 정적 한가운데에서 모리와 첸의 칼과 혀가 소리 없이 부딪쳤다. 모리에게 칼은 적들을 죽이는 도구다. 첸에게 칼은 적들의 혀를 다스리는 기구다. 칼은 혀를 자를 수 있지만 혀는 칼을 잠재울 수 있다. 모리와 첸의 그 보이지 않는 싸움은 단지 칼과 혀의 대결로 마무리할 수 없을 만큼 내밀한 방향으로 나아갔다. 첸은 진정한 복수를 실현하기 위해서는 칼과 혀가 아닌 다른 것을 준비해야 했다. 보이지 않는 '독'이 그것이다.

맛을 가진 사물은 냄새를 풍긴다. 오로지 하나, 독이 예외다. 그것은 냄새를 숨김으로써 사물의 생명을 파괴할 수 있다. 나는

738 권정현, 장편『칼과 혀』, 264쪽.

739 권정현, 장편『칼과 혀』, 215쪽.

조금 더 확실하게 그것을 숨길 필요가 있다. (첸)[740]

나는 첸의 도마가 첸의 계획을 이루어줄 것이라고 확신했어. 음식은 정직하지 않지만 독은 정직하니까. 그게 권총 한 자루에 의지하는 내 오빠보다 나은 방법이란 걸, 나는 왜 지금껏 생각해내지 못했을까. (길순)[741]

"자정이 되면 놈의 혀를 잘라라. 자르되 정확히 3분의 2 토막을 남겨라. 말을 빼앗되 전부를 빼앗진 마라. 너의 장애가 너의 요리를 돋보이게 할 것이다."

(…) 복수를 위해. 애써 독을 쓰지 않아도 되는, 누구도 만들 수 없는 가장 완벽한 맛, 그것이 녀석의 복수가 되어야 한다. (모리)[742]

첸은 냄새를 풍기는 음식과 달리 보이지 않는 독을 무기로 삼았다. 길순은 첸이 총칼보다 더 독한 방식으로 계획한 일을 실행할 수 있으리라 믿었다. 모리는 독을 써서 자신을 암살을 하려 했던 첸의 혀를 잘랐다. 모리는 첸의 혀를 완전히 자르지 않았다. '독'을 쓰지 않아도 완벽한 맛을 낼 수 있도록, 말을 할 수 있으되 완전한 말을 할 수 없는 장애를 견디게 하고 싶었기 때문이다.

---

740 권정현, 장편『칼과 혀』, 165쪽.
741 권정현, 장편『칼과 혀』, 95쪽.
742 권정현, 장편『칼과 혀』, 180~181쪽.

첸은 혀가 잘린 뒤 “혀의 위대함을 재발견하고” 있었다. 첸의 복수는 음식이나 독이 아닌 “불꽃”의 언어를 다시 점화하는 것으로 다시 시작하고 있었다.

> 요리사의 진짜 언어는 혀가 아니라 활활 타는 불꽃이다. 나는 혀의 일부를 잃었지만 불로 내 이야기를 마무리할 수 있음에 만족한다. 나의 도마 위에서, 제국주의자들과 겨룬 나의 이야기는 어느 요리도 대신할 수 없는 깊은 맛을, 쓰고 맵고 끈질긴 맛을 풍기게 될 것이다. (첸)[743]

> “넌 패망하는 제국의 마지막을 지켜보아야 하는 내, 나의 고통을 조금도 이해하지 못했어. 나는 인간이 혀로 느낄 수 있는 맛이 아닌 고통의 맛을, 사랑했다…… 단맛, 신맛, 짠맛, 쓴맛, 감칠맛 따위가 아닌, 혀를 뚫고 혀를 째며 점막에 와 닿는 그 찢어지는 아픔을! 그건 혀로 느껴지는 맛이 아니라 온몸으로, 몸으로, 몸, 몸으로 느껴지는 맛이다. 첸, 혀만으로 모든 걸 느낄 수 있다고 판단했다면 너의 요리는, 틀…… 틀렸다.”(모리)[744]

첸의 불꽃은 제국주의자들을 향해 “죽음의 냄새”를 피워 올렸다. 그동안 제국주의자들과 나눈 이야기는 오랫동안 음미할 맛과 향으로 기억될 것이다. 그것은 혀끝으로 가늠할 수 있는 음식의 맛, 혀를

---

743 권정현, 장편『칼과 혀』, 287~288쪽.

744 권정현, 장편『칼과 혀』, 317쪽.

굴려 만들어낼 수 있는 말, 그 이상의 맛이었다. 모리는 단지 혀로 느끼는 맛이 아니라 "찢어지는 아픔을" 온몸으로 느낄 수 있는 "고통의 맛"을 원했다. 모리와 첸의 서로 다른 혀들은 서로의 고통을 느낄 수 없었다.

전쟁은 그 누구에게나 쓸쓸하고 고독했다. 첸의 잘린 혀와 길순의 부드러운 혀는 잔인한 날들을 아직 기억하고 있다. 말을 잃은 혀들은 칼 아래 감춰진 이야기들을 여전히 말하고 싶다.

> 나는 여전히 말하고 싶다. 이제 우리의 내기는 끝이 났다고. 나는 무엇도 요리하지 않았고 당신은 무엇도 먹지 않았다. 우리는 다만 외로웠을 뿐이라고. 나는 요리를 했고 당신은 접시를 비웠다. 불과 싸우던 나의 시간도, 맵거나 짜거나 달콤하거나 시었을 온갖 요리의 맛들도, 우리를 아프게 했던, 시대가 만들어낸 순간의 고통일 뿐이라고. 한 접시의 요리가 깨끗이 비워지는 순간 우리는 비로소 증오로부터 자유로워질 수 있다고. (첸)[745]

> 아직도 나는 말하고 싶어.
> 내 혀가 기억하는 어떤 순간에 대하여.
> (…)
> 또한 나는 말하고 싶어.
> 이 불가해한 골목에 대하여.
> (…)

745 권정현, 장편 『칼과 혀』, 318~319쪽.

이 믿을 수 없는 세상에 대하여.
(…)
그리하여 내 부드러운 혀를 움직여
뜨겁게 말하고 싶습니다. (길순)[746]

첸의 잘린 혀는 우리 모두가 외로웠고 아팠던 순간들을 더듬었다. 길순의 부드러운 혀는 아름다운 고향 청진과 이해할 수 없는 날들의 기억을 되감았다. 어두운 역사 속에서 잃어버린 것들과 상처 입은 것들은 그렇게 보잘 것 없는 이들의 혀끝에 머물렀다. 혀가 감촉한 역사는 말과 글로 기록되지 않았다. 우리는 길순이 낮은 목소리로 읊조리는 저 혀의 소리에 귀를 가까이 기울인다. 그동안 아무도 말하지 못했고 아무도 듣지 않았던 그 외로운 이야기들이 지금 비로소 시작되고 있는 것이다.

2) "나를 찾지 못하고 어떻게 자유를 찾을 수 있겠는가."

박범신의 장편 『유리: 어느 아나키스트의 맨발에 관한 전설』(2017)은 낯선 시공간 속으로 우리의 발길을 이끈다. 주인공 유리가 태어난 수로국(水路國)은 화인국(火人國)의 지배를 받아 식민지가 되었다. 이후 수로국 사람들은 대지국과 풍류국 등 도처로 유랑을 떠났다. 이 소설의 공간적 배경인 수로국과 화인국은 일제강점기 하의 한국과 일본을, 대지국과 풍류국은 중국과 타이완을 가리키고 있음을 어렵지 않게 짐작할 수 있다. 1930년대 일제강점기에서 1970

746 권정현, 장편 『칼과 혀』, 328~330쪽.

년대 유신체제기까지가 시대적 배경이다.

소설의 처음과 끝은 하나의 원을 그린다. 유리가 늙은 할아버지가 되어 자신의 겪은 세월을 외손녀에게 들려주는 장면으로 시작된다. 외손녀가 할아버지 유리의 긴 이야기를 끝까지 듣고 할아버지의 편지를 읽는 것에서 끝난다. 이 원환의 구조는 할아버지 유리가 겪은 방랑의 세월이 지금 여기에서도 반복되고 있음을 암시한다. 끝은 곧 시작이다.

> 숲속 오두막에 앉아 나를 맞아준 할아버지의 눈동자엔 사구(砂丘)의 그림자가 아련히 들어앉아 있었다. 거칠고 웅혼한 이야기들이 그물코를 이루고 있는 모습이었다. 그때만 해도 나는 그처럼 긴 이야기를 할아버지에게서 듣게 될 줄 몰랐다. 이야기가 길이라는 걸 가르쳐준 것도 나의 할아버지 미스터 유리였다. 할아버지는 그때 이런 말로 당신의 이야기를 시작했다.[747]

> "세 살이 되었을 때 나는 읽을 줄 알았고, 다섯 살이 되었을 때 갖가지 악기의 소리를 들었으며, 그것들의 감미와 슬픔을 나는 온몸으로 이해했다. 일곱 살이 되었을 때, 내 머리맡엔 열줄(段)의 책꽂이가 놓여 있었고 나는 그곳의 책들을 틀린 데 없이 읽고 썼다. 열세 살이 되었을 때 서가는 몇 배로 늘어났고, 나는 말재간으로 사람들을 자유자재 웃기고 울릴 줄 알았다. 사람들은 내 혀가 유난히 길다고 말했다. 그리고 열일곱이 되었을 때 나는 마

747 박범신, 장편『유리』, 은행나무, 2017, 579쪽.

침내 또렷이 보았다. 내가 본 그것은, 나의 죽음이었다."[748]

'나'는 할아버지 유리의 눈동자에서 깊은 '이야기'의 내력을 읽었다. 이른 나이부터 유리는 읽고 쓰고 들을 줄 알았다고 했다. 구렁이와 대화를 나누다 혀가 길어진 유리의 말은 긴 혀를 지닌 구렁이의 혀를 닮아 유창했다. 유리의 "말은 모두 혀끝에서 나왔다. 구렁이에게 혀의 마술을 전수받은 느낌이 들었다."[749] 유리는 말을 하지 않아도 동물들과 말이 통했다. 말로 사람의 마음을 움직일 수도 있었다고도 했다. 책은 보이지 않는 세계와 만나는 통로였다. "구렁이를 통해 말하지 않고도 말하는 법을 그는 배웠으며 책을 통해 보지 못하는 세계를 그는 이해했다."[750] 일찍이 유리는 말과 글을 익혔으며 세계의 이치를 구렁이의 혀와 책 속의 말을 통해 깨쳤다.

유리를 더 넓은 세상 속으로 거침없이 나아갈 수 있게 한 것은 '죽음'과 '사랑'이었다. 붉은댕기를 따라간 운지산 동굴 속 '비밀의 샘'에서 유리는 먼 훗날 마주하게 될 죽음의 얼굴을 미리 보았다. 유리의 가슴 속에서는 평생 붉은댕기를 향한 사랑이 살고 있었다.

"지금 보는 그것은…… 그것은 오라버니의 죽음이고…… 그러므로 비밀이야. 누구에게든 지금 본 그것에 대해 말하면 안 돼. 나한테도. 앞으로도 절대로! 그걸 말하고 나면…… 오라버지는

748 박범신, 장편 『유리』, 7쪽.
749 박범신, 장편 『유리』, 23쪽.
750 박범신, 장편 『유리』, 25쪽.

자신의 운명대로 살 수 없게 될 거야!"(붉은댕기)[751]

붉은댕기를 찾아 위안소를 염탐하며 유리는 남자의 성욕이라는 게 얼마나 믿을 수 없는 야만적 욕구인지 충분히 보고, 또 알았다. 사랑이 어떻게 그처럼 야만적 충동에 매이겠는가.[752]

유리가 본 그 죽음의 얼굴은 누구에게도 말해서는 안 되는 금기였다. 붉은댕기에 대한 그침 없는 사랑은 유리를 살게 했다. 유리에게 거친 운명의 파도는 전혀 두렵지 않았다. 유리는 수로국과 국경을 맞댄 만주 지역으로까지 위안부로 끌려간 붉은댕기를 찾아 헤맸다. 트럭에 실려 어딘가로 떠나는 여자들 중에서 붉은댕기를 찾고 또 찾았다. 붉은댕기는 '백합'과 '곡마단 접시돌리기의 딸'과 다른 사랑의 불꽃이었다. 오누이와 같은 인연을 맺은 해맑은 사랑의 표상이었다. 유리의 가슴은 붉은댕기가 했던 말과 함께 살았다. "참을성이 없다면 자기 운명을 보지 못해."[753]

어머니와 인륜에 어긋난 정을 통한 큰아버지를 죽인 유리. "아비를 죽인 자에겐 고향이 있을 수 없었다."[754] 유리는 그렇게 아버지의 역사와 단절했고 고향을 떠났다. 왜 큰아버지–아버지를 죽였는지는 쉽게 풀 수 없는 물음이었다. 아버지를 죽인 것은 고향과 국가를 버

751 박범신, 장편『유리』, 56쪽.
752 박범신, 장편『유리』, 161쪽.
753 박범신, 장편『유리』, 473쪽.
754 박범신, 장편『유리』, 121쪽.

리는 일과 다르지 않았다. 유리에게 주어진 과제는 잊어버린 자신의 원래 이름을 되찾는 일이었다. 유리에겐 오직 끝없이 걷고 또 걸어가야 할 수백수천 갈래의 '길'이 놓여 있었다.

> 하나의 원주(圓周)에 수백수천의 선을 그을 수 있듯이 크든 작든 세상에도 수백수천의 길이 있고, 그것들은 또한 한시도 머무는 법이 없었다. 맺어지고 흩어지면서 길은 밤낮없이 흐르고 있었다. 땀과 눈물, 고통에 찬 환란과 유쾌한 속임수, 무성한 생성과 쓸쓸한 소멸이 덩어리 덩어리져 하나로 흐르는 게 바로 길이었다. 누구인들 어찌 그것에 홀리지 않겠는가.[755]

> 홀로 남은 유리가 꿈꾸는 삶은 모두 길에 있었다. 패를 지어 자유를 얻을 수 없으며 머물러서 안락을 지킬 수 없다는 걸 그는 이제 알고 있었다. 그것은 야만의 시대를 지난 먼 훗날에나 가능한 꿈이었다.[756]

> 사람들이 모두 짐승이 되고 나니 짐승들이 나서서 사람노릇을 하는 세상이었다.[757]

유리가 만들고자 한 세상의 형상은 부단히 흐르는 길 위에 있었

---

755 박범신, 장편『유리』, 167쪽.
756 박범신, 장편『유리』, 189쪽.
757 박범신, 장편『유리』, 245쪽.

다. 유리라는 이름 또한 걸식(乞食)을 만난 이후에 새로 얻은 것이다. 유리는 이 '야만의 시대'에 안락한 집과 풍부한 먹을거리 따위에 머물러 있을 수 없다고 판단했다. 그런 세상은 '짐승의 시대'가 끝난 먼 후일이 되어서야 기약할 수 있는 꿈이었다. 유리는 유리걸식단의 강령과 같이 집단화하는 방식이 아니라 "혼자 남은 자신만을 위해 새로운 강령을 써야 할 것 같았다." 유리는 이제 "영원히 유리걸식의 길을 가겠다!"[758]고 선언했다. 유리와 걸식은 그 시대를 서로 다른 방식으로 건넜다.

> "대지국은 거대한 나라야. 대지국이 혁명을 완성하면 화인국을 물리칠 힘이 생길 거고, 그럼 우리 수로국도 독립할 수 있어. 우리도 고향으로 돌아가 유리걸식하지 않고 살 수 있는 세상이 되는 거라고. 만주에서 여기까지 올 때 깨달은 게 그것이다. 유리걸식단 같은 소박한 집단으론 절대로 우리를 지킬 수 없다는 것."(걸식)[759]

그러나 지금은 짐승의 시대였고, 국가주의 당파주의가 자연으로서의 존재를 말살하기로 작정한 벼랑 끝이었다. 모든 테두리가 지워진 이상적인 공동체가 생길 틈새는 전혀 없었다. "나는 유리야!" 유리는 그래서 자신에게 말해두었다. 이 벼랑 끝에서 어떤 이념이나 체계의 소모품이 되지 않는 것, 저들의 강압과 요구에

758 박범신, 장편『유리』, 188쪽.
759 박범신, 장편『유리』, 251쪽.

끝까지 부응하지 않는 것이 유리의 노선이라고 할 수 있었다.[760]

유리가 보기에 걸식은 당파적 충성심에 빠져 있었다. 마오쩌둥이 유격전을 펼칠 때 대원들에게 강조한 행동수칙이 적혀 있는 종이를 숭배하는 걸식을 유리는 믿을 수 없었다. 유리는 걸식과 달리 이념이나 체계에 종속되지 않는 자신만의 길을 선택했다. 누군가 유리에게 자신이 누구인지를 물어오면 이렇게 대답할 것이다.

"나는 유리(流離). 길에서 태어나 길로 흐르는 사람이오."[761]

아버지를 죽일 때 자신은 이미 조국을 부정한 셈이었다. 역사는 범죄와 재난의 기록이었다. 길이 끝나지 않는 게 유리의 유일한 사랑, 유일한 희망이었다.[762]

유리는 뜨거운 햇살과 바람이 불어오는 사막의 길로 접어들었다. 유리의 삶은 길에서 출발해 내내 길 위에 있었다. 길은 끝나지 않았다. 끝나지 않는 길을 걷는 것만이 유리가 품을 수 있는 "유일한 사랑, 유일한 희망"이었다.

길은 사방으로 뚫려 있었지만 가고 싶은 길이 없었다.[763]

---

760 박범신, 장편『유리』, 254~255쪽.

761 박범신, 장편『유리』, 195쪽.

762 박범신, 장편『유리』, 310쪽.

> 유리가 오직 고통스러운 것은 이 너른 세상에서 말이 통하는 길이 전혀 없다는 사실의 철저한 확인이었다.[764]

고난의 길을 함께 나눌 사람이 필요했다. 이 기나긴 방랑의 여정에서 유리는 큰마님을 만났다. 세상에서 가장 긴 혀를 가진 남자 유리와 세상에서 가장 넓고 깊은 귀를 지닌 큰마님은 나누는 그 "이야기야말로 안과 밖, 하늘과 대지, 현상의 유한(有限)과 초월의 무한(無限)을 단단히 잇는 대로(大路)였으며 유장한 물길이었다."[765] 끝없이 이어지는 이야기-길에서 유리는 사람들을 사랑하는 법을 배웠다.

조국이 겪고 있는 전쟁 소식을 듣고난 후 유리는 무국적 배에 몸을 실었다. 수로국은 군사 쿠데타로 혼란한 상태에 놓여 있었다. 박통 정부 하에서 반공주의, 운지기업의 정경유착, 빨갱이 처단 등이 새로운 문제로 대두되었다. 모진 세월을 겪은 후 귀환한 고향은 더 이상 예전의 신비와 아름다움을 간직한 장소가 아니었다. 유리는 정보부에 끌려가 고문을 당하기도 했다. 고문의 경험은 유리에게 자신의 고향과 망각하고 삭제해버린 뿌리가 어디였는지를 보다 분명하게 들여다보게 했다.

유리의 눈은 지나온 사막의 시간을 돌이켰다. 백 살이 가까워진 유리의 혀는 점점 굳어가고 있었다. 굳은 혀는 묻고 싶었다. 진정 자

---

763 박범신, 장편『유리』, 260쪽.

764 박범신, 장편『유리』, 479쪽.

765 박범신, 장편『유리』, 345쪽.

신의 이름을 되찾고 자유를 얻게 되었는가. 이 비극적인 역사의 굴레에서 자유란 대체 무엇이었던가.

> 이름을 되찾는 일이야말로 잃어버린 국적을 되찾는 일이고 아버지와 할아버지를 되찾는 일이고 어머니를 되찾는 일이었다. 정체성에 따른 원형의 복구가 바로 자유라고까지 유리는 생각했다.
>
> 나를 찾지 못하고 어떻게 자유를 찾을 수 있겠는가.[766]

> "(…) 더럽고 냄새나는 거지꼴인 나를 피하거나 멸시하는 사람이 많았지만, 혀를 차고 동정하는 사람은 더 많았다. 인종과 국적과 문화는 달라도…… 그 점은 똑같았다. 그 인정이…… 나를 살린 거지."[767]

유리의 방랑길은 '나'의 이름을 되찾기 위한 여정이었다. '나'의 근원을 찾는 것이 곧 자유를 획득하는 길이었다. 유리는 이념, 계급, 국가, 인종 간의 장벽에 갇히지 않았다. 유리를 살린 것은 다국적의 사람들이 전해준 따뜻한 '인정'이었다. 고향 조국으로 돌아온 유리가 이제 해야 할 일은 오랜 세월에서 얻은 그 소중한 것들을 이웃들에게 되돌려 주는 것이다.

박통 정부 하에서 위안부로 끌려갔다가 고향 마을로 돌아온 점순과 거제도 포로수용소 출신인 곰배팔이는 낙인찍힌 존재들로 취급

---

766 박범신, 장편『유리』, 477쪽.

767 박범신, 장편『유리』, 502쪽.

당했다. 유리는 점순의 아픈 몸을 돌봤다. 유리는 점순의 눈물과 웃음을 사랑했다. 점순이와 붉은댕기에 대한 이야기를 나누면서 눈물을 흘렸다. 붉은댕기는 위안소에서 가진 화인군의 아이를 낳다가 죽었다고 했다. 붉은댕기는 아이를 낳아 새로운 세상에서 살게 하고 싶었지만 사람들은 뱃속의 아기를 '죄의 씨앗, 짐승의 새끼'라고 불렀다. 도원동에서 붉은댕기를 추방한다는 최종 판결은 "우리도…… 짐승이 될 수는 없다!"는 말로 결정됐다.

위안소에서 '작은 백합'이라는 이름으로 불렸던 점순은 벌레만도 못하게 살아왔던 그 시절을 들려주었다. 유리의 눈앞에 군부대의 트럭을 타고 대지국에서 인도차이나반도까지 끌려다니는 붉은댕기의 모습이 펼쳐졌다. 점순은 그동안 아무도 들어주지 않았던 단 한 마디의 말을 외치고 싶었다.

> "나는…… 화인국이 동……원한 위안부였어요!" 거의 혼절한 상태에서 점순이가 중얼거린 말이었다. "나……는 화인국이…… 강제……동원한……위안부였어요!" (…)
>
> 사과나 배상을 요구하는 말도 아니었고 증오나 분노의 말도 아니었다. 그저 그런 역사가 있었다고, 위안부라는 게 있었다고, 그들 자신의 과오에 의해서가 아니라 국가라는 괴물이 앞장서 총칼로 강제한 일이었다고, 단지 그것을 세상에 대고 소리쳐 말하고 싶은 욕망이 그녀가 가진 마지막 정한이었다.[768]

---

768 박범신, 장편『유리』, 557~558쪽.

붉은댕기가 사은 할머니를 낳고 사은 할머니가 나의 어머니를 낳은 것은 이제 명백했다. 나는 모래의 혼을 받아 태어났으며 위안부의 핏줄이었다.[769]

그것은 "참을 수 없는 뜨거운 덩어리였다." 이젠 위안부라는 말을 모르는 사람은 아무도 없지만 그들의 아픔은 여전히 어두운 동굴 속에 누워 있었다. '나'는 참을성 있게 유리 할아버지의 이야기를 듣고서 비로소 슬픔과 사랑의 뿌리가 어디에 온 것인지를 알았다. '나'는 '나'의 피와 살이 저 먼 곳을 떠다니는 "모래의 혼"에서 태어났다는 사실을 확인했다. 그것은 어떤 말로도 형용할 수 없는 진실이었다.

할아버지 유리의 생애는 구렁이와 같은 혀로도 다 말할 수 없는 긴 이야기였다. 할아버지 유리는 그 생애를 "나부끼는 바람에게만 오직…… 소속되어 (…) 어떤 필연…… 어떤 우연에도 속박되지 않는."[770] 삶이었다고 표현했다. 할아버지 유리는 맨발로 살다가 맨발로 떠났다. 할아버지 유리는 죽음의 순간에 이르러서야 자신의 진짜 이름을 쓸 수 있었다. 그리고 비로소 자유의 길로 걸어갈 수 있었다.

'나'는 할아버지가 남긴 편지를 읽었다. 그 편지는 할아버지가 살아온 아득한 시간에서 건져 올린 희미한 빛으로 다가오고 있는 먼 미래를 밝혀주고 있었다.

네가 길을 찾았다니 다행이다. 길을 찾았다면, 그래서 끝까지

769 박범신, 장편『유리』, 567쪽.

770 박범신, 장편『유리』, 573쪽.

> 그 길을 가고자 한다면 너는 이미 자신의 주검을 이미 본 셈이다. 그러니 너 또한 앞으론 두렵지 않을 게야. (…) 우리 앞엔 여전히 혁명이 남아 있다는 것. 가는 길은 다를지라도 얘야, 한순간도 내가 그것의 완성을 꿈꾸지 않은 적은 없었다. 늘 파괴의 신 '시바'가 되고 싶었었지. 앞으로도 그럴 테고.[771]

할아버지의 목소리가 들렸다. 이제 가고자 하는 길의 방향을 찾았다면 더 이상 슬픔이나 두려움에 갇혀 있을 필요 없는 것이라고. 그리고 그 목소리는 '유리들'이 지나온 길을 요약했다. 한 곳에 머물지 않고 맨발로 자유의 길을 걷고자 하는 이들에게 마주치는 모든 것은 '파괴'해야 할 대상이었다. 길은 '혁명'이 진원하는 장소였던 것이다.

유리들이 살아왔던 그 길은 역사라는 단단한 이름 안에 가둘 수 없는 '바람'의 지도를 남겼다. 투명한 바람이 우리의 몸을 통과할 때마다 잠시 흔들리곤 했던 이유를 알 법하다. 유리들의 숨결이 담긴 바람이 우리의 살과 뼈 사이를 고요히 통과하고 있었기 때문이다.

2.

1) "길이 두 갈래로 갈라지는 곳이 고향이에요."

배수아의 소설 속으로 들어가는 길은 여러 갈래다. 소설집 『뱀과 물』을 장식하고 있는 결들을 만지기 위해서는 몽환적인 이미지들을

---

771 박범신, 장편 『유리』, 577~578쪽.

감각하는 방법이 유용하다. 그 이미지들은 서로 다른 시공간에서 이미 일어났거나 앞으로 일어날 법한 일들을 한 자리에 불러온다. 그것은 현실일까, 기억일까, 환상일까. 배수아의 소설들을 읽는 동안 솟아나는 저런 질문들에 답하는 것은 별 쓸모가 없다.

실제로 일어날 것 같지 않은 일들이 아무렇지 않게 일어난다. 어린아이들이 유령처럼 출몰한다. 이 세계는 둥둥 떠다니는 꿈속처럼 어둡고 물컹하다. 본래 '나'와 '세계'는 이렇게 만들어졌다.

> 그 마주침으로 인해 소녀는 나이자 곧 세계가 되었다.[772]

> (…) 거울이 깨진 다음에는 원래 실제로는 아무 일도 일어나지 않는 법이니까, 왜냐하면 거울이 한 번 비춘 것이 다시 세상으로 반사되지 못하므로, 도둑도 없고, 거울도 없고, 따라서 나도 없고, 강아지도 없고, 그러니 그것은 정말로 일어나지 않았다고, 그러므로 우리는 여기 이렇게 거울 속처럼 저절로 있다가, 언젠가 그레이하운드를 타러 가게 될 것이라고, 나를 사랑하는 누군가의 목소리가 그렇게 대답했다.
>
> 만일 그것이 정말로 일어났다면, 모든 기억이 이토록 생생할 리가 없다.[773]

> 처음 본 세상은 연극 무대와 같았다.[774]

---

772 배수아, 「도둑 자매」, 소설집 『뱀과 물』, 문학동네, 2017, 154쪽.

773 배수아, 「도둑 자매」, 소설집 『뱀과 물』, 187~188쪽.

마주치는 것들은 마주침으로 인해 '나'와 '세계'가 된다. 깨진 거울의 파편들은 여러 개의 세계를 동시에 살아간다. 거울 속에 살고 있는 것들은 거울이 깨진 후에 거울 밖으로 그대로 걸어 나오지 못한다. 그래서 거울 바깥에서는 아무 일도 일어나지 않는다. 이 세계는 현실과 환상이 중첩된 "연극 무대"다. 그곳에는 "역사로 기록되지 않은 이야기, 사회 주변부에 머물던 자들이 구술로 전승해온 야사와 전설, 머나먼 오지의 방언들, 나직한 속삭임과 귓속말, 언어를 배우기 이전의 여리고 순한 웅얼거림"[775]이 거주한다.

아이와 노인, 살아 있는 사람과 죽은 사람은 아무 때나 도처에서 나타났다 사라진다. '나'는 흰 배에서 내린 소녀와 눈이 마주쳤다. 소녀는 "나는 네 언니야."라고 말했다. 소녀는 강 하구의 작은 집으로 '나'를 데리고 갔다. 어머니는 죽은 줄 알았던 내가 살아 돌아왔다고 했다. '나'는 전신주에 붙어 있는 벽보에서 도랑에 빠져 죽기 전, 거울 앞에서 찍은 사진 속의 '나'를 발견했다. 소녀와 '나', 이 둘 중에서 누가 살아 있는 사람인지 아닌지가 모호하다. 어떤 목소리가 '산다는 것'에 대해 이렇게 말했다.

> 산다는 것은 그냥 거울 속에서 영원히 있는 것이고, 그러므로 우리는 여기 저절로 있다가, 언젠가 그레이하운드를 타러 가게 될 것이라고.[776]

---

774 배수아, 「도둑 자매」, 소설집 『뱀과 물』, 149쪽.

775 강지희, 「영원한 샤먼의 노래」(해설), 배수아, 소설집 『뱀과 물』, 307쪽.

도둑도 없고, 따라서 강아지도 없고, 삶은 그냥 거울 속에서 태어났다가 죽는 것이고, 그러므로 우리는 여기 저절로 있다가, 언젠가 그레이하운드를 타러 가게 될 것이라고.[777]

산다는 것은 거울 속에서 태어나 거울 속에서 죽는 것이다. 산다는 것은 삶에서 죽음으로, 죽음에서 삶으로 건너가는 문턱이다. 이 세계는 안과 밖으로 구분되어 있지 않으며 인과적인 질서로 설명할 수 없는 일들로 가득 차 있다. 아이들의 여린 눈은 세계가 운행하는 원리를 감각한다. 아이들은 모종의 "비밀스러운 결속"을 간직한다.

"고향으로 돌아가는 거야. 물론 나는 여기서 태어났으니까 거기가 내 고향인지 아닌지는 잘 모르겠지만, 하여간 아버지의 말에 따르면 내 고향은 반두야."[778]

"여동생이 태어났기 때문에 얼이가 죽은 건가요?"

(…)

"그 말은 맞을 수도 있지만, 반드시 여동생 때문에 그 사내 아이가 죽은 건 아니란다. 대개의 경우는 노인들이 먼저 죽으니까. 게다가 세상에는 사람만이 생명은 아니지. 고양이도 죽고 쥐

---

776 배수아, 「도둑 자매」, 소설집 『뱀과 물』, 167~168쪽.

777 배수아, 「도둑 자매」, 소설집 『뱀과 물』, 184쪽.

778 배수아, 「얼이에 대해서」, 소설집 『뱀과 물』, 41쪽.

도 죽는다. 그러니 누구 때문에 누가 죽었다고 우리는 말할 수 없어."[779]

얼이는 밤기차를 타고 반두로 간다고 했다. 반두가 자신의 고향이라고 했다. 얼이는 '나'에게 자신의 비밀을 지켜 달라고 했다. '나'는 서울로 가는 기차 안에서 기찻길 풍경을 바라보았다. 달리는 기차의 몸체에 적힌 '반두'라는 글자를 얼핏 본 것 같은데 그것이 "출발지인지 종착지인지는 알 수 없"[780]었다. 고향으로 돌아왔을 때 얼이의 죽음 소식을 들었다. 그 사이 여동생이 태어났다. 얼이의 죽음과 여동생의 태어남은 어떤 상관이 있는 것일까. 한 사람의 죽음으로 누군가가 태어나는 것이 아니라고 했지만 그 모든 일들은 순차적으로 설명되지 않은 채로 연결되어 있는 듯했다. '얼이에 대해서' 생각한 '나'는 어느새 얼이가 갔다는 얼이의 고향 반두에 도착해 있었다.

> 나는 반두에 있다.
>
> 쓸쓸하고 춥고 일 년 내내 습한 바람이 부는 곳. 버려진 해변에서는 파도가 거품을 부글거리고 있다. 절벽 위에서 내려다보면 거기 등을 보인 채 둥둥 떠 있는 한 사내아이의 몸. 그것은 나인가? 하지만 누나는 사내아이가 아니라고 말한다.[781]

---

779 배수아, 「얼이에 대해서」, 소설집 『뱀과 물』, 71쪽.

780 배수아, 「얼이에 대해서」, 소설집 『뱀과 물』, 58쪽.

781 배수아, 「얼이에 대해서」, 소설집 『뱀과 물』, 71~72쪽.

"네 아버지는 아주 먼 곳에 있다고 하는구나."

"스키타이족의 무덤……"

"물론 그곳은 그냥 그렇게 불릴 뿐이야. 넌 그 사실을 잊으면 안 된다. 그건 어느 한 장소의 이름일 뿐이라고. 실제로 스키타이족이나 무덤을 연상하면 안 돼."

"그런데 왜 아버지는 그곳으로 갔을까요?"[782]

반두에서 '나'는 한 사내아이의 몸을 보았다. 그것은 '나'의 죽은 몸인지도 모른다. 얼이와 '나'는 전혀 다른 곳에 살고 있는 사람들이 아니었다. 마을에서 떠날 때, "얼이는 내가 사내아이로 변장한 채 살던 시절에 나를" 알아 봤다. 얼이는 '나'의 얼굴에서 미친 어머니의 웃음을 읽었다. 얼이와 '나'는 서로의 얼굴에서 말하지 못한 고통을 느꼈다. 얼이는 '나에 대해서' 알고 있었다.

아버지는 빨치산 소녀에 관한 책을 읽어주었다. 아버지는 『눈 snow 아이』라는 책 속의 사진을 가리켰다. 화형대에 매달린 소녀의 사진은 처형당하기 직전과 직후를 찍은 것이었다. 그리고 아버지는 사라졌다. 아버지가 간 곳은 '스키타이족의 무덤'이라고 했고 그곳은 단지 "장소의 이름"일 뿐이라고 했다. 아버지는 왜 그곳으로 떠났던 것일까.

얼이와 '나', 그리고 아버지가 간 '반두'와 '스키타이족의 무덤'은 아마도 다른 시공간에서 죽은 영혼들이 머물고 있는 곳인지도 모른다. 그처럼 명료한 의미로 포착되지 않는 텅 빈 이름들은 다른 의미

---

782 배수아, 「눈 속에서 불타기 전 아이는 어떤 꿈을 꾸었나」, 소설집 『뱀과 물』, 29쪽.

를 생성해내는 장소가 된다. '어린 시절'과 '고향'은 이전의 의미와 결별하고 다른 의미를 지닌 말로 다시 태어난다.

"어린 시절은 망상이에요. 자신이 어린 시절을 가졌다는 믿음은 망상이에요. 우리는 이미 성인인 채로 언제나 바로 조금 전에 태어나 지금 이 순간을 살 뿐이니까요. 그러므로 모든 기억은 망상이에요. 모든 미래도 망상이 될 거예요. 어린아이들은 모두 우리의 망상 속에서 누런 개처럼 돌아다니는 유령입니다."[783]

내가 세상에 없을 때, 혹은 세상이 없을 때, 나는 파도 모양으로 주름진 함석지붕 오두막에 사는, 배가 터진 한 마리 개였다고 했다. 기나긴 어린 시절 내가 가장 좋아한 것은 나를 상상하는 놀이였다.[784]

파도의 흰 거품이 우리의 어린 시절을 처형했다.[785]

"고향이라니, 넌 서울에서 태어났잖아."
"길이 두 갈래로 갈라지는 곳이 고향이에요."[786]

---

783 배수아, 「1979」, 소설집 『뱀과 물』, 94쪽.
784 배수아, 「뱀과 물」, 소설집 『뱀과 물』, 193쪽.
785 배수아, 「도둑 자매」, 소설집 『뱀과 물』, 168쪽.
786 배수아, 「1979」, 소설집 『뱀과 물』, 112쪽.

'어린 시절'이라는 과거의 고유한 시간을 가리키는 말은 망상에 지나지 않는다. 어린아이들은 망상을 떠도는 유령들이다. 산다는 것은 망상 속에서 계속 깨어나지 않는 것이다. 어린 아이는 태어나자마자 노인의 시간을 동시에 살아간다. 시간은 이미 정지되었거나 너무 빨리 흘러갔다. 태어남의 시간과 죽음의 시간은 존재한 적이 없다. '나'도 '세상'도 없을 때 "나를 상상하는 놀이"만이 '나'와 '세상'을 있게 했다.

어린 시절은 오래 전 "처형"됐다. 우리가 태어난 고향은 길이 두 갈래로 갈라지는 곳에 위치해 있다. 과거와 미래가 동시에 태어나 살고 있는 미지의 그곳. 평행으로 난 두 갈래의 길, "두 갈래로 갈라지는 곳"이 배수아 소설의 고향이다.

> 이미 일어났다고 알려진 일은 일어나지 않은 일보다 신비롭다. 그것은 동시에 두 세계를 살기 때문이다. 어슴푸레한 빛 속에서 비순차적인 시간을 몽상하는 어떤 자의식이 있고, 우리는 그것에서 태어난 아이들이었다. 나는 1972년의 일을 기억하지 못한다고 대답했다. 내 최초의 기억은 그보다 한참 뒤에 시작한다고. 박물관 직원이 다가왔으므로 나는 얼른 전화기를 껐다. 내가 없는 1972년 여름 어느 하루는 존재했을 것인가? 모든 것이 시작과 동시에 늙었고, 살기도 전에 너무도 오래되었던 어느 날 나는 (…) 먼길을 갔다고 했다.[787]

---

787 배수아, 「뱀과 물」, 소설집 『뱀과 물』, 191~192쪽.

> 어린 시절. 그것은 막 덤벼들기 직전의 야수와 같았다고 여교사는 생각했다. 모든 비명이 터지기 직전, 입들은 가장 적막했다. 시간과 공기는 맑은 술처럼 여교사의 갈비뼈 사이에 고여 있었다. 염세적인 사람은 일생에 걸친 일기를 쓴다. 그가 어린 시절에 대해서 쓰고 있는 동안은 어린 시절을 잊는다. 갖지 않는다. 사라진다.[788]

이미 일어났던 일이라고 하지만 기억 속에 없다면 그것은 일어났다고 할 수 없다. 내가 태어난 것은 분명하지만 태어난 순간을 기억하지 못한다면 '나'는 이 세계에 태어난 적이 없는 것이다. 기억하지 못하는 한, 아무도 태어난 적이 없었고 아무도 죽지 않았다. "아무 일도 일어나지 않았고, 아무것도 움직이지 않았다. 그것은 마치…… 오직 야수일 뿐."[789] 그것은 우리의 삶 속에 웅크리고 있다가 불쑥 뛰쳐나오는 정체모를 무엇, 다만 "아득한 감각으로" 느낄 수 있는 무엇이었다.

여교사는 꿈속에서 자신이 기억하지 못한 시간을 보았다. 그녀는 그 아득한 시간과 결별하고 싶었다. 여승이 말했다. "네 안에는 아주 늙은 네가 살고 있을지도 몰라. 늙은 그녀가 너무 이른 시기에 밖으로 나오지 못하도록 해라."[790] 여승이 또 말했다. "꿈은 글과 마찬가지로 직관의 일종이야."[791] 꿈과 글이 직관한 것은 극단이 하나로 포

---

788 배수아, 「뱀과 물」, 소설집 『뱀과 물』, 223~224쪽.
789 배수아, 「뱀과 물」, 소설집 『뱀과 물』, 210쪽.
790 배수아, 「뱀과 물」, 소설집 『뱀과 물』, 206쪽.
791 배수아, 「뱀과 물」, 소설집 『뱀과 물』, 204쪽.

개진 바로 그것이며 그곳이다. 두 갈래로 갈라진 길에서 태어난 아이들은 정처 없이 몽유한다. "그렇다면 어디로?"[792]

'나'는 할머니의 양철 가방을 들고 외출을 했다. 잭은 시를 낭송하기 전에 할머니에 대해 주저 없이 말했다. 잭은 쉬지 않고 시를 읽어 나갔다. 그때 '나'는 이 가방을 들고 여행을 떠나던 할머니를 떠올렸다. 잭은 주저하지 말고 내 할머니의 이야기를 들려달라고 했다. '나'는 삼십 년 전 마지막으로 본 할머니의 죽음을 알리는 한 통의 편지에 대한 이야기로 말문을 열었다.

여행지 숙소로 배달된 그 편지는 "이해할 수 없는 언어로 적혀 있었"[793]다. 알아볼 수 없는 문자들로 적힌 편지 속에서 '나'의 이름과 똑같은 할머니의 이름을 발견하는 것은 어렵지 않았다. 놀라운 것은 삼십 년 전, 여행을 떠난 할머니가 이제야 죽었다는 사실이었다. 반두어로 적힌 그 편지에 '상상'을 채워 넣어 의미를 만들어갔다. 그러자 할머니의 생애는 한 편의 "그럴듯한 이야기" "그림"으로 완성되었다. 잭은 '나'의 시를 그의 언어와 느낌으로 이해했다.

> "당신의 시에서 반두라는 이름을 듣는 순간, 나는 몸이 부르르 떨리는 것을 느꼈어요. 내가 알지만 오래전에 잊은 그 무엇이, 별 모양의 유릿조각이 되어 내 언어의 중심에 와서 박히는 느낌이었죠. 나는 반두를 아는 걸까요? 나는 당신의 할머니를 만났던 걸까요? 어쩌면 내가 당신을 조금 도와줄 수 있을지도 몰라요."[794]

---

792 배수아, 「뱀과 물」, 소설집 『뱀과 물』, 224쪽.

793 배수아, 「기차가 내 위를 지나갈 때」, 소설집 『뱀과 물』, 239쪽.

"당신의 시낭송을 듣고 있다보니 문득 기묘한 생각이 떠올랐어요. 만약 지금 다시 반두어를 듣게 된다면, 당신이 소리로 발견하고 상상으로 파악한 그 편지를 만약 내게 소리내어 천천히 읽어준다면, 그러면 나는 마치 생의 최초에 그랬던 것처럼, 자연스럽게 저절로 그 의미를 이해하게 될지도 모른다고 말입니다."

"신비로운 이야기로군요."

내가 말했다.

"말이란 신비하니까요."

잭이 대답했다.[795]

잭이 말했다. 이해될 수 없는 일들에 대한 이야기를 듣고서 이야기 속의 말과 소리를 상상하다 보면 차츰 그 의미를 알 수 있게 된다고. 말과 이야기는 그렇듯 서로 다른 시공간에 자리한 것들을 한 자리에 초대했다. 사라진 할머니와 할머니의 가방을 여기로 불러올 수 있는 것은 말의 신비한 힘에 의해서였다. 잭은 '나'의 시에서 "선험적 말이고, 말 이전의 말"[796]을 듣고 느꼈다고 했다. 할머니에 대한 '나'의 즉흥시는 잭의 "언어의 중심"에 파고들었던 것이다.

말은 보이지 않는 것을 보이게 하고, 들리지 않는 것을 들리게 한다. 말은 저 먼 곳에 있는 것들을 여기로 불러온다. 말은 서로 다른

---

794 배수아, 「기차가 내 위를 지나갈 때」, 소설집 『뱀과 물』, 259쪽.

795 배수아, 「기차가 내 위를 지나갈 때」, 소설집 『뱀과 물』, 260~261쪽.

796 배수아, 「기차가 내 위를 지나갈 때」, 소설집 『뱀과 물』, 265쪽.

세계를 하나로 연결해 다른 세계를 만들어냈다. 그렇다면 내가 여기에서 느끼는 것을 다른 곳에 있는 사람들도 느낄 수 있을까.

> 그런데 그들은 지금 내가 느끼는 것을 느낄까?
>
> 그런데 내 느낌이란 무엇일까? 형체가 사라지고 존재만 남은 가방과 같은 이것, 파국을 향해 산란되는 이것.[797]

> 내가 모르는 언어로 적힌 편지는 파국을 향해 붉게 산란됐지만, 그 소리의 여운은 여전히 내 혀끝에서 맴돌고 있었다. 그것은 나와 같은 이름을 가진 소녀에 관한, 길고, 늙고, 팔월처럼 번득이는, 한없이 섬뜩하고 한없이 음란한 편지였다. 나는 아무것도 설명할 수 없는 채로, 홀로 몸서리쳤다. 침실에서 잭이 라디오를 켰다. 재즈가 흘러나왔다. (…) 기차가 내 위를 지나갈 때 내가 느끼는 것을
>
> 지금 그도 느끼고 있을까?[798]

파국을 향해 가는 말들은 불규칙한 리듬을 타고 어딘가로 흘러가는 재즈의 선율을 닮았다. 끊긴 듯 이어지는 재즈의 불연속적인 리듬, "파국을 향해 산란되는 이것"은 시작도 끝도 없는 세계를 연주한다. 말은 부서지면서 부서진 흔적을 남긴다. 꿈과 망상은 사라지기 전의 흔적을 '직관'으로 감지한다. 배수아의 소설에서 흘러나오는 이

---

797 배수아, 「기차가 내 위를 지나갈 때」, 소설집 『뱀과 물』, 263쪽.

798 배수아, 「기차가 내 위를 지나갈 때」, 소설집 『뱀과 물』, 267~268쪽.

알 수 없는 '느낌'은 말 이전의 말, 말보다 앞선 음악으로 들린다. 오래 전의 기억을 간직한 그 노래는 너무 어두워서 듣자마자 흔적 없이 사라지고 만다. 형체 없는 그것은 간혹 혀끝에서 맴돌았다.

2) "나는 책 속의 어느 페이지 안에 갇힌 사람이었다."

윤고은의 장편 『해적판을 타고』(2017)는 성장소설이나 재난소설로 분류될 만한 특질들을 갖추고 있다. 이 소설에서 우리의 눈길이 머무는 곳은 재난이 일상화된 현실에서 성장한 아이들이 세계와 마주하는 방식이다. 아이들은 도무지 이해되지 않는 현실에서 그들만의 방식으로 현실을 견디는 방법을 고안한다. 도대체 우리집 앞마당에는 어떤 일이 생긴 것일까.

> 우리는 단지 마당을 빌려준 것뿐이었다. 센터에서는 우리집 마당이 모두를 위한 선택이라고 했다.[799]

언제부턴가 우리집 마당에서는 알 수 없는 일들이 벌어졌다. 삼남매의 눈에는 채송화나 맨드라미가 죽고 라벤더가 찌그러져 있는 것이 보였다. "그 모든 건 우리 삼남매에게만 보이는 것들이었다. 어른들의 눈에는 어떤 상도 맺히지 않았다."[800] 마당에 닥친 불행한 사태를 두고 센터와 우리 가족의 입장은 달랐다. 센터는 그 이해할 수 없는 일들이 "모두를 위한 선택"이라고 표현했으나 그것은 사태를 직

---

799 윤고은, 장편 『해적판을 타고』, 문학과지성사, 2017, 7쪽.

800 윤고은, 장편 『해적판을 타고』, 9쪽.

접 겪고 있는 우리집을 위한 선택이라고 말하긴 어려웠다. 같은 말은 다른 의미로 들렸다.

> 때로 어떤 말들은 방향성 없이 태어나는데, 사람들의 반응에 따라 뒤늦게 규정되기도 하는 것이다.[801]

> 나 역시 가끔 막연한 질문들을 어디론가 던지고 싶어질 때가 있었는데, 명확한 질문의 형태를 만들기도 어려웠다.[802]

> 내가 책을 좋아하는 건 사실이지만, 걱정이 많은 것도 사실이지만 그 둘 사이에 어떤 관계가 있다고 말할 수 있을까.[803]

아이들은 어른들과 다른 방식으로 말들의 방향과 질문들의 형태를 만들어갔다. 그것은 분명 책이 끼친 영향이기도 했다. 엄마는 내가 시력이 안 좋고 운동을 못하는 이유에 대해서도 "너무 책을 좋아해서요."라고 사람들에게 설명했다. 그런데 마음속에서 자라나는 걱정들을 모두 책을 많이 읽었기 때문이라거나, 그 걱정들이 책을 읽는 것과 아무런 상관이 없다는 식으로 말할 수는 없다. 책 속의 문장들은 눈앞에 닥친 걱정거리를 해결하는 데에 있어서 훨씬 더 깊은 영향을 주었다.

---

801 윤고은, 장편 『해적판을 타고』, 53쪽.

802 윤고은, 장편 『해적판을 타고』, 144쪽.

803 윤고은, 장편 『해적판을 타고』, 11쪽.

우리는 책 속에서 읽은 문장들로 우리집 마당에서 일어난 끔찍한 일들을 이해하고 이해한 것을 글로 옮겨보려 했다. 하루의 일들을 적어야 하는 일기에 우리집이 겪고 있는 일들을 어떻게 기록할 것인지를 고민했다. '나'는 작년 일기장을 참고해, 아니 거의 전면적으로 베껴 썼다. 엄마는 도둑질을 한 거나 마찬가지라면서 혼을 냈지만 엄마 말대로 정말 도둑질을 할 생각이었다면 작년의 것만이 아니라 그전의 일기까지도 베껴 썼을 것이다. 엄마는 작년의 일기를 베껴 쓰는 일이 '나'에게 어떤 마음을 선사했는지 알지 못했다. "작년 여름의 일기를 지금의 것처럼 다시 쓰는 동안, 나는 진심으로 즐거웠으니까."[804] 사실 작년의 일기를 똑같이 베껴 쓸 수밖에 없었던 근본적인 이유는 다른 데에 있었다.

> 문제는 솔직하게 쓰자면 정말 끝이 없다는 데 있었다. 수위 조절을 어떻게 해야 하는 걸까. 수위 조절을 못한 예가 바로 둘째였다. 둘째는 이 여름을 지나치게 꼼꼼하게 기록해서 배롱나무 아래로 끌려갔다. 둘째의 일기에는 우리 마당에 구덩이를 팠고, 그 안에 수상한 뭔가를 넣었고, 그 대문에 마티 할머니가 의심하고, 아빠 얼굴을 보기 힘들어졌으며, 3년 된 채송화가 비대하게 자라나 징그럽다는 것까지 소상히 적혀 있었다. 진짜 이번 여름에 대해 쓰려면 그런 것밖에 없는 것이다.[805]

804 윤고은, 장편『해적판을 타고』, 24쪽.
805 윤고은, 장편『해적판을 타고』, 25쪽.

둘째 동생이 쓴 일기는 '나'의 일기와 달랐다. 동생처럼 우리 마당에서 일어난 수상한 일들을 사실 그대로 일기에 기록하기엔 너무 끔찍했다. 이번 여름에 우리집 마당에서 일어난 일들을 기록하려면 끝이 없을 것 같았다. 일기를 쓰기 전에 '나'에겐 더 많은 생각과 질문들이 떠올랐다. '나'의 일기와 동생의 일기 중에서 어떤 일기를 진짜 일기라고 말할 수 있을까. 재앙의 사태를 사실 그대로 쓰지 않는 것으로, 혹은 재앙 이전의 시간을 그대로 옮겨 쓰는 것으로 재앙의 진짜 얼굴을 애써 외면할 수도 있는 것이다. 도대체 무엇이 우리를 이렇게 만든 것일까.

> 세상엔 우리보다 더 큰 거인이 있는 게 아닐까. 내가 개미를 내려다볼 때처럼 거인이 우리를 내려다보고 있다면 얼마나 우스꽝스러울까. 우리가 이리 뛰고 저리 뛰고 죽어라 달려봤자, 거인이 볼 땐 겨우 한 뼘 정도 이동에 불과할지도 모른다. 그렇게 생각하자 우리 마당이 그대로 실험실이 되어버린 느낌이었다. 거인이 우리 마당에 비로소 오염된 토끼를 넣어놓고, 우리가 어떻게 대응하는지 어떻게 변하는지 지켜보는 게 아닐까.[806]

"우리는 꽃은 기록하지 않지"라는 문장에 눈길이 간 건 '꽃은'이란 활자의 받침 부분이 유독 굵게 인쇄되어서였다. 내게는 그게 ㅊ과 ㄴ의 배열이 아니라, n개의 다리를 끌고 기어가다가 포박당한 벌레처럼 보였다. 순식간에 책 한 권을 벌레 도감으로 만들어버릴 만큼,

---

806 윤고은, 장편『해적판을 타고』, 79쪽.

선명하게 압사한 벌레.[807]

이 모든 상황은 보이지 않는 곳에서 우리를 실험대에 올려놓은 '거인'의 존재를 떠올리지 않고서는 이해할 수 없는 일이다. 실험실이 되어버린 마당은 갖가지 의문들을 불러왔다. 말들을 사용하는 방식도 달라졌다. "말을 빨리 배우는 막내는 "의문스러운 상황이 번식한 것"처럼 말끝마다 "의문이야"를 덧붙였다."[808] 막내의 키는 더 이상 자라지 않았다. 우리의 말과 몸은 오염된 우리집 마당을 닮아갔다. 책 속의 글자들도 마당 위를 걸어가다 "압사한 벌레"처럼 보였다.

책을 읽는 동안 세계의 중심에 가까이 갔다. 이즈음 '나'는 자기 인생의 책으로 『어린왕자』를 꼽은 자루를 만났다. 루는 생텍쥐페리의 『어린왕자』 세 권을 우리 삼남매에게 선물했다. 루가 '나'에게 선물한 책은 정식 출판 과정을 거치지 않은 해적판이라고 했다. 책 속에 밑줄이 그어진 흔적이 루의 것인지 아닌지는 모르는 일이지만 "그 밑줄로 누군가를 상상하고 추측하는 건 충분히 즐거운 일이었다."[809] 루 그리고 루가 아닌 사람들은 『어린왕자』 속의 어떤 이야기에 관심을 가졌을까. 루는 '가로등 켜는 사람'에게 몰입했던 것 같았다. 그렇다면 '나'는?

어린왕자는 명령에 충실한 그를 좋아하면서도 안타까워한다.

---

807 윤고은, 장편 『해적판을 타고』, 95쪽.
808 윤고은, 장편 『해적판을 타고』, 82쪽.
809 윤고은, 장편 『해적판을 타고』, 98쪽.

생각해보면 익숙한 인물이었다. 루도 그렇고, 아빠도, 김도 모두 가로등 켜는 사람을 닮지 않았나? 막내에게 이런 일을 시키면 왜 1분에 한 번씩 등을 껐다 켜야 하는지 납득이 될 때까지 물어봤을 것이다. 나라면? 아마 주변을 둘러봤겠지. 나와 꼭 같이 가로등을 껐다 켜는 사람이 여럿 보인다면 나도 따라 하지 않았을까. 적어도, 셋 이상 보인다면.[810]

"두 장엔 어떤 내용이 들어 있었는데요?"

"어린왕자가 좀 다른 방법으로 자살하지."

아, 하고는 그가 다시 정정했다.

"어린왕자가 좀 다른 방법으로, 자신의 별로 돌아가지."

그러나 그게 구체적으로 어떤 것인지 루는 얘기해주지 않았다. 그는 단지 이렇게 말했을 뿐이었다.

"없는 페이지는, 사실 없어도 무방해."[811]

가로등 켜는 사람은 여러 사람들과 겹쳐 보였다. '나'라면 어떻게 했을까. 막내라면 어떻게 했을까. 루가 찢어버린 두 페이지에는 대체 어떤 이야기가 담겨 있었을까. 사라진 두 페이지의 내용을 상상하는 동안 "명령"이 무엇인지 "자살"이 무엇인지 알 수 있을 것 같았다. 책 속의 문장들보다 여백에 남겨진 낙서는 숱한 질문들을 불러일으켰다.

---

810 윤고은, 장편 『해적판을 타고』, 98~99쪽.

811 윤고은, 장편 『해적판을 타고』, 142쪽.

책이 없었다면, 뒤뒤의 귀가 없었다면 그 시절을 견딜 수 있었을까. 뒤뒤는 어떤 이야기를 자기에게 말해도 된다고 했지만 '나'는 선뜻 말을 하지 못했다. "그 말이 상대를 오염시킬 수도 있지 않을까", 뒤뒤의 귀에 들어간 말들이 "고생대의 삼엽충이나 중생대의 암모나이트니 그런 것처럼 굳어지면 어떻게 하나."[812] 하는 걱정이 앞서 말하기조차 두려웠던 것이다.

글을 읽고 쓰는 일은 알 수 없는 마당을 견디는 방법이 된다. 이해할 수 없는 일들을 설명하고 쓰기 위해서는 말의 의미를 새롭게 정의해야 했다. '나'는 기존의 단어들에다 새로운 의미를 입혀서 '나'만의 사전을 만들었다. 그 중에서 두 단어에 대한 사전적 정의는 다음과 같이 기록되었다.

> 비소
> – AS
> – 중요한 건 아니라는데 가장 먼저 외워진 이름[813]
>
> 원심력
> – 마당을 벗어나는 방법.[814]

비소와 원심력에 대한 이 새로운 정의는 우리집 마당이 없었다면

---

812 윤고은, 장편 『해적판을 타고』, 105~106쪽.
813 윤고은, 장편 『해적판을 타고』, 176쪽.
814 윤고은, 장편 『해적판을 타고』, 212쪽.

불가능했을 것이다. "우리 마당의 흙에서 비소 입자를 걸러낼 때 사용된 힘이 원심력이라고 했는데"[815] '나'는 그 원심력이라는 말에서 다음과 같은 점을 추출해 읽었다. 즉 "원의 중심에서 멀어지는 방향으로 간다던 그 말"에서 "밖을 바라보고 있지만 여전히 그 중심점을 의식할 수밖에 없는"[816] 막다른 상황을 착안해 냈다. 새로운 사전에 추가된 비소와 원심력이라는 말은 우리가 아무리 우리집 마당에서 벗어나려고 해도 결국 마당을 의식하면서 마당을 중심으로 살아갈 수밖에 없다는 사실을 확인시켜 준다.

루가 선물한 해적판『어린왕자』를 읽은 우리가 어린왕자의 이야기에서, 그리고 그 이야기를 읽은 루의 흔적에서 벗어날 수 없는 것처럼 말이다. 루의 죽음도 어린왕자 이야기로 상상할 수 있었다. 많은 사람들은 루의 죽음에 대해서 각기 다른 설명을 덧붙였지만 '나'는 루가 왜 죽었는지 알 수 있을 것 같았다. 루의 죽음은 찢어진 두 페이지의 내용과 연관되어 있는 것이 분명했다. '나'는 찢긴 페이지에 담겨 있었을 이야기의 결말을 상상했다. "가로등 켜는 남자가 명령을 이행하다가 고장 나는 결말을", "어린왕자가 스카프로 가로등에 목을 거는 모습을"[817] 떠올렸다. 그 중에서 상상 속의 어떤 결말이 루가 죽음을 선택한 진짜 이유를 설명할 수 있는 것인지는 확언할 수 없다. 분명하게 알게 된 것은 어떤 책 속에는 상상 속의 일들이 현실로 나타날 수 있는 가능성을 내장하고 있다는 사실이다.

---

815 윤고은, 장편『해적판을 타고』, 177쪽.

816 윤고은, 장편『해적판을 타고』, 212쪽.

817 윤고은, 장편『해적판을 타고』, 215~216쪽.

어떤 사람들에겐 그 해적판이 고스란히 원본이 되기도 하는 것이다.[818]

우리는 이제 각자 마음에 구멍 하나를 뚫고, 저장고를 만들었다. 끌어 올리지 않았으면, 하는 것들을 그 안에 넣고 자물쇠를 걸었다. 물론 도로를 달리는 그 문장처럼, 모든 게 보이는 것보다 더 가까이 있을 가능성은 늘 있다.[819]

어떤 책은 한 사람의 생애를 결정짓고 때론 더 위험한 곳으로 이끌기도 한다. '나'와 뒤뒤에게 해적판 『어린 왕자』가 그랬다. '나'의 생각을 키우고 '나'의 삶을 만든 것은 정식 경로로 출판되지 않은 해적판 『어린 왕자』였다. 해적판 『어린왕자』는 '나'의 삶을 지배했다. '나'는 거기에서 벗어날 수 없었다.

나는 책 속의 어느 페이지 안에 갇힌 사람이었다.[820]

걷다 보면 2078년이 나올까. 그렇든 아니든 확실히 어떤 말들은 그저 발화만으로도 효력을 가지는 게 분명하다.[821]

---

818 윤고은, 장편 『해적판을 타고』, 203쪽.
819 윤고은, 장편 『해적판을 타고』, 203~204쪽.
820 윤고은, 장편 『해적판을 타고』, 217쪽.
821 윤고은, 장편 『해적판을 타고』, 219쪽.

책 속의 문장들을 읽고 여백을 채우는 동안 '나'는 문장들 속으로 휘말려 들어갔다. 책 속에 쓰인 낙서와 찢긴 두 페이지 안에 갇혔다. 곰곰이 생각해 보면 어느 날 우리에게 닥친 거대한 불행의 원판은 오염된 우리집 마당이었다. 우리는 우리집 마당에 갇힌 동시에 오염된 말들에 갇혔다. 이 소설을 읽고 있는 소설 바깥의 우리도 우리집 마당을 기록한 이 해적판 소설에서 한동안 벗어나지 못할 것 같다. "2078년"은 영영 오지 않을 수도 있다.

3) "당신이 쓰게 될 모든 문장들을 먼저 쓰게 될 것입니다."

임현의 소설집 『그 개와 같은 말』(2017)은 어떤 '말'에 대해서 이야기하려 하는지를 확연하게 드러내지 않는다. 그것이 소설집의 제목 '그 개와 같은 말'을, '그 개와 같은'이라는 표현이 바로 뒤따라오는 '말'을 수식한다고 단순하게 분석할 수 없게 하는 이유다. '그 개와 같은 말'은 있는 듯 없는 말, 없는 듯 있는 말에 관한 고뇌를 상기시킨다. 달리 말해 임현의 소설에서는 "잠깐 머물다 이내 사라진 후 잊힌 말, 종내에는 거기 정말 있었는지도 모를 말, 그게 그 개와 같은 말이"[822] 화두가 된다. 다시 말하자면 말이 말이 되어가는 과정, 말이 말로써 통용되는 방식에 관한 탐구로 읽힌다.

타인과 나눈 말들에는 말들을 나눈 사람들의 흔적이 남겨진다. '나'는 그동안 문영을 잊고 살았는데 얼마 전 출간한 문영의 책을 본

822 황현경, 「틀린 옳음」(해설), 임현, 소설집 『그 개와 같은 말』, 현대문학, 2017, 284쪽.

후 문영을 떠올리게 된다. 문영의 책 속에는 "문영과 내가 나누었던 대화들, 정확히는 문영이 내게 들려주었던 얘기들"[823]이 들어 있었다. '나'에 관한 이야기가 많았기 때문에 문영은 자신의 글을 쉽게 보여주지 않았던 것 같은 아닐까. 문영의 이야기들은 왜 '나'를 불편하게 했을까.

> 그것 중 어떤 말들은 문영이 진짜 내게 했던 것이기도 한데 소설 속에서는 그때 우리의 맥락과는 다르게 그런 말들이 오고갔다. 그랬는데도 문영의 목소리는 변하지 않고 남아서, 여전히 설명할 수 없는 것들을 설명하려 애쓰고 그것으로부터 또 다른 말들이 생겨나고 그걸 설명하기 위한 새로운 말들이 끝나지 않을 것처럼 계속, 계속 이어지는 그런 이야기였다.[824]

문영이 실제로 했던 말들은 그가 쓴 소설 속에서 다른 맥락 안에 배치되어 있었다. 우리가 나눈 이야기들은 우리의 맥락과는 다른 말들로 전개되고 있었다. 물론 거기에서도 무엇인가를 애써 설명하려고 하고 새로운 말들을 계속 이어가려는 문영의 목소리만은 변함없이 느낄 수 있었다. 문영은 도무지 말로 설명할 수 없는 어려운 것들을 말로 설명하고 싶어 했는데 '나'는 그런 문영을 참을 수 없었다. 아무리 문영에 대해서 생각해본다 해도 '나'의 생각 속의 문영은 실제 문영과 비슷한 것이 될 뿐 진짜 문영이 되지 못했다.

---

823 임현, 「말하는 사람」, 소설집 『그 개와 같은 말』, 231쪽.
824 임현, 「말하는 사람」, 소설집 『그 개와 같은 말』, 251쪽.

어떤 말과 글로도 한 사람의 마음을 온전하게 만질 수 없다. 때로 말은 오히려 서로 간의 이해와 소통을 가로막는 장벽이 되기도 한다. 연경과 세주를 만나는 동안 나눈 말들은 그들과 아무런 상관이 없이 떠돌았다.

> 세주의 '괜찮다' '별일 아니다' '신경 쓰게 해서 미안하다'와 같은 말들은 배려라고 할 수 있을 만한 것이지만 다른 의미에서는 세주가 나와 무관한 사람이라는 것을 뜻하기도 했다. 말하자면 내가 느꼈던 불안함이란 이런 종류였다. 나의 어떤 말로든 세주를 웃게 하지 못하지만, 그렇다고 울리는 것도 불가능할 것이라는 불안.[825]

> 그런데 그런 것과 상관없이, 연경과는 독립적으로 기억하는 연경의 이야기가 하나 있다. 간혹 나는 그 이야기를 내가 겪은 것처럼 남들에게 하기도 하는데 그때마다 연경이 어떤 사람이었다, 라는 것을 떠올리는 게 아니라, 그 말을 들었던 주변의 상황이라든지, 그때의 감정 같은 것들을 느끼곤 한다.[826]

예컨대 세주가 하는 말들 가운데 '배려'의 뜻을 지닌 말들은 세주로부터 '나'를 밀어냈다. '나'는 세주의 마음을 어떤 말로도 움직일 수 없다는 것을 알고 있었다. 그것은 단지 말이 통하지 않는다는 것이

825 임현, 「그 개와 같은 말」, 소설집 『그 개와 같은 말』, 158쪽.
826 임현, 「그 개와 같은 말」, 소설집 『그 개와 같은 말』, 162~163쪽.

아니라 말로써 아무 것도 할 수 없다는 절망을 감지하는 그런 종류의 '불안'이었다. 말은 더 이상 누군가를 이해하고 소통하는 도구가 될 수 없었다. '나'는 말들에게서 소외됐다. 그래서 기억 속의 연경이 어떤 사람이었는지를 말하거나 겪었던 일들을 말하게 될 때마다 연경에 대해 이야기하기보다는 "그 말을 들었던 주변의 상황이라든지, 그때의 감정 같은 것들을 느끼곤" 했던 것이다.

'나'는 왜 연경에게 '개 이야기'를 들려 줬는지, 그 의도를 묻는다면 특별히 할 말은 없지만 "그 순간만큼은 연경이 온전히 나의 말을 이해하고 있다는 느낌이었다."[827] 그 개는 긴 설명을 필요로 하지 않는 이미지였다.

> 어쩌면 내가 그 개를 생각할 때마다 떠올리는 이미지들이란 철교 아래 모여 살던 것들 중 하나였을지도 모른다. 키웠던 개보다 주인 없는 개들에 대한 기억이 더 뚜렷하다는 것은 단순히 더 오래 두고 지켜보았기 때문이었을까. 아니면 그곳에 더 어울리는 장면이었기 때문이었을까. 털이 길고 나쁜 냄새가 나던 개들이었다. 비에 젖었다가 덜 마른 옷에서 나는 그런 냄새. 그러나 실제로 내가 가까이에서 그개들을 본 적이 있었던가, 생각해보면 확실하지 않다. 하천의 냄새였는지도 모른다.[828]

말은 지나간 일을 있는 그대로 기억하지 못한다. '그 개'는 말로 재

827 임현, 「그 개와 같은 말」, 소설집 『그 개와 같은 말』, 166쪽.
828 임현, 「그 개와 같은 말」, 소설집 『그 개와 같은 말』, 170쪽.

현할 수 없는 장면을 직접 제시한다. 그 개의 이미지는 말을 하지 않고도 그때의 상황과 감정을 전달했다. 말로 표현할 수 없는 막막한 감정이나 느낌을 대신할 수 있는 것은 바로 오래전 하천에 던져진 "그 개뿐이었다." 세주와 크게 싸우고 연락을 하지 않았을 때, "그때마다 내가 떠올린 것은 겨울에 죽은 그 개뿐이었다."[829]

말과 글은 한 사람의 내면을 미리 읽고 그 사람의 미래까지도 예감할 수 있는 내밀한 통로가 될 수도 있다. 「엿보는 손」에 장착된 이 문제는 간단하지 않다. 유제호가 '나'의 글과 똑같은 내용의 글을 발표한 것을 어찌 우연이라고 할 수 있겠는가. '나'를 분노하게 한 것은 바로 그 '우연'처럼 보이는 일이 실제로 눈앞에서 일어났기 때문이다. 이제부터 소설가인 '나'의 역할은 설명할 수 없는 그 일을 "뚜렷한 인과관계로" 복원하는 일이다. "소설가의 역할이 무엇이겠는가. 그런 신비하고 모호한 부분을 필연으로 만드는 것."[830]

"누락"된 부분을 추가해 복원한 사건의 경로는 다음과 같이 요약될 수 있다. '나'는 유제호의 아버지 유남구의 자서전을 대필한 적이 있는데 유제호의 아버지는 그 자서전을 탐독했고, 유제호는 내가 쓰고 아버지가 읽은 그 아버지의 자서전을 따라 읽고 베껴 썼다. 그 결과 유제호는 아버지의 자서전을 대필한 '나'의 생각과 문장을 짐작하고 쓸 수 있게 된 것이다. 그런 일이 일어나는 동안 유제호와 유제호의 아버지가 겪은 일들은 결코 간단하게 정리할 수 있는 문제가 아니다. 유제호는 항의한다.

---

829 임현, 「그 개와 같은 말」, 소설집 『그 개와 같은 말』, 173쪽.
830 임현, 「엿보는 손」, 소설집 『그 개와 같은 말』, 69쪽.

그로부터 달라진 삶은 누가 부담하는 겁니까. 무책임하게 왜 그런 것을 바란답니까. 왜 함부로 남의 인생에 끼어드나요. 가던 길을 멈췄다가, 다시 걷지 못하게 된 경우에는 어떡하라고. 그러니까 내 아버지를 멈추게 한 그 책 말입니다. 그것으로 말할 것 같으면, 아버지가 읽은 유일한 책이었습니다. (…) 잠언 시집 한 구절에 새삼 감동을 받았을 때는, 그 책의 무게감 때문만이 아닙니다. 마침 그런 위로가 필요했기 때문입니다. 그러므로 내 아버지도 그랬던 게 아닐까. 아마 그런 말을 필요로 했던 게 아닐까.[831]

비로소 아버지를 이해할 수 있을 것 같았다. 아버지가 읽은 책은 양장으로 된 대필 자서전이 유일했다. 아버지는 자서전 속에 그려진 자신의 모습을 마음에 들어 했고 자서전 속의 그를 닮고 싶어 했던 것이다. 아버지의 평범한 삶을 멈추게 한 그 책. 유제호는 아버지가 아마도 그 책 속의 말들에서 자신의 누추하고 부끄러운 삶을 위로받고 싶어 했는지도 모른다고 생각했다. 유제호는 누군가 대신 써 준 자서전 속의 이야기를 따라간 아버지를 이해하기 위해 아버지의 자서전을 읽기 시작했다. 그리고 자서전의 문장들을 성실하게 베껴 적었다. 그 결과는 "뜻밖의 방향으로" 나아갔다.

선생님, 나는 오래전부터 당신이 되고 싶었습니다. 아무에게도 들킨 적 없는 내 아버지의 내면을 알아본 당신처럼 나도 누군

---

831 임현, 「엿보는 손」, 소설집 『그 개와 같은 말』, 81쪽.

> 가를 이해하는 사람이 되고 싶었습니다. 그러므로 당신이 읽은 것을 따라 읽고, 당신이 쓴 내 아버지라는 인물을 베껴 적었습니다. 나중에는 당신의 입장에서 생각하고, 당신이 쓸지도 모를 이야기를 예상하며 써나갔습니다. 나도 몰랐던 내 아버지의 삶을 당신이 썼듯 나도 당신의 내밀한 부분을 쓰고 싶었습니다. 그리고 언제가 될지는 몰라도, 당신이 연락해올 그날만을 기다렸습니다. (…)
>
> 선생님, 함부로 당신의 책장을 들켜서는 안 됩니다. 내가 아는 것이 바로 그것입니다. 그러므로 당신이 무얼 쓰든 간에 나는 당신의 입장이 되어 앞으로 당신이 쓰게 될 모든 문장들을 먼저 쓰게 될 것입니다.[832]

자서전의 문장들을 베껴 쓰기를 반복하던 유제호의 손은 '나'의 손이 써온 글들을 엿볼 수 있는 경지에 이른 것이다. 유제호의 글은 '나'의 입장에서 감히 유제호의 아버지의 삶을 정리했던 것처럼 '그'의 입장에서 '나'의 내밀한 부분을 읽고 베끼는 과정에서 완성되었다. '나'의 손이 유제호 아버지의 삶을 옮겨 쓴 것처럼 유제호는 '나'의 글 속에서 '나'의 생각을 예상하고 쓸 수 있었던 것이다. 유제호의 소설 제목은 『당신과 다른 나』인데, '나'의 이야기를 베껴 쓴 그 소설은 결국 '당신과 같은 나'의 이야기였던 셈이다.

그러면 유제호가 편지에 적은 것처럼 앞으로 쓰게 될 '나'의 문장들을 정말 유제호가 쓸 수 있을 것인가. '나'는 유제호의 서가를 찾아

---

832 임현, 「엿보는 손」, 소설집 『그 개와 같은 말』, 82~83쪽.

가 유제호가 쓴 글을 읽었다. "그것은 분명 내가 쓴 문장들은 아니었으나 나라고 할 수밖에 없는 것들로 채워져 있었다."[833] 유제호의 엿보는 손은 '나'의 책장에 꽂힌 책들에게로 향했다. 누가 이 믿지 못할 우연한 사건의 진짜 희생자인 것일까.

> 도끼를 들고 문 앞에 선 나는 어떤 사람인가. 유제호를 죽인 진짜 살인범일까 아니면 다만 나쁜 상황에 휘말린 억울한 희생자일까. 듣고 싶은 게 뭐야? 책장에서 가장 손을 많이 탄 한 권을 꺼내 마지막 장면을 펼쳐보면 거기에 뭐라 적혀 있는지, 무얼 읽어왔는지, 지금 바라는 게 무엇인지에 따라 결정될 그것.[834]

아마도 이 무서운 결말은 '나'의 손이 이미 썼던 글이나 유제호가 여러 번 읽은 책들 속에 등장했던 장면일 수도 있다. 아니, 이 소설을 읽고 있는 독자들이 그 결말을 예상하고 만들어가고 있는 지 모른다. 말과 글로 누군가의 삶을 엿본다는 것, 한 사람의 생각과 마음을 말과 글로 옮기는 것은 가능한 일인가. 이 질문에 간결하게 답할 수는 없다. 다만 다시 읽고 쓰는 과정은 그 안에 이전의 흔적을 남겨놓았다. 그것으로 우리는 가까스로 연결되어 있었다.

> 옮길 수 없는 것들은 적어도 옮기려던 흔적을 남겨놓았다.[835]

---

833 임현, 「엿보는 손」, 소설집 『그 개와 같은 말』, 86쪽.
834 임현, 「엿보는 손」, 소설집 『그 개와 같은 말』, 88~89쪽.
835 임현, 「거기에 있어」, 소설집 『그 개와 같은 말』, 195~196쪽.

‘그녀는 자신의 몰락을 홀로 견디는 일이 가장 두려웠다.’

은우는 문장의 원문을 찾아보았다.

그리고 ‘그녀는 혼자 되는 가을을 보내는 일이 가장 두려웠다’ 라고 용지 위에 고쳐 적었다.[836]

은우는 무영이 번역한 문장을 고쳐 옮겼다. 무영이 번역한 문장의 원문을 찾아서 다르게 번역했다. “자신의 몰락을” 삭제하고 “가을을”을 추가했다. 은우는 무영의 고독에게 말을 걸었다. 그렇게 헤어지기 전, 우리가 함께한 순간들을 잊지 않을 수 있었다. 무영이 앓던 외로움과 두려움은 이제 은우 혼자 견디어야 하는 일이 되었다. 무영의 것은 은우의 것이 되었다. 은우와 무영은 너무 닮아서 서로를 견디지 못했던 것은 아닐까. 어쩌면 우리 모두가 그런 것은 아닐까.

우리가 너무 닮았던 게 아닐까. 그걸 알아보고 우재나 나나 결국 참지 못했던 게 아닐까.[837]

“무슨 말이 그래? 뭘 안다고 그렇게 말해? 착하다, 좋다, 그런 건 일종의 상태 아니냐? 그랬다가 안 그러기도 하는 거 아니냐? 그냥 너랑 나 같은 사람이잖아. 그 애가 죽었다고 그렇게 말하는 거야? 넌 아무것도 모르잖아. 원래 질이 나쁜 사람일 수도 있는

836 임현, 「거기에 있어」, 소설집 『그 개와 같은 말』, 196쪽.

837 임현, 「좋은 사람」, 소설집 『그 개와 같은 말』, 96쪽.

데 그런 사람이 죽으면 너는 뭐라고 말할 건데? 네가 뭘 안다고 그렇게 말해? 왜 다들 무책임하게 좋았다고만 해? (…)"[838]

우리에겐 한 사람에 대해 논의할 수 있는 자격이 없다. 우리가 서로 다르기 때문에 서로에 대해 말할 수 없는 것이 아니라 서로 닮아서 그럴 수 없는 것이다. 우재는 그 사람이 죽었다고 해서, 그 사람은 '좋은 사람'이다 혹은 아니다라고 함부로 말할 수 없다고 했다. 사람은 변하는 건데 어떤 사람을 판단하고 규정하는 것은 무책임한 일이라고 했다. 말은 한 사람에 대해 잘못 이야기할 수 있으며, 일어난 일들을 잘못 기억하고 전달할 수도 있기 때문이다.

말은 언제나 불충분하다. 그런데도 다가올 미래를 예측한다는 것이 가능할까. 민재와 달리 소진은 나쁜 일이 항상 자신의 일이 될 수도 있다는 생각에 불안해 했다. 전산학 교수인 아버지는 소진에게 이렇게 말했었다. "만약, 이 점들 사이에 가능한 모든 경로를 현대의 컴퓨터로 계산하려 든다면 아마 못해도 수십 년은 더 기다려야 할 거다. 거의 불가능한 일이지." 소진은 그것은 수학적으로 해결할 수 있는 문제가 아니라 "본능이나 직관, 아니면 그보다 더 단순한 무엇과 관련된 것일 수도 있"[839]다고 생각했다. 그러나 이 복잡한 현실을 "현실적으로" 해결할 수 있는 가능성은 없어 보였다.

이후에 소진이 보게 되는 것들은 복잡한 알고리즘 수식들뿐이

---

838 임현, 「좋은 사람」, 소설집 『그 개와 같은 말』, 114~115쪽.
839 임현, 「불가능한 세계」, 소설집 『그 개와 같은 말』, 259쪽.

었고 그것을 이해한다는 것은 현실적으로 어려웠다."[840]

민재가 가장 이해할 수 없는 것은 소진의 근거 없는 불안이었다. 소진은 태어날 아이가 기형일 확률에 대해서 의심했다. 검사 결과, 이상 증세는 전혀 발견되지 않았다. 아니면, 후천적인 장애를 얻을 수 있는 가능성은? 금세 다른 가정을 만들어냈다. 나쁜 일에 휘말려 크게 다치거나 심지어 죽게 될 상황을 염려했다. 그것도 아니라면 가해자가 되어 누군가를 그렇게 만들 수도 있다고 믿었다. 무엇보다 자신들에게 용서하지 않겠다고 소리칠 수 있는 그 모든 불행한 가능성에 대해서 불안해했다.[841]

그들이 겪는 위기란 고작 견딜 수 있을 만한 것들뿐이었다.[842]

소진이 실제로 살아가는 현실은 언젠가 해답을 찾을 수 있는 "가능성"은 있지만 답을 구하기가 "거의 불가능에 가까운 문제들"이 더 많았다. 소진의 근거 없는 불안은 다른 가정을 만들어내고 일어나지도 않는 일을 염려했다. 오직 견디는 것밖에는 불현 듯 닥쳐올 위기에 대처할 수 있는 방법이 없었다. 꿈은 불안한 미래를 예언했다. 글은 곧 도착할 미래의 일들을 기록했다.

---

840 임현, 「불가능한 세계」, 소설집 『그 개와 같은 말』, 261쪽.

841 임현, 「불가능한 세계」, 소설집 『그 개와 같은 말』, 280쪽.

842 임현, 「불가능한 세계」, 소설집 『그 개와 같은 말』, 281쪽.

> 형이 죽던 날 나는 털이 가늘고 붉은 그 토끼를 꿈에 다시 보게 된다. 그 이전이나 이후에 몇 번을 더 보았던 것 같은데 잊어버린 것도 있고 기억나는 것도 있었으나 형이 사고 당하던 날 그걸 보았다는 것만큼은 확실하게 기억하고 있다.[843]

> 일어날 수 있는 일들을 여기에 적어가는 중이다.
> 일어나거나 일어나지 않을 미래들.
> 언젠가 엄마가 읽게 될 과거들.[844]

형의 죽음과 직접 연관된 기억은 분명하지 않다. 그 이전과 이후에 꿈속에서 '붉은 토끼'를 본 것만은 확실하다. 꿈을 꾸는 것은 아직 일어나지 않은 일들을 앞질러 헤아리는 방법이다. '나'는 알고 있다. 사람들은 내가 어떤 선택을 하더라도 자기 스스로 선택한 것이라고 믿지 않을 것이며 또 어떤 대답을 하더라도 그것이 틀렸다고 말하리라는 것을. 그러므로 미래에서 읽게 될 과거, 이 불안한 현재를 미리 기록해두려 한다. "이미 알고 있지만 직접 견딘다는 건 생각보다 더 어렵기 때문이다."[845]

말은 언제나 이곳을 배반하면서 앞으로 가야 할 곳을 가리킨다. 그것은 예정했던 곳이 아닌 다른 곳에 그리고 너무 늦게 도착한다. 회복할 수 없을 정도로 말이 병들었거나 이미 죽었다는 증거다. '그

---

843 임현, 「무언가의 끝」, 소설집 『그 개와 같은 말』, 132쪽.
844 임현, 「가능한 세계」, 소설집 『그 개와 같은 말』, 26쪽.
845 임현, 「가능한 세계」, 소설집 『그 개와 같은 말』, 27쪽.

개', '그 말'은 하천에 버려진 지 오래되었다.

고백하자면 나는 이 글에서 인용한 다섯 권의 책을 제대로 읽었다고 할 수 없다. 책 속에서 감지한 '혀와 말'의 시련을 온전하게 옮겨 적었다고 말할 수도 없다. 책을 읽는 동안 미처 생각하지 못한 것들이 솟아날 때도 있었고 글을 쓰는 동안 예상했던 것과 다른 생각들이 새롭게 번져나가기도 했다. 정처 없는 말들을 붙잡으려 하면 할수록 나는 내가 쓰려고 했던 생각과 문장들에서 자꾸 멀어져 갔다. 그러므로 이 글에서 오염과 오독의 흔적을 발견하는 것은 자연스러운 일이다. 그것은 우리 시대의 '언어사회학'이 감당할 하나의 과제이기도 할 것이다.

A가 아닌 것처럼

불편의 감촉

1. 세 개의 증언

'아닌 것처럼'은 평범한 표현이 아니다. '아닌 것처럼'이 말하는 방식이 될 때는 기대 이상의 효과를 일으킨다. 무엇이 아닌 것처럼 '말하는 것'은 무엇과 무엇이 아닌 것을 동시에 말할 수 있게 한다. 과장해서 말하면, 아닌 것처럼 말하는 것은 세계와 세계가 아닌 모든 것을 드러내는 화법이 될 수 있는 것이다.

이런 말하기의 방식이 왜 지금 문제적일 수 있는가. 아픔이 아닌 것처럼, 아픔을 말한다는 것은 대체 어떤 통증을 더 생각하게 하는가. 아닌 것처럼은 먼저 말하는 사람과 듣는 사람 사이에 자리한 어긋남과 불일치함에서 유래한 비틀기의 어법으로 생각될 수 있다. 거기에는 아픔을 말한다 해도, 아무도 아픔을 그 자체로 들어주지 않는다는 항변이 들어 있는 것이다.

나아가, 아닌 것처럼은 지금까지 잘 드러나지 않았던 것들을 마치 아닌 것처럼 드러내주는 장치가 된다. A가 아닌 것처럼 말하는 것은 A와 A가 아닌 모든 것을 말하게 하는 틈을 개시하고, '마치 ~인 것처럼' 말하는 것에 대한 전면적인 회의와 부정을 준비한다. 그리하여 A가 아닌 것처럼 말하는 것은 진실과 거짓, 삶과 죽음, 현실과 환상 등 이분법적 경계를 넘어선 장소를 개시하고, 아직 보이지 않았던 것들을 증언하는 형식이 된다.

미리 덧붙이자면, 지금 이 글에서 쓰고 있는 '아닌 것처럼'은 조르조 아감벤의 『남겨진 시간』(2008)[846]에 나오는 '마치 ~인 것처럼'[as if]에서 착안을 얻어 쓰게 된 것이다. 그러나 메시아의 도래를 '아닌 것처럼'을 통해 이야기하고 있는 아감벤의 맥락을 여기에 그대로 옮겨 온 것은 아니다. 만약 이 글의 어딘가에서 '아닌 것처럼'이 마치 아감벤의 그것처럼 어떤 연관성을 보인다면 그것은 우연한 인용에 의해 발생한 일시적인 효과일 것이다.

1) "그대는 어디까지 왔나"

여장 부랑자 소년 앨리시어는 계속 말하기 위해 '그대'를 부른다. 앨리시어는 "그대의 재미와 안녕, 평안함에" "관심이 없다. 계속 그렇게 한다."[847] 앨리시어는 "그대는 어디까지 왔나"를 반복하면서 재개발 택지 지구로 변신하고 있는 고모리 마을에 대해 그대에게 계속 말한다.

황정은의 『야만적인 앨리스씨』(2013)는 앨리시어의 목소리로 고모리 마을을 기록하고 있는 증언집이다. 앨리시어가 살고 있는 집은 고모리에서도 막다른 곳, 고모리를 관통했다가 끊기는 지점, 즉 "다른 차원의 세계를 이어붙인 것처럼 문득 도로가 끊기고 논이 시작되는"[848] 곳에 위치해 있다. '다른 차원의 세계'에 살고 있는 앨리시어는 고모리의 '폭력됨'을 이렇게 말한다.

---

846 조르조 아감벤, 강승훈 옮김, 『남겨진 시간』, 코나투스, 2008.

847 황정은, 장편 『야만적인 앨리스씨』, 문학동네, 2013, 7~8쪽.

848 황정은, 장편 『야만적인 앨리스씨』, 14쪽.

(…) 지속되고 가속되는 동안 맥락도 증발되는, 그건 그냥 씨발됨이라고 말할 수밖에 없는 씨발적인 상태다. 앨리시어와 그의 동생이 그 씨발됨에 노출된다. 앨리시어의 아버지도 고모리의 이웃들도 그것을 안다. 알기 때문에 모르고 싶어하고 모르고 싶기 때문에 결국은 모른다.

(…) 그런 순간에 그녀는 한 점 빗방울처럼 투명하고 단순하다. 때리고 싶어서 때리는 거야. 때리니까 때리고 싶고 때리고 싶으니까 가속적으로 때린다. 참지 못한다기보다는 참기가 단지 싫은 것이다. 때려서는 안 된다는 당위를 내면에 쌓는 일이 귀찮고 구차해 이것도 저것도 마다하고 때리는 데 몰두하는 것이다.[849]

앨리시어는 어머니의 폭력적 행위를 "백 퍼센트로 농축된 씨발, 백만 년의 원한을 담은 씨발, 백만 년 천만 년은 씨발 상태로 썩을 것 같은 씨발"[850] 상태로 요약한다. 그 "씨발됨"의 근원과 이유를 덧붙이는 것은 변명에 불과한 것이다. 또 앨리시어의 아버지와 고모리 마을의 이웃들도 그 씨발됨의 사태를 너무나 알고 있다. 증인 앨리시어가 어머니의 폭력적 행위를 단순하고 투명한 것이라고 말할 때, 앨리시어와 그의 동생의 무고한 희생과 고모리 사람들의 두툼한 침묵이 생생하게 전달된다.

고모리 사람들에게 안다는 것과 모른다는 것은, 서로 분리된 것이 아니라 하나로 접혀 있다. 그것은 거의 동시적으로 일어난다. 그들

849 황정은, 장편『야만적인 앨리스씨』, 40~41쪽.

850 황정은, 장편『야만적인 앨리스씨』, 27쪽.

은 지금 눈앞에서 벌어지고 있는 폭력이 무엇인지를 알고 있기 때문에, 아는 것을 부인하는 과정을 거쳐, 결국 그것을 알지 못함에 이른다. 그렇게 하여 폭력은 묵인된다. 폭력에 관한 한, 앎과 무지는 서로 기대면서 공모한다.

그대를 부르는 앨리시어의 중얼거림은 고모리 안에서 바깥을 향해 그 폭력적 사태를 호소하는 절박한 요청이다. 그것은 어디에도 가 닿지 못한다. 이 소설의 구성이 '內-外-再-外'로 이루어진 것은 앨리시어의 그 간절한 증언이 아무런 소용도 없이 사라질 것이라는 예감을 준다.

그렇다고 해서, 이 소설이 폭력에 노출된 비통한 자들의 슬픔이나 비틀어진 저항을 무력하게 그리고 있다고 말하는 것은, 옳지 않다. 앨리시어는 투명하고 건조한 목소리로 고모리 사람들이 직면하게 될 폭력의 예감을 담아낸다. 그 예감이란, 고물상 집 딸 고미의 집에서 발견한 아마존 원시부족에 관한 기사, 즉 "갑작스럽게 외부와 만날 경우 발생할지 모를 감염에 관해 그리고 절멸에 관해"서가 아닐까. 앨리시어의 증언에 의하면, 강제적으로 재개발이 이루어지고 있는 고모리의 사람들은 이제 곧 도시의 삶에 감염되어 어쩌면 절멸할 위기에 처한 마지막 족속들인지도 모른다.

앨리시어는 "과거의 앨리시어와 현재의 앨리시어, 수면의 바로 위와 바로 밑처럼 순식간에 모든 순간을 오가는" 꿈을 꾼다. 어머니의 꿈은 앨리시어의 꿈으로 이어지고, 그것은 다시 앨리시어의 꿈을 통해 동생에게로 전달된다. 꿈은 매번 다르게 변주되지만 "이제 어떻게 끝날까."라는 물음은 동일하게 반복된다.

꿈에서 소년 앨리스는 나무 아래에서, "뭔가 다른 일이 벌어지기를. 밤과 낮이 뒤집어지기를" 날마다 지루하게 기다린다. 그런 일은 일어나지 않는다. 다만 "떨어지고 떨어지고 떨어지고… 계속, 계속…"[851] 하는 것이다. 고모리 바깥의 바깥은 고모리가 아닌 다른 곳이 아니라 고모리 굴속이다. 고모리의 바깥에서 바깥으로 나가는 길은 고모리의 구덩이 더 깊은 곳으로, 아래 쪽으로, 계속, 천천히, 떨어지는 것이다. 바깥으로 나가는 것은 저 깊은 어둠 속으로 떨어지는 것이며, 낙하는 언제 그 끝에 도달하리라는 기약이 없는 바깥의 바깥이다. "이제 어떻게 끝날까."

> 다시 한번 그대가 옳다.
>
> 그대와 나의 이야기는 언제고 끝날 것이다.
>
> 그러나 그것은 천천히 올 것이고, 그대와 나는 고통스러울 것이다.[852]

그 끝을 분명하게 말하지 못한 채, 끝낸 이 소설을 "앨리시어의 실패와 패배의 기록이다."라고 말할 수 있을까. 이 증언집이 지닌 의미는 그 실패와 패배의 기록이 아직 끝나지 않았다는 것에서 찾아야 한다. 앨리시어는 앞으로도 낙하하는 꿈을 계속 꾸게 될 것이고 고모리의 어두운 이야기를 계속할 것이다. "기록할 단 한 사람인 그대, 그대는 어디까지 왔나."를 계속 부르는 앨리시어의 노래는 사람들의 마음속에 오래오래 기억될 것이다. '루돌프 사슴코'가 아닌 것처럼.

---

851 황정은, 장편 『야만적인 앨리스씨』, 132쪽.

852 황정은, 장편 『야만적인 앨리스씨』, 162쪽.

2) "보지 못한 것을 보지 못했다"

보는 것과 보지 않는 것은 보는 사람의 선택에 의해 결정된다. 반면, 보지 못한 것은 선택의 문제가 아니라 무능력의 결과다. "보지 못한 것을 보지 못했다"고 거듭 말하는 것은, 보지 못함을 단지 무능력한 일이 아니라 보지 못했으나 보지 못한 무엇이 있었으리라는 가능성의 영역으로 옮겨 놓는다. 이 가능성의 영역은 바로 증언이라는 것이 선택의 문제 이전에 무능력의 자리에도 거주하고 있음을 넌지시 비춘다.

이장욱의 「기린이 아닌 모든 것에 대한 이야기」(2013)는 "보지 못한 것을 보지 못했다"고 말하는 것이 얼마나 무서운 증언의 형식이 될 수 있는지를 보여준다. 바로 그렇게 말하는 방식이 오직 진실만을 말하는 소년의 운명을 결정하게 된 계기가 되었기 때문이다.

> 왜 보지 않은 것을 보았다고 했느냐?
>
> (…) 부반장의 지갑을 훔친 건 내가 아니라고 말했는데도 담임은 내 뺨을 때렸습니다. 나는 지갑을 훔치지 않았다고 말했는데도 담임은 내가 지갑을 훔친 아니라고 선언했습니다. 그래요. 그것이 나의 운명입니다. 나는 그 운명을 따라 파출소로 갔고 사실을 사실대로 말한 것뿐입니다. 담임선생님이 내 짝을 만지고 더듬는 걸 보지 못했다고 말입니다. 그뿐입니다.[853]

853 이장욱, 「기린이 아닌 모든 것에 대한 이야기」, 『창작과비평』 2013년 겨울호, 219쪽.

아버지의 생각과 다르게, '나'에게는 "보지 않은 것을 보았다"는 말하는 것과 "보지 못한 것을 보지 못했다"고 말하는 것은 결코 같지 않다. 진짜를 말해도 아무도 믿어주지 않는다는 사실을 일찍 깨달은 소년은 파출소 경찰관을 찾아가 "진짜 거짓말"을 하기로 결심한다. 소년의 진짜 거짓말로 인해 아버지의 숨겨진 비밀들이 폭로되고 만다. 진심을 믿지 않는 사람들에게 진짜 거짓말을 한 것이 의도하지 않게 "무서운 진실"을 말하는 사태를 가져온 것이다.

이 증인은 모든 것을 보았다고 과장해서 말하거나 아무 것도 보지 못했다고 거짓으로 증언하는 사람들과 결별한다. 이 특별한 위치를 점한 증인이 "보지 못한 것을 보지 못했다"고 말하는 것은, 보이지 않는 것, 보지 않은 것, 보지 못한 것까지를 보게 하는 효과를 지닌다. 그 증언의 형식은 우리가 보지 못한 사이에 많은 일들이 일어나고 있는 세계의 이면을 보게 하는 시선을 개시한다.

이제, 이 증인은 어느 누구와도 나눌 수 없는 자신의 진심만을 말할 것을 선언한다. 자신의 진실을 말하고 지키기 위해서 이 증인이 하지 않을 일과 하지 못할 일은 더 이상 아무 것도 없다. 증인은 묻는다.

> 도대체 누가 진짜와 가짜를 나눌 권리를 그들에게 주었습니까? (…)
>
> 나는 확신했습니다. 전문가라는 자들이 탄소연대측정법이니 뭐니 난리를 피운들, 기린의 저 타는 듯한 눈빛을 지울 수는 없다고 말입니다. 저 시선의 진실을 부정할 수는 없다고 말입니다. 진실이란 그렇게 연약한 것이 아니니까요.[854]

증인의 외침을 간단하게 요약하면 이렇다. "거기 그렇게 서서 나를 바라보던, 그 자체로서의 기린"을 누가 나보다 더 사랑했다고 할 수 있단 말인가. 내가 기린이 아닌 것에 대해 이야기한다 해도, 당신은 기린에 대한 것을 먼저 떠올린다. 내가 사랑한 기린과 당신이 사랑한 기린은 같은 기린일 수 없다. 누가 내가 진심을 다해 사랑한 기린목조상에 대해 그것이 진짜인지 가짜인지를 분별할 자격이 있단 말인가. 내가 "당신의 머릿속에서 태어난 그 기린에 대해 아무런 권리도 없"는 것처럼, 당신에게도 내가 사랑한 그 기린에 대해 판단할 권리가 없는 것이다.

진심으로 사랑한 나만의 기린을 당신으로부터 지킬 수 있는 방법은 오직 하나밖에 남아 있지 않다. 누구와도 나눌 수 없는 나만의 사랑, 그 기린상을 불태워 없애버리는 일이 그것이다. 사랑의 대상을 스스로 지워버리는 것이야말로 결코 연약하지 않은 나의 진심을 당신에게 증명할 수 있는 유일한 길이다. 그것은 절규, 증오, 환멸 등의 단어로 쉽게 규정될 수 없는 것, 오직 진실만을 말하는 운명을 지닌 자가 행할 수 있는 결단이다. 당신의 눈에 결코 보이지 않는 것, 당신이 끝내 보지 못한 것, 아니 당신이 애써 보지 않으려 한 그것이, 바로 당신의 법과 기준으로 결코 심판할 수 없는 나만의 진심인 것이다.

---

854 이장욱, 「기린이 아닌 모든 것에 대한 이야기」, 233~235쪽.

3) "보아도 믿을 수 없어요"

눈으로 직접 보고 확인하는 것과 그것을 실제로 믿는 것은 다른 차원의 일이다. 눈으로 직접 보았다 해도, 그것을 그대로 믿을 수 있는 것은 아니다. 이 점에서 사실을 확인하는 것과 그것을 사실로 믿는 것은 최소한의 연관을 지니고 있다고 할 수 있다. 우리도 모르는 사이에 일어났다가 사라지곤 하는 수없는 일들 중에는 보아도 도저히 믿을 수 없는 일들도 많다.

손홍규의 「아내를 위한 발라드」(2013)에서 벌어지고 있는 상황을 어떻게 믿을 수 있을까. 이 소설의 처음은 '그'가 매립구역을 빠져 나와 '김'을 만나는 장면으로 시작된다. 감염병 예방팀에 근무하고 있는 '그'가 아내를 결박한 철제 침대를 승합차에 싣고 아버지와 함께 고향 마을로 가는 이야기가 주요 내용에 해당한다.

소설 속의 인물들의 대화나 사건 등은 모호한 분위기로 처리되어 있다. 그 안에서 우리도 모르는 사이에 어떤 일들이 일어나고 있을 것 같은 불안한 예감과, "소중한 무언가를 잃어버렸으며 그걸 영영 되찾을 수 없다는 절망", "상실감 너머의 어떤 참혹한 감정에 익사하기 직전인 것 같"[855]은 느낌이 고요하게 교차된다.

여기에서 "아내들"이란, 안락사에 필요한 약물이 부족하고 처리해야 할 사체가 적체된 화장터에서 반송되어온 것들을 가리킨다. 보건소 직원들은 "사람이 아니었으되 사람이 아닌 다른 무엇이라고도 할 수 없"는 그들을 "그저 아내들이라고 불렀다."[856] 문제는 사람이면서

855 손홍규, 「아내를 위한 발라드」, 『창작과비평』 2013년 겨울호, 157~159쪽.

856 손홍규, 「아내를 위한 발라드」, 154쪽.

사람도 아니게 된 아내들이 어떻게 생겨난 것인지를 알 수 없다는 것이다. 그 병이 어디에서 왔는지, 그리고 전염이 되는지 안 되는지, 모든 것들이 확실하지 않다. 경찰조차도 병의 근원지나 전염의 여부에 대해서 아무것도 모른다.

> 그가 출발하기 전에 경찰이 물었다. 전염이 되지 않는다는 게 확실한가? 그렇다네. 그럼 대체 이 병은 어디서 왔단 말인가? 잘 모르겠네. 전염이 되지 않는다는 건 어찌 아는가? 사실 그것 역시 확실하지는 않다네. (…)
>
> 살아 있는 게 치욕이야. 난 다만 아내를 잃었을 뿐인데 모든 걸 잃은 기분이네. 기분이 아니라 사실이겠지. 사실이 무언지 장담할 수 있는가? 지금 우리가 두눈을 뜬 채 목격하는 이 일을 자네는 믿을 수 있겠는가. 믿을 수 없음에도 버젓이 이런 일이 벌어지고 있다는 게 수치스럽네. 자네 탓이 아니잖은가. 그럼 누구 탓인가? 누구의 탓도 아니지. 그래서 우리 탓이네. 누구의 탓인지 알 수 없는 일은 모두 우리 탓이야.[857]

실체를 알 수 없는 채 떠도는 전염병은, 손홍규의 소설 이력에 비추어봤을 때 재개발의 신화 속에서 생태계를 파괴하고 급기에 인간의 삶마저 덮쳐버린 어두운 현실에 대한 병적 징후로 해석할 수 있다. 우리가 살고 있는 이곳은 사랑했던 아내들을 강제로 떠나보내고, 혹은 묻어버리고 살아가야만 하는 죽음 같은 삶이나 다름없다는

---

857 손홍규, 「아내를 위한 발라드」, 158~160쪽.

진단이 들어 있는 것이다. 이 점에서 매립구역에 흔하게 널린 아내들은 실제 아내들일 뿐만 아니라 우리 곁에 있어 왔던 모든 것들의 이름일 수도 있을 것이다. 그것은 사람이면서 사람이 아닌 것처럼 살아가고 있는 우리 모두가 될 수도 있는 것이다.

그러면 이 알 수 없는 역병을 어떻게 끝낼 수 있을 것인가. 그 하나의 방법은 안락사마저 할 수 없어서 반송된 아내들을 살해하는 것이다. '그'의 괴로움은 그렇게 깊어진다. "아내가 아니었으나 아내가 아닌 다른 누구일 수도 없"는 아내를 살해한다는 것이 '그'에게 어떤 의미를 지니는 것인가. 보건소의 관용버스를 운전하는 동료가 이혼한 지 일년 된 아내를 죽인 것은 바로 "그가 하고 싶었으나 할 수 없었던 일이었으며 그가 해야 했으나 해서는 안되는 일이었고 그가 앞으로도 괴로워하면서 결코 이룰 수 없는 일이었다."[858]

"하고 싶어도 할 수 없는 일", "해야 할 일이나 해서는 안되는 일"이란 것이 욕망과 금기, 법과 의무 사이에서 살고 있는 우리 모두의 괴로움이 아니라면 무엇일까. 그와 같은 괴로움 이전에, "아내를 살해한 자가 누구인지 알 수 없기에" "아내를 살해해버린 듯한 죄책감"을 남은 일생 동안 느끼고 살 수밖에 없는 '그'를 어떤 말로 위로할 수 있을 것인가. 우리도 '그'처럼 소중한 것들을 스스로 살해할 것인지를 말 것인지를 결정하기 이전에, 누군가 혹은 우리 자신이 이미 그것들을 살해버린 듯한 죄책감에서 자유롭지 못할 것이다.

누구의 탓인지도 모르는 그런 재앙들은 항상 언제 어디서나 일어나고 있는 것이고, 그것은 눈으로 보아도 믿을 수 없는 것들이다. 아

---

858 손홍규, 「아내를 위한 발라드」, 163쪽.

내들의 시체가 널려 있는 이 황폐한 세계를 어떻게 믿을 수 있겠는가. 이 모든 재앙에 대해서 우리는 "보아도 믿을 수 없어요."라고 증언할 수 있을 뿐이다.

'아내를 위한 발라드'는 이미 살해된 아내들, 우리 곁에 있던 소중한 것들의 죽음을 애도하는 장송곡(葬送曲)이다. 그 노래는 소중한 것들이 우리 곁을 떠나 부디 안락사할 수 있도록 축원하는 마음이다. 보아도 믿을 수 없는, 이 지옥 같은 현실을, 그 노래는 어떤 말보다 더 뚜렷하게 증언할 것이다.

2. 일시정지

지금 이 순간 어떤 일이 일어나고 있는지, 그리고 앞으로 어떤 일들이 전개될 것인지를 짐작할 수 없다. 세계는 늘 짙은 어둠으로 둘러싸여 있고 거센 바람이 몰아닥칠 위험은 언제나 잠재되어 있다. 우리의 삶은 뒤늦은 후회와 희미한 예감 사이에서 명멸한다.

일상이 일시정지 되었을 때 비로소 일상이 보이기 시작한다. 사랑하는 사람이 떠났을 때 비로소 사랑이 무엇인지를 안다. 사랑이 더 이상 아닌 그 순간에 그것이 사랑이라는 것을 안다. 삶이 균형을 잃었을 때 삶이 보이기 시작한다. 숨이 멈췄을 때 삶과 죽음이 무엇인지를 겨우 가늠할 수 있다. 일상을 흔드는 사건들과 불현 듯 마주쳤을 때 일상은 일상이 아닌 것처럼 보인다.

다음 두 작품은 불안한 일상을 정전(停電)의 모티프와 결부시키고 있어서 인상적이다. "세계의 불빛이 다 사라지는" 정전 상태를 혼란한 내면과 겹쳐 그린 손보미의 「별자리 점」(2013)과 언제 어떻게 삶의 방향이 바뀌게 될지 모르는 불안한 상황을 몬순을 통해 그려낸 편혜영의 「몬순」(2014)이 그것이다.

소설 「별자리 점」에서 남자와 그의 아내가 겪는 심리적 갈등은 뉴욕에서 실제로 '블랙아웃'의 상황과 겹친다. 블랙아웃이 닥쳤을 때 이 재앙에 대한 사람들의 반응은 엇갈렸다. 한편에서는 약탈이 일어나기도 했지만 누군가에겐 하늘의 별자리를 마음껏 볼 수 있어서 정전의 시간은 '좋은 시절'이기도 했던 것이다. 사랑하고 이별하는 일도 그와 같은 정전의 시간을 거쳐 새로운 시작을 살게 되는 것이 아닐까.

> 곧 전기가 들어오고 저 도시의 모든 불빛이 돌아오고, 별들이 사라지고, 멈췄던 엘리베이터가 다시 움직이고, 신호등이 다시 작동하고, 얼마쯤 우는 사람들도 있겠지만. 그는 대가라는 단어를 자주 떠올렸다. 무엇을 줘야 할까? 누구에게 줘야 할까? 그는 그런 걸 생각했다. 아들이 죽었을 때, 그의 아내가 이혼 서류를 내밀었을 때, 그리고 그가 더 이상 영화를 만들 수 없게 되었을 때, 그는 계속 그런 생각을 했었다. 누구에게 줘야 할까? 무엇을 줘야 할까? 무엇을 더 줘야 할까? 하지만 내가 얻은 게 도대체 뭐지? 무언가를 다시 시작할 수는 있을 것이다. 그건 엄청난 일이었다. 그건 불가능한 일이었다. 오직 죽음으로써만 가능한 일이었다. 마치, 길광용 감독처럼. 죽음으로써 다시 살게 되는 그런 삶이 있었다.[859]

---

859 손보미, 「별자리 점」, 『문학과사회』 2013년 겨울호, 198쪽.

사랑하고 헤어지는 일을 그냥 그렇게 멀어졌다고 말할 수는 없는 것이다. “모든 시간이, 모든 사랑이, 모든 마음이 그런 식으로 물속에 잠기듯 사라져간다는 걸”[860] 어떻게 믿을 수 있겠는가. 도시 전체가 정전이 되어 마비되었을 때, 삶을 지탱하고 있었던 모든 것들이 순식간에 그 모습을 드러낸다. 이 죽음과도 같은 시간을 견디는 방법은 “죽음으로써 다시 살게 되는 그런 삶”으로만 가능하다. 그것이 바로 시작의 진정한 의미일 것이다. 그런 시작은 그냥 처음이 아니라 다른 물음을 동반한 처음을 연다. “누구에게 줘야 할까? 무엇을 줘야 할까? 무엇을 더 줘야 할까?”

편혜영의 「몬순」은 전기공급을 바꾸는 과정에서 생기는 단전과 풍향의 변화를 짐작할 수 없는 몬순을 통해 예측할 수 없는 삶을 그려낸다. 사고로 아이를 잃은 뒤, 그 사고가 누구의 잘못이라고 분명하게 말할 수 없지만 태오와 유진의 사이는 점점 소원해진다. 태오와 유진 사이에 흐르는 침묵은 전기의 공급과 차단을 반복하는 것처럼 불안하게 지속된다. 그 안에 알 수 없는 적의와 혐오감과 무력감마저 끼어든다.

> “(…) 몬순 같은 거요. 그렇게 규모가 큰 바람은 언제 방향을 바꾸는지, 그 순간을 미리 알 수는 없는지, 그런 건 이해하기 힘들었어요. 그런 거에 대해 잘 압니까?”
>
> “(…) 바람은 부는 방향이 바뀐 후에야 정확한 풍향을 알 수 있

860 손보미, 「별자리 점」, 193쪽.

다고만 했어요. 웃기지 않습니까? 내가 다시 물어보니까 등압선을 보면 풍향을 짐작할 수 있다고 얘기해줬어요. 확신할 수 없지만 짐작할 수는 있다고 말입니다. 그저 최선을 다해 짐작할 뿐이라고요."[861]

유진이 근무하는 과학관의 관장이 묻고 있는 것처럼 아무도 삶의 방향이 어떻게 달라질지 예측하지 못한다. 그 방향이 바뀐 후에야 변화되었음을 알 수 있다. 그래서 태오와 유진은 정전이 끝난 후에도 각각 빛과 어둠의 영역에 있을 것이다. 태오가 그 "광량의 차이"를 애써 의식하고 있는 것처럼 정전의 시간이 지난 후에도, 서로의 간격은 영영 좁혀지지 않을 것이다. 산다는 것은, 다만 일시정지의 버튼을 눌러서 겨우 견딜 수 없는 시간을 견디는 일일 것이다.

아직 견디면서 더 살아야 한다면, 그 힘은 다시 고통을 확인하는 곳에서 마련될 수 있다. 김숨의 「대기자들」에서, 산다는 것은 이 세계가 부여해준 차례를 기다리는 일이다. 자신이 네 번째라고 믿고 있었던 남자는 자신의 차례가 세 번째인 것도 같고 어느새 다섯 번째가 된 것 같기도 하다. 남자는 다만 차례를 잊지 않으려고 노력한다. "나는 네 번째였고, 그것은 변함없이 중요했다."[862]

"나는 네 번째야."

나는 말했다. 아내는 잠시 동안 아무 말도 없었다. 황당한 상

---

861 편혜영, 「몬순」, 『2014년 제38회 이상문학상 작품집』, 2014, 28~29쪽.

862 김숨, 「대기자들」, 『국수』, 창비, 2014, 333쪽.

황에 처했을 때 아내는 침묵해버렸다.

"세 번째일 수도 있지만, 어쨌든 네 번째야."

"내가 대체 얼마나 기다려야 하는 거예요? 대체 얼마나!"

"나도 기다리고 있다구. 내 차례가 되기만을……"[863]

차례를 기다리고 있는 남자에게 '네 번째'는 오지 않을 지도 모르는 기약 없는 시간일 뿐이다. 남자는 알고 있다. "아무래도 뭔가 잘못된 것 같군요." "잘못된 게 틀림없어요." '네 번째'는 꼭 실현될 수 있는 차례가 아니라 그저 기다리게 하기 위해서 필요한 약속의 표지다. 남자는 이제, 우리를 향해 묻는다. "당신은 몇 번째인가요?"[864]

차례가 매번 합리적인 방식으로 정해진다면 대답은 어렵지 않다. 그러나 우리는 법, 제도, 질서가 부여한 일련의 번호들 앞에 선 대기자들일 뿐이다. 부부에게 유일무이한 아이가 법 앞에서는 '다섯 번째 아이'로 호명될 수 있는 것처럼[865] 우리는 이미 언제나 법 앞에 출두해 있다. 아니, 법 안에 기입되어 있다.

아픔은 어떤 법이나 윤리, 제도가 개입할 수 있는 여지를 거절한다. 그것은 온전히 자기 자신 만의 것이기 때문이다. 조수경의 「향수를 뿌리다」에서 건조한 눈으로 더듬는 시선이 섬뜩한 것은 바로 그런 법과 실존의 경계를 보고 있어서다. 소설 속의 그녀가 화상을 입어 두 눈과 두 팔을 잃은 동생을 보살피게 된 것은 어릴 때부터 유별

863 김숨, 「대기자들」, 346~347쪽.

864 김숨, 「대기자들」, 345쪽, 349쪽.

865 김숨, 「법(法) 앞에서」, 『제38회 이상문학상 작품집』, 2014.

나게 모성애가 강해서가 아니다. 정작 그녀는 자신의 아이를 품지 못했고, 남편마저도 다른 여자에게 빼앗긴 처지다. 남편이 만난 다른 여자의 향수를 뿌리고 동생 동우에게 다가가는 그녀의 모습은 눈을 감지 않고서는 느낄 수 없는 아픔을 준다.

> 따뜻한 혈관을 타고 향기가 은은하게 퍼졌다. 오늘 찾아오기로 한 그녀가 말을 할 수 없는 사람이라는 것을 동우도 이미 알고 있었다. 나는 아무런 말도 할 필요가 없을 것이다. 그저 오래도록 동우의 친구가 되어 주면 그만인 것이다. 손을 뻗었다. 현관문 손잡이를 잡고 천천히 돌렸다. 문이 열렸다.[866]

모든 법은 여기에서 무력하게 정지된다. 그녀가 어느 누구도 손길을 내밀지 않는 남동생을 껴안는 것은 모성애도 희생도 의무도 윤리도 아니다. 동생을 위해 뿌린 향수는 어떤 질서 체계로도 분류될 수 없는 결단이며, 법이 결코 다스릴 수 없는 아픔 그 자체이기 때문이다. 아픔이 아닌 것처럼 아픔이 통과하는 이 자리는 법이 금기한 몸의 가장 헌신적인 모습일 것이다.

3. 불가능한 시작

우리는 어디에서 왔으며 지금 어디로 향하고 있는가, 그리고 앞으

---

866 조수경, 「향수를 뿌리다」, 『문학들』 2013년 겨울호, 220쪽.

로 어디로 갈 것인가. 이 물음 앞에서 자유로울 수 있는 사람은 아무도 없을 것이다. 시작과 끝은 모든 사유를 펼치는 양축이다. 시작에 관한 물음은 곧 끝에 대한 사유를 낳고, 끝에 대한 물음은 곧 시작에 대한 사유로 거슬러 올라간다. 이 점에서 사실상 새로운 시작이란 불가능한 일인지도 모른다.

백가흠의 장편 『향』(2013)에는 앞서 던진 물음들이 소설 전체를 관통하고 있다. 소설 속의 인물들은 각국의 도시에서 제각기 다른 이유로 죽음을 맞았거나 추방당한 사람들이다. 그들은 죽음을 통과해 '신성한 숲'으로 들어온 사람들이다. 영국 축구 선수 출신 케이는 가족을 잃고 기억 상실에 걸린 후 숲으로 왔고, 암스테르담 여자 줄리아는 사창가에서 겨우 도망쳐 숲에 이른다. 아랍인 벤암미는 파리 북쪽에서 소매치기와 인신매매를 하다가 산 채로 땅에 묻힌 후 이곳으로 왔고, 한국인 해성은 운동권 프락치 역할을 하다 동남아로 도피를 전전, 죽음을 맞아 숲으로 오게 되었다.

한 차례의 죽음을 통과한 그들은 숲에서도 죽음 같은 삶을 이어간다. 살아 있으나 이미 죽은 자들이나 다름없는 그들이 도시를 떠난 이르게 된 숲은 결코 이상적인 공간이 아니다. 숲은 그렇게 저마다 상처를 지닌 사람들이 모여든 곳, 그곳은 삶과 죽음이 다른 세계로 분별되지 않는 사이 영역, 어느 곳에도 속하지 않는 바르도(Bardo)의 거주지인 셈이다.

이 점에서 이 소설의 제목인 '향'을 향(向)과 향(香), 그리고 향(鄕)으로 풀이할 수 있다. 죽음을 거쳐 향하게 된 그 숲은 죽은 자들을 위한 장소인 한편 죽은 자들의 근원적 자리인 고향으로 읽히기 때문이다. '향'을 어떤 뜻으로 새기는 것이 적절한지를 묻는 것은 중요하지 않다. 분명한 것은 그들이 어딘가로 향해 모여든 그 숲이 이전에 살았던 도시와 크게 다르지 않는 친숙한 죽음의 장소라는 사실이다.

그러면, 숲 속의 그들이 이 죽음의 숲을 떠나 다른 곳으로 향할 수 있을까. 이 숲의 바깥으로 나간다는 것이 과연 가능한 일인가. 숲 바깥으로 향할 수 있는 어떤 곳이 있기는 있는 것인가.

> 우리가 낯선 곳을 오래 여행하는 것도 모두 믿음 때문일 거예요. 파라다이스나 유토피아 같은 곳이 이 숲 어딘가에 있을 거란 생각, 꼭…… 우리 욕심이 만들어낸 것 같아요. (줄리아)

> 우리가 이 길을 포기한다면, 단지 이 숲에서 도시로 돌아가는 것이 아니야. 그것은 과거로 가는 걸 거야. 나는…… 차라리 그보단 숲 속의 길을 헤매겠어. (케이)[867]

숲 속에서 길을 잃은 줄리아와 케이는 이렇게 대답한다. 숲 바깥이 어딘가에 있을 거라고 생각한 것은 우리의 욕심이 만들어낸 거라고, 다시 과거의 도시로 가야 한다면 차라리 숲 속에서 헤매겠노라고. 줄리아가 숲을 벗어날 수 있도록 도움을 요청했을 때, 으엉은 다음과 같이 반문한다. "숲 밖에 또 다른 세상이 있다는 말은 처음 들어."[868] 이로 미루어 보아, 이 소설이 어렴풋하게 보여주고 있는 시작이란 "숲 밖에 또 다른 세상"을 찾는 것이 아니라 "숲속에 또 다른 마을"을 만

---

867 백가흠, 장편 『향』, 문학과지성사, 2013, 128쪽.

868 백가흠, 장편 『향』, 219쪽.

드는 방식에 의해 가능한 것이다. 그것은 어디에 있는지도 알 수 없는 유토피아를 상상하는 것보다 더 믿을 만한 대안인지도 모른다.

다시 말해, 여기의 바깥으로 나아간다는 것은 여기가 아닌 다른 곳에 새로운 세계를 건설하는 것이 아니라 바로 여기를 다른 공간으로 만드는 일이어야 한다. 그 가능성의 장소를 멈추지 않고 사유하는 일, 그것을 계속 시도하는 일, 그것이 바로 어딘지 모르는 어떤 곳으로 '향'하고 있는 우리에게 남겨진 길이 아닐까.

처음으로 돌아간다는 것은 불가능한 일이다. 다른 시작은 언제나 그 불가능한 지점에서 시작된다. 그런 점에서 나정이의 「프레스플라워」(2013)에서 소설 속의 그녀가 던지고 있는 물음은 예사롭지 않다. 그녀는 이런 것들이 궁금하다. 건조가 끝난 직후의 꽃들을 발색처리를 하는 방법으로 원래의 색상을 낼 수 있을까, 원래로 돌아갈 수 있는 시간이 있기는 한 것인가. 여자에게 앞서의 질문은 새로운 시작을 여는 장엄한 순간이 된다. 죽은 엄마의 얼굴 색깔을 처음의 시간으로 되돌리기 위한 그녀의 붓질이 시작된 것이다.

> 엄마, 애들이 왔나 봐. 이렇게 시커멓게 변한 엄마를 보면 틀림없이 잔소리를 할 거야. 아마 나를 죽이려 할 걸. 입술을 빨갛게 칠하고 볼터치도 발랐으니까, 괜찮을 거야. 립스틱은 엄마가 좋아하는 분홍색으로 바르고 싶었지만 너무 약해 제 색을 못 낼 것 같았어. 걱정 마. 이제 발색제만 바르면 원래의 모습으로 돌아올 거야.[869]

869 나정이, 「프레스플라워」, 『미완의 퍼즐』, 문학들, 2012, 201쪽.

아파트 방 한구석에 고요하게 살고 있었던 엄마는 다른 사람에게는 아무런 쓸모가 없는 존재일 테이지만 그녀와 형제들에게는 그 자리에 있어야 할 소중한 사람이다. 죽은 엄마를 "어떻게든 최대한 원래 모습대로 간직해야 해요."라는 그녀의 절박한 요구는 어떤 일이든지 가능하게 하는 시작점이다. 여기에서 "삶이란 완성이 아니라 과정이라는 생각이 들었다."고 적었던 소설 속의 한 문장을 감아본다. 이제는 상투적인 표현이 되어버린 저 문장이 나정이의 이번 소설에서만큼은 특별한 느낌을 간직한 문장으로 발색된다. 삶이란 완성이 아니라 과정이다, 죽음이란 끝이 아니라 시작이다.

김종호의 '디포' 이야기를 두 번째 읽었다. 「디포의 주머니」(2011)에서 "훔쳐 간 건지 잃어버린 건지도 모르니" "그냥 사라졌다고 해두자."라고 했던 '디포'를 「디포의 계절」(2013)에서 다시 이어서 쓰고 있다. 이 소설에서도 디포가 무엇인지 뚜렷하지 않다.

디포는 시간도 공간도 아닌, 존재하는 것도 아닌, 어떤 흐름으로 읽힌다. '디포의 계절'은 "존재하는 것만이 끊임없이 사라진다."[870] 사라지는 어떤 것을, 끝없이 이어지는 흐름을, 문장으로 쓰는 것이 가능할까. 작가는 이런 물음 속에 서 있는 듯하다. 그 안에서 있음과 없음, 시작과 끝, 차이에 관한 사유가 펼쳐진다. 깊은 뜻을 헤아릴 수 없는 문장들 사이에 자리해 있는 짧고 간결한 문장들에 더 눈길이 간다.

870 김종호, 「디포의 계절」, 『문학들』 2013년 겨울호, 162쪽.

나에게, 떠날 때 있었으나 있던 것들이 떠나 버렸다.[871]

너무 슬피 울지는 말아라. 슬픔이 슬프다고 말하는 것이다. 내가 슬프다고 말하는 것이 아니다.[872]

디포라는 물컹한 정체를 문장으로 쓰려는 시도 속에서 '나'와 '감정'과 '말[言]'의 관계는 느슨해진다. 그런 느슨함이 곧 편안함을 의미하는 것은 아니다. 그것은 이 알 수 없는 세계 속으로 겨우 들어설 수 있는 틈을 벌린 것에 불과하다. 그 틈은 쉽게 얻어질 수 있는 것이 아니다. 디포에게서 가까워지면서 혹은 멀어지면서 디포 이야기가 어떻게 전개될 예측하긴 어렵지만 그 불가능한 시도가 계속될 것이라고 어렴풋하게 짐작해 본다.

4. 염을 위하여

이장욱의 장편『천국보다 낯선』(2013)은 잊지 못할 고전영화의 제목들로 총 13장을 구성하고 있다. 이 소설을 통과하기 위해서, 각 장을 이끄는 영화 제목과 소설의 내용이 얼마나 긴밀한 관계를 맺고 있는지, 또 현실과 환상의 모호한 경계를 어떻게 실험적으로 파괴하고 있는지를 말하는 것은 별 의미가 없어 보인다. 그것은 이 소설이

871 김종호,「디포의 계절」, 164쪽.
872 김종호,「디포의 계절」, 170쪽.

주는 '낯선' 느낌에 대한 동어반복에 불과하다.

소설 속의 세 사람, 정, 김, 최는 친구 A의 장례식장에 가기 위해 K로 가는 중이다. 그들은 대학시절의 기억과 며칠 전 A의 영화 시사회에 다녀온 일, 차 안에서 듣고 있는 음악과 바깥의 날씨에 관해서 서로 다른 생각과 느낌을 표현한다. "나는 평행 우주의 다른 세계로 스며들고 싶었다."고 '정'(「불안은 영혼을 잠식한다 鄭」)이 말하면, "세계의 진실이란 밤처럼 냉정한 것"(「무방비 도시 金」)이라고 '김'이 응답하고, '최'가 "아무리 태엽을 돌려도 되돌아갈 수 없는 그 머나먼 세계, 5분의 저편."(「시계태엽 오렌지 崔」)이라고 잘라 말한다.

그들은 "각자의 방식으로" 이 세계에 생각을 집어넣고, 죽은 A(혹은 A의 영화)를 통해 그녀와 자신의 세계에 대해 이야기한다. 그들은 그렇게 점점 A가 먼저 가 있는 죽음의 세계로 가까이 간다.

> 나는 내가 사랑하는 모든 것들이, 이미 그녀가 사랑했던 것이었음을 알고 있었다. 나는 내가 쓰는 모든 문장들이, 이미 그녀가 쓴 것이었음을 알고 있었다. 나는 내가 생각하는 모든 것들이, 이미 그녀가 생각한 것이었음을 알고 있었다.[873]

> 낯설고 벗어날 수 없는 목소리가, 영원히 해독되지 않으면서 영원히 사라지지 않는 문장이, 나에게 필요했다. 나를 사로잡아 내 모든 것을 되비추는 문장이…….[874]

---

873 이장욱, 「겨울의 심장 鄭」, 장편 『천국보다 낯선』, 민음사, 2013, 189~190쪽.
874 이장욱, 「노킹 온 헤븐스 도어 崔」, 장편 『천국보다 낯선』, 214~215쪽.

죽은 A가 대체 누구인지, 또 A가 만든 영화 '천국보다 낯선'이 실제로 존재하는 것인지에 대해서도 명확하게 드러나지 않는다. 그들의 기억과 생각은 하나의 A로 수렴되지 않는다. A가 아닌 것처럼 A를 말하는 그들의 목소리들은, 유사(Ressemblance)가 아니라 상이한 확언들을 배가시키는 상사(Similitude)의 원리를 따라 "서로 기대면서, 서로의 위에 넘어지면서" 춤춘다.[875]

소설의 시작에서 끝으로 이어지는 과정은 '지상에서 영원으로' 통과하는 기나긴 터널과 같다. 세 사람이 터널 안에서 죽음을 맞는 것도 우연한 장치가 아닐 것이다. 이 소설 전체를 관통하는 아픔은 바로 마지막 순간에 도착한 '염'에게서 나오는 것인지도 모른다. 김이 무심하게 던져놓은 말 속에서 그 아픔을 이해하기 위한 단서를 찾아본다. '김'이 말하고 있는 그것, '염'이 간과한 그것은 무엇일까.

> 사람에게는 버리지 못하는 게 있는 법이지만, 버리지 않으면 안 되는 것도 있는 법이다. 염이 간과한 게 바로 그것이다.[876]

> 아니, 하긴 뭐, 세상에 바깥 같은 게 있나? 우리가 안에도 있고 바깥에도 있는 거지. 그냥 느낌이 그렇다는 거야. (…)
>
> 죽음 쪽에 남아 있는 건 그녀가 아니라, 오히려 우리가 아닐까. A는 단지 영화의 프레임 밖으로 나간 게 아닐까. 프레임 안에 있

875 미셸 푸코, 김현 옮김, 『이것은 파이프가 아니다』, 고려대학교출판부, 2011.
876 이장욱, 「무방비 도시 金」, 장편 『천국보다 낯선』, 40쪽.

는 것은 우리가 아닐까.[877]

사람이 "버리지 못하는 게" 기억이라면, "버리지 않으면 안 되는 것도" 기억일 것이다. '염'이 스스로 던지고 있는 물음처럼, 그는 이 세계에 대한 기억과 세계의 바깥에 대한 물음을 버리지 못하고 있는 자이다. '염'은 지나간 기억을 버리지 못하면서 동시에 이 세상에 대한 물음을 버리지 않은 자, 무엇보다 마지막 순간을 증언할 수 있는 남겨진 자이다. 아무런 생각 없이 내뱉는 '염'의 말이 아픔을 주는 것은 그 때문이다.

'염'의 짧은 독백이 끝나자마자, 하늘의 한가운데서 카메라가 크레인 숏으로 그들을 담아낸다. 카메라의 시선은 삶과 죽음, 세계의 안과 밖을 구별하는 관점을 차단하고, 이곳도 아니고 저곳도 아닌 다른 곳으로 향하는 통로를 연다. 그 시선은 잊히면서 잊을 수 없는 것들을 응시한다.

이 정지된 시간은 파이프가 아닌 것처럼 파이프의 존재를 현시하고, 아픔이 아닌 것처럼 아픔을 증언한다. 이때가 바로 슬픔이 아닌 것처럼 슬픔이 통과하는 시간, 더 이상 되돌릴 수 없는 상실의 시간, "천국보다 낯선, 그런 시간"이라고 기록될 수 있는 시간이다. '지상에서 영원으로' 수축되어가는 이 시간이 바로 지옥 같은 세계에서 이미 죽은 거나 다름없이 살고 있는 우리를 단정하게 염(殮)하는 문턱이 아닐까. 이 낯선 시간을 상상할 수 없다면 우리는 이 세계를 더 이상 견딜 수 없을 것이다.

---

877 이장욱, 「커피와 담배 廉」, 장편『천국보다 낯선』, 247쪽.

참고문헌

1. 소설 목록

강영숙, 소설집 『회색문헌』, 문학과지성사, 2016.
강지영, 소설집 『개들이 식사할 시간』, 자음과모음, 2017.
구효서, 소설집 『아닌 계절』, 문학동네, 2017.
권여선, 소설집 『안녕 주정뱅이』, 창비, 2016.
권정현, 장편 『칼과 혀』, 다산책방, 2017.
김경욱, 소설집 『천국의 문 외』, 문학사상, 2016.
김경욱, 장편 『개와 늑대의 시간』, 문학과지성사, 2016.
김금희, 소설집 『너무 한낮의 연애』, 문학동네, 2016.
김덕희, 소설집 『급소』, 문학과지성사, 2017.
김도연, 소설집 『콩 이야기』, 문학동네, 2017.
김민정, 소설집 『홍보용 소설』, 실천문학사, 2016.
김봄, 소설집 『아오리를 먹는 오후』, 민음사, 2016.
김선재, 연작소설집 『어디에도 어디서도』, 문학실험실, 2017.
김숨, 「법(法) 앞에서」, 『제38회 이상문학상 작품집』, 2014.
김숨, 소설집 『국수』, 창비, 2014.
김숨, 장편 『L의 운동화』, 민음사, 2016.
김숨, 장편 『바느질 하는 여자』, 문학과지성사, 2015.
김숨, 장편 『한 명』, 현대문학, 2016.
김애란, 소설집 『바깥은 여름』, 문학동네, 2017.
김엄지, 소설집 『미래를 도모하는 방식 가운데』, 문학과지성사, 2015.
김엄지, 장편 『주말, 출근, 산책: 어두움과 비』, 민음사, 2015.
김영하, 소설집 『오직 두 사람』, 문학동네, 2017.
김이설, 소설집 『오늘처럼 고요히』, 문학동네, 2016.
김종호, 「디포의 계절」, 『문학들』 2013년 겨울호.

김종호, 연작소설집 『디포』, 문학실험실, 2016.
김탁환, 소설집 『아름다운 그이는 사람이어라』, 돌베개, 2017.
김혜진, 소설집 『어비』, 민음사, 2016.
김훈, 장편 『공터에서』, 해냄, 2017.
나정이, 『미완의 퍼즐』, 문학들, 2012.
도선우, 장편 『스파링』, 문학동네, 2016.
문순태, 소설집 『생오지 눈사람』, 도서출판 오래, 2016.
박범신, 장편 『유리』, 은행나무, 2017.
박솔뫼, 장편 『머리부터 천천히』, 문학과지성사, 2016.
박영, 장편 『위안의 서』, 은행나무, 2017.
박이수, 소설집 『부표의 전설』, 문학들, 2016.
박주영, 장편 『고요한 밤의 눈』, 다산책방, 2016.
박혜강, 장편 『제5의 숲』, 문학들, 2016.
박혜상, 소설집 『그가 내린 곳』, 문학과지성사, 2017.
방현석, 중편 『세월』, 아시아, 2017.
배수아, 소설집 『뱀과 물』, 문학동네, 2017.
백가흠, 『그리스는 달랐다』, 난다, 2017.
백가흠, 장편 『향』, 문학과지성사, 2013.
백수린, 소설집 『참담한 빛』, 창비, 2016.
서성란, 장편 『쓰엉』, 산지니, 2016.
서준환, 소설집 『다음 세기 그루브』, 문학과지성사, 2016.
서철원, 장편 『왕의 초상』, 다산책방, 2015.
성보경, 소설집 『국민교육헌장』, 문학들, 2017.
성석제, 소설집 『믜리도 괴리도 업시』, 문학동네, 2016.
손보미, 「별자리 점」, 『문학과사회』 2013년 겨울호.
손보미, 장편 『디어 랄프 로렌』, 문학동네, 2017.
손홍규, 「아내를 위한 발라드」, 『창작과비평』 2013년 겨울호.
손홍규, 『그 남자의 가출』, 창비, 2015.

안지숙, 소설집 『내게 없는 미홍의 밝음』, 산지니, 2016.
오영이, 소설집 『독일산 삼중바닥 프라이팬』, 산지니, 2016.
오한기, 소설집 『의인법』, 현대문학, 2015.
오한기, 장편 『홍학이 된 사나이』, 문학동네, 2016.
윤고은, 장편 『해적판을 타고』, 문학과지성사, 2017.
윤대녕, 장편 『피에로들의 집』, 문학동네, 2016.
윤성희, 소설집 『베개를 베다』, 문학동네, 2016.
윤순례, 소설집 『공중 그늘 집』, 은행나무, 2016.
윤효, 소설집 『그의 세컨드라이프』, 자음과모음, 2016.
은희경, 소설집 『중국식 룰렛』, 창비, 2016.
이기호, 소설집 『웬만해선 아무렇지 않다』, 마음산책, 2016.
이상우, 소설집 『프리즘』, 문학동네, 2015.
이수진, 『머리 위를 조심해』, 문학동네, 2016.
이승우, 장편 『사랑의 생애』, 예담, 2017.
이시백, 소설집 『응달 너구리』, 한겨레출판, 2016.
이원화, 소설집 『꽃이 지는 시간』, 문학들, 2016.
이유, 소설집 『커트』, 문학과지성사, 2017.
이유, 장편 『소각의 여왕』, 문학동네, 2015.
이은희, 소설집 『1004번의 파르티타』, 문학동네, 2016.
이인휘, 소설집 『폐허를 보다』, 실천문학, 2016.
이장욱, 「기린이 아닌 모든 것에 대한 이야기」, 『창작과비평』 2013년 겨울호.
이장욱, 장편 『천국보다 낯선』, 민음사, 2013.
이정명, 장편 『선한 이웃』, 은행나무, 2017.
임철우, 소설집 『연대기 괴물』, 문학과지성사, 2017.
임현, 소설집 『그 개와 같은 말』, 현대문학, 2017.
장은진, 장편 『날짜 없음』, 민음사, 2016.
정범종, 장편 『칼과 학』, 은행나무, 2016.
정영문, 소설집 『오리무중에 이르다』, 문학동네, 2017.

정영수, 소설집 『애호가들』, 창비, 2017.
정이현, 소설집 『상냥한 폭력의 시대』, 문학과지성사, 2016.
정정화, 소설집 『고양이가 사는 집』, 연암서가, 2017.
조남주, 장편 『고마네치를 위하여』, 은행나무, 2016.
조성기, 소설집 『우리는 아슬아슬하게 살아간다』, 민음사, 2016.
조성현, 소설집 『눈 내리는 마을』, 문학들, 2016.
조수경, 「향수를 뿌리다」, 『문학들』 2013년 겨울호.
조수경, 『모두가 부서진』, 문학과지성사, 2016.
조해진, 소설집 『빛의 호위』, 창비, 2017.
최수철, 연작소설집 『포로들의 춤』, 문학과지성사, 2016.
최옥정, 장편 『매창』, 예옥, 2016.
최은영, 소설집 『쇼코의 미소』, 문학동네, 2016.
최정화, 소설집 『지극히 내성적인』, 창비, 2016.
최정화, 장편 『없는 사람』, 은행나무, 2016.
최진영, 장편 『해가 지는 곳으로』, 민음사, 2017.
편혜영, 「몬순」, 『2014년 제38회 이상문학상 작품집』, 2014.
편혜영, 장편 『홀(The Hole)』, 문학과지성사, 2016.
한강, 소설집 『눈 한송이가 녹는 동안』, 문예중앙, 2015.
한강, 연작소설 『흰』, 난다, 2016.
한승원, 장편 『달개비꽃 엄마』, 문학동네, 2016.
황정은, 소설집 『아무도 아닌』, 문학동네, 2016.
황정은, 장편 『야만적인 앨리스씨』, 문학동네, 2013.

2. 작품 해설

강지희, 「영원한 샤먼의 노래」(해설), 배수아, 소설집 『뱀과 물』, 문학동네, 2017.

강지희, 「잔존의 파토스」(해설), 김금희, 소설집 『너무 한낮의 연애』, 문학동네, 2016.
고봉준, 「불확실한 삶」(해설), 이은희, 소설집 『1004번의 파르티타』, 문학동네, 2016.
김명인, 「'세월호 문학'의 시작」(해설), 김탁환, 소설집 『아름다운 그이는 사람이어라』, 돌베개, 2017.
김태선, 「너머에 이르는 불가능한 걸음」(해설), 박혜상, 소설집 『그가 내린 곳』, 문학과지성사, 2017.
김형중, 「괄약근 VS 불수의근」(해설), 이수진, 소설집 『머리 위를 조심해』, 문학동네, 2016.
김형중, 「늪지에서 침을 놓는 법」(해설), 김덕희, 소설집 『급소』, 문학과지성사, 2017.
김형중, 「아이는 태어나지 않고」(해설), 박이수, 소설집 『부표의 전설』, 문학들, 2016.
김형중, 「임철우, 사도 바울」(해설), 임철우, 소설집 『연대기 괴물』, 문학과지성사, 2017.
노태훈, 「스토리텔링 애니멀」(해설), 성석제, 소설집 『미리도 괴리도 업시』, 문학동네, 2016.
박인성, 「강지영이라는 고유명」(해설), 강지영, 소설집 『개들이 식사할 시간』, 자음과모음, 2017.
박진, 「파괴하면서 생성하는 이 열광적 순환」(해설), 서준환, 소설집 『다음 세기 그루브』, 문학과지성사, 2016.
방민호, 「이 소나무와 바다, 거문고의 울림」(해설), 최옥정, 장편 『매창』, 예옥, 2016.
백지은, 「공허와 함께 안에서 밀고 가기」(해설), 정이현, 소설집 『상냥한 폭력의 시대』, 문학과지성사, 2016.
서영채, 「순하고 맑은 서사의 힘」(해설), 최은영, 소설집 『쇼코의 미소』, 문학동네, 2016.

서희원, 「삶과 죽음의 냉혹함을 견뎌낼 온기는 어디에서 오는가」(해설), 최수철, 연작소설집 『포로들의 춤』, 문학과지성사, 2016.
신형철, 「'호모 파티엔스(homo patience)'에게 바치는 경의」(해설), 권여선, 소설집 『안녕 주정뱅이』, 창비, 2016.
양경언, 「정오의 빛이 그림자를 거둘 때」(해설), 백수린, 소설집 『참담한 빛』, 창비, 2016.
양윤의, 「악몽의 몽유록」(해설), 이유, 소설집 『커트』, 문학과지성사, 2017.
오은, 「사라지는 독서와 나타나는 이야기」(해설), 김선재, 연작소설집 『어디에도 어디서도』, 문학실험실, 2017.
윤경희, 「난처와 의태」(해설), 김종호, 연작소설집 『디포』, 문학실험실, 2016.
이소연, 「상처, 그 신비한 열림에 대하여」(해설), 강영숙, 소설집 『회색문헌』, 문학과지성사, 2016.
전동진, 「'비빔'과 소통의 서사」(해설), 조성현, 소설집 『눈 내리는 마을』, 문학들, 2016.
전소영, 「비로소 사랑하는 자들의 모든 노래가 깨어나면」(해설), 최진영, 장편 『해가 지는 곳으로』, 민음사, 2017.
전흥남, 「관용과 따뜻함의 미학, 그리고 노년소설의 정수(精髓)」(해설), 문순태, 소설집 『생오지 눈사람』, 도서출판 오래, 2016.
정은경, 「더 기울어진 방으로」(해설), 방현석, 중편 『세월』, 아시아, 2017.
정홍수, 「'세상에서 가장 비싼 소설'을 기다리며」(해설), 김민정, 『홍보용 소설』, 실천문학사, 2016.
정훈, 「비창(悲愴), 스러지는 사랑과 윤리의 사회학」(해설), 오영이, 소설집 『독일산 삼중바닥 프라이팬』, 산지니, 2016.
한기욱, 「떠도는 존재의 기억과 빛」(해설), 조해진, 소설집 『빛의 호위』, 창비, 2017.
황정아, 「소설의 스토아주의가 삶을 존중하는 방식」(해설), 은희경, 소설집 『중국식 룰렛』, 창비, 2016.
황현경, 「틀린 옳음」(해설), 임현, 소설집 『그 개와 같은 말』, 현대문학, 2017.

3. 기타

《중용(中庸)》 23장.
이청준, 「떠도는 말들」, 『언어사회학 서설』(1973~1981), 열림원, 2000.
조르조 아감벤, 강승훈 옮김, 『남겨진 시간』, 코나투스, 2008.
조르조 아감벤, 윤병언 옮김, 『불과 글』(2014), 책세상, 2016.
존 버거, 김현우 옮김, 『A가 X에게』, 열화당, 2009.
미셸 푸코, 김현 옮김, 『이것은 파이프가 아니다』, 고려대학교출판부, 2011.
롤랑 바르트, 김웅권 옮김, 『밝은 방: 사진에 관한 노트』, 동문선, 2006.
발터 벤야민, 조형준 옮김, 『일방통행로』, 새물결, 2007.
앙드레 케르테츠André Kertész(1894~1985) 사진전, 성곡미술관, 2017. 6. 9~9. 3.

원전 서지사항

「저기 서성거리는 무엇: 점묘와 인유」, 『문예연구』 2016년 봄호.
「당신을 앓던 밤들」, 『문예연구』 2016년 여름호.
「단지 조금, 밝은 방」, 『문예연구』 2016년 가을호.
「도처에 짐승」, 『문예연구』 2016년 겨울호.
「없음의 있음」, 『문예연구』 2017년 봄호.
「불면의 감촉」, 『문예연구』 2017년 여름호

「더 깊은 곳에서 치곡(致曲)」, 『문예연구』 2017년 가을호
「혀와 말」, 『문예연구』 2017년 겨울호
「A가 아닌 것처럼」, 『문학들』 2014년 봄호.

불면의 감촉

초판1쇄 찍은 날 | 2023년 11월 15일
초판1쇄 펴낸 날 | 2023년 11월 22일

지은이 | 한순미
펴낸이 | 송광룡
펴낸곳 | 문학들
등록 | 2005년 8월 24일 제 2005 1-2호
주소 | 61489 광주광역시 동구 천변우로 487(학동) 2층
전화 | 062-651-6968
팩스 | 062-651-9690
전자우편 | munhakdle@hanmail.net
블로그 | blog.naver.com/munhakdlesimmian
값 | 20,000원

ISBN 979-11-91277-79-1 93800